国家社科基金
后期资助项目

网络服务提供者侵犯著作权责任问题研究

Research on the Internet Service Provider's
Copyright Infringement Liability

张玲玲 著

中国人民大学出版社
·北京·

国家社科基金后期资助项目
出版说明

  后期资助项目是国家社科基金设立的一类重要项目，旨在鼓励广大社科研究者潜心治学，支持基础研究多出优秀成果。它是经过严格评审，从接近完成的科研成果中遴选立项的。为扩大后期资助项目的影响，更好地推动学术发展，促进成果转化，全国哲学社会科学工作办公室按照"统一设计、统一标识、统一版式、形成系列"的总体要求，组织出版国家社科基金后期资助项目成果。

全国哲学社会科学工作办公室

序 一

改革开放40年，我国社会经济文化生活发生了翻天覆地的变化，特别是在新时代，由于我国实施创新驱动发展战略，经济从前40年以"劳动经济"为主，转型为以"创新经济"为主。社会发展迫切需要解放的不再是低层级经济技术形态的劳动力，而是高层级经济技术形态的创造力。激发和保障创造力的主要的、基础的法律制度——知识产权制度，尤其是著作权制度更是迎来了释放制度价值的黄金时期。伴随着技术的进步和发展，著作权制度不断面临着挑战。为了应对时代的挑战和国情的巨变，我国著作权法第三次修改工作已经启动多年，但至今仍没有一个成熟的方案。司法在日新月异的新时代不断面临着各种新类型案件，特别是随着互联网的持续深入发展，由于网络服务提供者作为著作权产业链条中的重要环节，在利用作品、传播作品中的作用不断加强，其与著作权人的利益之间既存在冲突又紧密相连，如何正确处理好技术进步导致的经济关系变革、市场经济的要求和文化发展等重要问题之间的关系，努力实现权利保护、作品传播和正当使用之间的协调和平衡，不仅要理顺产业链各环节之间的利益平衡，而且需要法官在处理著作权纠纷案中妥善解决利益平衡问题，更需要司法通过案件裁判给予行业发展正确的指引。

《网络服务提供者侵犯著作权责任问题研究》一书是张玲玲法官在她博士论文的基础上继续研究的成果。张玲玲博士师从中国人民大学郭寿康教授。郭寿康教授作为我国知识产权法学第一代学者的杰出代表，是唯一参加了新中国全部知识产权法律制定工作的学者。他专业精湛、学贯中西，在国际知识产权界享有盛誉，是我国知识产权界国宝级的学术大师。郭寿康教授对推进我国知识产权的立法和知识产权制度的国际化，都有重要贡献。十年前，张玲玲博士在郭教授的建议下确定了当时在司法实践中和理论界均非常热门的话题进行研究，时至今日，这个话题依旧是司法实务和理论研究的热点，足以见该问题的复杂性和重要性。

作为知识产权法学的教育工作者，也是一个学习者，我认为理论是知识产权制度与实践的灵魂，理论研究对于以知识产权为研究对象的中国人民大学博士研究生尤其重要，例如，对财产的本质和具体形态、财产制度的历史、知识产权的基本范畴、法律属性、对象与客体、知识（技术）在财产中的核心作用、知识产权与民法的关系、知识产权法律体系建构以及知识产权价值评估、归责原则、侵权赔偿、历史梳理、文化价值等知识产权和与知识产权最密切联系的理论问题需要进行深入探讨。张玲玲博士在博士论文写作期间曾就论文的撰写思路和方法专门和我做过讨论，当时我曾建议她注重加强理论学习，提升眼界，这是决定研究者走多远、飞多高的前提。欠缺理论素养，不会有太大发展，这是常识。因此，我建议她可先读些哲学、历史、经济学方面的书，探讨具体的知识产权问题不能脱离理论和基本的法学研究范畴。看来，她是下了功夫的。本书看似是对知识产权中一个具体问题的研究，实则包含了对知识产权发展的历史梳理、文化价值、归责原则等基本问题的探讨，还运用了经济学中的博弈论，构建模型具体分析网络服务提供者承担侵犯著作权责任的正当性和合理性。在此基础上，本书还结合司法实践，提取了近十年出现的典型案例进行了类型化分析，既梳理了司法实践中法官对于该问题的认识和思维发展脉络，又透析出法官在面临技术引发新的利益纠纷时解释与适用法律的思路和价值取向。按照中国传统哲学，道为本，术为用，相辅相成也。术合于道，相得益彰；道术相离，各见其害。本书较好地体现了"道"与"术"的结合，在基本问题研究中坚持对"道"的分析，在具体问题分析中运用"术"的方法。

解放思想、实事求是，是党的十一届三中全会的核心和灵魂，也是改革开放的核心和灵魂，还是做学问、做研究的本分。我们要以历史、务实的眼光客观认识中国著作权法治的昨天、今天和未来。中国著作权制度始建于1910年，是中国资本主义生产方式初建和对外开放的产物。虽然历经一百多年的发展，但由于技术的持续发展不断改变着利益的格局，立法总是滞后于现实的发展和需要。所幸，司法担当的角色逐渐由被动的、保守的转变为主导的、有作为的。司法不仅及时解决了具体当事人之间的纠纷，还为技术发展、行业发展以及利益平衡提供了指引。对于司法案例的研究不仅能够实现类案同判，统一裁判尺度，还能够为立法提供样本和经验，并在成文法和判例法之间寻求一种有效的衔接。张玲玲法官一直在知识产权审判一线从事审判工作。当前，法官，尤其是从事知识产权审判实务的法官,特别是人生负担最重阶段的女法官,工作压力之大,生活担子之重,业内人所共知。她在繁重的审判工作和扛起生活重担之余能够挤出时间勤于思考和总结,不断积累和学习,实属难能可贵。这本书既是她博士研究的成果,又是她多年审判经验的总结,虽在理论研究深度上存有局限,但皆出于心得,并务求言之有物,无愧于心,亦不负读者。作为法官,她用心之苦、用力之勤,也是值得肯定和鼓励的。作为曾给她授课的教师,我很高兴为学生的著作出版作序,并期待她能够在知识产权审判领域持续深耕细作,作出经典判决,写出好文章。

刘春田

序 二

知产队伍多才俊　法理钻研到粹精

今年是改革开放40年。岁月变迁，沧海横流，40年来，中国社会发生了翻天覆地的变化，一代代法律人也在历史的洪流中拼搏、奋斗、成长。本书作者是一名工作十余年的法官，她牢牢抓住并受益于这个时代机遇，把最美好的时光贡献给了法学理论研究与司法审判实践。本书生动描述了我国经济巨变、法治进步的大背景下一批实际案例，让枯燥的法律说理变得鲜活而有生命力，相信它能成为读者朋友们探知司法规则、启发法治思维、了解法治文化的重要参考。

居中思考是法官的职业习惯。法官在审理案件的过程中，需要时刻根据案件情况进行对抗性、比较性、不同维度的思考。可以说，多重思考是法官必备的思维特点。法官的思考，不仅是依据法律（大前提）、事实（小前提），得出一个法律决定（判决），而且包括法律的解释、事实的确认以及得出合理决定过程中需要的逻辑。正如苏力教授在《法官如何思考》一书的代译序中所言：要经验地理解法官的思维和行为。张玲玲法官在她的博士论文的基础上，结合知识产权审判实践中的鲜活案例著成此书。特别是她曾在北京知识产权法院工作，北京市全市涉及网络著作权的二审案件都集中在此，为她的研究提供了大量新颖的案例。丰富的案例弥补了传统博士论文重理论轻实践的缺失，也重塑了法官研究的基本模型，还集中展现了法官的思维和行为。这本书从张玲玲法官的个人视角剖析了知识产权法官们在审理新类型案件时的思维模式，看似一本个人专著，却体现了整个知识产权法官群体办案的辛劳，是一线知识产权法官办案智慧的集中体现。

关于网络著作权，早在1999年北京市海淀区人民法院审理王蒙诉世纪互联通讯技术有限公司案①时就已经提到这一点。当时的《著作权法》还没有规定信息网络传播权,海淀法院在对"作品在网络上的传播应该受到著作权法保护"进行论述后得出结论:"被告未经原告许可,将原告的作品在其计算机系统上进行存储并上传到国际互联网上的行为,侵害了原告对其作品享有的使用权和获得报酬权,被告应停止侵权行为。"该案开启了在互联网上保护著作权人利益的先河。司法机关不能拒绝裁判,在没有具体法律可作直接依据时,司法机关通过对现有法律的解释,及时应对和解决了新技术发展带来的利益冲突,为后续立法提供了重要样本和经验。2010年我国修订《著作权法》时增加了"信息网络传播权"这一明确而具体的著作权权项。但随着网络技术的不断发展和网络经营模式的创新,作品在互联网上的传播形式也不断变化,对于什么样的行为才是《著作权法》规定的"信息网络传播行为",在学术界、产业界和实务界存在不同认识。即便是同一主体对该问题在不同时期亦存在不同的认识。这个问题之所以会让人觉得有些迷惑,一方面是因为网络技术的迭代快,实务中对于网络技术的理解和接受存在一个渐进的过程;另一方面是因为涉及的利益多元且复杂,不仅涉及著作权人利益、网络服务提供者作为服务提供方具有的独立利益,还涉及社会公众的公共利益。而这些利益并非泾渭分明,更多的是交织在一起。多元的利益更需要进行精细化的利益平衡。此外,迷惑性还与目前著作权法中规定的"信息网络传播权"概念可解释的空间较大有关,仅"提供"一词就存在多种解释,进而演化出"服务器标准""用户感知标准""实质替代标准""间接提供"等多种判断方法。当然,由于我国著作权法中的"信息网络传播权"的概念来源于国际条约,对于国际条约的翻译和理解也为解释"信息网络传播权"带来了较大的分歧。正如《控制权革命》一书作者安德鲁·夏比洛所言:科技是我们的文化环境里不可分割的特色之一,因而,无论其多么复杂,科技还是我们应该努力去理解的对象,如此我们方可尽可能地促使科技和我们的个人价值与共同价值相互协调一致。著作权法作为保护著作权人权益与保护文化发展的公共利益的平衡机制,在数字及网络技术应用如此广泛的时代,如何建立一套机制,使得著作权人获得适当的保障,有机会从著作权交易市场取回合理报酬,同时也在合法的前提下实现资讯的自由流通与著作的

---

① 参见北京市海淀区人民法院(1999)海知初字第57号民事判决书,该案被誉为涉及互联网著作权第一案。

合理利用，促进数字科技与生活及法律制度结合，在不违反人民的法律情感的同时正当化著作权制度在网络时代存在的正当性与必要性，是个问题。①

面对网络数字技术给权利人利益带来的多重影响，著作权法应该寻求如何适应这种新技术，如何与新技术的提供者合作来解决问题。本书正是在这样的时代和现实背景下产生的。张玲玲法官不仅从理论上对网络技术与著作权保护之间的关系进行了分析和论述，对涉及信息网络传播权的国际条约渊源、历史发展脉络等方面进行系统研究，而且从立法和司法两个维度对信息网络传播权进行了解读，对前述司法实践中突出的问题通过理论分析和实证研究的视角给出了作者的解读。此外，作者还结合知识产权司法实践中的热点问题，从类案的角度对涉及深度链接、P2P分享软件、视频分享网站、网页快照、聚合平台、云盘服务等网络服务提供者侵犯著作权问题进行了专题研究。这本书在出版时能够获得国家社会科学基金后期资助，充分体现了该书具有一定的理论研究深度和实践指导意义。这是张玲玲法官审判经验的结晶，更是她持续深度思考的硕果。我们期盼像张玲玲这样的法官始终恪守对法官事业的热爱，持续在知识产权审判领域深耕细作，不断总结创新，再出成果。与40年前相比，我国的法治环境建设取得了显著的成效，知识产权制度不断完善，保护水平越来越高，对知识产权的尊重与知识产权司法保护的发展已进入新的历史时期。知识产权法官界亦是人才辈出，他们在繁重的案件压力下对判决书精雕细琢，并结合自身审判工作实际和研究兴趣，在审判之余转换视角研究案例。值此全面依法治国的新时代，一批职业理论高深、职业情操高尚、职业技能高超的青年法官一定会带给我们更多高水平的诚意之作。

2018年12月

---

① 参见赖文智：《数位著作权法》，益思科技法律事务所，2003，第53页。

前　言

　　网络数字技术的兴起与普及在深刻改变信息复制与传播方式的同时，也严重冲击了原有的著作权制度。著作权人原有的合法权益在网络数字技术环境下不断遭受着侵蚀，涉嫌直接侵权的网络用户隐匿于数亿网民中在合理使用的边界不断突围，网络服务提供者则处于掌握技术的主导地位，不断通过新的技术手段和经营模式利用作品本身的魅力来获取自身的利益。网络服务提供者的"搭便车"行为严重损害了著作权人在网络上的利益，也严重纵容了网络用户直接侵害著作权人权益的行为。为实现著作权在网络上的保护，著作权人在实践中往往通过向网络服务提供者提起诉讼来实现这一目标。著作权的一大特点是作品的传播不易控制，特别是在网络数字环境中，其"外部性"显得尤为突出。为了有效阻止效益外溢或限制其外部性，法律将网络服务提供者纳入著作权保护的责任体系内。网络服务提供者应否承担因其用户引发的著作权侵权责任以及如何承担这样的侵权责任，成为当下理论界和司法界共同关注的话题。

　　本书分为上下两编，上编是关于网络服务提供者侵犯著作权基本问题的研究。首先，本书从网络服务提供者承担侵权责任的背景入手进行分析，网络数字技术这一特殊的条件在改变作品复制与传播方式的同时，也对著作权保护的正当性提出了挑战。其次，本书从经济学的角度分析了网络著作权保护的正当性以及网络服务提供者承担侵权责任的经济性和合理性。在这一部分，本书紧紧围绕"效益"这一核心，通过混合博弈战略模型的分析，试图探寻以最小的成本获得最大的收益，以价值最大化方式利用经济资源，遏制侵权行为，为著作权制度设计实现促进社会经济效益最大化的价值追求提供经济的路径选择。再次，本书从立法和司法两个层面详细分析了目前网络服务提供者的侵权责任现状及存在的问题。在该部分本书在比较分析方法论的指导下，主要分析了现有的中国和美国关于网络服务提供者承担著作权侵权责任的法律制度和典型案例。最后，笔者尝试从立法论和解释论的角度提出一些有利于建立网络服务提供者侵权责任制度的建议和在司法审判中可以参考的因素，希望为未来的著作权法修改和网络著作权保护司法解释的制定贡献自己的力量。下编是对目前司法实践中的典型案例进行"类型化"分析。本书挑选了目前世界各国共同关注的网络著作权保护的热点问题并结合相关案例进行讨论，如深度链接、P2P文件分享、视频分享网站、网页快照、聚合平台、云盘服务等网络服务提供者侵犯著作权的问题。

网络著作权保护是时下的热点问题，也是理论上和实践中的难点问题。原有著作权制度中规定的合理使用等问题在网络环境中不断受到挑战，网络数字技术引发的临时复制等问题也在困扰着学术界。在这些问题未能得到有效解决的当下，网络服务提供者对于保护权利人的著作权具有重要作用。在厘清网络服务提供者侵权责任的前提下，在发挥其对著作权保护积极作用的同时，引导其自身积极发展，是目前较为科学合理的方法选择。

综上，本书试图通过法经济学的方法论证网络服务提供者承担侵权责任的合理性和经济性，并从法经济学的视角探讨网络服务提供者的注意义务，从而引入理性管理者的概念。本书还在对中美典型案例分析的基础上，构建了网络服务提供者的侵权责任制度，希冀能对保护网络著作权和指导司法实践有所助益。

目 录

上编　网络服务提供者侵犯著作权基本问题研究

第一章　网络服务提供者承担侵权责任的背景分析……………… 3
 第一节　网络数字时代著作权保护面临的挑战……………… 5
 第二节　网络数字环境下著作权保护的正当性……………… 15
 第三节　技术进步与著作权制度的关系……………………… 22

第二章　网络服务提供者承担侵权责任的法经济学考量………… 29
 第一节　什么是网络服务提供者……………………………… 33
 第二节　网络服务提供者承担侵权责任的法经济学分析起点…… 36
 第三节　网络服务提供者选择侵权的法经济学分析………… 41
 第四节　网络服务提供者承担侵权责任的经济学考量……… 43

第三章　网络服务提供者侵犯著作权责任的法源检视…………… 58
 第一节　国际条约对网络服务提供者责任设置的空缺……… 59
 第二节　网络服务提供者承担侵权责任的国内立法考察…… 60
 第三节　网络服务提供者侵犯著作权的司法考察…………… 83

第四章　网络服务提供者侵权责任制度构建及相关问题研究…… 115
 第一节　网络服务提供者侵权责任制度构建………………… 115
 第二节　网络服务提供者与权利人的合作之路……………… 131
 第三节　网络服务提供者与权利人的利益之争……………… 137

下编　网络服务提供者侵犯著作权类型化研究

第五章　P2P服务提供者侵犯著作权责任问题研究……………… 143
 第一节　P2P技术的特点以及发展趋势……………………… 143

第二节　P2P服务提供者法律责任相关问题分析…………… 146
第三节　我国对P2P服务提供者侵权责任的认定 …………… 158

第六章　搜索链接服务提供者的侵权责任认定问题………… 161
第一节　采用何种标准判断"链接"是否构成直接侵权……… 163
第二节　浅层链接服务提供者侵犯著作权判断……………… 170
第三节　深层链接服务提供者侵犯著作权判断……………… 176

第七章　定向链接网络服务提供者侵犯著作权责任问题研究…… 198
第一节　问题的提出…………………………………………… 198
第二节　定向链接的基本含义及技术原理…………………… 199
第三节　基于合同而进行的定向链接服务提供者侵犯著作
　　　　权责任认定………………………………………… 200
第四节　自主设定条件进行定向链接服务提供者侵犯著作
　　　　权责任认定………………………………………… 203

第八章　视频分享服务提供者侵犯著作权的司法判断………… 210
第一节　网络视频行业的发展及存在的问题………………… 210
第二节　视频分享服务提供者"过错"主观状态判断的
　　　　法律依据…………………………………………… 212
第三节　视频分享服务提供者"应知"主观状态的判断因素…… 214
第四节　视频分享服务的新发展和新挑战…………………… 219

第九章　网页快照服务提供者侵犯著作权问题研究…………… 221
第一节　网页快照提供行为的基本属性及价值……………… 221
第二节　网页快照提供行为责任认定的中外既往判例之探究…… 223
第三节　网页快照提供行为著作权侵权判定的再思考……… 225

第十章　聚合平台服务提供者侵犯著作权问题研究…………… 232
第一节　手机视频聚合平台的技术原理及运行模式………… 232
第二节　手机视频聚合平台侵犯著作权典型案例解析……… 234
第三节　诉的主张与审理范围——预备合并之诉的
　　　　借鉴与适用………………………………………… 237
第四节　从举证证明责任的角度谈服务器标准的适用……… 240
第五节　手机视频聚合平台服务可能面临的法律风险……… 246

第十一章 机顶盒提供者侵犯著作权问题研究 …… 247
第一节 电视盒子的发展历程 …… 247
第二节 电视盒子视频内容的来源 …… 248
第三节 司法实践中涉及机顶盒侵犯著作权案件的简要分析 …… 253
第四节 涉机顶盒侵犯著作权案件的审理思路及判断标准 …… 256

第十二章 云盘服务提供者侵犯著作权责任问题分析 …… 259
第一节 云盘服务提供者侵犯著作权的现状及特点 …… 259
第二节 云盘服务提供行为的法律性质 …… 260
第三节 云盘服务提供者主观过错的判断 …… 262

参考文献 …… 266
后　记 …… 283

上编 网络服务提供者侵犯著作权基本问题研究

网络服务提供者侵犯著作权问题是随着网络技术的兴起与普及而产生的法律问题。作为基本问题研究，本编首先分析了网络数字时代著作权保护面临的挑战，紧接着分析了在网络数字环境下对著作权保护的正当性以及技术进步与著作权制度之间的关系。在此基础上，笔者运用法经济学的分析方法，结合混合动态博弈模型分析网络服务提供者承担侵犯著作权的责任问题，并对立法和司法的现状以及展望进行综合的考察。随着网络技术的不断发展，网络服务提供者侵犯著作权的责任制度也将会适时作出调整，基本问题的研究为后续网络服务提供者侵犯著作权责任制度改革做了基础性研究，也留下了继续研究的空间。

第一章　网络服务提供者承担侵权责任的背景分析

你所知道的有关知识产权的每件事情都是错误的。

——巴洛（John Barlow）①

从1994年4月中国正式接入国际互联网②至今，我国的网络用户数量呈几何倍数增长。根据中国互联网络信息中心（CNNIC）2018年8月20日发布的第42次《中国互联网络发展状况统计报告》，截至2018年6月，中国网民规模已经达8.02亿，互联网普及率已达57.7%。③ 作为全面的平台，互联网已经成为人们获取信息的常规来源和主要渠道、娱乐休闲的重要方式和商务交易的便捷渠道。网络已经成为人们日常生活中不可或缺的有机组成部分，网络生活已经"飞入寻常百姓家"。与此同时，随着"互联网＋"④行动计划的出台，互联网将带动传统产业的变革和创新，并成为社会经济发展的重要力量。

随着网络的飞速发展，传统的著作权⑤观念和著作权法律体系面临着严峻的挑战。作为一种全新的作品传播方式，网络传输使作品的传播范围达到了历史性的广度，也使作品的传播速度达到了历史性的高度。这种新

---

① John Perry Barlow: "The economy of ideas-selling wine without bottles on the global net", http://www.eff.org/~barlow/EconomyOfIdeaa.html.

② 参见从立先：《网络版权问题研究》，武汉，武汉大学出版社，2007，第2页。

③ 参见中国互联网信息中心：《第42次中国互联网发展状况统计报告》，http://www.cac.gov.cn，最后访问日期：2018-08-29。

④ "互联网＋"就是"互联网＋各个传统行业"，但并不是简单的两者相加，而是利用信息通信技术以及互联网平台，让互联网与传统行业进行深度融合，创造新的发展生态。

⑤ 本书讨论的著作权与版权为同一含义，可以相互替换。这是与我国理论和立法实践相一致的，如1990年《著作权法》第51条规定："本法所称的著作权与版权系同义语。"2001年修改后的《著作权法》第56条直接规定："本法所称的著作权即版权。"

的传播方式在给广大作品使用者传来"福音"的同时，也为著作权人控制作品传播带来了挑战。著作权制度的发展历史证明其具有强烈的吸纳性和包容性，能够将不断更新的传播技术纳入其规定的领域。然而，数字化、网络化给原有的著作权制度带来的冲击是史无前例的，著作权制度是否还能像以往那样适应数字技术快速发展的需要①，这是理论界和实务界都在关注的问题。综观有关网络著作权的研究著述，从大体上看，多数的观点认为著作权法必须通过调整以适应新的传播方式所带来的挑战。② 事实证明，伴随着网络技术的不断发展，有关著作权的法律法规在随之调整更新。原有的著作权人和社会公众的利益平衡随着网络的兴起也逐渐被打破，网络服务提供者作为传播者的利益加入了原有的博弈中，使网络环境下多方利益主体博弈的局面产生。随着网络技术的发展，网络服务提供者与著作权人之间的斗争也越发激烈。特别是在 2011 年 6 月，前克林顿新闻秘书迈克·麦加里（Mike McCurry）基于多年的网络反盗版研究在《政治家》上提出"网络反盗版法案"（Stop Online Piracy Act，SOPA）用以反击网络盗版，并获得美国电影协会的支持。③ 2011 年 10 月 2 日，众议院司法委员会主席拉马尔·史密斯（Lamar S. Smith）联同 12 位来自两党的支持者共同向美国众议院提议 SOPA 立法案（Bill 3261 或者 HR. 3261）。但是，在 2012 年 1 月 18 日，谷歌黑屏、维基关站，在这几家大型网络服务提供者的带领下，一场声势浩大的抗议活动席卷了整个网络社区。由于依赖网络服务提供者庞大的群众基础，美国国会很快被这种压力所胁迫，于 1 月 20 日宣布无限期地搁置该法案。但是权利人自然不会就此坐视自己的权利及利益被侵蚀，一场新的维权运动指日可待。在这场斗争的背后是两种经济力量的较量。保护网络著作权能够最大限度地实现网络时代人的知识创作的资本化、商业化，促进文化创意产业的发展；保护网络服务提供者的权益能够最大限度地鼓励技术发展、经营模式创新，促进科技产业的繁荣。如何在保障社会公众利益的基础上，实现文化产业和科技产业比翼齐飞，法律作为利益的调节器起到了至关重要的作

---

① 参见徐洁玲：《国际互联网环境下有关版权问题的探讨》，载《知识产权文丛·第四卷》，北京，中国政法大学出版社，2000，第 354 页。

② See "The Information Tidal Wave: Issues and Challenges", 13 No. 1 ACCA Docket 10 (Jan.-Feb. 1995); Markoff: "Unraveling Copyright Rules for Cyberspace", N. Y. Times, Mar. 9, 1995, at D18.

③ 2011 年 9 月 22 日，NBC Universal、辉瑞制药、福特汽车公司、露华浓、NBA 和麦克米伦（美国）等 350 家公司和组织签名致函国会，支持 SOPA /PIPA 立法。

用。近年来，我国的互联网产业，特别是以著作权为依托的内容产业发展迅猛。经济的发展一定程度上会通过纠纷的方式映射到司法实践中。在内容的传输手段和存储方式不断推陈出新的同时，网络服务提供者与著作权人之间的利益纠葛也在不断加深，纠纷不断涌现到法院。在现有著作权法的背景下，如何解决纠纷考验着司法裁判者的智慧。同时，司法判例的不断发展和演化，也影响着立法者对于未来著作权制度以及著作权法律的思考。

第一节　网络数字时代著作权保护面临的挑战

网络是结合电信通信平台与数字内容服务提供平台的复合式新兴媒体。绝大多数的著作都可以转化为"0"与"1"的数位格式，以这种二进制数字转换出来，透过网络提供给使用者欣赏。网络大幅增加了作品被使用者接触、利用的机会，也使作品利用的市场机会大幅增长，对于著作权人而言有其正面效应。然而，作品在网络上未经授权即被利用，也造成了权利人的恐慌。[①] 传统的著作权保护方式正日益受到网络技术的挑战。

一、网络技术对著作权保护的挑战

（一）复制权作为著作权的核心权项被动摇

对于著作财产权来讲，复制行为本身对财产利益并没有损耗，但在著作权制度中规定了控制这种复制行为的复制权。其正当性基础源于当时著作权产生的时代背景和著作权作为知识产权的特殊性。学界普遍认为，著作权产生于印刷术盛行的时代。在传统印刷时代，作品的传播方式就是依靠印刷技术来进行作品复制。控制了复制行为就控制了之后的发行以及可能影响作者利益的其他行为。加之，当时的复制技术成本高昂，作品的大规模复制需要大量的人力、物力和时间，且其复制或传播是集中进行的，著作权人通过控制集中复制的主体就能够经济地控制作品的利用，切实维护其经济利益。这时，著作权制度不仅为著作权人提供了适当的激励，而且未过分干涉作为终端用户的社会公众的自由。若论著作权制度规定复制权的最根本原因，本书认为，其源于著作权保护客体的有形无体性。著作

[①] 参见赖文智：《数位著作权法》，益思科技法律事务所，2003，第33页。

权保护的是思想的表达形式，表达形式最根本的特点就是可复制性。通过对表达形式的复制即可实现作品脱离"母体"（作品诞生时的表达形式的载体）进行流通和传播，这也是著作权保护客体的无体性的根本表现。因此，从著作权保护客体的角度讲，可复制性是其最根本的特性。从词源的角度讲，著作权作为一个舶来的概念，其英文是"copyright"，本身是一个合成词，是由"copy"和"right"组合而成的，"copy"（复制）是"right"（权利）的基础。所以，控制作品的复制也就实现了对思想表达形式的保护，即实现了对作品的保护。

然而，网络技术使作品的复制变得简便易行。作品的复制行为几乎以零成本、光速度的方式随时在网络上发生着，数字技术将作品明确与其所附着的媒介分离，使用者透过个人电脑或手机等终端设备就可进行快速且大量的复制。不需要大量的资金、人力、时间、技术和特殊的机器设备，网络技术直接将作品的复制简易程度推向最高峰。网络的本质使人很难准确地确认作品的复制，也难以确定在某一特定时间内该复制品的所在。[①]所以，由复制而发展出来的权利，面对复制行为简易化的技术浪潮，一次又一次地拷问着自身。便利而质量精良的数字复制技术彻底打破了著作权制度中权利保护与限制之间的平衡，数字网络环境下分散的个人的快速且高质量的传播已经大大弱化了著作权人对其作品利用的控制力，著作权人甚至已经无力继续控制作品的网络传播。知识产权背后的基本思想是确保作品未经许可不得复制或使用，确保创作者的经济回报。[②] 著作权人极力追究网络服务提供者责任的一系列案件凸显了其对作品网络传播控制的乏力，著作权制度面临着革命性变革的命运。[③] 的确，从近十年网络著作权案件的发展来看，著作权人作为原告起诉的被告基本都是网络服务提供者，主张侵害的权利也以信息网络传播权为主。[④] 不仅如此，从整个著作权侵权案件来看，以单纯侵害复制权为由的案件非常少，基本上都是将后续的作品利用方式作为被诉行为。复制权作为著作财产权的核心权项已经在作品利用的各个领域特别是网络领域日渐失去其核心地位。

---

① See David L. Haues: "Advanced Copyright Issues on the Internet", Tex. Intell. Prop. L. J. 1, 3 (1998).
② See Ursula Smartt: Media & Entertainment Law, p. 288.
③ 参见王太平：《知识产权制度的未来》，《法学研究》2011 年第 3 期。
④ 涉及网络著作权的案件中被告往往是平台提供方，属于广义的网络服务提供者，但在具体案件的认定中有的被告会被认定为内容服务提供者，有的则会被认定为服务提供者。

(二)"传播权"① 在网络环境中的地位凸显

作者要想获得经济利益,必须让他人接触到自己的作品,也就是说,作品只有在传播②中才能实现其自身的经济价值。传播的核心内容是向行为者之外的主体提供某种事物,在著作权领域传播行为则是向作者之外的公众提供作品的行为。

网络技术的兴起改变了作品的传播方式和途径,扩大了作品的传播范围。出现于20世纪中期的计算机技术使信息传播进入了一个崭新的阶段。对信息传播影响最大的莫过于数字技术和网络技术,前者改变了信息的存在状态和复制方式,后者则大大提高了信息传播的速度。同时,信息的传播方式也呈现多样化的局面。在数字环境下,信息的载体已经变成数字化的电子信号,可以被无限制地复制,信息的传播也不再受信息载体流通的限制。数字环境下的信息传递是网状的、立体的,不受载体形式的限制。这样信息传递的速度大大提高,规模也大幅增加,信息传递的质量极大优化,信息传播的空间无限扩展。③ 另外,因为信息的载体为电子信号,所以无论其被复制多少次,数字化信息的质量都不会降低。数字化信息的复制几乎不需要花费任何成本。网络技术的迅速发展,特别是国际互联网的出现,使作品传播更加广泛化和便捷化。有的网上用户甚至无须说明自己的用户标识和电脑地址,便可以匿名地将信息下载到他们的电脑内存储起来。④ 这样,信息传播就又多了一个独立的传播源,不受原作品权利人的制约与控制。又由于数字化的信息是数字形式的,不同的信息形式可以方便地互相转化,因而作品就不再局限于在网络上传播,其可以在网络和传统的物理领域自由地转换并传播。

在网络时代,著作权不需要有实物载体,其在网络上通过无线方式传播即可以实现其完全价值。而作品的获益主要通过传播来实现。著作权法的目的则是保护权利人传播作品的权利,阻止作品的无拘束流转。⑤ 著作

---

① 传播权并非我国现行《著作权法》上的概念,也并非法律规定的著作权权项。这里传播权的含义是指作者控制自己作品向外传播的权利。

② 《现代汉语词典》对"传播"的解释是:"广泛散布。"中国社会科学院语言研究所词典编辑室:《现代汉语词典》,北京,商务印书馆,2007,第20页。

③ 参见王太平:《知识产权制度的未来》,《法学研究》2011年第3期。

④ 参见郑友德编著:《知识产权与公平竞争的博弈:以多维创新为坐标》,北京,法律出版社,2011,第40页。

⑤ See Michael D. McCoy & Needham J. Boddie:"Cybertheft:Will Copyright Law Prevent digital Tyranny on the Superhighway?", *30 Wake Forest L. Rev. 169*, pp.175-176(1995).

权保护的思路是通过保护传播的专有权利来保障权利人获得经济利益。然而，著作权人对其作品的控制和利用受到网络技术的严重挑战，对作品的复制和传播已经超越了著作权人的控制能力。那么，对作品传播行为的失控必然导致对作者财产利益的极大损害。为此，《版权公约》第8条规定了作者享有"向公众传播的权利"，目的是将通过互联网传输作品的行为纳入著作权的控制范围。传播技术的发展一方面为作者带来更多的经济利益的可能性，另一方面对著作权保护提出了严峻的挑战。各个国家基于自己国家的著作权体系以及网络技术的发展，不同程度地调整着著作权人对于作品传播的控制方式和控制权限。例如，我国通过修法的方式在著作权法中增加了一项独立的财产权即信息网络传播权，美国则是将互联网中的传播解释进原有的著作权法的传播权中。无论何种方式，传播权已日渐成为著作财产权中的核心权利和关键权利。此外，随着互联网技术的深入发展，作品在互联网中的传播方式不断变化，从最初的将作品上传至服务器作为传播的起点，到传播作品不再依赖中心服务器，基本实现了不再依赖于复制而相对独立的传播或者与复制几乎同步实施的传播。在一定程度上，互联网环境中的传播权对于著作权人而言具有决定性意义，失去了对作品在互联网环境中传播权的控制则可能导致著作权人在网络环境中的利益无法实现。

二、网络环境下著作权人维护自身权益的斗争

（一）网络著作权纠纷不断增加的原因分析

1. 著作权人权利意识的增强

（1）法律意识的觉醒。我国对知识产权高度重视，制定了一系列知识产权保护的法律法规，并规定每年的4月26日为知识产权日，制定知识产权国家战略，从国家层面贯彻执行知识产权的保护思想。著作权人在保护知识产权的整体良好氛围中，不断增强对自己权益的意识。著作权人更是在网络技术兴起之际，将著作权的保护延伸到网络领域。加之，国家及时制定了《信息网络传播权保护条例》，增加了著作权的权项——信息网络传播权，使得权利人的权利扩展到网络领域，著作权人在此期间也获得了相当的经济回报，著作财产权发挥出应有的经济效应和激励功效。因此，著作权人在有法可依的情况下，更有意识地维护自己的合法权利。

（2）维权意识的专业化。著作权人与作者的分离使得著作权人能够更专职于将作品经济化，从而更专业更有效率，而作者专职于创作，更能集

中精力发挥创作才智。这是社会经济发展到一定阶段社会分工的自然结果，亦是著作权制度随社会经济发展不断演化的社会结果。由此带来的是，著作权人集中人力、物力、财力进行作品内容的传播，从而获得更好的经济效益，为此亦组建专业的法律团队为作品传播获益保驾护航。著作权人专业的维权意识和行为不断强化，成为网络著作权纠纷不断增加的主要内因。

2. 社会公众对著作权保护意识的薄弱

（1）传统思想的影响。在传统印刷时代，我国公众的著作权意识不高，在"窃书不算偷"的传统思想的影响下，对作品的复制和传播更多地出于自发状态而非自觉状态。在网络时代，作品复制和传播的成本降低，速度提升，加之，我国传统的"独乐乐不如众乐乐"以及"美美与共"的思想，更加刺激了民众的分享行为。此外，从经济学的角度讲，生产数字作品副本的每一单位的边际成本几乎可以忽略不计，这样竞争性市场可能对数字作品无法定位，因此得出的结论是数字作品应该是自由免费的。① 在这样的理论及思想的影响下，在互联网中未经许可使用作品成为常态。

（2）法律风险的漠视。在分享行为与侵权行为的边界模糊不清时，侵权的隐患便隐藏其中。此外，网络著作权侵权行为的发生很多还是因为网络用户有意识地忽略法律。② 还有些网络用户故意侵权，因为他们抱着不被发现的侥幸心理。③ 甚至还有"法不责众"的思想在纵容着广大网络用户肆意地上传、转载其并不享有著作权的作品。数字化作品在网络环境中的复制和传输变得简便易行，使每一个网络用户都可能成为信息的使用者、传播者甚至是销售者。④ 这样就形成了一个"全民"侵犯著作权的局面，著作权人利益和公众利益之间的矛盾日益加深。

3. 经济利益刺激侵权行为的发生

（1）侵权成本低而获益高。由于市场机制对资源配置实现最优化的要求，网络作品因具有经济属性，加之其复制成本极低⑤，网络又使得作品

---

① 参见王素玉：《版权法的经济分析》，北京，经济科学出版社，2016，第179页。
② See Kelly McCullom: "How Aggressively Should Universities Enforce Copyright Law on Audio Files?", *Chron. of Higher Educ*, Nov. 19, 1999, at A59.
③ See Chas J. Hartman & Edward Stubenrauch: "I want My MP3: New Technology Sparks 1999 Debate", *The Post*, May 27, 1999.
④ 参见张琳：《网络作品产权问题的经济学思考》，《理论导刊》2006年第11期。
⑤ 参见易成：《网络出版物著作权侵权纠纷及其救济新探——基于经济学的分析视角》，《武汉大学学报（人文科学版）》2007年第4期。

的传播简便、快捷和准确,为实现效益最大化,受经济利益驱动,侵权者往往会铤而走险。① 同时,侵权者往往隐藏在数亿网民中,在网络没有完全实现实名制的当下,要想找到直接的侵权人好似大海捞针,不仅寻找的成本极高,找到的机会也微乎其微。侵权者在这样低的受法律惩戒的机会下,自然愿意冒点风险,实行侵权行为并从中获得经济利益。经济学中认为"风险和收益成正比",在网络环境中,风险和收益不仅成正比,而且比例系数很高,使侵权人足以为了巨大的收益而忽略风险的存在。

(2) 网络侵权的获益附加值高。此外,直接侵权者的经济利益经过网络传播不仅获得了几何倍数的增长,而且一旦网络服务提供者辅之以诱惑或奖赏,便如"在利益之油上添加投机之火",更刺激了侵权行为的发生。网络服务提供者不甘于仅仅通过自身技术优势从作品传播获益中分得一杯羹,还试图控制作品传播得到更大的利益。这便使网络服务提供者具有了刺激网民进行作品上传等行为的动机。网络服务提供者在互联网中的诱导和帮助行为无异于给直接侵权者提供了动力和利器。

4. 目前我国关于网络著作权保护的法律体系不完备

(1) 从我国著作权制度的发展简史来看,我国著作权制度不具备应对技术变革的历史经验。虽然我国是印刷术的发明国,印刷术在封建社会中也为文化传播和繁荣起到了不可低估的作用,但是,封建的土壤并没有孕育出著作权制度来②,在我国法制发展的历程中,并没有萌生著作权或者版权这个概念。③ 直到清朝末年,随着西方资产阶级思想的渗入,我国才意识到保护著作权的意义,并仿效外国,制定了第一部著作权法——《大清著作权律》④,其对我国后来的著作权制度的建立具有重要的影响,特别是1915年北洋政府制定的《著作权法》和1928年国民党政府制定的

---

① 参见潘黎、缴洁:《网络环境下的知识产权侵权问题相关思考》,《大众科学》2007年第23期。

② 著作权制度的产生,既需要必要的技术条件(如作品复制传播技术)、文化环境(如社会对作品的广泛需求)和利益需求(文献传播与利用带来的利益),还需要改变制度产生的经济基础(如将作品视为商品的经济环境)、思想观念及法律传统(强调民事权益保护的法治意识与传统)。参见冯晓青主编:《知识产权法》,北京,中国政法大学出版社,2008,第86~87页。

③ 在印刷行业兴起的宋朝也有过一些对出版书籍采取的保护措施,如南宋民间印刷的图书上就有"已申上司不许复版"的标记。在宋代的《东都事略》《方舆胜览》等文献中也有关于"翻版禁令""出版特许令"等的记载。

④ 在《大清著作权律》中采用了从日本引进的"著作权"称谓,该"著作权"称谓是日本在制定近代法律时,从德国引进的"作者权法"的概念,用"著作权法"一词表达著作者权利法这一含义。这也是我国"著作权"称谓的历史由来。

《著作权法》。① 但是，新中国成立至1990年《中华人民共和国著作权法》颁布之间，我国著作权制度基本处于零的状态。② 值得一提的是，1986年我国通过的《民法通则》第一次将知识产权列为民事权利之一，并明确规定了著作权受法律的保护③，成为我国著作权法律制度的基础。④ 虽然我国著作权制度的建立相对发达国家要晚了上百年，但是由于我国在1992年就加入了保护著作权的公约《伯尔尼公约》⑤和《世界版权公约》⑥，在立法上能够借鉴公约的精神和规定，因而保护水平相对比较高。但是，我国的著作权制度没有经历时间的考验和实践的历练，缺乏应对客观环境变化和科学技术发展的能力和灵活性，因此，在面临新的技术革命，面对新技术对著作权制度的挑战时，显得被动而乏力。

（2）在网络技术面前，目前我国保护网络著作权的法律法规不足以实现最初的立法目的。我国现有的保护网络著作权的法律体系包括国际条约、法律、法规、司法解释和条例等。⑦ 在位阶高的比如《民法通则》《侵权责任法》和《著作权法》等法律中仅对网络著作权的保护进行了原则性规定，缺乏操作性。为应对网络技术发展对原有著作权的挑战，我国也顺应时代需求积极制定了涉及网络著作权的专门性法规，例如《信息网络传播权保护条例》。制定该条例是为了保护著作权人的信息网络传播权，同时促进作品的创作与传播。但在司法实践中，该条例存在诸多弊端，限

---

① 我国台湾地区现行的"著作权法"就是在1928年《著作权法》的基础上经过数度修改而发展至今的。

② 我国在此期间没有专门的著作权制度，但有些条例规定涉及著作权保护问题，例如：1950年全国出版会议通过的《关于改进和发展出版工作的决议》；1952年国家出版总署颁布的《关于国营出版社编辑机构及工作制度的规定》；1953年国家出版总署又颁布了《关于纠正任意翻印图书现象的规定》；1968年国家文化部颁布的《关于文化著作和社会科学书籍稿酬的暂行规定》；1980年颁布的《关于书籍稿酬的暂行规定》；1982年颁布的《关于录音、录像出版物版权保护暂行规定》；1984年颁布的《关于图书、期刊版权保护试行条例》等。

③ 《民法通则》第94条规定："公民、法人享有著作权（版权），依法有署名、发表、出版、获得报酬等权利。"

④ 参见熊英：《知识产权法原理与实践》，北京，知识产权出版社，2010，第41～42页。

⑤ 《伯尔尼公约》全称为《保护文学艺术作品伯尔尼公约》，是英国、法国、德国、意大利等十国经过多次磋商于1886年签订的，是世界上保护著作权最重要的公约。《伯尔尼公约》自生效以来，分别经历了1896年、1908年、1914年、1928年、1948年、1967年、1971年、1979年的八次补充和修订。

⑥ 《世界版权公约》是1952年在联合国教科文组织主持下缔结的专门保护版权的国际公约。

⑦ 主要有：TRIPs协议和《民法通则》《侵权责任法》《著作权法》《著作权法实施条例》《计算机软件保护条例》《信息网络传播权保护条例》以及最高人民法院的一系列司法解释。

制了保护著作权人利益的目的的实现。此外，最高人民法院也相继颁布了涉及网络著作权的司法解释，完善了网络著作权的法律体系。这些法律、法规及司法解释虽然不能完全满足在网络技术飞速发展、网络经营模式不断创新的网络环境中著作权保护的新需求，但已然为权利人保护著作权提供了可操作的指南。

5. 从更深层次来讲，网络著作权纠纷不断增加与现有的著作权制度的价值取向有着深刻的关联

（1）以作者权益为中心的著作权制度与促进作品传播之间的矛盾。我国著作权制度的法律价值在于，通过确认作者权益在著作权法律关系中的首要和核心地位，实现法律保护作者、促进社会文化发展的目的。① 这就使得著作权法承担着通过保护作者和作品传播者的利益促进社会文化发展的任务，围绕作品所产生的利益关系是著作权法调整的核心。作品创作者、传播者和使用者以及公众之间的利益平衡随着互联网的飞速发展被逐渐打破，突出的变化就是网络著作权人的权利与公共利益的平衡被打破。② 著作权人利益与传播者利益之间的平衡被打破③，突出表现在网络服务提供者与著作权人的利益之间呈现矛盾对立化。在保护作者权益的思想指导下，著作权不断扩张到网络领域，公有领域范围相对缩小，这在一定程度上限制了公众获取信息的自由和网络技术的自由发展，而网络技术的发展是不可遏制的力量，民众获取信息的自由又是基本的人权。在这些尖锐的矛盾中，"网络侵权行为"不断发生也就在所难免了。最为典型的

---

① 我国《著作权法》中的许多条款直接彰显了这一原则，例如，第 1 条明确规定："保护文学、艺术和科学作品作者的著作权"，第 9 条将作者列为第一层次的著作权人。第 10 条规定了作者对作品享有的著作权的内容。第 11 条规定了著作权属于作者的基本原则。第 47～56 条规定了常见的侵权行为的处置办法等都直接体现了法律对作者权益的保护。

② 参见常廷文：《网络作品著作权权利限制的理论和立法探讨》，《科技与出版》2005 年第 1 期。

③ 关于利益平衡，袁泳先生在《数字版权》中指出："一般意义上的利益平衡是指私人利益与公众利益之间的平衡。仔细研究起来，版权领域中利益平衡的层次是很丰富的，基本上分为两个层面，其一是作品创作层面，其二是作品传播层面。在作品创作层面中，又包括自然人作者创作时对已有作品的借用和自身的再创作之间的平衡，即一次作者与二次作者之间的利益平衡，还包括新技术影响下自然人作者的利益蛋糕被投资产业商分享的问题。在作品传播层面上，包括版权人与使用者之间的利益平衡关系，又包括版权人内部，作者与投资产业商之间的利益平衡关系。" http：//www.blogchina.com/new/member/_%D4%AC%D3%BE，最后访问日期：2010 - 03 - 18。

例子是美国施瓦茨案①：艾伦·施瓦茨是个罕见的天才，14 岁就协同开发了关键的 RSS（简易信息聚合）通信协议，他是信息自由的坚定信徒。用户必须向期刊数据库 JSTOR 付费，才能获得论文，这让他十分恼火。JSTOR 数据库有数百万份科学论文和研究成果，完全支持科学家和期刊编辑享有言论自由，但也支持这些人认为想读文章就该付钱的自由。JSTOR 认为，在作者研究创造出某种想法之后，如果想以此获得部分报酬，应该是作者的权利。施瓦茨不这么认为，他相信信息也想要自由，这些想法并不属于创造他们的人，把信息锁在墙后，必须付费才能获得的做法是错误的。于是，他利用麻省理工学院的计算机网络进入 JSTOR，下载了数十万份科学论文，打算全部公开到互联网上，让人人可以自由阅读。施瓦茨遭到逮捕，被送上法庭。他在知道自己可能会被定罪并入狱之后，便上吊自杀了。对于控告施瓦茨侵犯信息自由的学术和政府机构，黑客们发动了各种请愿和攻击。面对这种压力，JSTOR 对自己在这起悲剧中扮演的角色表示歉意，并开放了许多数据内容供免费使用。这种信息自由主义思想伴随着大数据时代的到来已经有愈演愈烈的态势，这种思想必将在一定程度上冲击网络著作权保护制度。

（2）著作人身权与著作财产权分离导致内容产业运营的专业化，同时，作品的市场价值实现与激励创作、促进文化发展之间的关系被割裂。如前文所述，随着经济的发展，基于作品产生的人身权已经与财产权发生了分离，作品的经济利益归于专业的经济体进行商业化运作，以更好地实现作品的商业化利用，获得更多的经济效益。而作者所获得的利益往往在人身权与财产权发生分离时即得到实现，后续作品利用产生的市场效果并不直接与作者相关联，因此，作品的市场价值实现与激励创作、促进文化发展之间的直接关联被割裂。著作财产权人为了实现作品经济价值的最大化，更多地会考虑作品的商业利用方式与获得经济回报之间的关系，而忽视作品传播对社会文化发展的作用，因此，会更计较他人对作品的利用，试图控制作品的一切利用方式和途径。当著作财产权人变为专业的商人后，商人逐利的本性便在作品推广传播的过程中充分体现，促进文化发展则成为附带产品而非根本目的。因此，当著作权人身权和财产权分离，在内容产业商业化运作的经济模式下，著作权纠纷被诉至法院的可能性和概

---

① 参见〔以〕尤瓦尔·赫拉利：《未来简史：从智人到神人》，林俊宏译，北京，中信出版集团，2017，第 346、347 页。

率大大提高。

（二）网络数字环境下侵犯著作权行为呈现的特点

网络的特性和数字技术的特点使得作品的存在方式和传播方式呈现出有别于其在传统领域的特点，由此导致网络著作权侵权行为与传统著作权侵权行为有显著不同的特点，具体表现为以下几个方面。

1. 直接侵权人具有隐蔽性及广泛性

由于网络技术使得作品的传播具有即时性和广泛性的特点，即只要通过对计算机的简单操作就可使得作品在网络中进行传播，并不需要大量的人力、物力，更不需要复制和传播的场地，因而直接侵权人可以"以一己之力"通过计算机进行"大规模"的复制和传播行为。另外，网络的虚拟性和实名制的局限性使得权利人试图通过计算机的 IP 地址、注册信息等相关信息寻找到直接侵权人的可能性很小，且成本相当大。直接侵权人的这种隐蔽性导致起诉直接侵权人和认定侵权都非常困难。同时，网络世界没有疆域，网络涉及之处就有侵权存在的可能性。有心理研究表明：一个人在匿名的状态下往往责任感低下，对他人容易作出冷酷或残忍的行为。① 正是因为侵权人在互联网上从事的行为具有高度的隐秘性，所以任何人都有可能成为网络侵权中的侵权主体。加之，由于网络技术的普及，对于数字化的作品只要点击鼠标操作就可实现对作品的复制与传播，这使得著作权侵权的主体可以不受年龄、知识水平等的影响，因而网络侵权隐含着侵权主体广泛的特征。也就是说，网络应用的广泛性决定了网络侵权主体和侵权行为分布存在的广泛性。

2. 网络服务提供者在网络侵权中的地位和作用突出

在网络侵权活动中，网络服务提供者主动或被动地参与到著作权的侵权行为中，这是因为网络著作权侵权离不开网络的传输，而网络的传输正是网络服务提供者提供的服务。因此，直接侵权人往往利用了网络服务提供者提供的服务进行侵权行为。数字作品的载体是数字，其必将存储在一定的介质上，例如存储在计算机的内存中。同样，数字作品的传播需要一定的通道，网络接入服务和信息传导是网络服务提供者提供的服务内容。也就是说，网络服务提供者是网络侵权行为发生的必然要素。② 从行为本身来看，网络服务提供者为侵权行为提供了便利和条件，而这些便利和条

---

① 参见程啸：《侵权责任法》，北京，法律出版社，2015，第 2 版，第 442 页。
② 参见蒋志培主编：《网络与电子商务法》，北京，法律出版社，2002，第 185 页。

件能否构成侵权则要看法律的规定以及具体的行为是否符合侵权的构成要件。但不可否认的是，网络服务提供者对于网络著作权侵权具有不可或缺的作用，有时甚至可能是侵权的主导者。

3. 网络著作权侵权行为失去时空性

网络自诞生之日起就是跨越国界的，超越了国家和地区之间的界限，互联网上的每台计算机之间都可以自由地进行信息交流，这是网络的根本特点。数字技术和网络传播技术使得作品在网络上传播没有国界和地区的界限，导致作品一旦被数字化后在网络上可能同时被传播到网络链接的所有国家和地区，从而使网络著作权侵权呈现无国界、无地区性的特点。同时，网络技术使得传播瞬间完成，几乎是即时的。例如，传播行为就在鼠标轻轻点击"发送"或者"上载"等按钮时发生。由此可见，网络著作权侵权行为与一般侵权行为的重要不同体现在其时空性被打破，呈现异地同时的特点。

4. 网络著作权侵权方式多样，技术复杂，取证困难

网络技术日新月异，网络技术的多样化决定了侵权方式的多样性。目前，较为常见的有利用链接、深度链接、定向链接、搜索、P2P、网页快照等网络技术实施的网络著作权侵权。随着网络技术的发展，各种科技相关软件会成为新的侵权手段和途径，侵权方式也将随之不断演变。同时，网络作品易于复制，且易于修改，具有一定计算机操作技能的人会在较短的时间内对一定的作品进行复制和修改，加之网络助推的作品传播速度非常快，同理，对作品的删除速度也同样的快，这些都使得网络作品在网络上的存续具有不稳定性，增加了取证的困难性。实践中，网络打印件作为证据往往得不到法院的采信，当事人一般在发现侵权后立即采取保全措施，即采取公证截屏等措施固定侵权事实，将公证书作为证据。这样无疑会增加权利人的维权成本和维权周期，制约着权利人权利实现的效率。

第二节 网络数字环境下著作权保护的正当性

进入20世纪90年代以后，数字技术和网络传播技术的飞速发展对现有的著作权制度提出了挑战。作品复制和传播的简便易行，侵权行为大规模发生和网络环境中难以获得授权以及追究直接侵权责任的成本极高等特

点，使得著作权制度受到质疑。然而，从历史的角度看，纵观著作权制度的发展历程，其诞生于18世纪初，历经复印、电影、广播等技术的发展，在一次次挑战中著作权制度不断调整，日渐演变成现存的状态，那么，不难推测就像历史上每一次面对作品传播技术的挑战一样，著作权制度依然能够应对数字技术和网络技术的挑战。著作权的发展史告诉我们，作为知识产权制度之一的著作权制度与技术的发展和进步有着密切的关系。著作权制度在其产生和发展过程中一直因技术的发展和进步而不断地加以修改和调整，从整个历程来看，著作权制度与技术之间的配合基本上是融洽的。

我国著作权制度是在20世纪90年代建立的，其借鉴了国际和国外的成文法的经验而起草立法，可以说直接跨越了著作权发展的一些重要阶段，缺少了应对技术变革而调整著作权相关制度的经验。在网络技术日益普及，网络用户通过网络大行其道的今天，面对肆意的网络中侵犯著作权现象，我们的著作权制度就显得捉襟见肘、力不从心了。在这样的境遇下，网络著作权是否还需要一如既往的保护成为人们热切关注的话题。

一、网络数字时代对著作权保护的质疑

传统著作权制度是否能够自然地延伸到网络领域是备受争议的。众所周知，网络之所以能够风靡全球，主要是因其能够更为便捷地获取信息，这种最大限度最快速度地获取信息的特点正是网络的魅力所在。正如巴洛所讲的那样，信息能够自由无障碍地流通传输是其最根本的伦理价值。[①] 倘若将现有的著作权制度直接扩展到网络环境中势必会冰封原本具有流动性特点的网络世界，破坏掉网络社会中的交往方式。[②] 认为原有著作权法不能自然延伸到网络环境中的观点强调网络的本质需求和特点与著作权是不相融合的，存在不可调和的矛盾。传统著作权法所依赖的作者伦理在网络条件下已经被颠覆。在传统模拟技术时代，作品是个人智力劳动的结晶。这里强调的是个人经过不断摸索、积累而形成的劳动成果。在信息匮乏、交流闭塞的年代，进行文学或其他艺术形式的创作需要经历一个艰苦卓绝的劳作过程。作品从构思成型到流传出去需要很长的周期。作品需要

---

① 参见《信息伦理与版权制度——对巴洛和斯多曼理论的评介和思考》，http://www.paper580.com/news/1070.html，最后访问日期：2012-02-03。

② See Kathy Bowrey: "Ethics Boundaries and Internet Cultures", Lionel Bentley and Spyros M Maniatis edited: *Intellectual Property and Ethics*, London, Sweet & Maxwell, 1998, pp. 19-21.

一定的载体来表现,而这些载体是实实在在的有形物,很容易能够被作者所控制和掌握。作者在整个著作权制度中处于灵魂的地位。① 这就是前文所说的传统著作权法所赖以存在的作者伦理。在洛克财产权劳动理论② 下,作者权利是基于自身的劳动而产生并存在的支配性权利。而在网络环境下,作品的创作往往不是一个人的劳动,网络的本性就是所有参与其中的个体的集合,具有开放性、交互性和包容性,这使得作者和读者的身份不断地转化,融为共通且随时变化的主体。但是,网络上的信息交流方式并不能依靠个人随意设计。这样传统模拟时代的作者和读者、作者和传播者的界分就日益模糊,缺少了著作权诞生之初的环境,没有了作者的核心地位,这样的网络环境很难消融现有的著作权制度。③

在网络环境中,作品的概念很难再体现传统意义上的是可复制的具有一定独创性的思想的表达方式。网络的共融性和开放性,使得独创性面临着质疑。同时,网络作品创作繁衍的速度之快,网络用户在计算机终端的鼠标操作就可能在极短的时间实现最简单的创作。这些材料从传统著作权法的角度讲也可能是作品,只要符合作品的要素就都应当受到著作权法的保护,也就是都应当具有制止别人复制、修改、传播的权利,然而这些权利倘若行使无疑会阻碍网络信息自由流通从而破坏网络世界的丰富性。也许就是出于上述目的,许多作品的"著作权人"并没有主张自己对作品的权利,他们也许出于兴趣爱好,也许出于分享共利等,将自己创作的作品公开在网络上,供其他人阅读欣赏甚至是传播等。支撑传统著作权法的理论——激励论④仿佛失去了其激励创作的价值。通过网络进行创作并传播

---

① 有学者翻译成"文学或者其他作品,以前要经历一个很慢的高强度劳动过程才能产生。从作品产生到广为传播,中间的时间间隔很长。在电子技术占据主导地位之前,文化发展表现为总是力求更清晰地将文本界定为某个个人的作品。各自的权利在离散的单元上形成文化碎片。知识被视为有限度的,因而也是易于控制的。"See Kathy Bowrey:"Ethics Boundaries and Internet Cultures", Lionel Bentley and Spyros M. Maniatis edited: *Intellectual Property and Ethics*, London, Sweet & Maxwell, 1998, p. 20.

② 约翰·洛克(John Locke, 1632—1704)是 17 世纪英国资产阶级的哲学家和政治法律思想家,自由主义的奠基人,古典自然法学派的杰出代表之一。洛克以自然权利理论为前提,通过自然权利到身体所有权的转变,洛克进一步论证了劳动使人们获得私有财产的合理性。

③ 参见沙勇忠:《信息伦理学》,北京,北京图书馆出版社,2004,第 58 页。

④ 激励论为将财产权适用到著作权这一创造性表达领域提供了正当性,著作权法中的激励论是通过赋予智力创作者对其创作作品的专有权利,鼓励智力作品的创作和传播。参见冯晓青:《著作权法之激励理论研究——以经济学、社会福利理论与后现代主义为视角》,《法律科学》2006 年第 6 期。

作品已经成为新网民的一种生活习惯，分享已经成为人们的一种生活态度。① 但是，如果传统著作权法扩张至网络领域就会改变这种分享的方式和交往习惯，产生新的人际关系结构，这种新的人际关系使得传统著作权法在网络上出现"水土不服"的症状。在模拟技术环境中成长起来的著作权伦理观念与网络数字时代形成的网络伦理格格不入，出现了传统的著作权制度在网络中难以实现其制度诉求的尴尬局面。另外，将传统著作权完全扩张到网络领域，也使得原有著作权的目的被扭曲。伦尼教授认为，在19世纪著作权赋予的目的是给作者一个回收其创作成本的合理的机会，而现今的著作权已经发展至保障著作权人不至损失任何一个授权其著作的机会。② 在网络环境中，作品的创作成本相对于传统模拟时代从时间、精力等方面讲都有所降低，但保护的强度却有增无减，这相对来说挤占了公众的利益。因此，将传统著作权保护延伸到网络领域缺乏正当性基础。

二、网络环境中著作权保护的正当性考量

"人类的聪明才智是一切艺术成果和发明成果的源泉。这些成果是人们美好的生活的保证。国家的职责就是要保证坚持不懈地保护艺术和发明。"这是阿帕德·鲍格胥博士在世界知识产权组织日内瓦总部大楼大厅圆顶的题词，这段话说明了包括著作权在内的知识产权保护对于文学艺术、文化繁荣和社会发展的重要意义。不论技术如何进步，未来社会经济和文化发展的基本前提仍然是鼓励人类进行智力创作，促进科学文化的进步。那么，著作权法就应该通过保护作品的商业价值使作者获得经济利益来继续激励作者进行创作。也就是说，作品只要具有商业价值，著作权法就应保护其中的财产性权利。如果作者对于有商业价值的作品的控制得不到充分的保护，就不利于鼓励作者创作，从而不利于文化创新和技术创新的持续进行。即使数字技术具有改变一切的"魔力"，其也无法改变作者、网络服务提供者、唱片制作者和读者之间的利益关系。同时，数字网络的互动特征为契约文化的发展创设了完善的前提，通过技术取得及控制复制的适用，权利所有人可以设定特定的条件，有效地使用任何在数字环境下

---

① 这也许就是"微信"朋友圈火爆的原因之一，那么，在这样的社会心理支配下的行为是否应该纳入知识产权的保护范围成为需要思考的问题。

② See Glynn S. Lunney Jr.: "Fair Use and Market Failure: Sony Revisited", 82 *B.U.L. REV.* 996. pp. 1014-1015 (2002).

的作品。① 实际上，正如马克·斯特菲克（Mark Stefik）指出的："作者和出版商可以获得作品更多的而不是更少的控制权。"②

同时，著作权还是著作权相关产业的核心价值源泉。在网络数字技术的推动下，以著作权为核心内容的文化创意产业，把文化、技术、产品和市场有机结合起来，成为促进传统产业创新、加快经济发展方式转变、增强国家软实力的重要推动力量。随着数字技术和内容经济的发展，著作权相关产业从传统的新闻出版、广播影视、广告宣传拓展到软件开发、网络传播创意设计、数据服务等新的领域，对经济社会的全面发展发挥着越来越重要的作用。③ 网络版权产业已经成为产业变迁浪潮中具有发展潜力和重要性的新兴产业。早在 2003 年世界知识产权组织就在其发表的《版权相关产业经济贡献调查指南》中指出，版权产业是指版权可发挥显著作用的产业，是国民经济中与版权相关的诸多产业部门的集合。这些产业部门的共同特点是，以版权制度为存在基础，发展与版权保护息息相关。据世界知识产权组织提供的数据，2012 年我国版权产业的贡献率已经超过国民生产总值的 7%。④ 根据《2015 年中国版权产业的经济贡献报告》⑤ 的调研结果，2015 年中国版权产业的行业增加值已经突破 5 万亿元，达 50 054.14 亿元人民币，占全国 GDP 的 7.3%，比上年提高了 0.02 个百分点；城镇单位就业人数为 1 666.9 万人，占全国城镇单位就业总人数的 9.23%；商品出口额为 2 633.36 亿美元，占全国商品出口总额的 11.58%。调研数据表明，中国版权产业在国民经济中的比重逐步上升，在推动经济发展、优化经济结构中发挥着越来越重要的作用，成为中国经济发展的新引擎。2016 年中国网络核心版权产业的行业规模突破 5 000 亿元，同比保持了 31.3% 的高增长速度，10 年间增幅超过 30 倍，版权产业

---

① 参见〔英〕埃斯特尔·德克雷主编：《欧盟版权法之未来》，徐红菊译，北京，知识产权出版社，2016，第 413 页；P. B. Hugenholtz (2000): "Copyright, Contract and Code: What will Remain of the Public Domain?", *Brooklyn Journal of International Law*, Vol. 26, pp. 77-90, p. 79; P. Goldstein (1997): "Copyright and its Substitutes", *Wisconsin Law Review*, pp. 865-871, p. 867.

② 王素玉：《版权法的经济分析》，北京，经济科学出版社，2016，第 181 页。

③ 参见斯伟江、詹毅、袁洋、吴鹏斌编著：《知识产权保护在中国》，北京，法律出版社，2010。

④ 参见《我国版权相关产业对国民经济的贡献已占国内生产总值的近 7%》，http://news.xinhuanet.com/politics/2011-04/20/c_121327882.htm，最后访问日期：2012-05-04。

⑤ 参见《2015 年中国版权产业的经济贡献报告》，http://www.cbbr.com.cn/article/111415.html，最后访问日期：2017-10-02。

对整体经济的贡献能力持续提升,带动了版权产业整体结构向网络化和信息化转型,对版权产业实体经济的发展起到了激活和催化作用。(参见图1-1)美国国际知识产权联盟(International Intellectual Property Alliance,IIPA)发布的《美国经济中的版权产业:2016年》显示,2016年美国全部版权产业为美国经济贡献了近2.1万亿美元的增加值,是无可争议的美国经济支柱产业,甚至已经远远超过在全球处于霸主地位的金融行业,就业贡献率接近8%,GDP贡献率也接近8%。①

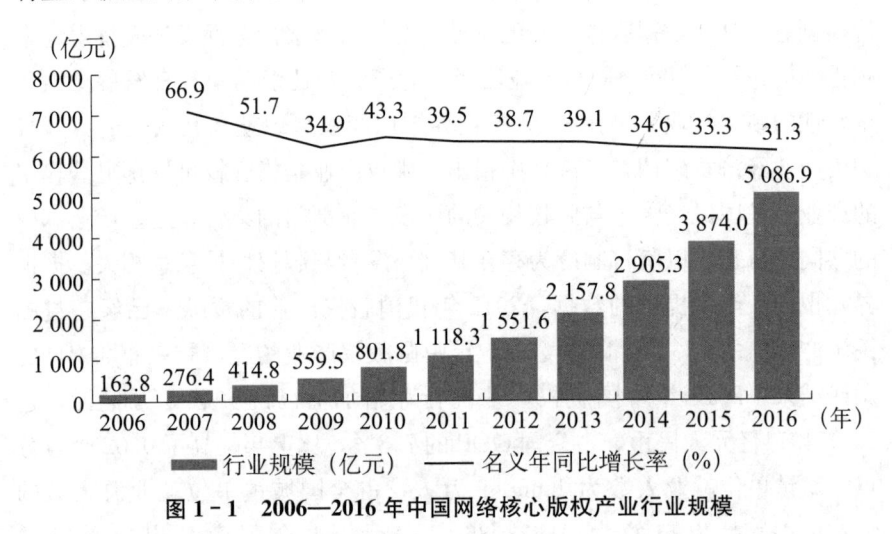

图1-1 2006—2016年中国网络核心版权产业行业规模

同时,伴随着我国版权保护力度的不断增强、移动互联网的加速普及、融资环境的改善以及泛娱乐商业模式的成功等因素,2016年以文学、视频为内容的用户付费模式得到了快速发展,逐渐开始改变网络版权产业单纯依赖网络广告和网络游戏赢利的商业模式。在网络核心版权产业的细分领域,2016年中国网络游戏行业规模达1 827.4亿元,特别是借助移动设备的普及,中国网络游戏产业规模在2013年超过美国,并在内容出口方面成绩斐然,逐步开始抢占全球市场。2008年到2014年间,我国网络游戏软件出口额从5亿元增长到184.6亿元。中国网络文学产业规模已达100亿元,题材也从以往玄幻为主导的单一类型向多元化发展,逐渐形成了以网络文学为基础的泛娱乐IP开发模式,已经形成与好莱坞大片、日本动漫、韩剧齐名的当代"全球四大文化现象"。中国网络广告产业规模为2 808亿元,充分享受着移动时代下的流量红利,增速快于美国,未来

---

① 参见杨延超:《版权战争》,北京,知识产权出版社,2017,第1页。

网络广告产业规模赶超美国指日可待。中国网络视频行业规模2016年已达到521亿元，10年间增长近百倍，在产业正版化转型之后，网络视频用户付费规模保持了极高的增速，逐步实现从广告营收向会员付费的模式转型。未来，网络视频行业内容生产将趋于垂直化，内容传播将趋于精准化，盈利模式将趋于多样化。① 网络音乐产业行业规模突破150亿元，同样，版权保护使得用户付费变得可行，目前付费音乐以及在线演艺成为产业发展的主要趋势。据预测，我国版权产业中心以IP为核心，打通游戏、动漫、影视、文学、电竞、音乐各领域的泛娱乐模式，将是中国IP走向全球的文化标签。"互联网+版权产业"将对我国经济发展作出重要贡献。

因此，对著作权的保护意义重大。从市场来看，著作权保护已经超出传统的文化意义而更多地向经济意义拓展。然而，在网络数字环境中，以网络服务提供者所提供的网络服务为代表的正在蓬勃发展的网络技术，是促进经济发展的又一新的增长点，是科技服务经济的创新模式所在。对网络服务提供者的保护也是对网络技术发展的保障。因此，在著作权保护水平较高的网络发达的美国，在设立网络法律时，也考虑了网络发展的需要。② 在科技日新月异、文化日益繁荣的现代社会，维护著作权权利人的权益，保障公众参加经济文化生活、享受智力创作成果的权利，促进文化创意产业和网络科技产业共同进步与社会发展等之间的利益关系更需要很好的利益平衡。

同时，著作权领域中还有多个层次的利益平衡，从作品创作层面讲，不仅包括自然人创作时对已有作品的借鉴和自身再创作之间的平衡，还包

---

① 参见田小军、张钦坤：《5 000 亿，中国网络版权产业正在崛起》，《中国新闻出版广电报》，2017-09-28。

② 例如，美国的第一部有关规范互联网络的法律《通讯正当行为法》（其目的之一是鼓励在线网络产业的发展）。See Neil Fired："Dodging the Communication Decency Act when Analyzing Libel Liability of On-line Services：Lunney v. Prodigy Treats Service Provider Like Common Carrier Rather than Address Retroactivity Issue"，*Columbia Science and Technology Law Review*，1，Nov. 29，1999. 在《数字千年版权法》的立法过程中立法者也表述了网络技术发展和著作权保护之间的关系："该法案远不只是关于版权法的法案。该法案将确定在电子商务环境下消费者和商家是否可以进行某种行为或者使用某种设施，很多这些规则将直接影响电子商务的潜在发展。" See David Nimmer："A Riff on Fair Use in the Digital Millennium Copyright Act"，*University of Pennsylvania Law Review*，January，2000（148），p.673.

括新技术影响下作者的利益蛋糕被投资产业商分享的利益平衡。① 在作品传播层面上，不仅包括著作权人与使用者之间的利益平衡关系，还包括著作权人内部即作者与投资产业商之间的利益平衡关系以及这两者同网络环境中的作为传播者的网络服务提供者之间的利益平衡关系。

第三节 技术进步与著作权制度的关系

一、从著作权制度的演进历程可以看出，著作权制度从一开始便是在不断地迎接新技术的挑战中发展和变化

结合科学技术发展的历史，有学者总结著作权制度的演进分为三个飞跃性的阶段：一是现代印刷技术的出现，直接孕育了著作权制度；二是广播技术的发展使得远距离向大众提供作品成为可能，为作品的使用提供了新的市场；三是数字技术的产生使得著作权制度面临着深刻的革命。② 目前的问题是：面对数字网络技术的挑战，现行的著作权制度是否能够适应？要回答好这个问题，离不开对著作权制度与技术发展的交织嬗变的历史的考量。

著作权制度的产生与 1450 年约翰尼斯·古登堡活字印刷机的发明密切相关。③ 从法经济学的角度看，印刷技术不断成熟使得盗版有利润时才有可能产生版权法制度。④ 当印刷机可以被广泛应用，印刷技术广为传播时，现代意义上的第一部著作权法诞生了，即英国的《安娜女王法》。版权制度与技术发展的相伴相随的关系从一开始就密切相连。伴随着模拟技术的发明而诞生的各种设备为作品提供了多种载体，极大地丰富了作品的形式。在数字技术产生后，作品的载体脱离了有形可视的物理载体而转变

---

① 参见袁冰：《数字版权》，http://www.blogchina.com/new/member/_%D4%AC%D3%BE，最后访问日期：2010-12-14。
② See Peter S. Menell: "Envisioning Copyright's Digital Future", *UC Berkley Public Law and Legal Theory Research Paper*, No. 95, 2002, http://papers.ssrn.com/sol3/paper.cfm?abstract_id=328561。
③ 〔澳〕彼得·达沃豪斯、〔澳〕约翰·布雷斯韦特：《信息封建主义》，刘雪涛译，北京，知识产权出版社，2005，第32页。
④ See Geller Paul Edward: "Copyright History and the Future: What's Culture Got to Do with it?", *Journal of the Copyright Society of the USA*, 2000 (47), p. 210.

为电子信号,这极大地丰富了作品的传播方式,也极大地提高了传播速度。① 正如郑成思教授所言,实际上,版权制度自诞生以来,就在不断接受并适应着新技术带来的挑战。这种对新技术很强的变通性与适应性,正是著作权制度以往面对摄影技术、录音技术和卫星技术时屡次表现出来的气概,也正是著作权制度几百年来长盛不衰并稳步发展的生命力所在。②

面对技术的革新,原有的著作权法律制度针对网络数字技术的发展该采取怎样的态度与策略成为各国面临的问题。不同国家处于不同的技术条件和法律环境中有不同的态度。例如,法国有学者认为网络数字技术的出现不会影响著作权。③ 这种推断未免过于绝对,欧盟绿皮书认为,网络新技术的出现可能会影响具体的作品传播方式,但不会影响著作权的基本理论和原则④,则具有一定的前瞻性。美国知识产权信息基础设施工作小组的报告认为,"尽管技术的发展超出了版权法的触及范围,但没有必要制定新的法律。对目前法律的修改可以解决技术对法律的要求"⑤。美国早在1790年就颁布了统一的《联邦版权法》,此后,又先后于1873年、1891年、1909年、1976年、1980年、1990年、1998年、2005年进行了多次修改。这些修改都是伴随着新技术的出现或加入相关国际公约而逐步扩大保护的范围,反映了"印刷版权—电子版权—网络版权"的版权载体发展与版权保护创新的过程。⑥ 从国际公约的角度讲,随着技术的进步,公约也是随时在进行自身的补充、调整与完善的,这可以从《伯尔尼公约》的历次修订中得到体现。1886年《伯尔尼公约》达成之初正处于印刷技术环境下,版权中最重要的权利便是复制权,复制权在当时被认为是

---

① 参见郑友德:《知识产权与公平竞争的博弈——以多维创新为坐标》,北京,法律出版社,2011,第37页。

② 参见郑成思主编:《知识产权——应用法学与基本理论》,北京,人民出版社,2005,第355页。

③ 法国西里内利报告认为,数字技术固然扩展了作品的传播范围,并使新形式的作品问世,但是这种技术变化不会在各个方面对著作权产生影响。See Dreier, Der franzoesische: "Rapport Sirinelli", *zum Urheberrcht und den neuen Technologie*, GRUR Int. 1995 Heft11, ss. 841-842. 转引自郑友德:《知识产权与公平竞争的博弈——以多维创新为坐标》,北京,法律出版社,2011,第36页。

④ See Commission of the European Communities, *Green Paper*, *Copyright and related Rights in the Information Society*, 1995, 7, 19. Brussels, p. 24.

⑤ *A Preliminary Draft of the Report of the Working Group on Intellectual Property Rights* 1, July 1994. 转引自从立先:《网络版权问题研究》,武汉,武汉大学出版社,2007,第5页。

⑥ 参见孙南申等:《美国知识产权法律制度研究》,北京,法律出版社,2012,第5、6页。

权利人当然的权利,甚至都不需要在公约文本中重复。①《伯尔尼公约》自从颁布以来大约每20年便修订一次,每次修订都与新技术的产生与发展息息相关。例如,随着钢琴乐曲带技术(piano roll)的发展,1908年11月13日公约在柏林修订时增加了音乐作品的录制权;为了适应广播技术的发展,1928年6月2日公约在罗马修订时增加了播放权;随着电影技术的产生与发展,1967年7月14日公约在斯德哥尔摩修订时增加了电影摄制权。②公约的发展历程昭示着这样一个道理:新技术的发展是不可阻遏的潮流,权利人的利益随着新技术的发展而不断调整,试图阻止新技术只能是螳臂当车,终将功亏一篑。

而顺应新技术的发展,为新的使用作品的方式寻求报酬成为技术与著作权结合的最佳选择。立法者也会在保障新技术发展的同时,对权利人给予一定的补偿,从而使得公众的利益与权利人的利益相协调。③版权制度三百年来积累的利益平衡经验为数字技术的版权问题的研究提供了宏观的理论脉络,是进行具体网络版权制度设计的基本准则。④

二、从司法实践的历史来看,著作权制度的司法实践也是与新技术的发展相辅相成的

促进新技术的发展,保障合法权利的实现,是司法实践的指导思想。权利人如果试图阻止新技术的发展,往往很难得到法院的支持。以美国的司法实践为例,在 Sony 案中,法院以"非实质性侵权用途"标准判决制造与销售 Betamax 的录像机不是侵权行为,从而使得权利人试图阻止一种新的复制与发行技术的发展的想法破产。在 RIAA v. Diamond Multimedia System. Inc. 案中,权利人试图以 Rio 没有安装加密技术 SCMS 为由阻止其销售,美国第九巡回法院判决认为 Rio 不是"数字录音设施",没有违反《家庭录音法》,因而不构成侵权。有学者认为,法院判决背后

---

① 参见世界知识产权组织:《保护文学和艺术作品伯尔尼公约(1971年巴黎文本)指南》,刘波林译,北京,中国人民大学出版社,2002,第44页。
② 同上,第54~62页。
③ See Jane C. Ginsburg: "Copyright and Control over New Technologies of Dissemination", *Columbia Law Review*, 2001, 101 (1613), p.5.
④ 参见丛立先编著:《网络版权问题研究》,武汉,武汉大学出版社,2007,第118页。

的指导思想是不能阻止技术的发展。①

"他山之石，可以攻玉"，美国的这些司法实践经验有助于我们应对网络技术条件下纷繁复杂的网络著作权侵权行为。面对网络数字技术给权利人利益带来的不利影响，著作权法应该寻求如何适应这种新技术，如何与新技术的提供者合作来解决问题。因此，在网络技术环境下，权利人如何与网络服务提供者合作成为关键性问题。正如《控制权革命》一书的作者安德鲁·夏比洛所言：科技是我们的文化环境里不可分割的特色之一，因而，无论其多么复杂，科技还是我们应该努力去理解的对象，如此我们方可尽可能地促使科技和我们的个人价值与共同价值相互协调一致。著作权法作为保护著作权人权益与保护文化发展的公共利益的平衡机制，如何在数字及网络技术应用如此广泛的时代，提出一套具体的措施，使得著作权人获得适当的保障，有机会从著作权交易市场取回合理报酬，同时也让资讯的流通、著作的利用在合法且自由的状况下为之，促进数字科技与生活及法律制度结合，不违反人民的法律情感。正当化著作权制度在网络时代存在的正当性与必要性，是个问题。② 戈尔茨坦（Goldstein）在1994年时就认为："版权从诞生之日起就是技术的孩子。在印刷术发明之前，版权就没有存在的理由。几个世纪之后，照片、录音制品、电影、录像机、CD和数字计算机等戏剧性地扩展了可机械复制娱乐和信息的市场，也增强了版权在规范市场秩序方面的功能。"③ 然而，"对作者权利保护越多，对技术的创新的鼓励就越少；著作权法的实施就是实现平衡的实践"④。如何实现著作权保护与技术发展的利益平衡成为问题的关键。

三、技术中立原则调节技术发展与著作权保护

著作权是为了保护作者权利，激励作者创作，从而促进文化和科学的

---

① See Jane C. Ginsburg："Copyright and Control over New Technologies of Dissemination"，*Columbia Law Review*，2001，101（1613），pp. 7-8.

② 参见赖文智：《数位著作权法》，益思科技法律事务所，2003，第53页。

③ Goldstein P.：《版权高速公路：从古登堡到自动点唱机中的版权法律和知识》，纽约，希尔和王出版社，1994，第27~28页。

④ Per Justice Souter delivering the Opinion of the Supreme Court at p15 of the judgement，http：//www.supremecourtus.gov/opinions.

发展与繁荣而设置的权利。① 在此，我们可以看出，促进文化和科学事业发展是著作权法所要实现的最终价值追求。然而，当文化发展与科学技术发展出现利益冲突时，著作权法作为利益平衡的产物也身负调节利益冲突的重任。在著作权制度中设置权利限制和合理使用本身就是为公众利益以及科学发展让路，这是平衡利益的需求。但仅有这些还是不足以解决科学技术发展与著作权保护之间的冲突。为此，在司法实践中，在历经多次技术变革后，技术中立原则作为平衡技术发展与保护著作权利益的最佳工具得到认可，在实践中充分发挥了其调节利益冲突的功能和价值。

技术中立原则可以追溯到美国联邦最高法院 1984 年判决的索尼案，该案确立了"实质性非侵权用途原则"，亦称"技术中立原则"。该原则是指某种技术能够被用作合法用途，即使有可能被用作非法用途也不应承担侵权责任。② 但美国联邦最高法院指出：第九巡回上诉法院将"实质性非侵权用途"规则解读为"只要一种产品具有实质性的合法用途，制造者（和消费者）就永远不能被要求为第三方对该产品的侵权性使用承担侵权责任"，而"这一理解是错误的"③。如果存在能够证明销售者主观意图的其他证据，技术中立原则并没有要求法院忽略这些证据。因此，当证据能够证明销售者有促成他人侵权的言论或行为时，"技术中立原则将不能阻止责任的产生"④。

从著作权保护的客体来分析，著作权保护的是思想的表达，与这种表达依赖的形式和承载的载体无涉，也就是说无论什么技术形式作为载体，都应该一视同仁地得到著作权法的保护。⑤ 网络的基本理念是通过网络尽可能使信息数据交换简便、快捷。为此，网络设计者往往会从怎样才能使得信息的传播更快更便捷的角度来设计网络，而不是从怎样保护作品著作权的视角来设计网络。这就是说网络本身就是技术的载体或者实践着技术本身，其本不带有任何主观色彩，是处于网络用户与网络服务提供者之间客观存在的技术手段。这就为网络技术中立做了最基本的诠释，因此，网

---

① 参见《著作权法》第 1 条："为保护文学、艺术和科学作品作者的著作权，以及与著作权有关的权益，鼓励有益于社会主义精神文明、物质文明建设的作品的创作和传播，促进社会主义文化和科学事业的发展与繁荣，根据宪法制定本法。"

② 参见张今：《版权法上"技术中立"的反思与评析》，《知识产权》2008 年第 1 期；冯刚：《网络交易平台服务提供商的侵权归责原则问题》，《中国知识产权》2010 年第 8 期。

③ Metro-Goldwyn-Mayer Studios v. Groster, 2005 u. s. lexis 5212, pp. 36-37.

④ Id, p. 38.

⑤ 参见梁志文：《云计算、技术中立与版权责任》，《法学》2011 年第 3 期。

络环境中同样适用技术中立原则。

在技术中立原则的庇护下，网络技术得以飞速发展，但与此同时，著作权人的利益日益遭受以新技术工具为手段的侵蚀，这就再次产生了技术与版权保护之间的矛盾。著作权人对于新技术带来的新市场所产生的利益自然想置于自己的掌控中，但新技术使得权利人对新市场的控制乏力，新技术的控制者即网络服务提供者通过掌握的新技术在新的市场上利用著作权人的作品创造了利润，这种行为无异于"搭便车"或者"揩油"。著作权人自然不会眼睁睁地看着自己的利益被别人瓜分，于是一场利益之争就如火如荼地展开。① 本书认为，新技术的发展具有不可阻止的力量，任何人试图阻止技术的发展都是不可取的。但是，新技术在带来经济利益的情况下应该允许原有利益主体从新技术中获得部分利益。如果新技术颠覆了原有的市场，在新技术带来的新市场中，应该允许原有权利人通过新技术来控制新形式的市场。在网络数字时代，网络技术带来了新的著作权市场，著作权人要想实现自己的财产权利益势必要在新市场上占据主导地位。任何利用新技术抢占新市场的行为必将招致权利人的围攻，技术中立原则这时也会显得爱莫能助！正如有学者所言，技术中立原则并不能为P2P等传播技术提供可持续的法理基础。② 技术就像一把双刃剑，要想使技术发挥积极的作用必然需要法律的规制和引导，打个比方说，法律在技术发展之路上应该起到医生的作用，挥舞的应该是手术刀而不是斧头。③ 如果新技术的提供者以允许侵犯版权的方式来诱惑、吸引用户，自己从中牟利，那么，这种诱使别人进行侵权行为的行为同样要受到法律的制裁。也就是说，我们可以通过惩戒主观上存在过错的技术提供者来引导技术的

---

① 关于这场利益之争，简·金斯伯格教授总结出："当版权人寻求排除新的传播技术，而法院并不认为该技术传播者将有害于版权人时，法院常常拒绝该传播行为的侵权性，即使支持其裁决的法律和经济理由都是勉强的；这也并不是说，当版权遇到新技术时，法院每次都拒绝予以保护，或者立法者将制定强制许可之方案。而当版权人试图参与并从新的作品利用模式中获得报酬之时，法院、立法者均会予以明确赞同；版权人应该在新市场中获得适度的报酬；如果新市场不只是原市场的补充，而是其竞争市场，版权人应该控制该新市场。该种控制允许版权人拒绝许可，因而要求支付市场价格。" Jane C. Ginsburg：" Copyright and Control over New Technologies of Dissemination"，*101 Colum. L. Rev.* 1613，1617（2001）.

② See Peter S. Menell & David Nimmer："Legal Realism in Action：Indirect Copyright's Continuing Tort Framework and Sony's De Facto Demise"，*55 UCLA L. Rev.* 1（2007）.

③ Gouglas Litman："The case against YouTube：Technology has to have Room to Grow, but Bad Intent by Web Providers must be Punished"，http：//www.law.uchicago.edu/news/lichtman-you-tube/，2008－08－12.

健康发展。技术中立原则要实现的目标是保护技术的发展，同时维护著作权人的应有利益。法律从来不应去制裁一项技术，其规制的是具有主观过错而使用技术的行为。

由上可知，技术中立原则虽然为技术发展提供了一定的安全环境，但其并不是没有任何法律风险的。在技术的不断发展中，法律在保护原有权利与保障新技术之间不断地进行着调整。如何进行规制才能更好地实现技术发展与权益保护的协调，成为法学理论界和实务界共同关注的课题。

第二章 网络服务提供者承担侵权责任的法经济学考量

> 经济学是一种统一的方法,适用于解释全部人类行为。①
> ——加里·S. 贝克尔*

法经济学(又称"法律的经济分析""经济分析法学"等)是法学与经济学交叉融合而形成的一个边缘学科,是"将经济学的理论和经验主义方法全面运用于法律制度分析"②的学科。尼古拉斯·麦考罗(Nicholas Mercuro)和斯蒂文·G. 曼德姆(Steven G. Medema)在二人合著的《经济学与法律——从波斯纳到后现代主义》一书中更明确地指出:法经济学是一门运用经济理论(主要是微观经济学及福利经济学的基本原理)来分析法律的形成、法律的框架和法律的运作以及法律与法律制度所产生的经济影响的学科。③ 在版权问题研究领域率先使用经济学的分析工具来研究的是知识产权保护对象,即对知识产品和信息产品的分析。从经济学视角来看,法律赋予人类智力劳动成果以独占的、排他的权利是有效率的。例如,古典学者包括斯密(Adam Smith)、边沁(J. Bentham)、萨伊(J. B. Say)、穆勒(J. S. Mill)、克拉克(J. B. Clark)等都肯定产权制度可以鼓励发明创造。④

---

* 加里·S. 贝克尔,美国芝加哥大学教授,1992 年度诺贝尔经济学奖获得者。
① 〔美〕加里·S. 贝克尔:《人类行为的经济分析》,王业宇、陈琪译,上海,上海三联书店、上海人民出版社,1995,第 11 页。
② 〔美〕理查德·波斯纳:《法律的经济分析》,北京,中国大百科全书出版社,1997,第 2 版,序言。
③ See Nicholas Mercuro, Steven G. Medema: *Economics and Law*: *From Posner to Postmodernism*, Princeton University Press, 1997, p. 3.
④ 参见朱慧:《激励与接入:版权制度的经济学研究》,杭州,浙江大学出版社,2009,第 29~30 页。

根据经济学的一般原理可知，著作权作为一种典型的知识产权具有天然的公共属性。按照现代产权经济学的区分，著作权的客体——可复制的思想表达形式[①]属于公共产品，即在使用或者消费上不具有个人排他性。也就是说，作品作为思想表达形式的载体在交换和消费中并没有损耗和丧失，反而可以通过知识的累积和应用，实现知识的增值。[②] 但是法律为了给作者一定的激励，赋予作者一定时期的垄断权，而这种垄断权又与公共利益密切相关。可以说，所有的著作权是人类共同的财富，是促进经济发展和社会进步的动力。知识产权法的立法目的也是将科技成果、作品等公开，促进文化成果和知识产权信息的扩散，让社会从中获益。[③] 而这根本目的的实现离不开作者的创作，创作是文化繁荣、社会进步最根本的动力。为了保障作者创作的积极性，法律不仅赋予作者各种财产性权利，还对侵权行为进行了严格的规定；不仅规定直接侵权者应该承担侵权责任，还规定第三方在知道侵权行为存在时依然为侵权行为提供便利、帮助实施侵权的也应当承担侵权责任。这种保护方式也是由著作权客体的公共属性决定的。

在传统的印刷时代，由于侵权手段的提供者与使用者之间有着密切的关联，因而在判断第三方是否知道直接侵权行为与其提供的手段之间的关系时，对其主观状态的判断不会产生疑惑。[④]同时，由于传统印刷技术的局限，对作品进行大规模的复制、传播显得力不从心，盗版者很容易被辨识和控制，因而中间媒介的侵权责任在传统著作权侵权行为中并没有多大的意义。但是，在网络环境下，网络服务提供者作为中间媒介在作品的复制和传播中起到了巨大的作用。网络服务提供者提供的传播机制，可以非常高效地传播数字内容。[⑤] 作品作为一种公共产品，当其创作的成本与模仿的成本的比值接近无限大时，也就是说在创作成本极高而复制成本极低

[①] 关于著作权的客体也有学者用著作权保护的对象来表达，但客体和对象是截然不同的。

[②] 参见陶鑫良、袁真富：《知识产权法总论》，北京，知识产权出版社，2005，第21页。

[③] 参见李洁：《知识产权公益服务与商业服务的界限》，转引自杨铁军主编：《知识产权服务与科技经济发展》，北京，知识产权出版社，2010，第329～330页。

[④] See "Goldstein on Copyright (3ed edition) §8.1", Aspen Law & Business (2005).

[⑤] See Matthew Fagin, Frank Pasquale & Kim Weatherall: "Beyond Napster: Using Antitrust Law to Advance and Enhance Online Music Distribution", 8 B. U. J. Sci&Tech. L., pp. 451, 501-503（2002）.

的情况下，作品作为公共产品的"动、静平衡问题"就恶化了。① 著作权侵权行为随时可能发生，而在浩如烟海的网络信息中寻找直接侵权人对于著作权人维权来说显得成本高昂且效果甚微，加之直接侵权人往往是普通的网民，其经济能力不容乐观，因此，权利人往往选择通过追究网络服务提供者的共同侵权责任来实现对权利的救济。② 然而，在数字技术条件下，被用作侵权的网络服务脱离了网络服务提供者的直接控制，以至于事实上网络服务提供者很难判断其所提供的网络服务的使用状态即很难判断用户的使用行为是侵权性使用抑或合法性使用。那么如何应对这样的局面，根据网络技术的特点有两种做法值得商榷。一种做法是通过网络技术切断数字传输，这种"一刀切"的做法会伤及无辜，造成整个社会总体效益的降低。③ 这就与知识产权保护的目标相悖。④ 另一种做法就是依据技术中立原则为技术开绿灯放行。但如果所有的使用行为都按照索尼案所确立的"非实质性侵权用途"标准即技术中立原则来排除网络服务提供者的侵权责任，则不利于保护著作权人的利益，也为网络服务提供者"搭便车"提供了便利。因而，随着网络技术的不断发展，著作权保护面临着严峻的挑战。为更好地捍卫自己的权益，著作权人往往选择起诉网络服务提供者的途径来实现对自身利益的维护。

仅2014年一年，全国地方法院新收的知识产权民事一审案件共95 522件，其中，著作权纠纷案件59 493件，占整个知识产权案件的

---

① See Trotter Hardy: "Not So Different: Tangible, Intangible, Digital, and Analog Works and Their Comparison for Copyright Purposes", *26 U. Dayton L. Rev.*, pp. 211, 225 (2001).

② 在数字环境中，对网络服务提供者等媒介提供者的著作权侵权诉讼，通常不涉及特定最终用户的具体行为。实际上，大多数诉讼都请求法院关闭整个媒介提供者，或者要求改变媒介提供商的运营模式。See Mark A Lemley & R. Anthony Reese: "A Quick and Inexpensive System for Resolving Peer-to-Peer Copyright Disputes", *23 Cardozo Arts & Ent. L. J.* 1 (2005).

③ See Raymond Shih Ray Ku: "The Creative Destruction of Copyright: Napster and the New Economics of Digital Technology", *69 U. Chi. L. Rev. 263*, pp. 266 - 268 (2002). 这种做法也有学者认为："事实上，以关闭整个网络服务为代价来换取著作权在网络上的保护，可能会因为信息传播效率的降低而带来整个社会成本的增加。"张小林：《试论互联网数字化著作权侵权纠纷的可能解决方案——以网络服务提供商的"自我审查"为视角》，转引自张平主编：《网络法律评论》，北京，北京大学出版社，2011，第12卷。

④ 例如，TRIPs协议第7条在规定知识产权的目标时明确：知识产权保护和执法应有助于促进技术革新、技术转让和技术传播，使技术的创造者和使用者互相受益并有助于社会和经济福利的增长，以及权利义务的平衡。由此可见，增进社会和经济福利的增长是知识产权保护的根本目标之一。

62.3%①；而涉及网络的著作权纠纷案件数量近年来占著作权案件的60%左右②，网络已成为版权保护的主战场。同时，涉及网络服务提供者的串案和关联案件较多。这样给网络技术的发展、网络服务提供者创新和经营的积极性带来了沉重的打击。③ 这种局面当然不是法律所期待的价值体现，保护著作权不应该以牺牲新技术发展为代价。面对技术与原有著作权保护的权益的冲突，如何实现在保护原有权利的前提下，对技术的发展提供保障，需要精确地调整这两者的关系。实现对著作权的保护既是对原有合法权利的尊重，也为从事文化创意产业提供了良好的环境，起到激励创作的作用。网络服务提供者代表着新技术的生产者和新经营模式的创造者，是网络经济创造与发展的"操盘手"。由此看来，网络环境下著作权的保护问题涉及两个创新产业的发展问题，如何平衡文化创意产业和网络技术产业之间的利益问题成为如何配置网络服务提供者责任需要考量的关键问题。由于将网络服务提供者的责任纳入著作权法会导致技术创新与著作权保护之间失去原有的平衡状态，重新配置著作权人、网络服务提供者和侵权人三者的责任问题成为平衡各方利益的关键。

面对这一棘手而又紧迫的问题，现有的理论有时显得无奈和无力，一方面我们缺乏有效的制裁方案，难以保障著作权人的利益；另一方面我们所取得的制裁效果是以付出巨大的社会成本为代价的，遏止了技术的进步和科技经济的发展。如何进一步认识和把握网络著作权侵权的本质，更有效地控制和减少侵权，并在保护著作权人权益的同时促进科技进步和文化的交流、传播与繁荣，成为我们亟待解决的关键问题。

为此，本书尝试借助经济学的理论工具来突破现有的网络著作权理论研究的格局，试图探寻实现著作权人利益、网络服务提供者利益以及公众利益之间平衡的途径。在不考虑著作权权利内涵及限制可能发生变化的情况下，

---

① 参见《中国法院知识产权司法保护（2014）》，http：//www.court.gmw.cn/lawdb/show.php? fid=148925，最后访问日期：2015-07-27。

② 参见王艳芳：《〈关于审理侵害信息网络传播权民事纠纷案件适用法律若干问题的规定〉的理解与适用》，《人民司法》2013年第9期。

③ 正如美国学者莱斯格指出的那样："因特网发展势头的衰退部分是由于美国在知识产权领域开展了一场声势浩大的法律规制运动。起先，在市场激励下，投资者不得不开发新的、更具竞争力的内容制作和发布系统。可是，这一切完全被法律诉讼改变了。在保护集中的、强大的旧有工业的同时，法律诉讼扼杀了技术创新。"〔美〕劳伦斯·莱斯格：《代码》，李旭译，北京，中信出版社，2004。

着重考量网络服务提供者在保护著作权中的地位和如何承担责任的问题。

第一节 什么是网络服务提供者

网络服务提供者的称谓在不同的国家或者在不同的法律文件中有不同的表述。WIPO 在 2005 年的"版权与互联网络媒介研讨会"上将信息服务提供商称为"互联网媒介"（Internet Intermediaries）；美国的《数字千年版权法案》（Digital Millennium Copyright Act，简称 DMCA）中使用的是"服务提供者"（service provider）的概念。①对于"provider"的翻译，有时翻译成"提供者"，有时翻译成"提供商"，两者并无本质区别，只是区分是否以营利为目的，因为个人也可以提供在线服务、内容服务等。②同时，这里的网络服务提供者一般是指"在线服务或网络接入提供者，或在线服务或网络接入设备的运营商"，以及一个"在由用户指定的网络两点或者数点之间，对于用户选择的材料，不修改其传输或收到的材料内容，而提供传输、路由或提供数字在线通信接入服务的单位"③。欧盟的《电子商务指令》称其为"信息社会服务提供者"，指提供任何信息社会服务的自然人或者法人。④我国在《信息网络传播权保护条例》中使

---

① 在 DMCA 中服务提供者包括两种含义，最广的含义包括在线服务提供者或者网络接入服务提供者或者为提供在线服务或接入服务运营设备的运营者。See DMCA, Sec. 512. (k) DEFINITIONS- (1) SERVICE PROVIDER- (A) As used in subsection (a), the term "service provider" means an entity offering the transmission, routing, or providing of connections for digital online communications, between or among points specified by a user, of material of the user's choosing, without modification to the content of the material as sent or received. (B) As used in this section, other than subsection (a), the term "service provider", means a provider of online services or network access, or the operator of facilities therefor, and includes an entity described in subparagraph (A).

② 参见全国人大常委会法制工作委员会民法室编：《侵权责任法立法背景与观点全集》，北京，法律出版社，2010，第 579 页。

③ 17U. S. C. §512 (k) (1).

④ Directive 2000/31/EC of the European Parliament and of the Council of 8 June 2000 on certain legal aspects of information society services, in particular electronic commerce, in the Internal Market, Article 2 Definitions for the Purpose of this Directive, the following terms shall bear the following meanings: (a) "information society services": services within the meaning of Article 1 (2) of Directive 98/34/EC as amended by Directive 98/48/EC; (b) "service provider": any natural or legal person providing an information society service.

用的是"网络服务提供者"的称呼①，具体是指通过信息网络向公众提供信息或者为获取网络信息等目的提供服务的网络经营者。② 另外，在我国的司法解释中使用的也是"网络服务提供者"这一概念。为与我国相关法律、司法解释相一致，本书采用"网络服务提供者"这一称谓。网络服务提供者根据其职能可以做如下区分：一是网络服务者，是指提供通路以使使用者或者网络连线的从业者，为用户提供接入网络服务。二是网络接入服务者，是指建立网络中转站、租用信道和电话线路，以及提供中介服务，包括连线服务、IP 地址分配、电子布告板 BBS（Bulletin Board System）等的从业者。三是网络内容服务提供者，利用 IAP 线路，通过设立的网站提供信息服务，大到如 YAHOO、新浪网等网站，小到设立 Web 网页的个人用户。四是在线服务提供者，是指一种网络信息发布者，它主要提供数据库、检索、查询、论坛等服务。另外，还有网络平台提供者、网络设备供应者等类型。③ 在我国理论界，不同学者对网络服务提供者的认识和定义也不尽相同。例如，中国人民大学张新宝教授认为网络服务提供者包括提供传输主机、信息主机、交流服务和交易便利服务等多种服务类型的中间商。④ 杨立新教授则认为，广义的网络服务提供者包括网络联机信息服务供应者（ICP）、网络接入服务提供者（IAP）和网络平台供应者（IPP）。⑤ 本书对网络服务提供者进行宽泛的定义，认为除直接提供内容服务的网络内容服务提供者外，涉及网络服务的提供者均为本书所讨论的网络服务提供者。并且，由于网络技术的不断发展和融合，网络服务提供者的身份也在不断嬗变，本书并不局限于网络服务提供者的特定身份不变，而是着重分析其提供服务的类型和服务的行为特点。在 20 世纪末和 21 世纪初，当以美国为代表的一些国家开始制定针对数字技术尤其是互联网环境下的版权法时，网络服务提供者主要分为四种，即"网络接入服

---

① 《信息网络传播权保护条例》第 13～17 条和第 20～24 条中均使用了"网络服务提供者"的称呼。

② 参见张建华：《信息网络传播权保护条例释义》，北京，中国法制出版社，2006，第 52 页。

③ 参见全国人大常委会法制工作委员会民法室编：《侵权责任法立法背景与观点全集》，北京，法律出版社，2010，第 578～579 页。

④ 参见张新宝：《互联网上侵权问题研究》，北京，中国人民大学出版社，2003，第 31 页。

⑤ 参见杨立新：《电子商务侵权法》，北京，知识产权出版社，2005，第 221 页。

务提供者"①"缓存服务提供者"②"宿主服务提供者"③ 和"信息搜索服务提供者"④。这四种网络服务提供者在网络结构中的地位是不一样的。互联网的结构从底层到顶端可以分为四层，即物理连接层、互联网层、传输层和应用层。⑤ 从技术上看，层级越高也就是越靠近应用层面、越接近网络终端用户的服务提供者距离所传输的信息内容越接近，识别和规制的可能性也越高。⑥ 利用不同的服务进行侵权行为，网络服务提供者的责任是有区别的。例如，关于网络服务提供者侵犯著作权的法律定位，美国等西方传统法学理论中有"二分论"之说，该理论将信息流动过程中的所有当事人基本上分成两类：发布者⑦和传播者⑧，不同的网络服务提供者根据其服务内容和性质承担不同的法律责任。⑨ 开放的网络本身是一个创造的平台，各种网络服务有交叉重叠也会有创新，因此，本书在探讨其承担责任时按照"网络服务提供者"这一统一称谓进行具体分析，同时，将提

---

① 网络接入服务提供者是指为用户接入互联网络提供物理连接的服务提供者，在我国主要有中国网通、中国电信以及赛尔网等公司，而接入互联网的主要方式有电话线、无线宽带和有线宽带等。

② 缓存服务提供者与系统缓存服务有关，在互联网中为了减少对网络带宽的使用和对被访问服务器的访问量，提供网络传输的速度，提供缓存服务的提供者会将经常被访问的内容加以存储，为以后相同或者不同的用户使用，这样就不需要每次都对最初的服务器进行访问。

③ 宿主服务提供者是指提供互联网络服务器服务，使得其他组织或者个人可以通过该服务器向他人提供内容服务，最常见的这种服务为提供 Web 网页宿主服务的提供者，但是一般都是综合性服务，如包括电子邮件服务等、博客服务、网络视频服务以及像阿里巴巴、淘宝网等电子商务网站也是属于这种服务。

④ 信息搜索服务提供者是指为用户在互联网络上搜索信息尤其是在万维网页上搜索信息提供服务的服务提供者。一般 Web 网站都有一定的搜索功能，但是有些服务提供者提供更专业和更强大功能的搜索服务，其中著名的服务提供者有中国的百度公司、美国的谷歌公司和雅虎公司等。

⑤ 参见〔美〕安德鲁·S. 坦尼鲍姆：《计算机网络》，熊喜贵等译，北京，清华大学出版社，1998，第 26~27 页。

⑥ 参见吴伟光：《数字技术环境下的版权法危机与对策》，北京，知识产权出版社，2008，第 67 页。

⑦ 对于发布者而言，在将信息以书籍、文章、广播节目或是电视节目等方式向社会公布之前，都有充分的机会对原始信息的内容进行选择和审查。因此，对于信息发布者设定的义务是非常严格的。

⑧ 对于信息的传播者而言，由于书店、报刊亭、公共图书馆的经营者并不能对其出售、出借或者出租的大量书籍、报纸、杂志的内容进行一一审查，更不可能行使"编辑方面的控制权"去修改或删除其某一部分，因而法律并不要求传播者履行过高的监控义务。

⑨ 参见王迁：《论 BBS 法律管制制度》，《法理学、法史学》1999 年第 3 期。转引自蒋志培主编：《网络与电子商务法》，北京，法律出版社，2002，第 192~193 页。

供各种网络传输存储服务包括网络链接、搜索、信息发布、P2P 等服务的提供者统一界定为本书所讨论的网络服务提供者。

这里还需要明确的一个概念就是"网络"的内涵。随着信息技术的不断发展，特别是三网融合[①]的不断深入，手机等各种终端设备都可以连入网络进行信息的传输，而这里的网络与传统意义上的计算机网络究其本质是一样的。因此，本书在讨论网络著作权问题时所指的网络是指以各类电子设备为接收终端的计算机互联网、移动通信网、广播电视网、固定通信网等向公众开放的信息网络。[②]

第二节　网络服务提供者承担侵权责任的法经济学分析起点

美国芝加哥大学教授经济学家科斯发表《社会成本问题》[③] 一文开启了现代法经济学的大门，使得法经济学成为一门独立的学科。科斯定理通

[①] 三网融合是指电信网、广播电视网、互联网在向宽带通信网、数字电视网、下一代互联网演进的过程中，三大网络通过技术改造，其技术功能趋于一致，业务范围趋于相同，网络互联互通、资源共享，能为用户提供语音、数据和广播电视等多种服务。三网融合并不意味着三大网络的物理合一，而主要是指高层业务应用的融合。三网融合应用广泛，遍及智能交通、环境保护、政府工作、公共安全、平安家居等多个领域。以后的手机可以看电视、上网，电视可以打电话、上网，电脑也可以打电话、看电视。三者之间相互交叉，形成"你中有我、我中有你"的格局。参见百度百科中关于"三网融合"的介绍。

[②] 湖南省高级人民法院《关于审理涉及网络的著作权侵权案件若干问题的指导意见》（湘高法发〔2011〕15 号）第 11 条规定："以计算机、电视机、手机等各类电子设备为接收终端的计算机互联网，与计算机互联网相联或不相联的移动通信网，与计算机互联网相联或不相联的局域网等数字信息网络，法院应当认定为著作权法规定的'信息网络'。"山东省高级人民法院《关于审理网络著作权侵权纠纷案件的指导意见（试行）》（2011 年 1 月 6 日）第 16 条规定："以计算机、电视机、手机等各类电子设备为接受终端的计算机互联网、与计算机互联网相联或不相联的移动通信网、与计算机互联网相联或不相联的局域网等数字信息网络，人民法院应当认定《中华人民共和国著作权法》第十条第（十二）项、第三十八第一款（六）项、第四十二条第一款规定的'信息网络'。"最高人民法院《关于审理侵害信息网络传播权民事纠纷案件适用法律若干问题的规定》（法释〔2012〕20 号，以下简称《信息网络传播权民事案件法律规定》）（2012 年 11 月 26 日）第 2 条规定："本规定所称信息网络，包括以计算机、电视机、固定电话机、移动电话机等电子设备为终端的计算机互联网、广播电视网、固定通信网、移动通信网等信息网络，以及向公众开放的局域网。"

[③] 在该文中，科斯创造性地引入了交易成本（或称"交易费用"）概念，并提出了著名的"科斯定理"。该定理表明，当交易费用为零时，无论法律关于权利的初始界定如何，通过市场交易都可以使资源配置达到有效率的结果。但是现实中的市场交易成本不可能为零，而是一个正值。当交易成本为正时，法律关于权利的初始界定对资源配置的效率就会产生重大影响。科斯定理发挥作用必须满足两个严格的条件：一是产权明确，二是交易成本为零。

过引入交易成本概念，使法律关于权利义务的规定与资源配置效率联系起来，从而为对法律制度进行经济学分析提供了理论基础。但是用经济的视角和方法来分析法律这种思想方法历史渊源久远。① 法经济学在当代的复兴是现实所需，这种现实的迫切性体现在涌现出的新的现实问题有着复杂的特性，而解决这些问题的方法显得匮乏，传统思路略显僵化，需要我们另辟蹊径。阿曼·A. 阿尔钦（Armen A. Alchian）、吉多·卡拉布雷西（Guido Calabresi）发表了《关于产权的经济学》和《关于风险分配和侵权法的思考》，从经济学的视角分别对财产法和侵权法这两个重要的法律领域展开了具体的研究，对法经济学的发展作出了重要的贡献，也为从经济学视角分析法律问题进行了方法论上的突破。波斯纳更是极力推崇经济学作为分析工具的价值，认为"法律领域中非常特殊的问题可以用简明的经济学概念来讨论，法律制度的结构也可以用经济效率的概念来解释"②。马克思也曾提出了一个法与经济的关系的一般性结论③，这就说明，对于法律制度，必须从经济的意义上去理解。美国著名法官、法律现实主义的代表人物霍姆斯在一百多年前道出一句名言："理性地研究法律，时下的主宰者或许还是'白纸黑字'的研究者，但未来属于统计学和经济学的研究者。"④ 经济分析对于理解法律和法律的变化是一项有用的分析工具，改良法律将能改进社会环境。⑤ 法经济学（涵括了博弈论、行为经济学、统计分析等理论工具）采用的是一种科学的进路，它注重对微观的个体行为的分析，研究人们如何对法律激励作出反应，因此它能比较有效地评价和预测法律制度的实际运行效果以及法律和经济体系之间的相互影响，并在此基础上提出可行的规范性建议，以促进资源的有效配置和社会福利的提高。从实证分析的角度看，法律实际上就是一种激励机制，它通过责任

---

① 这种思想方法早在孟德斯鸠、亚当·斯密、威廉·配第、边沁、贝卡里亚直至马克思等这些伟大思想家的论述中就有体现，他们在分析法律问题时已经开始有意识地采用了经济学的分析方法。

② 〔美〕理查德·A. 波斯纳：《法律的经济分析》，蒋兆康译，北京，中国大百科全书出版社，1997，第9页。

③ 关于法律，马克思有一个著名的论断："法的关系，也像国家形式一样，不能用它们本身来解释清楚，也不能用所谓人类精神的一般发展来解释清楚；恰恰相反，它们根源于物质生活关系，黑格尔会按照18世纪英国人和法国人的先例把这些关系的总和称为'市民社会'。"《马克思恩格斯全集》，第1卷，北京，人民出版社，1956，第XIII页。

④ Oliver Wendell Holmes：" The Path of Law"，*10 Harvard Law Review* 457（1897）.

⑤ 参见〔美〕尼古拉斯·麦考罗、斯蒂文·曼德姆：《经济学与法律——从波斯纳到后现代主义》，北京，法律出版社，2005，第13页。

的配置和惩罚（或赔偿）规则的实施，内部化个人行为的外部成本，诱导个人选择社会最优的行为。①

经济学的原理之一就是人们会对激励作出反应。在普通市场上，人们会对价格作出反应；而在法律市场上，人们会对制裁作出反应。因此，利用法律这一激励手段，立法者可以诱导人们采取他所期望的行为。但是，存在的问题是，如果立法者不了解法律的激励作用实际上是如何发生的，有时就可能导致法律实施的效果与立法者的初衷背道而驰。法律之所以会产生错误的激励，原因在于立法者没有充分考虑到与激励有关的一个问题——信息不对称以及由此引起的利益结构的改变。所谓信息不对称，是指在一项具有不确定性的交易中，一方向另一方隐藏自己的私人信息或行为，从而给另一方施加某种外部成本的情况。经济学的根本目标就是资源配置效率的极大化，具体说就是，我们在从事任何行动时，都要力争使一定量的成本投入能够获取最大的产出，或者说使一定量的产出的成本投入最小化。② 因此在评估一项法律制度的效率时，法经济学家现在更多地采用卡尔多—希克斯（Kaldor-Hicks）效率或财富最大化标准：如果赢家的获益超过输家的损失，或者说，如果社会财富（通过支付意愿来衡量）的总量增加了，那么一个法律改变就是效率增进的。③

因此，本书尝试从法经济学的视角对网络著作权保护问题进行探讨，希望能在经济学工具的指引下对网络服务提供者侵犯著作权责任问题进行分析，为将来的制度构建或司法审判提供可量化的参考。

从经济学的视角来看，著作权作为知识产权之一是一种"公共产品"（Public Good），具有公共产品的一般属性，主要体现在：一是消费无竞争性（Non-rivalrous Consumption）——单个个体对公共产品的消费不会影响其他人的消费数量或质量；二是非排他性（Non-excludability）——试图排除未付费之受益人消费该公共产品的成本将非常高。④ 这也是著作

---

① 参见张维迎：《信息、信任与法律》，北京，生活·读书·新知三联书店，2003，第63页。

② 经济学上对于效率概念有着多种多样的定义，比较普遍的说法是，如果下面两个条件之一成立，一个生产过程被认为是有效率的：（1）不可能使用一个较低成本的要素组合生产同样数量的产出；（2）不可能利用同样的要素组合得到更高的产出水平。参见〔美〕罗伯特·D.考特、托马斯·S.尤伦：《法和经济学》，上海，上海财经大学出版社，2002，第12页。

③ 参见〔美〕尼古拉斯·麦考罗、斯蒂文·曼德姆：《经济学与法律——从波斯纳到后现代主义》，北京，法律出版社，2005，第76页。

④ See Robert Cooter & Thomas Ulen, Law and Economics, Addison Wesley, 5th ed., 2007.

权保护遇到的最大问题,即排斥某些人使用或消费作品一般来讲是费用高昂的。而作品的经济价值体现在其基本特性即可复制性上。作品的可复制性不仅实践了作品的价值,而且提高了原始作品的价值。① 作品的可复制性决定了其具有可传播的特性。作品的传播又使得原始作品的价值得以几何效应地增长。如果作品的权利人能够控制对该作品的复制行为,著作权权利人就可以获得复制件的部分价值,这部分价值也是原始作品的衍生价值。例如,一张 CD 的价值是 V,如果能够复制的数量为 N,则其总价值 TV(Total Value)就可以表示为单张的价值 V 与复制数量 N 的乘积(即 $TV = V \times N$)。由于作品具有可复制性,且复制数量不影响原作品的质量,数个复制件可以同时独立使用,因而复制数量可以无限大,从而作品的总价值被无限放大,只要有足够的消费者这种无限大的价值就能得到实现。著作权人在扣除控制复制行为的成本后就获得了因作品复制而获得的价值增值。在网络数字时代,作品的复制几乎是零成本,作品的传播速度就是电子信号的传播速度,作品的传播使得作品的价值得以几何效应地增长,这就意味着作品的复制和传播(用 B 来表示)使得作品的总价值得以成几何倍数地增长,用数学表达式可以形象地表示为:$TV = (V \times N)^B$。② 由此可见,作品的复制和传播对于作品的价值体现具有举足轻重的意义。同时,著作权人可以通过价格歧视,通过向大量复制者收取一个更高的价格而占有从其消费复制中产生的部分价值。③ 但是,著作权的非排他属性使得权利人控制作品未经授权的使用变得相当难且成本相当高,尤其是在网络数字环境下,大量复制者不通过著作权人的授权就可以较为轻易地获得该作品,并且复制传播该作品的成本极小,这样著作权人通过作品获得的经济利益便将面临严峻的挑战。尤其是在网络服务提供者"搭便车"的情形下,著作权人的利益面临着更大的危机。正如库兹涅茨所讲到的那样,现代经济增长的重要因素之一是知识存量的增长。④ 而著作权的保护是为了鼓励作者进行创作,从而增加知识的存量,进而促进经济的增长。如果著作权人的利益频频受到打击,其创作的积极性必

---

① See S. J. Liebowitz: "Copying and Indirect Appropriability, Photocopying of Journals", 93 *Journal of Political Economy* 945 (1985).

② $TV = (V \times N)^B$ 在这里不是严格意义的数学公式,只是本书为了形象化地表达而创设的表达形式。

③ 参见〔美〕威廉·M. 兰德斯、理查德·A. 波斯纳:《知识产权法的经济结构》,金海军译,北京,北京大学出版社,2005,第 57 页。

④ 参见陈昌柏:《知识产权经济学》,北京,北京大学出版社,2003,第 9 页。

然受到影响，这样就会影响到知识存量的增长，从而影响整个经济的发展。

著作权人①和网络服务提供者都是理性的经济人，追求利润最大化是其最根本的目标，也就是说充分实现著作财产权的经济效益是其行为的目标，当然，其行为也都要受到收益和成本的驱动和制约。"根据经济激励理论，在创作作品的成本高于模仿别人的作品的成本时，如果法律不对模仿进行限制，将对作者创作作品的积极性构成打击，甚至对作品的创作构成反面激励。"② 根据科斯定理可知，要想实现产值的最大化效应就应该在明确产权③的基础上，使得交易成本④为零。交易成本为零只是理论上的假设，在现实的经济活动中是不存在交易成本为零的状态的。于是，科斯在这基础上提出了科斯第二定理，该定理的主要内容是：若交易成本为正⑤，则不同的产权界定会造成不同的资源配置结果。通过第二定理，科斯意在告诉人们，由于交易成本的存在，法律所确立的产权制度和其他制度安排对资源配置效率是至关重要的。⑥ 换言之，保护著作权的最有效方法是动用法律程序来保证著作权的经济利益不被他人"搭便车"或无偿使用。但由于著作权具有公共物品的属性，不会因多人同时使用而用尽，有时一个作品反而会因许多人的使用而升值，因而在维持权利时要考虑如何使维护权利的费用最优。在知识产权领域复制或无偿使用是追求高额利润者的必然行为。著作权人和网络服务提供者在同一市场上，都期待从作品的传播中获得收益，他们之间不可避免地存在着冲突和矛盾，如何调整他们之间的利益，从而实现整体效益的最大化成为关键。根据经济学的观

---

① 这里的著作权人的内涵是专指拥有著作财产权并积极实践著作财产权全部经济效益的著作权人。

② Mark A. Lemley: "The Economics of Improvement in Intellectual Property Law", 75 Tex. L. Rev. 989, pp. 994-999 (1997).

③ 所谓"产权"在现代经济学中的含义是很广的，一般而言，产权是指受制度保护的某种利益，而不仅仅是指财产权利。其范围既包括物质资产，也包括知识、技能、商誉、环境等。

④ 所谓"交易成本"（或称"交易费用"），简单地说就是为达成一项交易、做成一笔买卖所要付出的时间、精力和金钱等各方面的成本。

⑤ 交易成本为正是指存在交易成本。

⑥ 美国著名经济学家道格拉斯·诺斯教授将科斯第二定理更加简洁地概括为：当交易费用为正时，制度是重要的。这句话道出了制度经济学的基本观念：制度结构以及制度变迁是影响经济效率以及经济发展的重要因素。参见盛洪主编：《现代制度经济学》（上卷），北京，北京大学出版社，2003，第9页。

点，要实现整体效益的最大化①就是要促进市场交易主体的合作博弈。事实证明，如果合作成本太高，双方就不能缔结合同，这样就有侵权行为发生的可能。斯密赞成一种建立在由"看不见的手"自我调节基础上的自由主义的经济和政治秩序，认为自利的个人通过追求各自的利益就能实现社会公共福利的最大化，因而国家对个人经济活动的过分干预不仅在道德上是不可取的，而且在效率上也是不必要的，甚至是有害的。② 然而，市场的运行实践证明完全放任的自由经济是盲目的，会增加交易的成本。同时，著作权人和网络服务提供者在网络中的产权存在模糊的状态，这在导致网络侵权纠纷不断发生的同时，也增加了社会成本。实际上，整个法律以及其他制度（包括道德、习俗、惯例等）就是通过明确产权、对侵害他人产权和利益的外部性的行为实施制裁、限制人们的机会主义行为、为市场交易提供便利和指引等方式来减少和克服交易成本的。那么，法律如何进行规制才是符合市场规律的，才能有效降低交易成本，在保障著作权人利益的同时促进网络技术的发展，成为本书探讨的问题。

第三节　网络服务提供者选择侵权的法经济学分析

根据经济学的理论可知，一个人只有在预期收益超过预期成本时，才会违法。因此，为了有效制止或减少违法行为，法律必须施加充分的"痛苦"即增加行为人的违法成本，以保证这一成本能超过行为人从违法行为中预期得到的收益。假设一个人拥有合法的权利，其在交易费用较低（如果交易费用较高，则另当别论）时，以相应的价格支付为条件，未经其同意，该权利就不可能转移或废除。在经济环境下，根据知识产权法的规定，智力劳动成果可以作为权利的对象，也就是说著作权人拥有对自己创作作品的法定权利，其自然也会坚决维护和保障自己的权利。经济学并没

---

① 这里的最大化是产权交易中的两个相互关联的效率目标之一，另一个效率目标是均衡。最大化被看作是每个经济个体的目标，即使效用达到最大。使利润达到最大均衡是指每一方都同时达到最大目标而趋于持久存在的相互作用形式。均衡的具体表现是每个人都想通过交易获得能提供最大满足欲望能力的物品组合，他们彼此之间就欲望的满足形成一定的价格，互相制约，逐步达到需求等于供给，从而出现价格不再变动或持久不变的情形。

② 参见〔英〕亚当·斯密：《国民财富的性质和原因的研究》，http://www.hudong.com/wiki/%E3%80%8A%E5%9B%BD%E5%AF%8C%E8%AE%BA%E3%80%8B，最后访问日期：2012-01-20。

有驱逐个人权利，反而极力张扬了这种权利。

如果存在权利是分析侵权问题的前提，那么侵权行为是怎样发生的则需要进行分析。在市场经济环境下，进行侵权行为毫无疑问是为了追逐利益。那么，侵权行为发生的条件是什么。根据贝克尔的观点，我们可以建立一个简单的模型，用以说明一个人在何种情况下会选择实施侵权。根据经济学的一般规律，一个人选择侵权，目的是追求侵权的收益（本书用 G 表示）；当然侵权也需要成本，投入的各种资源（时间、精力、金钱等）构成侵权的机会成本（用 OC 表示）；侵权者都面临被法律制裁、承担法律责任的风险，因此，侵权行为的成本中还包含承担预期侵权责任成本（用 EC 表示）。一个人最终是否会选择侵权，在于侵权能否为他带来正的净收益（用 NG 表示）。

即：$NG = G - OC - EC \geqslant 0$（1）

对上述公式可进行如下组合：

即：$NG = (G - OC) - EC$（2）

在（2）式中，"$G-OC$"是侵权者的侵权收益减去机会成本后的剩余。依照经济学理论，剩余就是侵权的经济利润，如果这项利润为正，说明行为人在侵权活动中具有比较优势，即将相同的资源用于侵权活动能为行为人带来比其他（例如，合法的行为）活动更多的收益。这是行为人选择从事侵权活动的一个必要条件。行为人最终是否从事侵权活动，还取决于对预期侵权成本（EC）的考量。这就涉及法律对该行为的规制力度。在网络著作权的侵权行为中，由于网络技术为作品复制传播带来的便捷性和零成本性，通过对计算机的简单操作瞬间就可实现对作品的复制和传播，因而侵权人为侵权投入的时间成本、精力成本和经济成本都非常低，使得侵权行为的机会成本几乎为零，这就极大地增加了侵权行为发生的可能性。同时，又由于直接侵权人隐匿于数亿网民中，在纯虚拟的网络环境中，网民被法律制裁的风险极低，这无疑导致其预期侵权责任成本很小，因而选择侵权成为直接侵权人的理性经济选择，法律试图通过直接惩戒直接侵权人来杜绝网络侵权行为成为不效率也不可能的事情。"自利而明智的决策者将忽视他们强加给他人额外成本，而只考虑自己在作出能获得更大效用或者利益的决定时的个人成本。"[①] 同理，网络服务提供者在放纵

---

① 〔美〕罗伯特·考特、托马斯·尤伦：《法和经济学》，张军等译，上海，上海人民出版社，1994，第482页。

或制止其用户进行侵权行为时，作为理性经济人，也面对着成本－收益的考量。对上述公式（1）进行重新组合：

即：$NG = G - (OC + EC)$ （3）

其中"$OC+EC$"表示网络服务提供者为直接侵权人提供便利的机会成本和法律风险的成本总和，如果其因此而获得的总收益大于总成本，网络服务提供者在利益的驱动下会毫无顾忌地为侵权行为提供便利。现实中，网络服务提供者纵容抑或帮助直接侵权人进行侵权行为的机会成本几乎为零，这是因为，网络服务提供者提供网络服务的同时即为侵权行为提供了技术支持，在其业务范围内没有增加成本，也就是说网络服务提供者的机会成本已经被自己的正常业务经营成本所含纳。从预期的侵权成本来看，这里需要进行探讨的是网络服务提供者可以为避免自己承担共同侵权责任而进入"避风港"创造条件。另外，它还可以自己不知道也没有理由知道侵权行为的存在或发生为由免除侵权责任或者以技术中立原则进行抗辩，使得其侵权责任成本降到最低。因此，网络服务提供者在现有的法律环境中会择机为侵权创造条件。在机会成本一定的情况下，除非其侵权责任成本增加，达到高过其期待获得的利益后才可能制止网络服务提供者为侵权行为提供便利。因此，要想制止网络服务提供者为网络用户直接侵权提供便利或纵容、帮助其进行侵权，应该提高网络服务提供者的侵权的预期成本。提高侵权的预期成本可以从以下三个方面着手：一是严格限制网络服务提供者进入"避风港"的条件；二是在判断网络服务提供者主观过错上施行较为严格的主观过错的判断标准或者通过举证责任倒置的方式来增加网络服务提供者的举证责任；三是排除技术中立原则为一切技术行为免责的必然。通过以上三方面来提高侵权的预期成本，这样就减少了网络服务提供者的侵权收益，当这种预期成本达到一定值使侵权没有利益可图时，网络服务提供者也就不会再纵容或帮助网络用户的直接侵权行为。

第四节　网络服务提供者承担侵权责任的经济学考量

著作权的最大特点是不易控制，特别是在网络数字环境中，其外部性显得尤为突出。为了有效阻止效益外溢或限制其外部性，法律将网络服务提供者纳入了保护著作权的责任体系内。在过去二百多年里，许多经济学家和法学家对侵权法规则中所包含的"福利"的含义进行了讨论。其中，边沁、赫尔墨斯和禾耶均认为侵权法应当以功利主义为基础。但是，在20世纪60年代，科斯、卡拉布雷西和波斯纳开创了对侵权法进行经济学分析的新思路。科斯在1960年提出，因为高昂的交易成本，侵权法在获得分配效率方面极其重要。① 在网络环境中，侵权行为时有发生，正如欧盟版权指令所解释的那样，"在数字环境的许多情况下，网络服务提供者的服务可能越来越多地被第三人用来实施侵权活动，这些网络服务提供者处于终结这些侵权活动的最佳位置"②。

一、网络服务提供者承担侵权责任的原因分析

(一)"最便宜避免方"规则的适用

根据经济学的基本理论可知，在避免侵权行为时，为了实现追求社会效用最大化，法律会理性地选择"最便宜避免方"来承担侵权责任。这也就是加尔布雷斯所说的为了实现事故成本最小化的社会目标，应该让能以最低的成本来避免事故发生的一方来承担侵权责任。毫无疑问，从经济学上讲，让"最便宜避免方"承担避免事故的责任是高效率的。那么，仅仅因为其承担制止侵权的成本低就将制止侵权的责任加在网络服务提供者身上是否符合正义的标准呢？边沁的论断精炼地回答了这个问题，那就是"最大多数人的最大幸福是正确与错误的衡量标准"③。

在经济学思维的指导下，根据成本—收益方法来判断让"最便宜避免方"来承担侵权责任使得法院的任务变成了判断当事人中谁能更方便、低成本地改变其行为并预防侵权的发生。"最便宜避免方"就是为侵权行为承担侵权责任最经济的一方。这样，侵权的归责就成了效率估值后的结论。④ 这与传统法学的归责原则不同。法学信奉"个人权利优于社会效用"（Rights trump utility——德沃金），而经济学恰恰相反，认为"社会效用优于个人权利"。由此可见，如果一方的侵权行为能够增进社会效用，则这种所谓的侵权行为不仅不应该受到制裁，还应该得到提倡。换言之，

---

① 参见谢地、杜莉、吕岩峰编著：《法经济学》，北京，科学出版社，2009，第158页。
② Daniel Seng: "Comparative Analysis of the National Approaches to the Liability Intermediaries", p. 5.
③ 〔英〕边沁：《道德与立法原理导论》，时殷弘译，北京，商务印书馆，2000，第57页。
④ 参见叶玉：《民事归责的经济分析——论"最便宜避免方"规则》，《当代法学》2002年第4期。

如果一方具有合法权利,但其行使权利的方式有碍于社会效用,这种方式应该被否定。经济学追求的是社会整体效用的增加而非个体效用的提升。因此,在网络环境中确定网络服务提供者承担侵权责任可以适用"最便宜避免方"规则。

(二)"最便宜避免方"规则适用的条件

第一,交易成本过高时,可通过法律强制适用"最便宜避免方"规则。

根据经济学的基本精神,每个人都是理性的经济人,在进行交易时都会自觉地以利益最大化为行为目标。在网络著作权侵权中,网络服务提供者在因侵权作品传播获利时可给予权利人一定的经济补偿,相当于作品的许可使用费。这样,权利人、网络服务提供者和公众三者的利益都能够得到实现,社会的整体效用也会呈现最大化。如果在自由的市场中能够直接实现这一最佳的运营模式,在现实中也不会产生如此众多控诉网络服务提供者的网络侵权案件。这里的关键是交易费用问题。一是为获取交易机会、了解交易对象等花费的信息费用。网络上存在大量的数字作品,网络服务提供者如果要找到其中某一作品的权利人的成本非常高,作品的原权利人也许是个人或法人,权利也许是几经转让后被另一个人或法人所享有,这些如果都需要网络服务提供者去寻找,并了解权利人是否愿意和网络服务提供者合作,其成本将相当高,以至于超过了他能从中得到的效用。因此,网络服务提供者一般不会主动去采取这种措施。反之亦然,即著作权人寻找合作的网络服务提供者的成本也是相当高的,并且要分割自己的收益,所以,著作权人也不愿意主动采取措施来与网络服务提供者进行合作。二是在合作之前进行磋商的成本。著作权人拥有权利,网络服务提供者拥有技术,但是关于利益的分配问题双方为了使自己的利益最大化会尽可能地争取自己一方多些利益,少付出代价。三是合同订立后的监督成本。合同签订并非一劳永逸的,保障合同的执行需要花费很大的监督成本。这些交易费用使得交易成本过高,通过自觉行为是不可能实现社会效用整体最大化的,因此,需要法律来强制"最便宜避免方"来承担侵权责任以期让其采取必要的措施、付出较低的成本来制止侵权行为的再度发生,从而实现社会整体效用的最大化。

第二,执行法律方需要具备效用的评估能力。

在可适用"最便宜避免方"规则时,如何判断哪一方为"最便宜避免方"需要进行效用评估。然而,效用评估的主观性较强,法律执行方难以客观地评估效用。诚如，知识产权制度就是将知识的外部经济效果内部化的一种手段，它采用的"是将符合经济规律的体系嵌入市场的做法，即法律做的事情，仅是对特定种类信息赋予独占地位，而将对信息价值高低的判断，交给市场来完成"，"知识产权法可以说是利用市场机能的巧妙体系"①。所以，在网络环境下，各方利益的评估可以通过市场来进行判断。在网络著作权侵权纠纷中，社会的整体效用是著作权人的收益、网络服务提供者的收益与公众的收益之和。倘若在公众利益不受影响的前提下，著作权人的收益和网络服务提供者的收益之和并不会因为之间的合作分配收益而减少，相反，合作减少了诉讼，从而减少了这些外部成本，相应的收益就会增加，社会总体收益也会得到提高。因而，在网络著作权纠纷中适用"最便宜避免方"规则是合乎实际、合乎效率的。

二、网络服务提供者承担侵权责任时"过错"判断标准的经济学考量

经济学分析主要关注过错（疏忽）这一概念。过错是指未尽到适当注意（采取合理成本范围内的预防措施）的义务。当预防成本低于预期损害成本时，采取预防措施的成本则是合理的。因此，经济学把过错（疏忽）界定为未能采取成本合理的预防措施。

关于让网络服务提供者承担责任目前来看还是适用过错归责原则。②从法经济学角度来分析过错的有效方法是采用汉德公式（Hand Formula）来判断过错的标准，其表达式是 $B \leqslant PL$，其中 B (burden) 代表预防事故的成本，P (probability) 代表事故发生的概率，L (loss) 代表事故造成的损害。③ 汉德公式表明，唯有在制止侵权行为的成本小于侵权的预期损害时，行为人才是有过错的。这里预防事故的成本不是总的成本（预期成本、事故成本和管理成本之和），而是边际成本。④ B 值的确定也不是依据加害人抑或受害人确定的，而是根据法律上假设的理性人而确定的。

---

① 〔日〕中山信弘：《多媒体与著作权》，张玉瑞译，北京，专利文献出版社，1997，第4页。
② 网络服务提供者侵权归责原则在本书第三章有详细论述。
③ 汉德公式由美国联邦法院法官伦纳德·汉德（Learned Hand）于1947年在美国诉卡罗尔·托文公司一案的判决中首次提出，后被法经济学理论确认为认定过失的一般标准。伦纳德·汉德采用了代数公式对防范措施的可行性进行经济成本—收益分析。See United States v. Carroll Towing Co., 159F. 2d 169 (2d Cir. 1947).
④ 这里的边际成本是指在预防事故的边际成本和事故降低的预期边际收益相等的情况下，为了阻止某个特定事故而增加的支出。

PL 则是为了避免事故发生而得到的利益，其效用对于不同的风险爱好者[①]来说是不同的。如果假定行为人是完全理性和有常识的，将责任施加于这些有过错的人将会对别人产生预期影响。如果行为人是有常识的并且懂得责任成本和预防成本，那么所有的行为人则会选择成本最小化。正如罗伯特·考特、托马斯·尤伦所论述的那样"理性而自利的决策者会根据任何一条疏忽原则来选择法定的注意标准"[②]。预防成本和过错责任之间的关系如下：仅仅当预防成本低于预期的损害成本时，行为人属于有过错（疏忽）的。为了避免有过错（疏忽），行为人则会以较低的成本采取预防措施。如果预防成本高于预期损害成本，那么行为人则不会采取预防措施，此时也不具有过错。当不会造成其损害时，也无须承担受害人成本。因此当采取预防措施产生的效益大于花费的成本时，一个理性且有常识的人都会选择采取预防措施。[③] 例如，在网络著作权领域，假定网络服务提供者设置过滤系统时，存在侵权的概率为20%，侵权造成网络服务提供者承担的赔偿责任是1 000元人民币，而安置一个过滤装置的费用是N元人民币。当N<1 000×20%时，网络服务提供者如果没有安装该过滤装置则存在过错；当N>1 000×20%时，网络服务提供者没有安装该过滤装置是合乎理性选择的，不存在过错问题。汉德公式虽然产生时间不长，"其方法却自首次被用作处理事故案件标准时就已被用以判定过失了"[④]。

功利主义认为，应当依据一个行动、做法、制度或法律推动的"社会"的各种居民的总和幸福（减去痛苦之后的快乐之剩余）的效果来评判其道德值（moral worth）。[⑤] 经济学虽然也强调效用（福利）的最大化（这一点使它看上去很像功利主义），但它极其尊崇建构于市场体系之上的

[①] 依据对风险的不同态度，经济学上将人们分为三种类型：一是风险偏好者（risk preferring），如赌徒，他们更加喜欢预期的等价物；二是风险中立者（risk neutral），他们对于确定数量和不确定数量的等价物之间不加区分；三是风险规避者（risk averse），如购买保险者，他们更加青睐价值确定之物。在汉德公式中，行为人被假设为风险中立者。

[②] 〔美〕罗伯特·考特、托马斯·尤伦：《法和经济学》，张军等译，上海，上海人民出版社，1994，第494页。

[③] 参见谢地、杜莉、吕岩峰编著：《法经济学》，北京，科学出版社，2009，第160页。

[④] 〔美〕理查德·A. 波斯纳：《法律的经济分析》（上册），蒋兆康译．北京，中国大百科全书出版社，1997，第214页。

[⑤] 参见〔美〕理查德·A. 波斯纳：《正义/司法的经济学》，苏力译，北京，中国政法大学出版社，2002，第48页。

个人自由，尊重个人权利和自主选择。市场经济是以严格的产权制度①为基础的，这意味着一个人想得到另一个人拥有产权的某种资源，除了通过自愿的市场交易，他不可能通过诉诸一般福利（或效用）的增加而剥夺后者的这一权利。

网络服务提供者的过错标准与网络服务提供者的一般义务的设置直接相关。有学者认为，网络服务提供者对所传输的第三方制作的信息，作为理性管理者应该承担合理的注意义务。这是因为，网络服务提供者具有技术优势并掌握着技术的控制权，且其经营方式决定着对其业务之内的可能发生的著作权侵权行为有一定的预见性，具有采取一定措施阻止损害发生或继续发生的能力和条件。在这样的条件下，网络服务提供者如果仍然消极地不作为，则有承担不作为责任之虞。此外，从损害结果控制理论来看，让网络服务提供者承担理性管理人的注意义务，在其提供服务范围内及时采取措施避免损害的发生是符合效率原则的。②

从成本分析的角度看，由网络服务提供者承担防止侵权行为发生的义务更加具有经济合理性，更能节省社会整体资源。根据"最便宜避免方"规则可知，如果一个侵权行为可能发生，当事人双方都能制止侵权行为的发生，那么哪一方制止侵权发生的成本最小就应由他承担避免侵权行为发生的这项义务。在网络著作权的环境中，从掌握技术的能力以及控制侵权行为的可能性上讲，网络服务提供者能以最小的成本控制侵权发生。因此，法律让他们控制侵权发生更经济、成本更小。这并不是说网络服务提供者在任何情况下都承担着制止侵权的义务。网络服务提供者承担的义务应该是一个"理性管理者"应该具有的合理注意能力和注意程度。这里的合理注意义务不是要求网络服务提供者对所有信息进行主动审查，其审查的范围可参照美国《电信法》中的"善良的撒马利人"（Good Samaritan）条款。该条款推翻应该承担编辑或出版者的责任，为网络服务提供者们提供了一项抗辩理由：网络服务提供者本身依诚信原则采取措施，限制网络服务提供者认为是色情的、淫秽的、肮脏的、过于暴力的或反动的信息为使用者所接触。这种义务的设定使得法官可以在没有法律明文规定的情况下，结合案件的具体情况，以一般理性管理者的精神判决网络服务提供者

---

① 产权理论是现代微观经济学的基础和一个重要分支。无论是在法律还是在经济学中，产权都是一种排除其他任何人使用某些稀缺资源的权利，这样一种权利在其领地内是绝对的。
② 参见〔德〕克雷斯蒂安·冯·巴尔：《欧洲比较侵权法》（下），焦美华译，张新宝审校，北京，法律出版社，2001，第269页。

是否应该承担责任。从本质上讲，理性管理者的注意义务是基于一种过失心理形态的苛责，因此，这里的注意义务可分为结果预见义务和结果避免义务两种义务。

一般情况下，结果预见义务是指网络服务提供者主观过错的判断以"知道"或者"应当知道"为判断标准。而应当知道是指一般理性管理者根据通行的商业习惯和常识，能判断出作品"必然"而非"可能"侵权。《侵权责任法》中规定网络侵权其特殊性在于网络服务提供者要对他人在网络中的侵权行为承担责任。在无法找到上传者的情况下，如何保护权利人的合法权益，网络服务提供者作为"看门人"，应该承担一定的侵权责任。这里的责任不仅来源于其负有一定的预见义务，还因为其需要承担一定的结果避免义务。结果避免义务需要网络服务提供者提前采取一定的措施，避免结果的发生。随着网络技术的发展，网络服务提供者的结果避免义务已经不仅仅停留在基于一般人的认识和能力基础上，更强调其作为网络运行中拥有技术优势和能力的商主体，应具备运用技术提前预见并预防网络直接侵权的意识和行为。正如美国学者德波特教授认为，网络服务提供者应采取技术措施对内容进行过滤审查。① 中国清华大学教授崔国斌亦曾撰文表述同样的观点，认为网络著作权内容过滤技术的进步，将使得著作权侵权的预防方式发生革命性变化。著作权法应适当修正安全港规则，引导网络服务提供者与著作权人合作建立合理的著作权内容过滤机制，自动识别和阻止用户的著作权侵权行为。这将节省著作权人监督网络和发送侵权通知的成本，也降低网络服务提供者处理侵权通知的成本。②

网络服务提供者的注意义务应当随着提供服务的不同而不同，网络服务提供者不同的经营模式会影响到过错的判定。在音乐搜索中，提供榜单的行为中有人为因素，有学者认为网络上超过99%的音乐是未经授权的，由此推定提供榜单的行为就是侵权行为，但法院认为，仅凭此不能认定侵权，应当结合其他证据综合判断。链接服务提供者的注意义务较高，但同时链接搜索服务规定了"避风港原则"，在满足"避风港"条件时可以免除赔偿责任。概括来讲，搜索引擎、信息存储空间、P2P文件传输服务提

---

① 2017年11月29日美国学者德波特在中央财经大学关于《数字化时代的著作权保护》的演讲中提到，网络著作权最终的解决出路应是网络平台采取技术过滤措施，避免侵权作品的传播。

② 参见崔国斌：《论网络服务商版权内容过滤义务》，《中国法学》2017年第2期。

供者收集、整理、分类的问题，如果是"纯客观"的分类（这里的纯客观是指文件的自然属性），单纯地依靠文件的自然属性进行分类是不能推定网站知道或者应当知道侵权内容的；如果按照主观分类（这里的主观分类是指作品在发行传播中形成的社会属性），例如是否为热播、在排行榜中的排名等，可以推定网站知道或者应当知道，容易判断其存在过错。再者，如果上传的侵权内容显示在提供存储空间服务网站的首页上，而网络服务提供者又没有证据证明该内容来自第三方，则法院可以认定网络服务提供者主观上有过错。从时间中找意义，从空间中找经验。让网络服务提供者承担"看门人"的角色，因为其能最便宜地预防侵权的发生却没有去采取必要的措施，那么他就应被视为有过错，这是"最便宜避免方"规则在实践中的要求。

三、立法选择让网络服务提供者承担连带侵权责任的法经济学考量

在探讨法律对网络服务提供者进行规制的问题时，本书试图用博弈论①的方法来解释。众所周知，在博弈论里，个人效用函数不仅依赖于他自己的选择，而且依赖于他人的选择。从这个意义上讲，博弈论研究的是在存在相互外部经济条件下的选择问题。② 网络服务提供者是否选择侵权与立法对其责任规制具有直接的关联。法律的规制与著作权人对权利维护的力度等构成网络服务提供者进行侵权与否的外部性经济条件。网络服务提供者与著作权人之间的博弈模式因能否达成具有约束力的协议（Binding Agreement）而分为合作博弈③和非合作博弈④两种模式。在目前的网络环境中，网络服务提供者与著作权人的合作模式主要是网络服务提供者通过购买方式取得著作权人对作品的信息网络传播权，这也是网络服务

---

① 博弈论，英文 Game Theory，是研究决策主体的行为发生直接相互作用时候的决策以及这种决策的均衡问题的，也就是说，当一个主体，好比说一个人或一个企业的选择受到其他人、其他企业选择的影响，而且反过来影响到其他人、其他企业的选择时的决策问题和均衡问题。所以在这个意义上说，博弈论又称为"对策论"。

② 参见张维迎：《博弈论与信息经济学》，上海，上海三联书店，2004，第2~3页。

③ 合作博弈强调的是团体理性，就是 collective rationality，强调的是效率（efficiency）、公正（fairness）、公平（equality）。参见张维迎：《博弈论与信息经济学》，上海，上海三联书店，2004，第3页。

④ 非合作博弈强调的是个人理性、个人最优决策，其结果可能是有效率的，也可能是无效率的。参见张维迎：《博弈论与信息经济学》，上海，上海三联书店，2004，第3页。

提供者提供正版作品的主要途径，例如，黑豆网的运营模式①等。在这种合作模式下，网络服务提供者与著作权人之间的利益通过合同进行调整，一般不需要法律的特别干涉，在不违反法律的强制性规定的前提下，尊重双方当事人的意思自治。正如前文分析可知，著作权人与网络服务提供者的合作成本非常高，一方面是版权利益代表者对版权使用费的出价相当高，另一方面是双方的磋商成本很高，以及后续监督合同履行的成本等导致双方合作的成本高，因此，双方达成合作博弈的周期将会相当长。现实中，目前网络著作权纠纷层出不穷的态势表明，网络服务提供者与著作权人之间存在大量的非合作博弈模式。这时，如果要保护著作权人的利益，保障网络服务提供者自身发展的利益以及社会公众的利益，就涉及法律的监督和干涉问题。

以博弈论中的监督博弈模型来分析法律监督、侵权责任和网络服务提供者对网络用户上传内容是否具有审查义务等问题：这个博弈的参与人包括网络服务提供者和著作权人。网络服务提供者的纯战略选择是帮助网络用户侵犯著作权与否，著作权人的纯战略选择是对网络服务提供者提起诉讼与否。假设这里，A 是应纳版税（版权使用费），C 是诉讼成本，F 是判决赔偿数额，B 是网络服务提供者由于提供内容而获得的收入（假设与侵权与否无关）。② 假设著作权人在网络服务商侵权的前提下诉讼成功且获得 F 的赔偿数额，而在无侵权情形下诉讼失败，承担诉讼成本，那么，双方在各自战略选择的收益矩阵如表 2-1 所示。

表 2-1

著作权人		网络服务商	
		选择侵权	选择不侵权
	诉讼	[B−F, F−C]	[B−A, A−C]
	不诉讼	[B, 0]	[B−A, A]

当诉讼成本大于被判赔偿数额时，即 $F<A$，则存在一个战略优势，网络服务提供者作为理性管理者，在不考虑侵权可能给其带来的负面影响

---

① 黑豆网是土豆网借鉴 Hulu 的模式，不再坚持上传分享的商业模式，而是通过和版权人合作，获得独家授权，通过高清频道播放独家内容来吸引网民注意力，并通过这些版权内容来吸引广告主投放的模式。参见《土豆网开源节流准备过冬，黑豆借鉴 Hulu 盈利模式》，http://news.chinaventure.com.cn/3/20081013/19490.shtml，最后访问日期：2012-02-13。

② 在本书中界定的英文字母，例如 A、C、F、B 等和在公式中的 a、c、f、b 等表示同一含义。

的情况下，单从纯的成本收益角度讲，选择侵权更能节省成本，从而获得更大的利益；若 $F < C$，著作权人预见到网络服务提供商的战略选择，会选择不诉讼，因为获得的赔偿小于诉讼成本，此时，［侵权，不诉讼］形成纳什均衡；反之，著作权人会选择诉讼获得更高收益，［侵权，诉讼］成为纳什均衡。由于 $F < A$ 的前提假设，著作权人不可能获得版权收益。

当 $F > A$ 时，根据理性管理者的行为标准，由于网络服务商在选择侵权战略有可能面临更高的诉讼赔偿，因而不会直接进行侵权行为或帮助网络用户进行侵权而冒着可能的法律风险对自己不利益，不存在纯战略纳什均衡。在实际中，由于不存在占优战略，因而该模型不存在纯战略纳什均衡，我们只能来求解混合战略纳什均衡。

我们用 θ 代表著作权人对网络服务提供者侵权行为进行诉讼的概率，γ 代表网络服务提供者侵权或帮助侵权的概率，给定 γ，著作权人选择对网络服务提供者提起诉讼的概率为 $\theta = 1$ 和不提起诉讼的概率为 $\theta = 0$ 的期望收益分别为：

提起诉讼：$\prod(1,\gamma) = (F-C)\times\gamma + (A-C)\times(1-\gamma)$ $\prod(1,\gamma) = (a-c+f)\times\gamma + (a-c)\times(1-\gamma)$ (1)

（1）式表示赔偿额减去诉讼成本后与侵权的概率之积再加上版权使用费与诉讼成本之差与不侵权概率之积，最终得出给定网络服务商侵权概率下，著作权人对其侵权行为提起诉讼的效用。

不诉讼：$\prod(0,\gamma) = 0\times\gamma + A\times(1-\gamma) = A(1-\gamma)$ $\prod(0,\gamma) = 0\times\gamma + a\times(1-\gamma) = a(1-\gamma)$ (2)

（2）式表示著作权人对网络服务提供者侵权行为不提起诉讼的效用。

根据混合战略纳什均衡的理论可知，著作权人对网络服务提供者是否提起侵权之诉的最终效用应该是一致的，因此使得（1）式和（2）式相等，

解：$\prod(1,r) = \prod(0,r)$ $\prod(1,r) = \prod(0,r)$

得：$\gamma = C/F$ $\gamma = c/(f-a)$ (3)

如果网络服务提供者选择侵权的概率大于 $C/F\gamma = c/(f-a)$，则著作权人的最优选择是选择诉讼。如果网络服务提供者选择侵权的概率等于 $C/F\gamma = c/(f-a)$，则著作权人随机地选择诉讼或不诉讼，若网络服务提供者选择侵权的概率小于 $C/F\gamma = c/(f-a)$，则著作权人选择不诉讼。在这个模型中我们还可以得到这样一个结论，那就是网络服务提供者选择

侵权的概率与诉讼成本和版权使用费正相关，而与判决数额成反函数，也就是说在诉讼成本和判决数额一定的情况下，版权使用费越高，网络服务提供者选择侵权的概率就越大；在诉讼成本一定的情况下，判决数额越大则网络服务提供者选择侵权的概率越小；而在判决数额一定的情况下，诉讼成本越大则网络服务提供者选择侵权的概率也就越大；由于该模型中网络服务提供者只能选择侵权或者不侵权两种战略，必须提供相关服务，因而与版权费用无关，可假定 $B>A$。

给定著作权人选择诉讼的概率为 γ，网络服务提供者选择侵权（包括直接侵权与选择帮助侵权）与不侵权（包括不直接侵权和不帮助侵权）的期望收益分别为：

选择侵权的效用函数可以表示为 $\prod p(\theta,1)=(B-F)\times\theta+B\times(1-\theta)$ $\prod p(\theta,1)=-(a+f)\times\theta+b\times(1-\theta)$ (4)

不选择侵权的效用函数可以表示为 $\prod p(\theta,0)=B-A$ $\prod p(\theta,0)=-a$ (5)

根据最优战略可知，选择侵权与否的效用应当是一致的，即（4）式和（5）式在相等的情形下，

解：$\prod p(\theta,1)=\prod p(\theta,0)$ $\prod p(\theta,1)=\prod p(\theta,0)$

得：$\theta=\dfrac{A}{F}$ $\theta=\dfrac{a+b}{a+f+b}=\dfrac{1-f}{a+f+b}$ (6)

著作权人选择诉讼的概率大于 $\dfrac{A}{F}\dfrac{a+b}{a+f+b}$，网络服务提供者的最优选择是不侵权。如果著作权人选择诉讼的概率等于 A/F，网络服务提供者随机地选择侵权或不侵权。如果著作权人选择诉讼的概率小于 $\dfrac{A}{F}(a+b)/(a+f+b)$，则网络服务提供者选择侵权。

因此，混合战略的均衡是 $\gamma=\dfrac{C}{F}$ $\gamma=c/(f-a)$，$\theta=\dfrac{A}{F}$，即著作权人会以 $\gamma=\dfrac{C}{F}$ $\gamma=c/(f-a)$ 的概率进行诉讼，网络服务提供者以 $\dfrac{A}{F}(a-b)/(a+f-b)$ 的概率选择侵权（直接侵权或帮助侵权）。这个均衡的另一个可能的或许更为合理的解释是经济中有许多个网络服务提供者，其中有 $\dfrac{A}{F}(a+b)/(a+f+b)$ 比例的网络服务提供人选择侵权，有 $\left(1-\dfrac{A}{F}\right)$ 比例

的网络服务提供者选择不侵权，著作权人以 $\gamma=C/F$ $\gamma=c/(f-a)$ 的比例对网络服务提供者的侵权行为进行诉讼。

监督博弈的纳什均衡与版权许可使用费 a、对判决赔偿数额 f 以及诉讼成本 c 有关。对侵权的惩罚越重，网络服务提供者选择侵权的概率就越小；诉讼成本越高，网络服务提供者侵权的概率就越大。

在实际中，版权许可使用费越高，网络服务提供者选择侵权的概率越小。这是因为，版权许可使用费与赔偿有着较强的相关性，根据目前著作权法及其司法解释中关于赔偿数额的计算方法[①]，版权许可使用费越高，判决赔偿的数额越高的可能性就越大，权利人起诉的可能性就越大，这样司法机关判决承担侵权责任的概率越高，进行侵权被抓住的可能性越大，因而网络服务提供者反而不敢选择帮助直接侵权人进行侵权了。这一点或许可以解释为什么网络服务提供者选择侵权现象在小的网络服务提供者中比在大的网络服务提供者中更为普遍，在收入少而规模小的网络服务提供者中比在收入高且规模大的网络服务提供者中更普遍。当然，这个结论与我们关于侵权技术手段和诉讼成本的假设有关。我们假定一旦司法机关审查，侵权就会被发现。如果不是这样，比如说，如果掌握先进技术的网络服务提供者有更好的办法隐藏其侵权行为从而使得侵权行为很难被认定为侵权，这个结论就不一定成立了。如果诉讼成本与版权使用费有关，比如说，版权使用费越多，诉讼成本越高，那么，上述结论也就难成立了。在我国司法环境中，诉讼成本相对来说是很低的，也就是说上述结论是能够成立的。此外，网络服务提供者可能更有积极性贿赂司法人员，在这种情况下，上述结论也难以成立。将所有这些情况考虑进去，选择侵权概率与版权使用费的关系可能是非单调的，比如说，最遵纪守法的是大中型网络服务提供者。但有一点可以肯定的是，通过提高对侵权行为的惩罚，网络服务提供者选择侵权的积极性就会下降。

我们尝试通过一个完全信息的博弈模型来继续深入探讨上述问题，在著作权人选择诉讼与否、网络服务提供者选择帮助侵权与否以及网络用户选择直接侵权与否这三者的博弈关系中，假设著作权人许可的版权使用费为 A，网络用户对使用版权作品的心理期望价格为 P_e，那么，网络用户

[①] 最高人民法院《关于审理著作权民事纠纷案件适用法律若干问题的解释》第25条规定："权利人的实际损失或者侵权人的违法所得无法确定的，人民法院根据当事人的请求或者依职权适用著作权法第四十八条第二款的规定确定赔偿数额。人民法院在确定赔偿数额时，应当考虑作品类型、合理使用费、侵权行为性质、后果等情节综合确定。"

由于获得相关知识产权的效用函数为$U_c(P_c-C)$（假设用户是为了达到某种目标而去获得知识产权，而这个目标的达成与是否选择侵权无关，即无论通过侵权或者付出版权费用都是为了达成目标，而该目标对用户产生的收益相同），且$U_c(P_c-C)$是P_c-C的递增函数；网络用户的侵权概率为θ，侵权成本为C_c，网络服务提供者作为理性管理人能够注意到网络用户侵权（代表注意义务水平的高低）的概率θ（即网络商清楚知晓用户侵权的概率），其帮助侵权获得的效用为$U_s[(P_c-C),A]$；网络服务提供者履行注意义务的概率为r，其成本为$C_s(r)$，是r的递增函数，假设履行注意义务时能够全部查出侵权的消费者；网络服务提供者对网络用户利用其网络服务进行侵权行为的惩罚为$U_f(P_c-C)$，同时假定著作权人进行诉讼的成本为C_r（包括举证的费用、聘请律师的费用以及交给法院的诉讼费用等），法院判决侵权承担的赔偿责任为 F 且 $F>A$，著作权人选择诉讼的概率为 P；假设著作权人在网络运营者侵权情况下必然胜诉。在网络服务提供者履行注意义务的概率为 r 给定时①，在混合博弈中，网络用户选择侵权与否的期望利润应当是一致的。由此，我们可以计算出网络服务提供者履行注意义务与哪些因素有关。

$$得：r=\frac{A-C_c}{U_c+U_f} \tag{3}$$

由（3）式，我们可得出，网络服务提供者履行注意义务的程度与版权费和侵权成本的差正相关，同用户侵权所获得效用 U_c 及网络用户因侵权受到的惩罚 U_f 负相关。

当其他变量保持不变时，侵权成本 C_c 越小，网络服务提供者需要承担的注意义务越高，在实际中由于网络用户侵权成本较小，网络用户更愿意选择侵权获得更高的收益，网络服务提供者只能更加注重履行注意义务以降低网络用户侵权的概率。

当 U_c 增大，U_f 增大，网络用户因侵权受到的惩罚 U_f 越大，不愿意选择侵权战略，因此网络运营者可降低履行注意义务的程度。

并且网络服务提供者的注意义务与网络用户获得知识产权的效用成负相关，也就是网络用户获得知识产权的效用越大，网络服务提供者履行注意义务的概率就越小，即侵权获得效用越大，就有更多网络用户愿意选择

---

① 网络用户选择侵权的期望利润函数为：$E\prod_c=(1-r)[U_c(P_c-c)-C_c]+r(-C_c-U_f)$
(1)。网络用户选择不侵权的期望利润函数为：$E\prod_c=(1-r)(U_c-A)+r(U_c-A)$ （2）。

侵权,那网络服务提供者就更不愿意履行注意义务。同时,注意义务还与网络用户的侵权成本以及版权使用费有关,网络用户的侵权成本越高,网络服务提供者的注意义务就越低,这是因为随着侵权成本提高,进行侵权的网络用户也就越少,在这种情形下网络服务提供者的注意义务也就相应地降低。同时,版权使用费的高低与网络服务提供者的注意义务高低成正相关,版权使用费越高,要求的网络服务提供者相应的注意义务就越高。这就使得著作权人的利益实现大小与网络服务提供者承担注意义务大小成正相关。在这个博弈模型中,著作权人为了将版权使用费兑到实处,必然要求网络服务提供者提高注意义务。另外,网络服务提供者的注意义务还与法院判决承担侵权的赔偿额有关,判决承担的赔偿额越大,网络服务提供者的注意义务就越小,反之,在判决赔偿额越小的情况下,网络服务提供者的注意义务就越大。法院判决承担侵权赔偿责任的大小也是对网络用户直接侵权威慑力的大小的一种表征。

我们在网络用户侵权的概率 θ 和著作权人进行诉讼的概率 P 一定的情况下分析网络服务提供者的注意义务。其尽到注意义务的期望利润函数①为:网络用户侵权且作为被告的利润函数加上不侵权作为被告的利润函数加上侵权但没有作为被告的利润函数加上没有侵权也没有作为被告的利润函数。其不履行注意义务的期望利润函数也可以用数学表达式表示。② 在这个混合战略模型中,最优的战略是让网络服务提供者在选择履行注意义务与不履行注意义务时获得的期望利润函数一样,那么,此时得 P 和 θ 的关系为:

$$\theta = \frac{C_s(r)}{Pf - (1-P)U_s} \tag{6}$$

$$P = \frac{C_s(r) + \theta U_s}{\theta(f + U_s)} \tag{7}$$

由(6)式,网络运营者承担注意义务的成本越高,网络用户清楚地知道网络运营者承担注意义务的积极性不高,因此更愿意选择侵权战略;网络运营商由于侵权获得的收益越高,其履行注意义务的积极性越低,网络用户则更倾向于选择侵权。

---

① 可以表示为:$E\prod_S = P\theta[-C_s(r)] + P(1-\theta)[-C_s(r)] + (1-P)\theta[-C_s(r)] + (1-P)(1-\theta)[-C_s(r)]$ (4)

② $E\prod_S = P\theta(-f) + P(1-\theta)\times 0 + (1-P)\theta U_s + (1-P)(1-\theta)\times 0$ (5) (0表示没有因此获益或因此受到损失)。

第二章 网络服务提供者承担侵权责任的法经济学考量

由（7）式，网络运营者承担注意义务的成本越高，著作权人清楚地知道网络运营者承担注意义务的积极性不高，因此更愿意选择诉讼战略以保护自己的权益；胜诉所获得的收益越高，著作权人清楚地知道网络运营者承担注意义务的积极性非常高，因此更不愿意选择诉讼战略以降低诉讼成本。

在给定 r_i 和 θ_i 情形下，著作权人选择诉讼的期望利润函数为：履行注意义务后网络用户侵权的利润函数、履行注意义务后网络用户不侵权的利润函数、不履行注意义务不侵权网络用户的利润函数与不履行注意义务网络用户侵权的利润函数之和。① 著作权人亦可不选择诉讼。② 在这个混合博弈模型中，最优战略是让著作权人是否选择诉讼的期望利润函数一致，求出与用户选择侵权有关的因素。

$$\theta = \frac{C_r}{(1-r)f} = \frac{C_r}{\left(1-\dfrac{A-C_c}{U_c+U_f}\right)} = \frac{C_r(U_r+U_f)}{(U_c+U_f-A+C_c)f} \quad (10)$$

再将（10）式代入（7）式可得出与著作权人选择进行诉讼有关的因素：

$$P = \frac{C_s U_s f + C_s U_f f - C_s A f + C_s C_c f + C_r U_s U_f + C_r U_f U_s}{C_r(U_c+U_f)(f+U_s)}$$

增大 f 和 U_f 都可以有效降低消费者侵权的可能性，但是由于增大 U_f 的成本较高，因而实现网络环境中著作权保护的最优途径是提高对网络服务提供者因侵权而承担的赔偿额和侵权成立的可能性③，也就是适当加重网络服务提供者的侵权责任。同时，有效降低版权使用费并增加著作权人与网络服务提供者的合作机会，也有利于减少诉讼成本从而节省整个社会成本。

---

① 可用数学表达式表示为：
$$E\prod_r = -C_r + r\theta(A) + r(1-\theta)(A) + (1-r)(1-\theta)(A) + (1-r)\theta f \quad (8)$$
② 表示为：
$$E\prod_r = r\theta A + r(1-\theta)(A) + (1-r)(1-\theta)(A) + (1-r)\theta \times 0 \quad (9)$$
（0 表示没有因此获益或因此受到损失）
③ 关于侵权成立的可能性问题，这与本书前文所论述的关于主观过错的判断标准有直接关系，当主观过错的判断标准把握得相对宽松时，网络服务提供者侵权成立的可能性增大。关于提高侵权可能性的分析方法 Ben Depoorter 教授在 "Copyright Backlash" 一文中亦通过实证试验数据表格的形式表现。

第三章　网络服务提供者侵犯著作权责任的法源检视

> 认识到版权人起诉大量的个人侵权者的不实际以及徒劳的后果，法律允许版权人通过起诉间接侵权人，例如帮助者或者教唆者，来作为代替的手段；就像故意干扰合同，即引诱违约的情形，如果某第三人的行为可以有效地防止违约行为的发生，那么在法律上建立这样的机制，即在要求直接违反合同的人承担责任的同时也要求这些第三人为违反合同承担责任是有道理的。①
>
> ——波斯纳（Posner）法官

互联网作为新兴的信息传播方式彻底改变了著作权权利人、作品传播者、作品使用者三者之间的利益格局。随着著作权侵权案例中网络侵权的比重迅速上升，传统的著作权法面对纷繁复杂的网络著作权侵权案件力有不逮。如何重新平衡各方利益成为网络时代的一个法理和司法难题。而作为互联网发展的中坚力量，网络服务提供者（ISP）应该在网络著作权侵权案件中承担怎样的责任成为学界争议的焦点。在网络数字技术条件下，技术中立原则所强调的技术与商业模式或设备与服务之分界越来越模糊。② 网络服务提供者能否在纷繁复杂的网络侵权纠纷中"独善其身"成为当下讨论的热点问题。因此如何通过完善我国著作权侵权的法律体系，制定具有较高立法层级的、完整且合理的针对网络服务提供者的著作权侵权责任的规范性文件，同时，为解释并适用法律提供统一的指导思想，是明确网络服务提供者责任，实现同案同判的公平公正的法律诉求的保证，

---

① In re Aimster, 334 F. 3d 643（7th Cir. 2003）.
② See Randal C. Picker："Rewinding Sony: The Evolving Product, Phoning Home, and the Duty of Ongoing Design", 55 *Case. W. Res. L. Rev.* 749, 755（2005）.

也是实现保护权利人利益，促进文化相关产业与科技产业协调发展的需要，从更宏观的远景来看，更是国家实现可持续发展的战略需求。

第一节　国际条约对网络服务提供者责任设置的空缺

网络服务提供者如果自己直接上传未经授权的版权作品构成直接侵权，这个在学界和司法实践领域都已成共识，但是，如果该涉嫌侵权的材料并非网络服务提供者上传的，而是通过利用网络服务提供者提供的服务由第三方进行的直接侵权行为，这时网络服务提供者是否还应该承担侵权责任以及怎样承担侵权责任，目前各国还没有统一的定论，在实践中对网络服务提供者责任大小的尺度把握不一。出现这种现象的一个重要原因是在关于知识产权的相关国际公约中并没有相应的规定。

在互联网兴起之前，国际公约及条约中是肯定不会涉及网络服务提供者侵权责任问题的，即便是在互联网不断蓬勃发展后，世界知识产权组织为应对数字技术和互联网给版权制度带来的挑战于1996年达成了"两个互联网条约"[①]，采取了相关的规定，但是对于网络服务提供者如何承担用户的侵权责任问题却没有直接的规定，也没有原则性的规定。但这两个条约中却透露出一个重要的原则，那就是利益平衡原则。例如，从WCT第8条的议定声明[②]和WCT第14条以及WPPT第23条[③]等条款可以看出，条约的指导思想是对版权权利人的利益进行保护的同时对网络服务提供者也给予保护，同时也透露出对成员国采取措施防止侵权发生的要求。由此可见，在网络环境中，为保护著作权人的利益应当采取必要的措施，但该措施不能阻碍技术的发展。因此，在法律设置中对网络服务提供者的

[①] 这两个互联网条约是《世界版权条约》（Word Copyright Treaty，WCT）和《世界知识产权组织表演和录音制品条约》（WPPT）。See David Nimmer: *Copyright Sacred Text, Technology, and the DMCA*, Hague, Kluwer Law International, 2003, p.148.

[②] WCT第8条规定："不言而喻，仅仅为促成或进行传播提供实物设施不致构成本条约或《伯尔尼公约》意义下的传播。并且，第8条中的任何内容均不得理解为阻止缔约方适用第11条之2第（2）款。"

[③] WCT第14条和WPPT第23条规定："关于权利行使的条款：（1）缔约各方承诺根据其法律制度采取必要的措施，以确保本条约的适用。（2）缔约方应确保依照其法律可以提供执法程序，以便能采取制止对本条约多涵盖权利的任何侵权行为的有效行动，包括防止侵权的快速补救和为遏制进一步侵权的补救。"

责任设立了免责条款,这个免责条款恰是平衡著作权人利益与网络服务提供者利益的调节器,在免责的条件下为网络技术的发展提供了空间。但是这个免责条款的设置也不是无限制的,其应该在一个合理的范围内。这种思想在世界知识产权组织前助理总干事长菲克瑟(Ficsor)的文章中有生动的体现。① 这无疑为在网络环境下实现对著作权的保护提供了指导方向,网络服务提供者为其服务被用作侵权而应该承担相应的责任,而这种责任不能过重以致阻碍新兴技术的发展。如何平衡著作权权利人和网络服务提供者之间的利益成为全球面临的普遍性问题。

第二节 网络服务提供者承担侵权责任的国内立法考察

好的版权制度能够在公众和版权人之间保持谨慎的平衡。一方面,要促进公众对表达性作品、知识与技术进步的获取;另一方面,要保护版权人能够从他人使用其作品中获得报酬,同时能够制止他人以有害其作品市场价值的方式使用其作品。版权法应该认识到,新技术固然可能为版权侵权提供新机会,但同时会给版权权利交易、版权作品发行和利用带来新机会。这些机会,有些但不是全部都应受限于版权人的控制。为了判断某一特定的使用行为是否应被涵盖在版权专有权范围之内,需要平衡创作者、传播者、消费者以及公众的利益。而这些利益,有时候是相互冲突的。

将现实中的侵权法以及著作权法直接套用到网络环境中,是法律在适用上的自然延伸,但这种延伸并非逻辑的自然产物,法律的适用需要考虑具体的环境和时机,还需要保持多方利益主体间的利益平衡。网络环境中著作权保护涉及的利益平衡是多方面多层次的,其中非常重要的一对利益平衡就是技术发展与版权保护,这就体现在如何设置网络服务提供者的侵

---

① 世界知识产权组织前助理总干事长菲克瑟(Ficsor)在其文章中这样写道:"免责应该建立在确保为网络服务提供者提供合理的安全所必需的合适的水平上;没有限制的免责不符合WCT的要求,尤其是不符合第14条(2)的要求;任何可能的规制都应该与版权法在这种意义上达成和谐,即不应该损害版权法的这些目标的实现;激励作品的创造、制造和传播以及确认人的创造价值;任何这样的规制都应该促进版权权利人和服务提供者之间的合作——在可能的情况下,鼓励市场解决机制——目的是促进消除盗版行为,从网络上快速去掉侵权内容,识别和追究侵权人以及禁止他们介入网络等。" See Mihaly Ficsor:*The Law of Copyright and the Internet: the 1996 WIPO Treaties, Their Interpretation and Implementation*, Oxford, Oxford University Press, 2002, p. 582.

权责任上。技术是人类智慧的体现，能够为人类进步和增加社会福利作出贡献，但技术同时也是一把"双刃剑"，不同的人使用技术可能带来不同的效果。在网络环境中，网络技术的发展带来了资讯的发达，同时，也使得著作权的保护岌岌可危，这是由于部分网络服务提供者利用技术进行着侵犯著作权的行为，如何规制网络服务提供者的这种行为成为既实现著作权保护又促进技术发展的关键。

一、网络服务提供者的侵权行为界定

"侵权行为"一词源于英语中的"Tort"，原意是指"扭曲"和"弯曲"，后来逐渐演化为过错（wrong）的意思。① 在欧洲大陆国家的语言中，侵权行为一词产生之初就包含了过错的含义在内。② 该词最早出现在我国清末编定的《大清民律》草案中③，由此开始应用在我国法学领域。侵权行为是指侵害他人合法权益的行为。关于侵权行为概念存在很大争论，主要有过错行为说④、违反法定义务说⑤、责任说⑥和不法侵害他人权益说⑦这四种典型的学说。⑧ 按照王利明教授的观点，这四种学说各有利弊，他认为侵权行为是由于过错侵害他人的人身和财产而依法应当承担

---

① Andre Tunc: *International Encyclopedia of Comparative Law*, *Torts*, *Introduction*, J. C. B. Mohr (Paul Siebeck) Tubungen, 1974, p. 7.
② Prosser and Wade: *Cases and Materials on Torts*, 5th. ed., 1971.
③ 参见陈涛、高在敏：《中国古代侵权行为法例论要》，《法学研究》1995年第2期。
④ 英国学者弗莱明（Fleming）认为："侵权行为是一种民事过错，而不是违反合同，对这种过错，法院将在一种损害赔偿的诉讼形式中提供补救。" See Fleming: *The Law of Torts*, 4ed, Sydney, 1971, p. 1. 莫里斯（Morris）认为："侵权行为简单地讲就是私法上的过错。" See Morris: *On Torts*, Brooklyn, 1953, p. 1.
⑤ 英国著名学者温菲尔德（Winfield）给侵权行为下了一个公认为最完备的定义："侵权行为的责任系由违反法律实现规定的义务所引起的，此种义务是针对一般人而言的。违反该义务的补救办法，就是通过诉讼对未定数额的损害予以赔偿。"（Tortious liability arise from the breach of a duty primarily fixed by law; this duty is towards persons generally and its breach is redressible by an action for unliquidated damages.）See W. V. H. Rogers: *Winfield and Jolwica on Tort*, 13th. ed., London, Sweet & Maxwell, 1989, p. 3.
⑥ 大陆法系的学者偏爱使用"责任"这一概念来表述侵权行为，而且侧重于构成要件的规定，并突出过错责任原则。参见李双元、温世扬：《比较民事学》，武汉，武汉大学出版社，1998，第770页。
⑦ 我国学者受德国法的影响都强调侵权行为的违法性，有学者认为我国《民法通则》采纳了客观违法说，即违法失职因行为使权利产生了损害后果。参见张俊浩主编：《民法学原理》，北京，中国政法大学出版社，1991，第570～571页。
⑧ 参见王利明：《侵权行为法研究》（上卷），北京，中国人民大学出版社，2004，第6～7页。

民事责任的行为,以及依法律的特别规定应当承担民事责任的其他损害行为。① 世界各国对于侵权行为的立法规定略有不一②,根据我国最早规定民事侵权的《民法通则》③ 以及专门规定民事侵权的《侵权责任法》④ 的规定可以看出,我国立法上的侵权行为是指由于过错侵害他人的合法权益的行为以及法律直接规定应该承担民事责任也称为严格责任的行为。同时,在侵权法中有关于过错的举证分配的规定,一般情况下应该坚持"谁主张,谁举证"的举证原则,由主张权利的一方证明被告主观上存在过错,但是,为了调整双方当事人权利义务的平衡,法律也会直接推定行为人主观上存在过错,如果行为人能够举证证明自己没有过错的,就不再承担侵权责任。这种责任形式有学者总结为过错推定原则。⑤

但是,在涉及知识产权的侵权时,英美国家用"Infringement"来表示。根据郑成思先生所著的《知识产权》一书中的介绍可知,"Tort"的范围在一定意义上要窄些,它只涵盖了负有损害赔偿责任的侵权行为,而"Infringement"的覆盖范围较宽,除了把"Tort"涵盖在内之外,还涵盖了一切侵入他人权利或利益范围的行为。从字面上看,你只要"in"了他人的"fringe",即只要有了"侵入"的事实,就不再以主观状态、实际损害为前提,而可以立即予以制止、要求恢复原状等。至于进一步探究"infringement"之下包含的"Tort",是否能构成后者,则要符合过错、实际损害等要件。因此,知识产权侵权行为的判断是指涉案行为是否进入

---

① 参见车辉、李敏、叶名怡编著:《侵权责任法理论与务实》,北京,中国政法大学出版社,2009。

② 例如,《德国民法典》第 823 条规定:"因故意或过失侵害他人的生命、身体、健康、自由权或其他权利者,负有向该他人赔偿因此而发生的损害的义务。"《瑞士债法典》第 41 条规定:"任何人因故意或过失地实施不法行为造成他人损害者,应当承担赔偿责任。"《日本民法典》第 709 条规定:"因故意过失侵害他人权利者,负由此而产生损害的赔偿责任。"《欧洲侵权法原则》第 1:101 条规定:"(1)因他人损害而在法律上可被归责者须对该损害承担赔偿责任。(2)损害特别可被归责于以下人:a)其构成过错的行为引起损害者;b)或者从事的异常危险活动引起损害;c)其附属者在其职务范围内引起损害者。"《法国民法典》第 1382 条规定:"任何行为使人受损害时,因自己过错而致损害发生之人,对该他人负赔偿的责任。"

③ 《民法通则》第 106 条第 2、3 款规定:"公民、法人由于过错侵害国家的、集体的财产,侵害他人财产、人身的,应当承担民事责任。""没有过错,但法律规定应当承担民事责任的,应当承担民事责任。"

④ 《侵权责任法》第 6 条规定:"行为人因过错侵害他人民事权益,应当承担侵权责任。根据法律规定推定行为人有过错,行为人不能证明自己没有过错的,应当承担侵权责任。"

⑤ 过错推定的概念主要在法国法中采用,并没有形成一种被普遍采纳的概念,它还包括一般的过错推定与特殊的过错推定两种形态。

其权利所控制的范围。①

因此，判断侵权行为首先需要明确权利范围。根据我国《著作权法》第 10 条的规定，作品的著作权人享有人身性权利和财产性权利等共 16 项具体权利和一个兜底性权利。② 著作权人享有的这些权利在网络环境下依然保有，特别是信息网络传播权，它是专门规定的著作权人将作品在网络环境中进行传播的权利。无论是网络用户还是网络服务提供者，只要其行为侵犯了著作权法规定的著作权人享有的这些权利，都应该承担侵犯著作权的侵权责任。网络服务提供者如果涉及将享有著作权的作品上传、转载等行为的，就构成直接侵犯著作权的行为。但如果其网络技术服务本身并不涉及对享有著作权的作品的上传、转载等行为，仅仅是起到传输管道的作用，通常不应当承担直接侵权责任③，但是，由于网络服务提供者提供服务的类型不一，其对直接侵权行为的作用不同，也可能构成共同侵权，承担民事侵权责任的后果。④

---

① 从知识产权侵权的词源角度讲，在涉及知识产权侵权判定时也应该遵循无过错归责原则，而过错仅为侵权损害赔偿的要件。

② 《著作权法》第 10 条规定："著作权包括下列人身权和财产权：（一）发表权，即决定作品是否公之于众的权利；（二）署名权，即表明作者身份，在作品上署名的权利；（三）修改权，即修改或者授权他人修改作品的权利；（四）保护作品完整权，即保护作品不受歪曲、篡改的权利；（五）复制权，即以印刷、复印、拓印、录音、录像、翻录、翻拍等方式将作品制作一份或者多份的权利；（六）发行权，即以出售或者赠与方式向公众提供作品的原件或者复制件的权利；（七）出租权，即有偿许可他人临时使用电影作品和以类似摄制电影的方法创作的作品、计算机软件的权利，计算机软件不是出租的主要标的的除外；（八）展览权，即公开陈列美术作品、摄影作品的原件或者复制件的权利；（九）表演权，即公开表演作品，以及用各种手段公开播送作品的表演的权利；（十）放映权，即通过放映机、幻灯机等技术设备公开再现美术、摄影、电影和以类似摄制电影的方法创作的作品等的权利；（十一）广播权，即以无线方式公开广播或者传播作品，以有线传播或者转播的方式向公众传播广播的作品，以及通过扩音器或者其他传送符号、声音、图像的类似工具向公众传播广播的作品的权利；（十二）信息网络传播权，即以有线或者无线方式向公众提供作品，使公众可以在其个人选定的时间和地点获得作品的权利；（十三）摄制权，即以摄制电影或者以类似摄制电影的方法将作品固定在载体上的权利；（十四）改编权，即改变作品，创作出具有独创性的新作品的权利；（十五）翻译权，即将作品从一种语言文字转换成另一种语言文字的权利；（十六）汇编权，即将作品或者作品的片段通过选择或者编排，汇集成新作品的权利；（十七）应当由著作权人享有的其他权利。著作权人可以许可他人行使前款第（五）项至第（十七）项规定的权利，并依照约定或者本法有关规定获得报酬。著作权人可以全部或者部分转让本条第一款第（五）项至第（十七）项规定的权利，并依照约定或者本法有关规定获得报酬。"

③ 参见杨立新、袁雪石、陶丽琴：《侵权责任法》，北京，中国法制出版社，2008，第 260~261 页。

④ 下文会具体论述网络服务提供者承担直接侵权和共同侵权责任的情形。

二、网络服务提供者承担侵权责任的归责原则

归责是指"决定何人,对于某种法律现象,在法律价值判断上应负担其责任而言"①。因此,归责就是指在行为造成损害的事实发生后,应该依据何种价值判断对该行为进行制裁。归责原则就是这种价值判断的准则。不同法系对归责原则有不同的认识和规定。在大陆法系,有单一的过错归责原则②和过错归责原则与危险责任原则的二元归责原则③两个体系。在英美法系,归责原则经历了一个从严格责任到过失责任的产生、发展的过程,这里的严格责任与过失责任的区别就在于是否考虑行为人的过错问题。在网络环境中,网络服务提供者对于自己的行为应该承担怎样的责任,是否需要考虑网络服务提供者的主观过错,以及谁负有举证证明其主观过错的举证义务等问题需要法律在保护各种利益时作出价值上的取舍。有观点认为,网络侵权行为与传统侵权行为没有本质的不同,网络侵权行为仅是行为发生的介质不同,因此,应该坚持我国民法及侵权法上统一的过错归责原则。同时,这样也给网络技术发展提供了相对宽松的法律环境。还有观点认为网络侵权中应该适用无过错责任原则,即严格责任原则,只要发生了侵权行为,不论网络服务提供者主观上是否存在过错都应该承担侵权责任。另外还有一种观点就是通过举证责任的分配使得权利人和网络服务提供者的地位相对平等。网络服务提供者由于掌握着网络技术,其更有条件提供证据证明自己主观上是否存在过错。这些不同的观点体现了不同的价值追求,在网络服务提供者责任承担上,让其承担较重的严格责任还是较轻的过错责任是立法的一个价值选择。王利明教授认为无过错责任原则将会让网络服务提供者负上过重的法律责任,直接影响网络这一新生事物的生存与发展。④本书认为,网络环境中的著作权侵权与网络服务提供者的著作权侵权是两个不同的概念,亦是两个不同层次的侵权判定,前者是指直接侵权的情况,而后者专指构成共同侵权的情形,因此,在谈及归责原则时要区分考察的主体、行为及侵权的责任形态。上述

---

① Deutsch: *Zurechnung und Haftung im Zivil Recht*, s.33. 转引自王利明:《侵权行为法研究》(上卷),北京,中国人民大学出版社,2004,第193页。

② 以法国为代表的国家采用了单一的过错归责原则。

③ 德国民法的归责原则为两项原则:一是适用于一般侵权行为的过错责任原则,二是适用于特殊侵权行为的危险责任原则。

④ 参见王利明主编:《中国民法典学者建议稿及立法理由(侵权行为编)》,北京,法律出版社,2005,第91~92页。

观点在谈及网络著作权侵权归责原则时均没有将网络服务提供者作为单独主体进行讨论,也没有区分直接侵权和共同侵权。本书将在下文从直接侵权与共同侵权两个角度,从国际条约、法律、法规及司法解释等方面就著作权侵权归责原则进行详细论述。

(一) 从 TRIPs 协议来看著作权侵权归责原则

从 TRIPs 协议的条文来看,该协议没有明文规定知识产权侵权的一般归责原则,但是,在协议具体条文中明确区分了不同"场合"适用不同的归责原则。例如,TRIPs 协议第 45 条第 1 款规定,著作权侵权损害赔偿责任的构成要件包括行为人主观上存在希望、放任造成侵权后果的故意或者疏忽、懈怠等过错。[①] 也就是说,如果行为人在实施行为时,不知道也没有理由应当知道所实施的行为是侵权行为,即主观上没有过错则不承担损害赔偿责任。由此看来,对于著作权侵权损害赔偿,该协议采取了过错归责原则。在 TRIPs 协议第 45 条第 2 款中还规定,在侵权人不知道或者不应当知道自己的行为属于侵权行为时,可以责令行为人返还所得利润或支付法定赔偿额,或者二者并处。这一条款无疑又规定了无过错承担责任的情形。[②] 需要注意的是,在行为人不具有主观过错时,可以判令返还利润和/或支付法定赔偿,但并没有规定需要赔偿损失。由此可见,TRIPs 协议在著作权侵权的惩罚方面采取了两个层次的规定,第 1 款规定了侵犯著作权损害赔偿责任的构成要件及法律后果,第 2 款规定了侵权的判断及法律后果。从这两款的表述可以得出结论,其对著作权实行了严格责任的保护,主观过错是应否承担损害赔偿责任的要件。根据国际法原则以及本协议的

---

① TRIPs 协议第 45 条第 1 款规定:"对于故意或者有充分理由应知道自己从事侵权活动的侵权人,司法机关有权责令侵权人向权利持有人支付足以补偿其因知识产权侵权所受损害的赔偿。"(The judicial authorities shall have the authority to order the infringer to pay the right holder damages adequate to compensate for the injury the right holder has suffered because of an infringement of that person's intellectual property right by an infringer who knowingly, or with reasonable grounds to know, engaged in infringing activity.) 〔匈〕米哈依·菲彻尔:《版权法与因特网(下)》,北京,中国大百科全书出版社,2009,第 1118 页。

② TRIPs 协议第 45 条第 2 款的规定是知识产权侵权判定无过错原则的国际法依据。TRIPs 第 45 条第 2 款规定:"司法机关还有权责令侵权人向权利持有人支付有关费用,其中可包括有关的律师费用。在适当的情况下,各成员可授权司法机关责令退还利润和/或支付法定的赔偿,即使侵权人不知道或没有充分理由知道自己从事侵权活动。"(The judicial authorities shall also have the authority to order the infringer to pay the right holder expenses, which may include appropriate attorney's fees. In appropriate cases, members may authorize the judicial authorities to order recovery of profits and/or payment of pre-established damages even where the infringer did not knowingly, or with reasonable grounds to know, engage in infringing activity.)

规定，该条款是成员国可以选择保留的条款。成员国可从适合本国国情的现实出发来制定法律以规制著作权侵权行为，同时，也为适用无过错责任原则提供了国际准则和法律基础。但是，协议原文是没有明确规定该归责原则适用的具体对象是否应该区分直接侵权和间接侵权的。

（二）从我国现有法律体系看著作权侵权归责原则

"最早之罗马法系采取结果责任主义，其十二铜表法即有此原则之表现，但后却采取过失责任主义，有所谓'无过失即无责任'之原则，学者叶凌柯氏（Jhring）对此原则，更巧妙地改述为'赔偿义务之发生，非损害乃过失'，于是此原则不仅在法学上被称为金科玉律，及近代民法，除苏俄外（1922年之苏俄民法403条至406条采无过失责任主义），莫不采之。"① 这段话高度概括了过错归责原则对世界各国立法的影响，我国也概莫能外。从我国的侵权法来看，我国在《侵权责任法》② 中明确规定了对侵权适用过错归责原则。这是从侵权的基本法中规定了过错归责原则，对其他部门法具有指导意义。但该法第7条同时规定："行为人损害他人民事权益，不论行为人有无过错，法律规定应当承担侵权责任的，依照其规定。"由此可见，《侵权责任法》又为具体侵权行为的归责原则留下了部门法适用的空间，体现了立法的灵活性和部门法的特殊性。同时，在民事基本法律③《民法通则》④ 第106条第2款中规定了过错归责原则，这就从民事责任的角度对过错责任原则进行了总体规定，对所有民事侵权行为具有法律拘束力。同时，该条第3款又规定："没有过错，但法律规定应当承担民事责任的，应当承担民事责任。"第118条规定公民、法人的著作权（版权）等受到剽窃、篡改、假冒等侵害的，有权要求停止侵害，消除影响，赔偿损失。此处，并没有明确判定侵犯著作权时是否需要考虑主观过错。但是，根据法律的体系解释，在我国，除有法律特别规定适用过错推定或无过错责任原则的情形下不适用过错责任原则外，其他的民事侵权行为均适用过错责任原则。从这一点考虑似乎我国著作权侵权判定需要

---

① 郑玉波：《民法债编总论》，陈荣隆修订，北京，中国政法大学出版社，2004，第118页。

② 《侵权责任法》第6条第1款规定："行为人因过错侵害他人民事权益，应当承担侵权责任。"

③ 《民法总则》2017年10月1日起施行，该法中并没有规定民事归责原则。《民法通则》中有关民事归责原则的规定依旧有效。

④ 《民法通则》第106条第2款规定："公民、法人由于过错侵害国家的、集体的财产，侵害他人财产、人身的，应当承担民事责任。"

考虑行为人的主观过错。但具体到《著作权法》来看，对于侵犯著作权并没有提及主观过错的问题，在《著作权法》第47条和第48条规定具体侵犯著作权的行为时，法律采用的是"未经许可＋实施具体行为"的规定，按照法律文本解释的方法，这种规定不能解释出在判定侵权时需要考虑主观过错。同时，从《著作权法》中规定的侵犯著作权法律责任的具体规定来看，也没有明确规定主观过错是赔偿损失的要件，因为在上述第47条和第48条的民事责任形式中已经明确侵权行为对应的民事责任包含赔偿损失。但是，从体系解释来看，我国《著作权法》没有明确规定著作权侵权判定时适用无过错归责原则或者过错推定归责原则，因此，应该坚持民法及侵权责任法中规定的过错归责原则。

（三）从我国现有法律体系看网络服务提供者侵权归责原则

从我国的现有法律来看，直接规定网络服务提供者侵权责任的是《侵权责任法》第36条，该条规定："网络用户、网络服务提供者利用网络侵害他人民事权益的，应当承担侵权责任。网络用户利用网络服务实施侵权行为的，被侵权人有权通知网络服务提供者采取删除、屏蔽、断开等必要措施。网络服务提供者接到通知后未及时采取必要措施的，对损害的扩大部分与该网络用户承担连带责任。网络服务提供者知道网络用户利用其网络服务侵害他人民事权益，未采取必要措施的，与该网络用户承担连带责任。"从该规定来看，网络服务提供者承担侵权责任需要具有主观过错，其归责原则应为过错归责原则。《信息网络传播权保护条例》第23条规定："网络服务提供者为服务对象提供搜索或者链接服务，在接到权利人的通知书后，根据本条例规定断开与侵权的作品、表演、录音录像制品的链接的，不承担赔偿责任；但是，明知或者应知所链接的作品、表演、录音录像制品侵权的，应当承担共同侵权责任。"该条同样规定过了"明知或者应知"时网络服务提供者应承担共同侵权责任，可见，网络服务提供者承担共同侵权责任的归责原则为过错归责原则。网络服务提供者承担侵权责任的归责原则在司法解释中也有明确体现，最高人民法院《信息网络传播权民事案件法律规定》第6条规定："原告有初步证据证明网络服务提供者提供了相关作品、表演、录音录像制品，但网络服务提供者能够证明其仅提供网络服务，且无过错的，人民法院不应认定为构成侵权。"该条不仅规定了原、被告的举证证明责任，还从被告证明责任的角度规定了提供网络服务行为构成侵权的要件为过错。同时，该解释在第7条规定了教唆和帮助两种类型的侵权行为，均明确规定了主观过错要件。由此可以明确，网络服务提供者基于其提供的网络服务而与直接侵权人承担侵权责任时的归责原则为过错归责原则。

三、网络服务提供者侵犯著作权的"过错"判定

过错是侵权法的核心问题。① 在过错归责原则中,判断是否存在过错是判定侵权的根本。过错是主客观因素结合的产物,判定过错需要考虑各种因素。根据所参考因素的不同而将过错的判定标准分为两类:一是主观标准,是指通过证据证明行为人主观心理状态来确定其有无过错;二是客观标准,是指以某种客观的行为标准来衡量行为人的行为,如果达到供参考的行为标准即没有过错,反之则有过错。法国学者马泽昂德和丹克曾指出:过错"是一种行为的错误,一个谨慎的、努力履行其对社会的义务的人,若放在和被告同等的环境下是不会犯这种错误的"②,法官应该把行为人的行为与一个虚拟的标准人的行为进行比较。目前,关于民事过错的定义虽然在国外学术界有不同的观点,但大多数国家的法院都采纳了马泽昂德和丹克所提出的过错的认定方法。③ 在认定网络服务提供者主观过错时,鉴于其作为专门从事网络服务经营的一类主体,本书认为采用客观标准④更为适宜。那么,接下来的关键问题就是如何确定一套判断过错的行为标准。在没有法律明确规定的情况下,根据王利明教授的观点,可以采取"合理人"的标准⑤来判断行为人的过错,在大陆法

---

① 参见王利明:《侵权行为法研究》(上卷),北京,中国人民大学出版社,2004,第214页。
② 〔法〕马泽昂德、丹克:《合同和民事违法责任的理论和实践》,巴黎,1970,第544页。
③ 参见王利明:《侵权行为法研究》(上卷),北京,中国人民大学出版社,2004,第504页。
④ 客观标准既要考虑一般人的特点,也要考虑行为人所从事的职业、从事的特殊活动等个人特点。对于从事某种专业性和技术性活动的行为,必须按照专业技术人员通常应有的注意标准向行为人提出要求,行为人缺乏必要的技能与知识而从事某种专业性、技术性活动,本身就是一种过错。
⑤ 理性人标准(the reasonable person standard)一词最早出现在英国的判例 Vaughan v. Menlove (1837) 132 ER 490 (Common Pleas 1837) 中。在该案中被告在其租用的场地上以一种易于自燃的方式来堆砌柴草,在其后的五个星期内虽然被告被不断地警告,最后仍导致柴草自燃。不但烧坏了被告的柴草也殃及了场地主的房屋。被告的律师承认这一不幸是由于被告没有以最高的警觉标准来行事,争辩道只有陪审团能确定被告没有以"诚信(bona fide)和其最好的判断"行事时才能认定其有过失。法庭不同意这样的观点,认为这样的标准过于主观,应该有一个客观的标准来裁判案件;遵照一个谨慎的人的注意程度一直是一个被落实了的规则,并且实施这一规则是比较困难的,在这一规则的指导下,陪审团们总是会说在所讨论的情形中是否存在疏忽;因此,与其适用那种像个人的鞋子号码一样具有不同差异的具体个人的疏忽责任标准,他们宁愿在所有的案件中遵循作为一个普通的谨慎的人都应该遵循的注意程度。See Vaughan v. Menlove (1837) 132 ER 490 (common Pleas 1837)。在大陆法

系采用"良家父"①的标准来判断过错,本书借鉴这种方法,以一个普世的客观标准作为参考来判断行为人是否存在过错。因此,本书引入"理性管理者"的概念,试图为判断网络服务提供者的过错提供客观合理的行为标准。

(一)理性管理者概念的内涵

A. P. 赫伯特曾经这样描述合理人:"他是一种理想,一种标准,是我们要求优秀公民具备的品德的化身……在构成英国普通法的令人迷惑的博学的审判中旅行或长途跋涉,不与理性的人相遇是不可能的。理性的人总是替别人着想,谨慎是他的向导,'安全第一'是他的生活准则。他像一座纪念碑矗立于我们的法庭上,徒劳地向他的同胞们呼吁,要以他为榜样来安排生活。"② 从这一标准所具有的内容来看,认定过错的客观标准既不应是"最高的行为标准",也不应是"一般标准"。合理人也许不是一个谨慎行为的典范,也不具有所有好市民的全部优良品质。但他具备谨慎、合理和仔细的市民的全部要素,尽管他可能比我们中的任何人都要优秀。他具备一个仔细人的仔细。③ 因而,在判断合理人时应该采取"中等偏上"的标准。从各国采纳的标准来看,无论是"良家父"标准,还是"合理人"标准,基本上都是"中等偏上"的标准。这一标准实际上就是一个合理的、谨慎的人的行为标准。

认定网络服务提供者的过错应采取合理的、谨慎的人的行为标准即把行为人的行为与一个虚拟的标准的合理人即"理性管理者"的行为进行比较,进而认为行为人有无过失。这里的理性管理者标准是在技术措施与管理制度等方面付出一定的努力,做到比一般的网络行为主体更为谨慎的注意,也就是"中等偏上"的标准。作为抽象出来的、作为参考标准的理性管理者,其应是一个谨慎的,为了实现自身经济目的,且在不损害他人合法利益的前提下,对自身行为进行科学管理的拟制的人。这一概念包含两层含义:一是网络服务提供者首先是网络的管理人,其能够管理并控制自己提供的网络技术服务;二是网络服务提供者作为管理人应当是一般普通

---

① 在罗马法中,就以"良家父"(bonus pater familias)作为判定行为人有无过失的标准。"良家父"是一个谨慎的、勤勉的人的别称。"良家父"的注意即为一个勤勉之人应尽的注意,没有尽到此种注意即为过失。参见王利明:《侵权行为法研究》(上卷),北京,中国人民大学出版社,2004,第463页。

② 〔美〕罗伯特·考特、托马斯·尤伦:《法和经济学》,张军译,上海,上海三联书店、上海人民出版社,1995,第455~456页。

③ 参见廖焕国:《侵权法上注意义务比较研究》,北京,法律出版社,2008,第151页。

的理性管理者，即具有一般管理者应该具备的能力、技术，并尽到一般管理者应尽的注意义务。需要强调的是，判断是否违反注意义务，应当考察"特定情况下"相关社会群体中一个理性、负责的成员应尽的注意义务程度，即具体状况具有重要意义。① 这里的一般理性管理者绝不是一个没有弱点、超乎谨慎、拥有最先进技术条件、勇于创新且有能力持续创新的管理者，也不是一个具有感知一切侵权行为可能发生或存在的管理者。因为，"要求能经常感知到可能出自各种原因的危险确实是超乎通常的行为，的确过于苛刻，因而无法成为一个标准"②。正如一般理性人绝不是"完全没有人的弱点"③ 一样，一般理性管理人也有各种客观因素制约其注意程度。

在探讨理性管理者的注意义务时，本书认为这里的前提是管理者是谨慎的管理者。那么，怎么界定"谨慎"，在 Ellison v. Roberston & Aol 一案④中，法院认为被告没有及时地将自己已经变更的电子邮箱公布于众，就是没有做到谨慎，不应该进入"安全港"，这为我们认定"谨慎"提供了参考。

（二）理性管理者过错的内涵

根据《侵权责任法》第 6 条和第 36 条的规定可知，关于网络服务提供者侵权的归责原则是过错责任原则，其过错表现在"知道"⑤ 或在接到"通知"后没有采取必要措施。此外，最高人民法院《信息网络传播权民

---

① See F. Bydlinski: System und Prinzipien 198. 转引自朱岩：《侵权责任法通论》，北京，法律出版社，2011，第 267 页。
② Whiman v. W. T. Grant Co., 16 Utah 2d 81 395 p. 2d 918, 920 (1964).
③ 程啸：《侵权行为法总论》，北京，中国人民大学出版社，2008，第 349 页。
④ 原告发现其作品被包括美国在线（AOL）在内的被告上传到网络上在全球传播并与其他用户进行分享，原告按照 DMCA 所要求的通知程序向美国在线发出了侵权通知，但是美国在线声称从来没有收到该通知。于是原告起诉被告（包括美国在线），美国在线在得知被起诉后终止了传播原告作品的用户的服务。美国在线没有收到侵权通知的原因是其变更了侵权通知使用的电子信箱，但是没有及时地加以公布，也没有采取自动转发措施将旧邮箱中收到的信息转发到新邮箱。上诉法院认为美国在线如果要想得到 DMCA 中的安全港保护，则必须满足 DMCA 中上述的谨慎与善意的要求，由于美国在线没有将新邮箱及时登记和公布，没有满足上面要求，不受安全港条款的保护。See Ellison v. Roberston & Aol, 357 F. 3d 1072, 1080 (9th cir. 2004).
⑤ 目前学界的多数观点认为，《侵权责任法》第 36 条第 3 款中的"知道"不应包括"应知"，即不包括因违反注意义务而不知的过失。参见吴汉东：《论网络服务提供者的著作权侵权责任》，《中国法学》2011 年第 2 期；胡晶晶：《论"知道规则"之"应知"——以故意/过失区分为视角》，《云南大学学报（法学版）》2013 年第 6 期；李雨峰：《迷失的路——论搜索引擎服务商在商标法上的注意义务》，《学术论坛》2009 年第 8 期。

事案件法律规定》第 7 条第 3 款规定："网络服务提供者明知或者应知网络用户利用网络服务侵害信息网络传播权，未采取删除、屏蔽、断开链接等必要措施，或者提供技术支持等帮助行为的，人民法院应当认定其构成帮助侵权行为。"从前述规定的文字来看，最高人民法院《信息网络传播权民事案件法律规定》将网络服务提供者的主观过错解释为明知和应知，相较于《侵权责任法》关于网络服务提供者的主观过错的判断标准要低，即对于网络服务提供者主观过错的认定范围更宽。但是，法律法规及司法解释并没有在理论上明确主观过错的判断标准，导致了适用中的混乱和不合理的后果。① 为此，本书梳理目前法律法规以及司法解释的规定并结合司法实践中的做法，提炼出理性管理者过错判断的两个层次。

第一个层次是判断网络服务提供者是否具有"明知"的主观过错。

关于网络服务提供者"明知"的主观过错，美国在 DMCA 中提出"红旗标准"②。该标准是指当侵权行为对一个在相同或者类似情况下的理性人已然明显时，应适用"合理人"行事思考标准。③ 即如果侵权行为已经昭然若揭，像一面红旗一样展现在网络服务者眼前时，网络服务提供者作为理性管理者若视而不见，没有采取积极的行为制止侵权行为的持续发生，则属于主观上明知侵权行为的存在。这种情况在司法实践中非常少见，更多的是通过侵权行为的外在表象推定网络服务提供者主观上是应当知道侵权存在的。

此外，最高人民法院《信息网络传播权民事案件法律规定》第 13 条规定："网络服务提供者接到权利人以书信、传真、电子邮件等方式提交的通知，未及时采取删除、屏蔽、断开链接等必要措施的，人民法院应当认定其明知相关侵害信息网络传播权行为。"在符合要求的通知发出后，网络服务提供者没有采取必要措施的属于主观上存在明知的过错。

关于网络服务提供者接到符合要求的通知而没有及时采取措施制止侵权行为，还可以从不作为侵权的角度予以规制。从侵权法上讲，判断不作为是否构成侵权的关键是看网络服务提供者是否存在制止侵权的义务。从学理上讲，不作为构成侵权的义务来源主要有五种，即：(1) 法律明文规定的作为义务；(2) 基于服务关系而产生的作为义务；(3) 基于合

---

① 参见冯术杰：《知识产权法——国际的视野与本土的适用》，北京，法律出版社，2015，第 137 页。
② "红旗标准"源自美国 DMCA 第 512 条的规定，参见 17 U.S.C. § 512 (c) (1) (A) (ⅱ)。
③ H. R. Rep. No. 105-551, p. 53.

同关系而产生的作为义务;(4)因自己的无过失行为所产生的危险而有的防止义务;(5)有防止危险的机会,且依公序良俗的观念而有防止的义务。①网络服务提供者在接到通知后是否具有制止侵权的义务,可以从以上这五点来进行分析。从法律规定上讲,我国《信息网络传播权保护条例》②及《侵权责任法》③都规定了网络服务提供者的不作为的法律责任。从义务来源上讲,网络服务提供者的不作为侵权的义务来源于法律的明文规定。同时,从具有防止危险的机会,而依公序良俗的观念而有防止侵权行为的义务的角度来看,网络服务提供者处于掌握技术服务的有利位置,依公序良俗的观念其有防止侵权行为继续发生、发展的社会义务。因此,网络服务提供者应该承担接到通知后立即制止侵权的义务。

第二个层次是判断网络服务提供者是否具有"应知"的主观过错。

从侵权的角度讲,"应当知道而未知道"属于过失,是行为人违反了应有的注意义务的客观状态。正如有学者所说,"从归责的意义上说,民事过失的核心不在于行为是否出于疏忽或懈怠而使其对行为结果未能预见或未加注意,关键在于行为人违反了对他人的注意义务并造成对他人的损害,行为人对受害人应负的注意义务的违反,是行为人负过失责任的根据"④。因此,这里对过失的判断是对客观的注意义务的界定而非对行为人主观状态的探究。⑤也就是说,在判断网络服务提供者主观过错时,如何界定网络服务提供者的注意义务的界线是关键。而注意义务的界线划定需要综合考虑多种因素,这是合理引导法官行使自由裁量权,保证同案同判的重要条件。例如,在日本的网吧 G7 案⑥和通信卡拉 OK 案⑦中,日

---

① 参见林诚二:《民法理论与问题研究》,北京,中国政法大学出版社,2000,第114页。

② 《信息网络传播权保护条例》第15条规定:"网络服务提供者接到权利人的通知书后,应当立即删除涉嫌侵权的作品、表演、录音录像制品,或者断开与涉嫌侵权的作品、表演、录音录像制品的链接,并同时将通知书转送提供作品、表演、录音录像制品的服务对象;服务对象网络地址不明、无法转送的,应当将通知书的内容同时在信息网络上公告。"

③ 《侵权责任法》第36条规定:"网络服务提供者接到通知后未及时采取必要措施的,对损害的扩大部分与该网络用户承担连带责任。"

④ 王利明主编:《民法侵权行为法》,北京,中国人民大学出版社,1993,第157页。

⑤ 德国法对过失的判断采客观标准,同时认为过失是主观的。这种立场与其侵权责任构成要件中有违法性这个要素有关。我国的侵权法体系与德国法并不相同,没有必须认定过失系主观过错的框架背景。

⑥ 参见水户地方裁判所平成九年(1997年)第106号事件,东京高等裁判所平成十一年(1999年)第2788号事件,日本最高裁判所平成十二年(2000年)第222号事件。

⑦ 参见大阪地方裁判所平成十四年(2002年)第9435号事件。

本裁判所在判断被告是否存在注意义务时，基本上综合考量了服务本身的危险性、被侵害利益的重大性、被告是否从侵害行为中获利、被告预见侵害的可能性、被告回避侵害结果的可能性等因素。这对我国司法实践具有很好的启示作用。因此，本书认为，网络服务提供者承担的注意义务应当是一般理性管理者的注意义务。这种注意义务也是综合各个因素来进行判断的，如技术水平的高低、注意成本的大小等。确定网络服务提供者作为一般理性管理人的行为标准时，本书认为应该考虑以下因素。

1. 受保护的利益即著作权人的利益的价值

作品系独创性程度高、处于热播期的影视作品、音乐作品或者处于热销期的完整的文字作品等具有极高的市场价值的作品时，根据法理可知，受侵犯的利益的价值越大，行为人的注意程度就应该越高。也就是说，行为人在追求自身利益的情况下更应该小心谨慎，以避免给受威胁者造成任何损害。因此，对于前述类型的作品在一定时期内网络服务提供者具有更高的注意义务。

2. 网络服务提供者提供的服务对侵权行为发生与存在的"危险性"

从一个理性管理者的角度考虑，其提供的服务能够给他人以可乘之机侵犯著作权人利益时，其就应该越加小心谨慎。这里的"危险性"不限于危险责任中所指的"异常危险"，其范围更广，是指存在侵犯著作权的很大可能性。例如，提供分类信息存储空间服务的网络服务提供者应该更加小心，因为在其提供的名为"电影"或者"流行音乐"等空间中，存在很大可能是现在正在上映的热播电影或打榜歌曲，上传相关作品的网络用户有很大可能是没有获得该影片或歌曲的信息网络传播权的。但如果网络服务提供者仅仅提供存储空间，没有进行任何管理性分类，其注意义务就要略低些。

3. 网络服务提供者具有的技术能力和专业知识

同样的行为对于不同的人来说其难度系数肯定是不同的。一般理性管理者只要求其具有一般业界技术水平和专业知识，并不要求其具有最先进的技术和最科学的管理方法。但是，如果某网络服务提供者处于技术的领先地位，掌握着较高的技术并因此在业内具有强势的竞争优势，凭借该领先技术获得更多的经济利益，那么，其就应该承担与其技术能力、所得收益相匹配的注意义务。

4. 网络用户侵权的可预见性

在确定理性管理者行为标准时，必须考虑网络用户侵权的可预见性。正如前文所述，注意义务可以分为结果预见义务和结果避免义务。这里的结果预见义务是从行为的角度进行分析，即指网络服务提供者应当积极主动地采取合理、有效的措施预防网络用户利用信息网络服务从事侵权行为，而并非要求网络服务提供者从结果上避免一切侵权行为的发生。如果网络服务提供者尽一切的注意力也不能预见到网络用户的侵权，那么他就不应该对其行为结果负责。这里的可预见性是一个客观考量，即依据社会一般观念，一个具有正常技术、经验和能力的管理者在行为发生的场合下，在保持了适度注意的条件下，究竟能否预见到侵权的发生。同时，也应当适度考虑具体网络服务提供者的管理能力、经验和技术水平等。

5. 网络服务提供者采取预防措施的成本

侵权法不要求行为人在行为之前将所有的致害可能性都考虑到，并一一作出预防措施。这样的要求不仅成本高昂，而且很多时候根本办不到。一般来说，所提供的服务中的信息量越大以及侵权与否的判定越不确定，合理注意义务的要求便越低。反之，如果信息量小以及侵权与否的判定相对容易，则注意义务的标准便高。侵权法对行为人的要求就是：在行为时，尽量选择一个对他而言最有效率的行为方式。① 如果网络服务提供者采取预防措施在经济上的支出很大，且收效甚微，则法律不会强行要求网络服务提供者采取那样的预防措施。但是，网络服务提供者在知道或应当知道网络用户的行为必然侵犯著作权时，应该在可能与合理的范围内，选择侵权损害最小的那种行为方式，这也是诚信原则的一般要求。② 随着网络技术的发展，目前采取一定的技术措施对内容进行过滤已经不再是成本极高的方式，因此，网络服务提供者作为理性的管理者应当适时采取有效措施。《信息网络传播权民事案件法律规定》第 8 条第 3 款亦规定，网络服务提供者能够证明已采取合理、有效的技术措施，仍难以发现网络用户侵害信息网络传播权行为的，人民法院应当认定其不具有过错。该司法解释一定程度上是在鼓励网络服务提供者采取合理、有效的技术措施，避免侵权行为的发生。

6. 网络服务提供者是否从侵权作品中直接获得经济利益

正如本书第二章所分析，网络服务提供者利用作品获得经济利益是让其承担侵权责任的重要原因。在涉及主观过错判断时，是否从侵权作品中

---

① European Group on Tort Law, *Principles of European Tort Law：Text and Commentary*, Vienna/New York：Springer, 2005, 4；102, para. 13, p. 74.

② 参见李辉、李敏、叶名怡编著：《侵权责任法理论与务实》，北京，中国政法大学出版社，2009，第 91 页。

直接获得经济利益是考量网络服务提供者主观上是否存在过错的一个重要因素。这里应区分网络服务提供者获得经济利益与特定作品之间的关系。如果直接从特定作品中获得了经济利益，则网络服务提供者对该特定作品负有较高的注意义务；如果网络服务提供者仅是通过其提供的服务一般性地收取服务费或者广告费等，则不宜让网络服务提供者承担较高的注意义务。但是，这里还应该注意网络服务提供者提供服务的模式和方式，以及其宣传、奖励措施等，综合考量其注意义务的高度。

（三）理性管理者过错的判断

网络服务提供者作为一般理性管理者的"过错"判断标准是一个动态的客观化的标准。所谓"动态"的标准，是指随着网络技术的不断发展，网络服务提供者对其服务的控制能力以及预防侵权的能力也必将增强，那么，其注意义务的水平也将不断地调整，以期与技术发展相协调。另外，一般理性管理人的标准是一个客观的标准，其不因主体的不同而产生不同的标准，无论是全球知名的网络服务提供者还是名不见经传的网络服务提供者，其承担的注意义务水平是一致的，但由于其技术水平和管理能力的不同，在不同情况下其注意义务的具体内容可能会有所区别。这也是一般理性管理者注意义务的动态的体现。网络服务提供者是否应当承担间接侵权责任需要依其主观过错认定。如果网络服务提供者不知道也不应当知道第三方存在侵权行为则不应当承担共同侵权责任。例如，美国的"不知情"（innocent）原则，即网络服务提供者若能证明其不知道也没有理由知道第三方实施了侵犯著作权的行为，就可以免于承担共同侵权责任。该原则在 2006 年 7 月美国第七巡回上诉法院判决的 Thais Cardoso Almeida v. Amazon. Com，Inc.①（456F. 3d1316）案（"Amazon 案"）中得到体现。该案法院在审理时适用了 1998 年颁布的《数字千年版权法案》（DMCA）。根据该法案规定，由于该案中没有证据证明网络服务提供者知道第三方实施了侵犯著作权的行为，因而其不应承担侵权责任。这同 1987 年的 Columbia Film Industries Inc. v. Robinson 案（"Robinson 案"）采取了一样的标准来判断"应当知道"，同时证明网络服务提供者"知道"的主观过错由原告方负举证责任。在 Robinson 案中，法院认为"应当知道"的要素必须包含知道具体的侵权行为。至于是否必须包含具体行为人和具

---

① 456F. 3d1316，http：//www.internetlibrary.com/pdf/Almeida-Amazon-11th-Cir.pdf，最后访问日期：2012-02-16。

体侵犯的对象，法院没有做具体的要求。有种理解是，知道具体侵权行为就应当包含了知道由具体行为人实施的具体侵犯某项作品的行为。也有种理解是，知道具体侵权行为不必然包含对具体侵权人和具体侵犯对象的知悉。这两种不同的理解也代表了对网络服务提供者承担轻重两种不同责任的态度。但是这种对"应当知道"的理解在 L'Oreal v. eBay [1]案中有所不同，在该案中阿诺德法官认为对"应当知道"不应该解释得太严格。他认为判断"应该知道"没有必要证明应该知道具体的行为人实施了具体的侵犯哪一部作品的著作权的行为。判断"应该知道"的标准应该是网络服务提供者是否实际知道有人利用其服务进行侵权行为。在 L'Oreal v. eBay 案中，BT（英国最大的网络服务提供者）实际知道有网络用户在利用 Newzbin2 进行侵犯著作权的行为，BT 还知道他们提供的服务正在被用来接收侵权作品的复制件，这些复制件是通过 Newzbin2 来获得的。在本案中，法官对网络服务提供者"应该知道"的判断标准相对宽松，这就导致网络服务提供者将承担更重的责任。法院在认定网络服务提供者"应该知道"的范围时是以具体的侵权行为为限还是以存在这类侵权行为为限，将导致网络服务提供者责任轻重的不同。本书认为，网络服务提供者作为理性管理人，对自己业务范围内的网络用户的使用行为应有所了解，如果存在一定数量的网络用户利用其服务模式或提供的工具进行侵权，其就应该予以注意并采取相应的防范措施。网络服务提供者了解侵权活动的相关情况越多，就越有可能判断网络服务提供者"应该知道"。如果已经知道自己提供的服务存在被利用进行侵权的可能，且实际上已经有这样的行为发生而听之任之、采取放任的态度，则这种消极的态度不是一个理性管理者所应该持有的正确态度。法律具有引导的作用。因此，在设置网络服务提供者注意义务时，应该充分发挥法律的指引和导向作用，引领网络服务提供者对自己经营的业务或提供的服务采取积极谨慎的态度，引导网络行业的健康发展。

　　网络服务提供者主观过错的判断是目前司法实践中争议最大也是最难把握的问题，本书尝试引入"理性管理者"的概念，明确作为参考标准的"理性管理者"的内涵和行为尺度，以期在判断网络服务提供者过错时有一个客观的可操作的尺度。同时，在判断注意义务时，也以"理性管理者"应有的注意义务为参考标准，采用了可量化的参考因素。在司法实践中，可以这些参考因素作为判断的原则和基准，结合案件的具体情况进行

---

[1] L'Oreal SA v. eBay International AG (C-324/09).

分析，从而作出科学合理的判断。

四、我国关于网络服务提供者承担侵权责任时主观要件的立法评析

法律是一个协调妥协的产物，著作权法也不例外。"著作权立法是一个利益斗争过程，在这个过程中，代表著作权人利益的一方始终处于强势地位。"① 同样，这种强劲的势头使得网络的发展历程也是版权逐步扩张到网络的发展过程。但是，这并不意味着为了保护网络环境下的版权就可以不顾其他相关利益主体的权益。特别是网络服务提供者作为网络环境下的信息传播者，其有着自身发展的合理诉求，且其在网络著作权保护中位于特殊而重要的位置。诚然，让网络服务提供者承担一定的侵权责任对于保护著作权而言具有裨益，但网络服务提供者应该承担怎样的侵权责任需要立法给予明确。我国目前由《侵权责任法》和《民法通则》构成了对网络著作权侵权责任的最基本的表述。此外，相关规定还散见于其他民事单行法律和行政法规之中。但我国网络著作权侵权责任制度尚没有形成完整的体系，本书将对涉及网络著作权保护中有关网络服务提供者侵权责任的相关规定进行梳理，以期对将来立法及司法有所助益。

作为我国民事基本法律的《民法通则》② 制定之时尚没有网络的普及，更没有出现目前的网络著作权纠纷，因此，在《民法通则》中并没有关于网络著作权的直接、明确的规定，更没有涉及网络服务提供者的责任承担问题。尽管《民法总则》自 2017 年 10 月 1 日起施行，但其仍然没有涉及网络服务提供者侵权责任的规定。《民法通则》作为我国第一部调整民事法律关系的基本法律，对网络著作权保护仍具有指导意义。《民法通则》明确规定了侵权的归责原则，这是我国侵权行为法的一般条款。同时，《民法通则》规定了知识产权作为民事权利的一种，其受到的保护和其他民事权利一样，构成对知识产权的侵犯的，承担同样的民事责任。③ 这就为侵犯网络著作权的侵权行为承担的民事责任提供了法律依据，明确了归责原则和法律责任。

---

① 易健雄：《技术发展与版权扩张》，北京，法律出版社，2009，第 142 页。
② 《民法通则》由中华人民共和国第六届全国人民代表大会第四次会议于 1986 年 4 月 12 日通过，自 1987 年 1 月 1 日起施行。http://www.npc.gov.cn/zgrdw/common/zw.jsp?label=WXZLK&id=4470&pdmc=rdgb。
③ 根据《民法通则》第 134 条第 1 款的规定，承担民事责任的方式有：停止侵害；排除妨碍；消除危险；返还财产；恢复原状；修理、重作、更换；赔偿损失；支付违约金；消除影响、恢复名誉；赔礼道歉等。

《侵权责任法》①第一次对网络服务提供者侵权责任进行了明文规定。"在成文法传统下,立法是一个利益衡量的过程,制定法是定分止争的主要依据。立法的目标在于通过相关利益主体的博弈而公平合理地分配资源与调节利益关系,以使各种利益主体能够各得其所、各安其位,从而实现社会的和谐发展与进步。"② 这种利益衡量的观点被《侵权责任法》所采纳,在对网络服务提供者责任的设计上,体现了一般民众合法权益应当受到保护的立法宗旨,也体现了保障网络服务行业健康发展的目的。《侵权责任法》的立法目的③就是保护合法权益,预防并制裁侵权行为。也就是说,合法权益受到侵害都应当受到侵权责任法的救济,侵权行为都应当受到侵权责任法的制裁。《侵权责任法》第2条更是明确规定了侵害民事权益依据侵权责任法承担民事侵权责任,这里的民事权益包括了著作权,这就为侵犯著作权应当承担侵权责任提供了侵权法上的依据。同时,《侵权责任法》第36条④还具体规定了网络服务提供者帮助侵权的民事责任,并对网络服务提供者侵权责任的认定适用了过错的归责原则。这在一定程度上既保护了著作权权利人的权利,又没有给网络服务提供者苛以太重的审查义务,从而起到了促进网络技术和网络运营模式的发展与创新的作用。但是,笔者认为,《侵权责任法》第36条仍然存在一些问题。首先是条理略显混乱,该条三个段落规定的责任层次不明,极易造成混淆。第一段的规定有让网络服务提供者应当承担无过错责任之嫌,然而,接下来又规定了"通知规则"和"知道规则",这两个规则中又明确了网络服务提供者的过错归责原则,并对责任后果进行了规定,表明网络服务提供者对没有接到通知之前的损害不需要承担侵权责任。这一点貌似与前面的规定不一致。其次,在"知道规则"中,并没有明确规定"知道"的判断标准。这就导致在解释法律和适用法律时可能出现标准不一,以致出现个别

---

① 《侵权责任法》由中华人民共和国第十一届全国人民代表大会常务委员会第十二次会议于2009年12月26日通过,自2010年7月1日起施行。http://www.gov.cn/flfg/2009-12/26/content_1497435.htm,最后访问日期:2011-10-20。

② 张新宝:《侵权责任法立法的利益衡量》,《中国法学》2009年第4期。

③ 《侵权责任法》第1条规定:"为保护民事主体的合法权益,明确侵权责任,预防并制裁侵权行为,促进社会和谐稳定,制定本法。"

④ 《侵权责任法》第36条规定:"网络用户、网络服务提供者利用网络侵害他人民事权益的,应当承担侵权责任。网络用户利用网络服务实施侵权行为的,被侵权人有权通知网络服务提供者采取删除、屏蔽、断开链接等必要措施。网络服务提供者接到通知后未及时采取必要措施的,对损害的扩大部分与该网络用户承担连带责任。网络服务提供者知道网络用户利用其网络服务侵害他人民事权益,未采取必要措施的,与该网络用户承担连带责任。"

的同案不同判的情况。

《著作权法》① 作为专门调整有关著作权的法律关系而制定的法律，对于网络著作权保护并没有形成体系，只是在个别条文上有所体现。该法的立法目的是："为保护文学、艺术和科学作品作者的著作权，以及与著作权有关的权益，鼓励有益于社会主义精神文明、物质文明建设的作品的创作和传播，促进社会主义文化和科学事业的发展与繁荣，根据宪法制定本法。"这一目的规定对于将《著作权法》在网络环境中适用并无多少指导意义，《著作权法》对于侵犯著作权的侵权责任的规定也存在较多问题，在具体侵权行为的规定中又有规定不明之嫌，从而引发了解释多样、适用法律不一等问题。例如，《著作权法》中的获得报酬权②以及信息网络传播权等，要么不是一项单独的著作权权项，需要依附于其他权项才能实现；要么是一个复合的权项，集合了多项著作权权项的特点。以信息网络传播权为例，该项权利是随着网络的发展而扩展的著作权权项，但该权项的实现离不开对作品的复制和传播，这就同时集合了至少包含了复制权在内的著作权权项。另外，法律对侵权行为进行列举式规定，就应当全面列举重大的侵权类型和典型的侵权行为，但是，在目前的《著作权法》侵权责任中并没有列举侵权类型，更没有关于间接侵权的规定。在侵权行为中，但凡涉及间接侵权的现在只能从《侵权责任法》等其他法律法规中按照共同侵权来判断。我国《著作权法》没有及时满足新技术发展的要求，对著作权的侵权行为列举不全，没有涉及网络环境中的侵权行为方式，在网络服务提供者侵权责任承担方面没有作出具体的规定。这些涉及网络著作权保护的这些问题已经成为当下需要解决的热点、焦点问题，在目前正在进行的《著作权法》第三次修订讨论稿中也有所体现。

《信息网络传播权保护条例》③ 是在网络环境下制定的专门规范在网络上进行信息传播行为的法律规范。网络技术的发展使得作品被数字化后

---

① 1990年9月7日第七届全国人民代表大会常务委员会第十五次会议通过，根据2001年10月27日第九届全国人民代表大会常务委员会第二十四次会议《关于修改〈中华人民共和国著作权法〉的决定》第一次修正，根据2010年2月26日第十一届全国人民代表大会常务委员会第十三次会议《关于修改〈中华人民共和国著作权法〉的决定》第二次修正。

② 全国人大常委会法制工作委员会编的《中华人民共和国著作权法释义》采用这个解释，郑成思教授也在著述中表达了这一观点。

③ 《信息网络传播权保护条例》于2006年5月10日国务院第135次常务会议通过，自2006年7月1日起施行。http://www.gov.cn/zwgk/2006-05/29/content_294000.htm，最后访问日期：2012-01-02。

通过网络向公众传播更加方便快捷。依据传统的版权保护思路，版权权利人应当有权控制这种网络传播行为，并因此获得一定的经济回报。也就是说，作品被数字化后并上传到网络上，公众通过网络浏览、观看或者转载、下载该作品时，应当取得著作权人的授权并给予其一定的经济补偿。这类似于在传统的印刷出版时代，版权人通过控制作品的复制和发行而获得经济利益。版权人控制其作品在网上传播的权利应该如何界定以及如何保护成为网络兴起后著作权保护面临的一个主要问题。在《信息网络传播权保护条例》中明确规定的信息网络传播权，是基于信息网络的普遍应用而产生的一种新的著作权权项，其实质就是原有著作权作品被数字化后在网络上传播的权利。关于是否应当规定一种新的权利来规范信息网络传播行为，各国有不同的考量。例如，最先发展网络技术并在著作权领域最先关注网络著作权保护问题的美国就没有规定所谓的"信息网络传播权"。美国现有的《1976年版权法》《数字化时代版权法》以及DMCA等都没有规定信息网络传播权。美国的立法考量主要基于两点：一是对现有版权法做任何修改，增加权项，无疑会动摇已经形成的利益平衡状态；二是现有的著作权法中规定的著作权权项的内涵、相关解释[①]和司法判例[②]已经包含了信息网络传播权的内容指向，因此，没有必要再额外规定一个信息网络传播权。而我国为了保护权利人的利益，鼓励作品的创作和传播专门制定了《信息网络传播权保护条例》，对权利人的信息网络传播权给予了严格保护。但是，综观整个条例不难发现，条例实际上为网络服务提供者规定了诸多免责条件。例如，条例第20、21、22、23条规定了不同网络服务提供者的不同免责条件，即设立不同的"避风港"规则为网络服务提供者提供庇护，且规定了通知规则和删除规则，给网络服务提供者一个缓冲的机会，也给著作权人和网络服务提供者一次合作的机会。这些都是法律为避免网络服务提供者诉累而设置的专门性条款。诚然，这些免责条件为避免滥诉、为网络技术发展提供良好的环境提供了便利，在一定程度上协调了权利人与网络服务提供者、社会公众利益

---

① 美国国会在1995年9月公布的白皮书中对于复制权、演绎权、发行权、表演权和展览权这五项权利在网络中的应用做出了解释，认为这五项权利和网络传播权有密切的联系。*Information Infrastructure Task Force: Intellectual Property and the National Information Infrastructure*, September 1995, at 63-72.

② 例如，在Stratton Oakmont Inn. and Daniel Porush v. Proddigy Service Company案中，纽约州最高法院将网络经营者视为发行商来判决本案。Index No. 31063/94.

之间的利益平衡。但是，由于"避风港"适用条件规定的不确定性和"通知与删除"规则规定的不具体性，以及网络服务提供者侵权责任规定的模糊性，著作权人对于网络服务提供者利用"避风港"规则规避责任越来越不满意，其逾越"通知与删除"规则直接起诉的行为成为常态，使得"通知与删除"规则形同虚设。司法实践中涉及网络服务提供者的案件不断增加，但由于没有统一的司法标准进行判断，同案不同判的情形时有发生。

另外，最高人民法院关于计算机网络著作权纠纷案件的司法解释对于网络服务提供者承担侵犯著作权责任的问题也进行了相关规定。司法解释①在网络服务提供者侵权责任方面，广泛借鉴了美国 DMCA 和欧盟《电子商务指令》的经验，并结合我国的司法实践，创造性地弥补了著作权法中的不足甚至空白，得到了国际版权界的广泛认可，被称为中国的 DMCA。② 该司法解释存在一个问题，即对网络内容服务提供者的主观过错只承认"明知"和"经著作权人确有证据的警告"，而没有明确规定"有理由知道"即主观上存在过错。在网络服务提供者的侵权认定上只是概括性地规定了承担共同责任，但对于责任的构成要件以及承担共同责任的后果没有进行具体的规定。③ 在网络服务提供者承担共同侵权责任的认定中没有提及主观过错的判断问题。而在最高人民法院《对山东省高级人民法院〈关于济宁之窗信息有限公司网络链接行为是否侵犯录音制品制作者权、信息网络传播权及赔偿数额如何计算问题的请示〉的答复》④ 中，规定只有警告才能推定明知的规则，而且将其适用于链接者。这种将构成"主观过错"的前提限定于"明知"，并实际将"明知"等同于"著作权人

---

① 2003 年 12 月 23 日，最高人民法院审判委员会第 1302 次会议通过了《关于修改〈最高人民法院审理涉及计算机网络著作权纠纷案件适用法律若干问题的解释〉的决定》，对网络著作权纠纷案件的管辖、网络著作权作品的默示许可使用、网络服务提供者和网络内容提供者的侵权责任以及网络服务提供者对于故意避开或者破坏技术保护措施承担民事侵权责任等内容等进行了更加明确的规定。2006 年 11 月 20 日，最高人民法院审判委员会第 1406 次会议通过了《关于修改〈最高人民法院关于审理涉及计算机网络著作权纠纷案件适用法律若干问题的解释〉的决定（二）》，将网络转载法定许可彻底删除。

② 参见蒋志培：《中国对网络环境下著作权和商标权的国际保护》，http://www.stcsm.gov.cn/learning/lesson/guanli/20031126/lesson-5.asp，最后访问日期：2005-10-25。

③ 《关于修改〈最高人民法院关于审理涉及计算机网络著作权纠纷案件适用法律若干问题的解释〉的决定（二）》第 3 条规定："网络服务提供者通过网络参与他人侵犯著作权行为，或者通过网络教唆、帮助他人实施侵犯著作权行为的，人民法院应当根据民法通则第一百三十条的规定，追究其与其他行为人或者直接实施侵权行为人的共同侵权责任。"

④ 最高人民法院（2005）民三他字第 2 号。

发出警告"的做法是值得商榷的。① 后来颁布的《信息网络传播权保护条例》第 23 条规定主观过错是"明知或应知"状态则在一定程度上修正了司法解释和最高法院的批复意见。但是，在今后的审判实务中如何认定"应知"，仍有待于最高法院适时地作出司法解释，以统一司法尺度。

2013 年 1 月 1 日起施行的《信息网络传播权民事案件法律规定》是专门针对网络环境中侵犯信息网络传播权规定的司法解释，其对于网络服务提供者的侵权责任进行了具体的规定。该司法解释第 6 条规定："原告有初步证据证明网络服务提供者提供了相关作品、表演、录音录像制品，但网络服务提供者能够证明其仅提供网络服务，且无过错的，人民法院不应认定为构成侵权。"从体系解释及法律文本解释来看，该条不仅规定了原、被告的举证证明责任，还从被告证明责任的角度规定了提供网络服务行为构成侵权的要件为过错。实际上，该条中的"构成侵权"是一个笼统的侵权概念，没有区分直接侵权还是间接侵权。但是，在实践中，对于该条的理解出现了分歧，有的认为网络服务提供者无论是直接侵权还是间接侵权都应该以过错为要件，有的认为被告答辩时不仅应对内容提供行为进行答辩还应就主观过错进行答辩。同时，该司法解释在第 8 条②规定了教唆和帮助两种类型的侵权行为，均明确规定了主观过错要件。关于"应知"的判断，该司法解释在第 9 条进行了详细的规定，人民法院应当根据网络用户侵害信息网络传播权的具体事实是否明显，综合考虑以下因素，认定网络服务提供者是否构成"应知"：(1) 基于网络服务提供者提供服务的性质、方式及其引发侵权的可能性大小，应当具备的管理信息的能力；(2) 传播的作品、表演、录音录像制品的类型、知名度及侵权信息的明显程度；(3) 网络服务提供者是否主动对作品、表演、录音录像制品进行了选择、编辑、修改、推荐等；(4) 网络服务提供者是否积极采取了预防侵权的合理措施；(5) 网络服务提供者是否设置便捷程序接收侵权通知并及时对侵权通知作出合理的反应；(6) 网络服务提供者是否针对同一网络用户的重复侵权行为采取了相应的合理措施；(7) 其他相关因素。上述因素均为判断网络服务提供者"应知"的参考因素，这些因素往往需要进

---

① 参见王迁：《网络传播权及其侵权研究》，《法学》2006 年第 5 期。
② 最高人民法院《信息网络传播权民事案件法律规定》第 8 条第 1 款规定："人民法院应当根据网络服务提供者的过错，确定其是否承担教唆、帮助侵权责任。网络服务提供者的过错包括对于网络用户侵害信息网络传播权行为的明知或者应知。"

行综合考虑。此外，该司法解释还针对不同作品类型、不同服务类型、收益类型及通知删除类型等分别规定了"应知"的判断要素。例如，针对作品类型，该司法解释在第10条明确规定对于热播影视作品的"应知"因素为"以设置榜单、目录、索引、描述性段落、内容简介等方式进行推荐"。针对服务类型，在第12条明确规定提供信息存储空间服务时的"应知"考虑因素为：(1) 将热播影视作品等置于首页或者其他主要页面等能够为网络服务提供者明显感知的位置的；(2) 对热播影视作品等的主题、内容主动进行选择、编辑、整理、推荐，或者为其设立专门的排行榜的；(3) 其他可以明显感知相关作品、表演、录音录像制品为未经许可提供，仍未采取合理措施的情形。针对收益类型，第11条规定从提供的内容直接获得经济利益的，应负较高的注意义务，同时亦规定什么是直接经济利益与非直接经济利益，即网络服务提供者针对特定作品、表演、录音录像制品投放广告获取收益，或者获取与其传播的作品、表演、录音录像制品存在其他特定联系的经济利益，应当认定为直接获得经济利益。网络服务提供者因提供网络服务而收取一般性广告费、服务费等，不属于本款规定的情形。同时，该司法解释也就"明知"进行了规定，第13条规定网络服务提供者接到权利人以书信、传真、电子邮件等方式提交的通知，未及时采取删除、屏蔽、断开链接等必要措施的，人民法院应当认定其明知相关侵害信息网络传播权行为。关于"及时"的判断因素，该司法解释在第14条中规定人民法院认定网络服务提供者采取的删除、屏蔽、断开链接等必要措施是否及时，应当根据权利人提交通知的形式，通知的准确程度，采取措施的难易程度，网络服务的性质，所涉作品、表演、录音录像制品的类型、知名度、数量等因素综合判断。而对不及时的后果，该司法解释没有给予明确规定，即删除不及时能否构成"应知"，司法解释并未涉及，司法实践中存在不同的认识。诚然，该司法解释对于侵害信息网络传播权已经作出了非常细致的规定，但在司法实践中仍然存在不同的认识和做法，这与网络技术和网络服务模式不断发展创新是密切相连的。

第三节 网络服务提供者侵犯著作权的司法考察

一直以来著作权案件是知识产权司法实践中的半壁江山，近年来还有不断上升的趋势。以北京市法院为例，2015年北京市法院（包括北京市基层、中级和高级三级法院）共新收一审知识产权民事案件 13 939 件，其中新收著作权案件 10 935 件，占比约 78%。2016 年，北京市法院共新收一审知识产权民事案件 17 375 件，其中新收著作权案件 14 552 件，占比约 84%。① 在著作权案件中已经有高达 80% 以上的案件涉及网络著作权，且基本上均涉及网络服务提供者责任判定问题。随着网络技术的发展，网络服务提供者提供的服务类型不断丰富，在涉及网络著作权纠纷中其所扮演的角色和发挥的作用也呈现不同，如何判定网络服务提供者的侵权责任，成为网络著作权纠纷案件中的焦点和难点问题。本书从目前法律体系下，结合中外典型案例，分析网络服务提供者侵犯著作权的责任类型和判断标准。

一、直接侵权

直接侵权就是违法行为人对自己实施的行为所造成的损害他人的后果由自己承担侵权责任的侵权行为。其具备三个特点：一是行为人自己实施的行为；二是该行为造成了合法权益的损害；三是行为人对该损害由自己承担责任。② 直接侵权责任适用过错责任原则，各国在自己的民法中都作了较统一的规定。例如，《德国民法典》第 823 条、《法国民法典》第 1382 条、《日本民法典》第 709 条以及我国《民法通则》第 106 条第 2 款都规定了一般侵权行为的责任构成要件。依照我国《民法通则》的规定，所有的一般侵权责任都必须具备违法行为、损害后果、因果关系和主观过错四个构成要件。可见，正如本书前文所述，过错归责原则是网络服务提供者承担侵权责任的归责原则，但并不当然适用于直接侵权。对此，学界是有不同观点的。有观点认为，除非法律有特别规定，过错归责原则是一般的侵权判定原则，而在著作权法中并没有就归责原则作具体部门法上的特别规定，因此，应该适用过错归责原则。相反的观点认为，主观上是否具有过错不是直接侵权的必备要件。在知识产权法上，"无过错"责任的应用范围大大扩展。由于知识总量的不断增长，很难一一查明知识的权利状况，同时，也缺少对权利状况进行必要公示的手段，因而"无过错"地利

---

① 数据来源于北京市高级人民法院知识产权庭年度工作总结。
② 参见车辉、李敏、叶名怡编著：《侵权责任法理论与实务》，北京，中国政法大学出版社，2009，第 274~275 页。

用著作权权能的可能性大大增加。① 在司法实践中，对于直接侵犯著作权的判断也往往以行为构成侵权为必要，并不对主观过错进行判断，主观过错仅是在确定赔偿数额时发挥了一定的作用。② 但这并不等于说司法实践中著作权直接侵权适用无过错归责原则，从理论上讲，最多是一种过错推定原则。即未经著作权人许可直接实施了著作权各个权项控制的行为，推定主观上存在过错，应当承担侵权责任。既然是推定就应该允许通过反证的形式予以推翻，即侵权人可以提供反证证明自己不存在主观过错。但是，实践中尚未有案例支持侵权人的反证。主要原因在于作品一旦在先发表就具有公示效力，推定社会公众对此是知晓的。未经许可使用他人在先发表的作品的行为主观上具有过错，应该承担侵权责任。实践中，在判断著作权侵权是否成立时，长期以来总结的司法经验为"接触＋实质性相似"的判断标准。③ 其中"接触"即为考察行为人主观上是否存在过错的一种方法，因为著作权法保护的是独立创作，也就是说，是允许存在独立创作的两部近似的作品独立获得著作权法保护的可能性，而"接触"的事实认定可以排除独立创作，从而认定行为人主观上存在过错。

也有学者认为，直接侵权是指侵权人在主观故意的情形下进行的侵权行为，如果行为人没有合理使用、法定许可等阻却侵权行为的事由则应当承担直接侵权责任。④ 网络服务提供者的直接侵权是指其直接实施侵害他人权益并为法律所明确禁止的行为，如网络服务提供者自己把别人享有著作权的作品擅自上传到网上供人下载等。实践中网络服务提供者直接侵权主要有以下几种形式：（1）网络服务提供者未经著作权人同意擅自将线下报纸、杂志、文字、图片上传且不付报酬；（2）网络服务提供者未经著作权人同意擅自转载著作权人作品；（3）网络服务提供者未经著作权人同意擅自公开或传播协议不公开的著作权人作品等。⑤ 随着网络技术的发展和

---

① 参见王坤：《著作权法科学化研究》，北京，中国政法大学出版社，2014，第241页。
② 对于赔偿数额的确定也仅限于依照法定赔偿方法确定数额时需要考虑侵权情节和行为人的主观过错。
③ 参见熊琦：《"接触＋实质性相似"是版权侵权认定的"神器"吗？》，《中国知识产权报》，2017-07-14，第10版。该文称"接触＋实质性相似"的侵权判定方法似乎被视为认定著作权侵权的"公理"，在我国教科书和判决书中频繁出现。
④ 参见魏颖：《网络服务提供者的版权侵权及法律责任探究》，《四川教育学院学报》2010年第1期。
⑤ 参见乔新生：《论网络服务提供商的侵权责任》，《西南民族大学学报（人文社科版）》2004年第6期。

网络服务内容的丰富，实践中网络服务提供者涉及的直接侵权形态不断变化。但在通常情况下，网络服务提供者的直接侵权行为都涉及对作品内容的复制、传播，侵犯著作权人的信息网络传播权。这里的网络服务提供者又和网络内容服务提供者同为一体，因为在网络环境下，网络服务提供者和网络内容服务提供者在不同的服务类型中往往两者兼备，是同一主体作出的不同行为或者同一行为而涉及的不同侵权客体。这就需要在具体案件中，结合案情分析其行为所触及的客体，并结合直接侵权的构成要件进行判断其应否承担直接侵权责任。这里需要强调的是判断侵权应以行为为标准而不囿于主体的身份，行为主体的行为性质会影响对该行为的法律评价。

但是，在网络技术发展的早期，在对于网络技术的认识还不够深入的情况下，在直接侵权中曾要求被告在主观上存在故意。例如，在Gordon-Roy Parker v. Google, Inc.① (242 Fed. Appx. 883)案中，美国第三巡回上诉法院在判断上诉人Parker对被上诉人Google的"Reason6"造成直接侵权与否时，明确了直接侵权的构成要件为：(1) 原告对受著作权保护的作品享有所有权；(2) 未经授权，被告复制了原告作品中的原始组成部分；(3) 被告在主观上存在故意。② 在本案中，法院引用了CoStar Group Inc. v. LoopNet③案关于直接侵权的判断，认为上诉人没有证据证明被上诉人存在主观故意，因此，直接侵权不成立。有一点值得注意的是，在一审时，法院也认为Google没有直接侵权所需要的主观故意要件，因为本案中的复制行为仅仅是Google搜索和相关技术的副产品。在不讨论"临时复制"问题是否为著作权法中复制权的控制内容的语境下，司法实践中将重点放在对行为人主观过错的判断上，这是坚持过错归责原则的体现。但后来，美国在直接侵权行为的责任认定上，大多适用无过错责任。即只要侵权行为发生，相关行为人就至少要承担停止侵权等责任，而不问其主观状态。④

---

① Civ. No. 04-CV-3918 (E. D. Pa., March 10, 2006), affirmed—F. 3d - (3rd Cir., July 10, 2007), http://www.internetlibrary.com/cases/lib_case489.cfm, 最后访问日期：2012-02-16。

② 参见黄燕：《论网络服务提供商的著作权侵权责任及豁免的认定》，《法制与社会》2011年第4期（下）。

③ 美国第四巡回法院在LoopNet案中判决，当网络服务提供者系统被第三方用作传输侵权作品时没有故意行为的不承担直接侵权责任。

④ 参见许超主编：《中外网络版权经典案例评析》，北京，人民出版社，2016，第62页。

第三章　网络服务提供者侵犯著作权责任的法源检视

对于网络服务提供者提供服务性质的认识在美国司法实践中是走过弯路，经历过曲折的。例如，在美国 Playboy Enterprise, Inc. v. Frena①案中，本案被告 Frena 经营 BBS，Playboy 拥有著作权的照片未经授权被上传到被告的 BBS 上，BBS 用户可以浏览、下载照片并储存在用户自己的计算机上，法院因此对网络服务提供者苛以严格的责任，只要网络服务提供者客观上提供了未经授权的著作权作品，不论其主观状态是否存在故意都应该承担直接侵权责任。这是在网络技术发展的早期，法院对网络服务提供者作出的承担直接侵权责任的判决，该判决在美国引起了广泛的讨论和争议。在立法层面，美国也是坚持了 Frena 案确立的严格责任原则。②但是，该严格责任在日后的立法和司法实践中被废弃，逐渐向过错责任原则过度。Religious Technology Center v. Netcom③案就是美国对网络服务提供者侵权责任归责原则转变的标志性案例。在该案中，法院将网络服务提供者直接侵权责任的追究转向了对间接侵权责任的追究，认为间接侵权的构成要件包括：（1）知道侵权行为；（2）实质性参与。法院认为在判断网络服务提供者是否应当承担共同侵权责任的前提是先判断被告是否存在主观"过错"，即是否知道其用户存在侵权行为。随后试图推出但未通过国会批注的两部法案④明确了网络服务提供者的过错责任，该归责原则后来在司法实践中得到了遵守。

从美国司法实践的发展来看，之所以存在对网络服务提供者主观过错的不同认识，更多的是因为对网络服务提供者提供行为的性质认识不同。本书认为，如果网络服务提供者直接提供作品，则其判断规则和普通的非

---

① 839 F. Supp. 1552 (1993), http://floridalawfirm.com/iplaw/playb2.html，最后访问日期：2012-02-16。

② 例如，在 1995 年美国政府颁布的《知识产权与国家信息基础设施：工作组关于知识产权的报告》中对网络服务提供者侵犯著作权实行严格责任，明确表示不以网络服务提供者主观上知道侵权行为的发生和具有制止侵权行为的能力为其承担责任的前提。参见马克·戴维生、王源扩：《计算机网络通讯与美国版权法的新动向——评美国知识产权工作组 1995 年 9 月〈最终报告〉》，《外国法译评》1996 年第 1 期。

③ 907 F. Supp. 1361 (N. D. Cal. 1995)。

④ 这两部法案一是 1998 年 2 月的《在线著作权侵权责任法案》，其中规定网络服务提供者在没有主动传输、编辑受指控信息及机器暂存未超过限定时间的条件下，不因传输或机器自动复制、暂存使用侵害他人著作权信息而承担著作权的直接侵权责任和间接侵权责任。二是《数字著作权和技术教育法案》，该法案中规定除网络服务提供者在收到著作权侵权通知且有能力通过必要措施限制所指控的著作权侵权行为外，对传输的内容没有编辑、修改权能的网络服务提供者不承担法律责任，对单纯提供连线、传输服务的网络服务提供者不承担直接、间接等任何形式的著作权侵权责任。

网络侵权应该是一样的，不因提供主体身份不同而产生不同的判断规则和责任形态。但是，如果网络服务提供者自身并不直接提供作品，而是通过自己提供的服务来实现作品在网络上的传播，则需要结合行为的性质、主观状态进行判断。我国司法实践中，在直接侵权案件中，法院对被告主观过错一般是不做单独考察和论述的。在涉及互联网著作权第一案——王蒙诉世纪互联通讯技术有限公司案[①]中，法院在论述作品在网络上的传播应该受到著作权法保护后直接得出结论："被告未经原告许可，将原告的作品在其计算机系统上进行存储并上载到国际互联网上的行为，侵害了原告对其作品享有的使用权和获得报酬权，被告应停止侵权行为"。这样的论述方式在整个著作权直接侵权案件中是普遍的方式。这样的论述背后隐含的一个前提和基础是，涉案作品已经在先公开发表过，推定被告有接触涉案作品的可能。同时，互联网中涉及的著作权侵权案件特别是涉及网络服务提供者的案件中一般被诉行为是传播行为，不涉及对作品实质性相似的比对问题。因此，只要能够判定网络服务提供者提供的是作品内容，即可认定构成直接侵权，一般不再论述其主观状态。这和网络服务提供者提供技术服务行为，与直接侵权主体构成共同侵权时对其主观状态的要求是不同的。

  实践中，对于是否构成直接侵权最具有争议的是行为性质问题，即网络服务提供者实施的行为到底属于内容提供行为还是技术服务行为。这样的争议往往伴随着复杂的技术和激烈的利益冲突。单纯由于技术引发的问题往往通过案件中事实的查明可以给出清晰一致的判断。例如，在涉及"WAP 搜索"案件中，如何认定"WAP 搜索"服务的性质，即属于提供链接还是直接提供作品内容，这需要对"WAP 搜索"技术有一个深入的了解。从技术上讲，"WAP 搜索"不仅涉及对网页的搜索，还提供对网页格式的即时转换，解决手机用户难以正常浏览互联网网页的问题，即从 HTML 格式转换成适用于手机的 WMLL 格式。因此当用户点击搜索结果后，其手机浏览器的地址栏中显示的网址既非搜索引擎的网址，也非被链接网页的网址，而是一种"混合"网址——"搜索引擎的网址＋被链网页的网址"[②]。在北京传奇时代影视文化传播有限责任公司与深圳市宜搜

---

① 参见北京市海淀区人民法院作出的（1999）海知初字第 57 号民事判决书。
② 许超主编：《中外网络版权经典案例评析》，北京，人民出版社，2016，第 364 页。

科技发展有限公司侵害作品信息网络传播权纠纷案①中，被告通过"WAP搜索"与转码服务提供了涉案作品的在线阅读，法院通过分析"WAP搜索"技术的整个过程以及转码后作品与原作品的差异及作品存储来源等，最终认定"WAP搜索"引擎网站不直接提供内容，仅提供搜索和转码服务。但是，当技术问题和利益平衡问题纠缠在一起，则往往导致价值取向不同而裁判标准不同的结果。例如，在聚合平台服务提供者提供的聚合服务②的案例中，用户可以在其选定的时间和地点获得作品，从技术上讲，聚合平台提供的是一种深度链接或者加框链接技术；从结果意义上讲，用户可以直接从聚合平台获得作品，外观呈现的是聚合平台的信息，用户不知道作品真正的来源和出处。目前司法实践对于此类案件出现三种具有代表性的裁判思路：第一种是通过举证分配的方式，认为聚合平台服务提供者无法证明其对涉案作品仅提供技术服务，推定其实施了提供作品内容的行为；第二种是按照"服务器标准"，认定其提供的是一种链接行为，但是因为其主观上存在过错，所以和未获得授权的来源网站构成共同侵权；第三种是将聚合平台提供的服务解释为间接提供作品的行为，扩大解释信息网络传播权的控制范围，认定聚合平台服务提供者构成对作品的间接提供，属于直接侵权。③ 对于网络服务提供者提供的服务性质，到底属于技术服务还是内容服务，司法实践中的争论一直就没有停歇过。梳理网络著作权的司法实践可以看出，对于网络服务提供者提供服务性质的认识出现过两次大的争论。第一次发生在 2000 年左右，此时，网络在我国正处于刚刚兴起和逐步普及阶段，对于网络服务提供者提供的服务性质出现了所谓的"用户感知标准"与"服务器标准"之争；第二次发生在 2015 年左右，此时，网络技术不断深化发展，著作权人利益与网络服务提供者利益之间出现了较大的失衡，再次引发"服务器标准"与"实质呈现标准"等标准之争。伴随着网络技术和内容产业的发展，网络著作权领域原有的利益平衡再次被打破，而同时，网络服务提供者通过技术手段提供作品的行为也在不断翻新。如果说第一次论战更多的是因为对于网络技术的不了解所致，属于技术之争；那么，第二次论战则更多的是因为网络技术的发展使得著作权人利益与网络服务提供

---

① 参见广东省深圳市中级人民法院（2014）深中法知民终字第 156-160 号民事判决书。
② 本书将在第十章专门分析聚合平台服务提供者侵害著作权责任问题。
③ 参见广东省深圳市南山区人民法院审理的腾讯公司诉上海千杉"电视猫"聚合案。

者的利益之间出现了失衡，是一种利益之争。对于利益之争的判断，从根本上看需要从立法的层面进行制度再设计。但立法总是滞后的，司法被推到了风口浪尖，如何裁判考验着裁判者的智慧、定力和耐心。本书将在第二部分结合不同的网络服务形态进行具体分析和评述。随着网络技术的不断发展，作品传播方式的不断推陈出新，网络服务提供者提供服务的性质判断必将迎来新的判断标准和思路。如果每次技术的叠新都要引起司法裁判标准的变化，则说明对于该问题的认识尚不够触及本质，没有真正从事物本质的层面去分析和认识问题。对此，本书将在第四章制度构建方面进行探讨。

二、共同侵权

科学技术进步是知识产权制度变迁的原动力。① 科学技术进步在著作权制度变迁中的作用尤其明显。数字技术在改变作品复制和传播方式的同时也带来了著作权制度的变革，一个主要表现就是著作权侵权制裁的重点由传统的制裁直接侵权人逐渐转向制裁间接侵权人②，也就是"第三方责任制度"在著作权法中取得了几乎与直接侵权相并重的地位。③ 在网络环境中，网络用户利用网络服务提供者提供的服务进行信息传播，而网络服务提供者本身并不筛选或上传信息，其仅是被动地按照客户的要求传输或接受信息，从网络服务提供者提供的服务本身来看其并不构成侵犯著作权的直接侵权行为。但是，在特定情况下，网络服务提供者在客观上有可能帮助他人完成著作权侵权行为或者扩大侵权行为的影响范围，因此其并不可能完全置身于著作权侵权责任之外。④ 正如在美国 Groster 案⑤中，法院认为："当广为分享的服务或产品被用于侵犯版权时，（权利人）通过起诉直接侵权人来保护其权利很难实行，唯一可行的替代办法是，依帮助侵权或替代侵权理论对复制设备的提供者主张第三方责任的承担。"⑥ 这里

---

① 参见吴汉东主编：《知识产权制度基础理论研究》，北京，知识产权出版社，2009，序言，第3页。
② 参见王迁：《论版权间接侵权及其规则的法定化》，《法学》2005年第12期。
③ 参见梁志文：《数字著作权论——以〈信息网络传播权保护条例〉为中心》，北京，知识产权出版社，2007，第297页。
④ 参见曲三强编著：《现代著作权法》，北京，北京大学出版社，2011，第265页。
⑤ 下文中将具体介绍本案。
⑥ Barak Y. Orbach："Indirect Free Riding on the Wheels of Commerce: Dual-Use Technologies and Copyright Liability", 57 *Emory L. J.* 409, 417 (2008).

所谓的第三方责任（third party liability）是间接侵权（indirect infringement）、共同侵权（contributory liability）和辅助侵权（secondary liability）的同义语，基本含义是指法律基于某些特定的条件而使第三人与直接侵犯著作权之人共同承担法律责任。我国有关著作权和侵权法等法律法规中并没有出现第三方责任及间接侵权责任的概念，在法律中都是以共同侵权的方式进行规定的。① 理论界有观点认为，间接侵权与共同侵权之间有着复杂的关系，二者不是相同的概念，引发不同的责任后果。例如，间接侵权人在主观上明知直接侵权行为存在，仍然在帮助、诱导或放纵他人实施直接侵权行为时可同时构成共同侵权。在责任承担方式上，间接侵权人与直接侵权人之间各自承担责任，不承担连带责任。而共同侵权人之间应当承担连带责任。②

（一）共同侵权的定义

在我国的侵权立法体系中，将虽然未直接实施某项侵权行为，但利用或者帮助、引诱第三方进行侵权行为的视为共同侵权。关于共同侵权行为中的"共同"历来有不同的看法，占主流地位的仍然是"主观共同说"③。学者对于共同侵权行为的认识虽有不同，但都包含了共同侵权行为的核心要素即行为的"共同性"。这里的"共同性"是指数人侵权的"连带要

---

① 最高人民法院于2000年发布、2003年修订的《关于审理涉及计算机网络著作权纠纷案件适用法律若干问题的解释》（现已失效）规定了教唆、帮助侵权的网络服务提供者应承担共同侵权责任。2010年7月1日实施的《侵权责任法》第36条第3款规定了网络服务提供者知道网络用户利用其网络服务侵害他人民事权益，未采取必要措施的，与该网络用户承担连带责任。2006年7月1日实施的《信息网络传播权保护条例》第23条规定："网络服务提供者为服务对象提供搜索或者链接服务，在接到权利人的通知书后，根据本条例规定断开与侵权的作品、表演、录音录像制品的链接的，不承担赔偿责任；但是，明知或者应知所链接的作品、表演、录音录像制品侵权的，应当承担共同侵权责任。"

② 参见王坤：《著作权法科学化研究》，北京，中国政法大学出版社，2014，第244页。

③ 王竹：《侵权责任分担论——侵权损害赔偿责任数人分担的一般理论》，北京，中国人民大学出版社，2009，第139页。例如，杨立新教授认为，共同侵权行为是指两个或两个以上的行为人，基于共同的故意或者过失，侵害他人合法民事权益，应当承担连带责任的侵权行为。参见杨立新：《侵权法论》，北京，人民法院出版社，2005，第3版，第590页。王利明教授认为，共同侵权行为又称共同过错、共同致人损害，是指数人基于共同过错而侵害他人的合法权益，依法应当承担连带赔偿责任的侵权行为。参见王利明：《侵权行为法研究》（上卷），北京，中国人民大学出版社，2004，第685页。张新宝教授认为，共同侵权行为是指加害人为二人或者二人以上共同侵害他人合法民事权益造成损害，加害人应当承担连带责任的侵权行为。参见张新宝：《中国侵权行为法》，北京，中国社会科学出版社，1998，第2版，第164页。

素"① 的相关程度。这种"共同性"又可分为主观共同性和客观共同性。主观共同性是指共谋或者相互认同、主观认知等，这里的主观共同性指共同过错。② 客观共同性是指对象的一致性、时空的接近性和行为的牵连性等。从这个角度讲，在网络著作权侵权行为中，网络服务提供者如果对网络用户的侵权行为有认识，即知道侵权行为的存在，则构成主观共同性；如果没有主观的认知因素，单看网络服务提供者的服务行为，其对象也是数字化的作品，时空上和直接侵权行为一致并且行为之间有牵连，因此，网络服务提供者与侵权的网络用户之间可具有客观共同性，构成共同侵权。从这个角度讲，因为主观状态不同而区分共同侵权与间接侵权的理论观点被吸纳，用共同侵权涵盖了主观共同性和客观共同性两种侵权形式。

在我国《侵权责任法》的立法实践中，对共同侵权及其责任问题承继了《民法通则》的规定，即二人以上共同实施侵权行为，造成他人损害的，应当承担连带责任。但对于什么是"共同实施"在法律条文中没有体现，根据立法解释可知，"立法机关的意见是，上述条文的内容，包括了主观的共同侵权和客观的共同侵权，并不是只有共同过错的共同侵权。共同的行为造成同一个结果，原因行为和损害结果不可分的，同样可以认定为共同侵权行为，同样要承担连带责任"③。

关于共同侵权行为的类型，通常可分为有意思联络的共同侵权行为、客观关联的共同侵权行为、共同危险行为和团伙行为。④ 无论根据什么样的分类方式，网络服务提供者与网络用户的直接侵权行为构成的共同侵权可归属于有意思联络的共同侵权行为（当网络服务提供者进行教唆、帮助等存在主观过错时构成的共同侵权）和客观关联的共同侵权行为（即缺乏主观侵权的意思联络，但其各自的侵权行为与同一个结果之间存在着必然的关联性，这种关联性致使同一损害结果的发生）这两种。

---

① 连带要素是指作为共同侵权行为是否承担连带责任的可责难性要素，如主观过错或者客观危险。
② 参见王胜明主编：《〈中华人民共和国侵权责任法〉解读》，北京，中国法制出版社，2010，第42页。
③ 杨立新：《侵权责任法》，北京，法律出版社，2010，第93页。
④ 参见杨立新：《共同侵权行为及其责任的侵权责任法立法抉择》，《河南省政法管理干部学院学报》2006年第5期。关于共同侵权行为的类型也有不同的分类方式，例如有学者认为共同侵权应该包括共同故意的共同侵权、共同过失的共同侵权、混合过错的共同侵权、无联络关系的共同侵权和推定过错的共同侵权。参见何敏：《知识产权基本理论》，北京，法律出版社，2011，第313~314页。

（二）共同侵权的主要类型

1. 教唆和帮助侵权

（1）教唆和帮助侵权的学理及立法分析。

在我国的法律语境中，教唆和帮助侵权是一个一体的概念，没有区分什么是教唆，什么是帮助。从严格意义上讲，这两者是不同的，只是法律上不做严格的区分。为了更好地分析这种侵权行为的内涵，本书试着分别对教唆与帮助进行界定。

什么是教唆行为？教唆是指利用语言对他人进行开导、说服或通过刺激、利诱、怂恿等办法使被教唆者接受教唆意图，进而从事被教唆的侵权行为。由此可见，教唆主要是通过语言形式对行为人进行思想上的煽动或影响，使其接受教唆者的意思，从而转化为自身的行为。对于教唆的认识，学界基本持一致的观点。① 教唆对于侵权行为的重要性在于，倘若没有教唆，侵权行为就不会发生。什么是帮助行为？一般理解帮助是指通过提供工具、指示目标等有形的形式来促进行为人实施侵权行为。没有帮助行为，侵权行为一般仍会发生，但侵权行为能否实现损害的目的以及损害的范围大小等是与帮助行为有关联的。

教唆行为与帮助行为的历史可以追溯到罗马法。② 在《法学阶梯》第四篇"侵害行为"中就规定了对"恶意怂恿或唆使"的人可以提起侵害之诉。③ 现代各国侵权法上对于教唆行为和帮助行为作为共同侵权行为应该承担连带责任均无异议。④ 我国传统民法学说对于教唆行为与帮助行为的认识虽有分歧，但对于这两种行为构成共同侵权并承担连带责任是达成共

---

① 例如，外国学者也认为教唆（instigation）行为包括通过语言和行为进行指示（direct）、要求（request）、请求（invite）或者鼓动（encourage）。See ALI, Restatement of the Law, second, Torts, §45A Instigating or Participating in False Imprisonment, Comment c. Instigation. 我国学者对教唆行为的认识也基本一致，认为教唆行为是以劝说、利诱、授意、怂恿以及其他方法，将自己的侵害他人合法权益的意图灌输给本来没有侵权意图或者虽有侵权意图但正在犹豫不决、侵权意图不坚定的人，使其决意实施自己所劝说、授意的侵权行为。参见张新宝、唐青林：《共同侵权责任十论——以责任承担中心重塑共同侵权理论》，《民事审判指导与参考》2004年第2期。

② 参见王竹：《侵权责任分担论——侵权损害赔偿责任数人分担的一般理论》，北京，中国人民大学出版社，2009，第151页。

③ 《法学阶梯》第四篇"侵害行为"第11条规定："不仅可以对实施侵害行为的人，例如殴打者提起侵害之诉，而且可对恶意怂恿或唆使打人嘴巴的人提起侵害之诉。"〔古罗马〕查士丁尼：《法学总论——法学阶梯》，张企泰译，北京，商务印书馆，1989，第203页。

④ See Benedict Winiger, Helmut Koziol, Bernhard A. Koch, Reinhard Zimmermann eds.: *Essential Case on Natural Causation*, Wien, New York, Springer, 2007, p. 346.

识的。例如，史尚宽认为教唆、帮助也构成共同侵权行为。① 郑玉波也持同样的观点。② 一般认为教唆与帮助侵权是指在明知第三方的行为构成侵权的情况下，故意引诱、促成或实质性地帮助他人进行侵权。③ 我国理论界认为教唆、帮助行为的构成要件一般包括：1）教唆人、帮助人实施了教唆、帮助行为；2）教唆人、帮助人具有故意教唆、帮助之意；3）行为人实施了相应的侵权行为，以及教唆行为、帮助行为与行为人实施的侵权行为之间具有内在的联系。④ 美国对教唆与帮助侵权的构成要件的规定和我国的基本一致，不同的是美国更强调这种教唆或帮助行为对于侵权行为的作用是实质性的。⑤

在立法方面，我国第一次出现对教唆和帮助侵权的规定是在1984年最高人民法院《关于贯彻执行民事政策法律若干问题的意见》⑥里，而作为我国第一部民事基本法的《民法通则》却没有关于教唆和帮助侵权的规定。后来，在1988年的最高人民法院《关于贯彻执行〈中华人民共和国民法通则〉若干问题的意见（试行）》中进行了补充规定。⑦ 新颁布实施的《侵权责任法》第9条⑧明确规定了教唆、帮助的侵权行为及其法律责

---

① 参见史尚宽：《债法总论》，北京，中国政法大学出版社，2000，第172～173页。

② 郑玉波认为，教唆人和帮助人对于侵权行为的促成有很大影响，而教人作恶或助人为虐，为正义所不容，故法律均视为共同行为人，承担连带损害赔偿责任。

③ 参见刘华锋、肖婷：《外国著作权间接侵权制度评析及对我国的立法借鉴》，《产业与科技论坛》2008年第4期。

④ 参见王胜明主编：《〈中华人民共和国侵权责任法〉解读》，北京，中国法制出版社，2010，第46页。

⑤ 美国根据《侵权法重述·第二次》规定，帮助行为或鼓动行为如果构成共同侵权，必须满足以下条件：第一，帮助或鼓动必须是实质性的；第二，必须知道他人的行为是侵权行为；第三，损害必须是在其可预见范围内的；第四，帮助行为或者鼓动行为必须是损害法律上的原因。See ALI, Restatement of the Law, Second, Torts, §876 Persons Acting in Concert, Comment on Clause (b).

⑥ 《关于贯彻执行民事政策法律若干问题的意见》第73条中规定："教唆或者帮助造成损害的人，应以共同致害人对待，由其承担相应的赔偿责任。"关于教唆、帮助人的侵权责任早在20世纪80年代民法典起草时的民法草案第四稿中就提到"教唆或者帮助造成损害的人，都是共同致害人"。参见何勤华、李秀清、陈颐编：《新中国民法典草案总览》（下），北京，法律出版社，2003。转引自郑玉波：《民法债编总论》，陈荣隆修订，北京，中国政法大学出版社，2004，第145页。

⑦ 最高人民法院《关于贯彻执行〈中华人民共和国民法通则〉若干问题的意见（试行）》第148条第1款进行了补充规定："教唆、帮助他人实施侵权行为的人，为共同侵权人，应该承担连带民事责任。"

⑧ 《侵权责任法》第9条规定："教唆、帮助他人实施侵权行为的，应当与行为人承担连带责任。"

任。第 36 条在网络服务提供者侵权责任中也包含了帮助侵权责任。网络服务提供者的帮助侵权的构成要件为：1）以直接侵权的成立为前提，网络著作权侵权纠纷中的直接侵权行为往往是网络用户上传未经授权的作品的行为。2）网络服务提供者必须是主观上知道网络用户的侵权行为，客观上通过自己提供的技术服务帮助了该侵权行为的实施。在现实中，只有网络服务提供者知道或应当知道直接侵权行为的发生或存在才有承担侵权责任的必要，否则，在浩如烟海的网络信息世界中，网络服务提供者无从判断哪些是侵权信息哪些不是侵权信息。3）网络服务提供者必须客观上实行了帮助性的侵权行为。这些帮助行为主要有提供链接服务、搜索服务等。

（2）教唆、帮助侵权在司法实践中的案例分析。

由于我国立法中，如上文所述，没有将教唆与帮助分开规定，也没有将教唆与帮助构成共同侵权进行区分，而是笼统地提及教唆或帮助侵权的构成共同侵权，承担相应的赔偿责任。因此，一段时期内在我国司法实践中，判决网络服务提供者承担共同侵权时往往采用的是"因为网络服务提供者实施了教唆、帮助侵权的行为，因此判决其承担连带侵权责任"，而不再分析是否存在教唆行为、是否存在帮助行为以及教唆与帮助之间的责任承担是否应有不同。2013 年施行的最高人民法院《信息网络传播权民事案件法律规定》第 7 条规定了教唆侵权和帮助侵权，在一定程度上区分了教唆侵权和帮助侵权，但是，这样的区分仅停留在行为定性或者责任判定上，对于责任承担方式并没有作出明确的规定。本书认为这对于不同的共同侵权人来讲是不合理的，建议在将来的网络服务提供者侵权责任制度构建中体现不同行为构成共同侵权时其应承担的责任应有区分。现在本书以中美司法实践中的典型案例为例分析教唆、帮助侵权行为的判断标准。

在我国，以广东中凯文化发展有限公司《杀破狼》案[①]为例，来分析网络服务提供者构成帮助侵权的要素。经过原、被告的诉称及答辩后，法

---

① 广东中凯文化发展有限公司诉北京中搜在线信息技术有限公司、北京中搜在线软件有限公司案，判决书字号：北京市海淀区人民法院（2007）海民初字第 20045 号。具体案情如下：在该案中，广东中凯文化发展有限公司（简称"中凯公司"）是电影《杀破狼》在内地的独家发行商，拥有该电影的信息网络传播权。2006 年，中凯公司发现被告在其运营的网站 www.poco.cn "电影交流区"栏目中有《杀破狼》的剧情介绍和推介等，在网站提示下，网络用户在安装了 poco 软件后即可下载该电影。原告认为被告的行为是在引诱、教唆网络用户进行侵权，其在明知网站上存在大量侵权影片时，仍设立内置式搜索引擎，帮助网络用户快速寻找侵权影片，导致该作品被大量传播，因此，被告应当承担共同侵权责任。被告辩称，其没有上传涉案电影作品，电影文件的提供者是网络用户，公司仅仅提供技术平台，根据技术中立原则不应该承担任何侵权责任。

院审理发现，在被告网站上，当新用户注册登录时会看到"现在登录PO-CO，立即下载海量多媒体资源，完全免费"等广告语，同时，网站开通渠道使用户可以随意发布帖子上传电影海报与剧情介绍，并向其他用户提供下载链接地址。法院认为被告在其网页上的广告语意在教唆、引诱网络用户成为其会员，分享各自的电影，其中大部分为没有获得著作权人授权的电影。因此，法院以被告实施了引诱、教唆用户实施侵权行为的行为，根据《侵权责任法》第36条及其相关规定，判令二被告公司承担共同侵权责任。① 这是我国依据新颁布的《侵权责任法》判决网络服务提供者承担共同侵权责任的典型案例。在本案中，被告的广告用语有引诱网络用户侵权的故意，在客观上提供链接和下载工具帮助了侵权行为的实施，因此，构成了我国侵权法意义上的教唆、帮助侵权行为。笔者抽取了北京市三级法院知识产权庭关于网络著作权纠纷中网络服务提供者构成共同侵权责任认定的相关案例，发现在认定网络服务提供者构成共同侵权时都是援引了《民法通则》第130条和《侵权责任法》第36条以及《信息网络传播权保护条例》第22条和第23条等来判定网络服务提供者构成教唆、帮助侵权行为，应该承担连带共同侵权责任。对于教唆和帮助的认定归结为对网络服务提供者的主观过错的判断，即只要网络服务提供者知道或者应当知道侵权行为的存在，其就实施了教唆、帮助行为，构成共同侵权。本书认为，在判断教唆、帮助侵权行为构成共同侵权时，除了对主观要素的判断外还应该对具体的教唆、帮助行为进行认定。

在美国法院这种帮助、引诱和利用第三方进行侵权的行为被视为间接侵权行为。同样，没有直接侵权行为就不会有共同侵权行为的构成。② 早在1911年的"Kalem公司诉Harper兄弟公司案"③中，美国联邦最高法院就认为：如果被告不仅希望对其产品的侵权性使用，而且通过广告宣传促成侵权发生，判决被告承担帮助侵权责任就是正确的。在1971年的著名案例"Gershwin出版公司诉哥伦比亚艺人管理公司案"中，美国联邦第二巡回上诉法院指出："一个人在知晓侵权行为的情况下，引诱或实质

---

① 参见高圣平、管洪彦编著：《侵权责任法典型判例研究》，北京，中国法制出版社，2010，第356～358页。
② Subafilms, Ltd. v. Mgm-Pathe Communications 24 F. 3d 1088 (9th Cir. 1994).
③ Kalem Co. v. Harper Bros. 222 U. S. 55, at 62-63 (1911).

性帮助他人的侵权行为的，可能要作为帮助侵权者承担责任。"① 美国帮助侵权的典型案例是索尼美国公司诉环球影城案②，历经一审、二审和终审三级审理后最终判决销售涉嫌侵权的设备并不构成帮助侵权，也就是后来著名的只要满足"实质性非侵权用途"，那么制作者、销售者就免于承担责任的技术中立原则。该案例从反面证明，没有主观上的帮助侵权的意图，没有实行教唆等行为，不能单凭技术有被利用进行侵权的可能就判令技术提供者承担间接侵权责任。

判定网络服务提供者承担帮助的间接侵权责任在上述的 Google 案③中也有体现，美国联邦第三巡回上诉法院在总结了美国相关判例后，对帮助侵权的构成要件归纳出三项要素：1）第三方有直接侵权行为；2）被告知道第三方实施直接侵权行为；3）被告对第三方的直接侵权行为有实质性贡献。④ 这里的"知道"是指明知或有理由知晓他人侵权。在本案中，由于上诉人没有证据证明被上诉人知道第三方实施直接侵权，因而法院判定帮助侵权不成立。这也秉承了以主观过错原则来判断构成帮助侵权的司法原则。该原则在 NCR Corp. v. Korala Assocs., Ltd. ⑤ 案中也得到体现，即帮助侵权中对主观过错的判断至关重要，不仅要求"明知"还要求有证据证明"有理由知晓"。网络服务提供者是否"知道或有理由知道"直接侵权行为的发生是判定其是否构成帮助侵权的关键。如何判断"知道或有理由知道"在司法实践中是个难题。本书试从美国一系列典型案例入手分析判断主观过错的具体考量因素。

例如，在 A&M Records, Inc. v. Napster, Inc. ⑥ 案中，原告为音乐著作权权利人，其起诉称 Napster 软件的使用者复制了其享有著作权的作品，构成直接侵权，因此，Napster 软件的提供者应当承担帮助侵权责任。被告的一个抗辩理由就是共享文件服务不能区分文件是否侵犯著作

---

① Gershwin Publishing Corp. v. Columbia Artists Management, Inc., 443 F. 2d 1159, at 1162 (2 Cir. 1971).

② Sony Corp of America v. Universal City Studios, Inc., 464 U.S. 417, 220 USPQ 665 (1998).

③ Civ. No. 04-CV-3918 (E. D. Pa., March 10, 2006), affirmed-F. 3d – (3rd Cir., July 10, 2007), http://www.internetlibrary.com/cases/lib_case489.cfm, 最后访问日期：2012 - 02 - 16.

④ 参见黄燕：《论网络服务提供商的著作权侵权责任及豁免的认定》，《法制与社会》2011 年第 4 期。

⑤ 512 F. 3d 807, (6th Cir. 2008), p. 816.

⑥ A&M Records, Inc. v. Napster, Inc., 239 F. 3d 1004 (9th Cir. 2001).

权,自己没有主观过错,不应该承担侵权责任。① 但法院认为不能以共享服务不能区分上传以待共享的文件是否侵权为由判断网络服务提供者主观上"没有理由知道",判断其主观上没有过错还需要其他的证据。在本案中,内部公司邮件和原告所提供的包含了 12 000 个侵权文件的列表等证据证明被告 Napster 实际上知晓侵权行为。据此,法院认定 Napster 对侵权行为提供了实质性帮助,应当承担帮助侵权责任。② 再如,在 Sony 案③中,判断录像机的生产者是否"应知"其购买者可能会利用该录像机实施侵犯著作权的行为,法院认为不能因为存在这种侵权的可能性就判定录像机的生产者知道该侵权行为。从 Sony 案对主观过错的判断标准来看,如果其提供的服务主要用于合法使用,即使有可能被用作侵权目的,也不能因此推出其应该知道侵权行为的存在。本书认为,网络服务提供者的主观状态即是否知道或应当知道,应该是针对具体的侵权行为,而不是侵权存在的可能性。

而在 In re Aimster Copyright Litigation④ 案中,第七巡回法院在认定 Aimster 实际知晓侵权材料的存在时,采纳了鼓励 Aimster 用户下载受版权保护的流行音乐的"指导材料"作为定案证据⑤,并认定 Aimster 的行为属于对侵权行为的"故意视而不见",从而构成了"版权法意义上的知晓"⑥,因此被告应该承担帮助责任。在 Metro-Goldwyn-Mayer Studios, Inc. v. Grokster Ltd. ⑦ 案中,被告 Grokster 向网络用户免费提供进行文件共享的软件,其中共享的文件大部分为没有获得授权使用的著作权作品。原告作为权利人起诉称,由于依赖被告的技术搭建的平台被网络用户用来进行数据传输与交换,客观上起到了帮助侵权的作用,因而被告应该承担帮助侵权责任。但是,第九巡回上诉法院认为不能以客观上起到了帮助作用就认定其应该承担帮助侵权责任,尽管本案在联邦最高法院被改判,但其依据的理由已经不再是帮助侵权。⑧

---

① A&M Records, Inc. v. Napster, Inc., 239 F. 3d 1004 (9th Cir. 2001).
② See Napster, 239 F. 3d, p. 1020, note 5.
③ Sony Corp of America v. Universal City Studios, Inc., 464 U. S. 417, 220 USPQ 665 (1998).
④ In re Aimster Copyright Litigation, 334 F. 3d 643 (7th Cir. 2003).
⑤ Ibid, p. 3.
⑥ Ibid, p. 4.
⑦ 380 F. 3d 1154 (9th Cir. 2004).
⑧ 本书将在引诱侵权部分详细分析 Grokster 案。

(3) 教唆、帮助侵权与"避风港"规则。

根据美国 DMCA 第 512（c）条款的规定可知，网络服务提供者知晓他人的直接侵权行为并为侵权行为提供了实质性帮助的仍然不能就此判令网络服务提供者承担帮助的侵权责任。因为，法律在设置网络服务提供者帮助侵权责任的同时还设置了责任免除的条款，也就是网络著作权领域习惯称为"避风港"规则的规定。研读"避风港"规则可知，如果网络服务提供者在知晓或意识到该侵权行为的存在后，"迅速删除了该侵权材料或者屏蔽了对该侵权材料的访问"，也就是迅速采取必要措施制止了侵权的继续扩大，则网络服务提供者可以主张进入"避风港"[1]，从而免除其赔偿责任。

教唆、帮助侵权要求网络服务提供者主观上为"知道或有理由知道"，这与"避风港"规则要求的"不知道也没有合理理由知道"是否具有统一性，即是否以同样的标准进行判断，美国学术界和司法界对其没有统一的认识。[2]本书试图探讨教唆、帮助侵权的主观判断与"避风港"的主观要求的关系，希望对司法实践中判定网络服务提供者应当承担帮助侵权责任有所帮助。

网络服务提供者的主观判断在 DMCA 中有两种方式：一种是收到著作权人的删除通知，另一种是所谓的"红旗标准"。网络服务提供者承担帮助侵权责任时的主观要件是"知道或应该知道"，其在判断"明知"状态时是通过"通知—删除"规则，在判断"应该知道"时以理性管理者的注意义务为标准。

在通过"通知—删除"规则来判断网络服务提供者"明知"的主观状态中，对于"通知"与"明知"之间的具体关联，法律规定不清。如果"通知"实质性地遵守了 DMCA §512（2）（3）（A）所列举的六项要求[3]，而网络服务提供者没有迅速删除被指侵权材料或者屏蔽对该材料的访问，则其主观上具有"明知"的状态。但是对于"通知"怎样才算作实质性地遵守了要求，法律没有作进一步的规定，司法实践中法院在不同案件中体现了不同的理解和尺度。例如，美国在 Perfect 10 案[4]中，法院对侵权通知作了非常严格的解释，即符合要求的删除通知的各个要素均须完整地包含在同一次信件中。如果著作权人可以将几份相互独立的、存在缺

---

[1] 17 U.S.C. §512 (c) (3) (A) (ⅲ).

[2] See Edward Lee: "Analysis on DMCA, Decoding the DMCA Safe Harbour", 32 *Clum. J. L. & Arts* 233. 2009.

[3] 17 U.S.C. §512 (c) (3) (B) (ⅱ).

[4] Perfect 10, Inc. v. CCBill, LLC, 488 F. 3d (9th Cir. 2007).

陷的侵权删除通知拼凑成符合要求的侵权通知，则加重了网络服务提供者的审查负担。① 在该案中，被告虽然收到了几封删除通知，但这些通知都存在缺陷。法院最终认定，即使被告收到了侵权通知也不能据此认定其具备 DMCA§512（c）（1）（A）所要求的"知晓"②。同样，在 Hendrickson v. ebay③ 案中，原告在侵权删除通知中并未说明哪些"Manson"复制件是侵权复制件，而且没有充分描述 Hendrickson 所享有的版权利益。④ 法院认为由于原告发出的删除通知没有满足侵权通知的具体要求，被告无法从大量的材料中辨识侵权材料，因而被告不承担侵权责任。这两则案例表明法官在判断通知规则时采用的是严格的标准，这样对于网络服务提供者来讲是让其承担较为宽松的义务。然而，在 ALS Scan, Inc. v. Remarq Cmtys, Inc.⑤ 案中，法院对于通知的要求就相对宽松。在该案中，原告向被告发送的侵权通知中仅将被告 Remarq 指向了两个包含侵权图片的新闻组，但并没有明确说明涉案的侵权照片的名称。事实上，在原告指向的两个侵权图片新闻组中不仅有涉案侵权照片还有其他著作权人的照片。尽管这样，法院仍然认为原告的删除通知是可以接受的。因为，法院认为进入"避风港"的网络服务提供者应该是自己确实不知晓也没有理由知晓侵权行为存在的"善良"的网络服务提供者。这样，法院对侵权通知采取宽松的态度，对网络服务提供者就采取了较为严格的责任。

在我国司法实践中，也存在着对侵权通知是否合格持宽松态度和严格态度的不同标准，导致网络服务提供者具有轻重不一的义务。但随着审理网络著作权侵权纠纷案件经验的不断丰富，北京法院率先在此领域形成具有一定标准的审理思路和审判标准。例如，在十一大唱片公司诉雅虎案⑥ 中，原告环球唱片公司等11家公司向雅虎发出删除通知，其中列举了34名歌手以及48张专辑和歌曲的名单，提供了136首歌曲的具体侵权用户的 URL 地址作为例子，还有其他相关的被控侵权链接的截屏。被告在接到通知后，根据原告提供的 URL 地址断开了指向该网址的链接，但对没有提供具体 URL 地址的歌曲没有断开链接。法院在审理本案时认为，虽

---

① Perfect 10, Inc. v. CCBill, LLC, 488 F. 3d (9th Cir. 2007), p. 1113.
② Ibid.
③ Hendrickson v. eBay, 165 F. Supp. 2d (C. D. Cal. 2001), p. 1082.
④ Hendrickson v. eBay, 165 F. Supp. 2d (C. D. Cal. 2001), pp. 1084-1086.
⑤ ALS Scan, Inc. v. Remarq Cmtys, Inc., 239 F. 3d 619 (4th Cir. 2001).
⑥ 参见北京市第二中级人民法院（2007）二中民初字第2622号民事判决书。

然侵权通知中对具体的歌曲的 URL 地址没有一一列明，但其提供了歌手、专辑名称以及歌曲名单，被告只要在其网站上输入关键词搜索歌曲即可获知具体涉案歌曲的链接，综合原告提供的信息足以确定涉案歌曲的具体地址，然而被告没有及时履行删除涉案歌曲链接的义务，其消极不作为扩大了侵权结果的范围，应当认定主观上存在过错，最终法院判决被告通过网络实施了帮助侵权行为，应当承担侵权责任。可见，在本案中，法院对通知采取的是宽松的态度，只要通知中的信息足以使被告通过自身技术在合理的成本下确定侵权材料的具体位置，就满足了侵权通知的要求。被告没有及时履行删除义务则应该承担共同侵权责任。在三大唱片公司诉百度案①中，原告在通知中仅提供了涉案歌曲的歌曲名、歌手名和专辑名，法院认为这三个要素足以使被告能够准确定位涉案歌曲，因此，被告没有及时删除涉案歌曲主观上存在过错，应该承担共同侵权责任。北京市高级人民法院在总结大量案件审判经验的基础上，于 2010 年 5 月制定并颁布了《关于审理涉及网络环境下著作权纠纷案件若干问题的指导意见（一）（试行）》（以下简称北京高院《指导意见》），该指导意见肯定了上述两案的审理思路和审判标准，并结合了最高人民法院《关于审理涉及计算机网络著作权纠纷案件适用法律若干问题的解释》（现已失效）中"确有证据的警告"的规定，对侵权通知进行了较为宽松的认定②，以能够准确确定侵权作品为限，对网络服务提供者的义务有所加重。关于通知的法律后果，司法实践相较于司法解释走得更远。在韩寒诉北京百度网讯科技有限公司（以下简称"百度公司"）案③中，法院首先明确百度公司作为经营百度文库的信息空间提供者，一般不负有对网络用户上传作品进行事前审查和监控的义务，在韩寒发出两次通知后，百度公司均及时删除了侵权作品。但是，原告认为被告仅就通知后的侵权作品进行删除，没有阻止同一

---

① 参见北京市第一中级人民法院（2008）一中民初字第 5026 号民事判决书。
② 北京市高级人民法院《关于审理涉及网络环境下著作权纠纷案件若干问题的指导意见（一）》（试行）第 28 条规定："权利人提交的通知未包含被诉侵权的作品、表演、录音录像制品的网络地址，但网络服务提供者根据该通知提供的信息对被诉侵权的作品、表演、录音录像制品能够足以准确定位的，可以认定权利人提交的通知属于最高人民法院《关于审理涉及计算机网络著作权纠纷案件适用法律若干问题的解释》第四条所称的'确有证据的警告'。"对于如何判断"足以准确定位"，在该指导意见第 29 条做了进一步的规定，即"对被诉侵权的作品、表演、录音录像制品是否能够足以准确定位，应当考虑网络服务提供者提供的服务类型、权利人要求删除或断开链接的文字作品或者表演、录音录像制品的文件类型以及作品、表演、录音录像制品的名称是否具有特定性等具体情况认定"。
③ 参见北京市海淀区人民法院（2012）海民初字第 5558 号民事判决书。

本书的其他侵权行为发生，主观上存在过错。对此，法院没有适用"避风港"原则，而是认为百度公司在收到两次侵权通知后，应当采取措施保证该作品不再出现在百度文库中。这就要求百度公司在收到侵权通知后不仅要删除侵权作品，还应该作为理性管理者主动采取技术措施及时阻止其他用户上传。同时，法院在该案中还明确采取技术措施阻止用户上传侵权作品属于网络服务提供者的义务，著作权人没有配合提供正版作品作为启动反盗版系统的义务。从接收符合要求的通知然后删除特定侵权作品可以进入"避风港"，到接收不具备完整信息的通知然后删除特定侵权作品，再到接收不完备信息的通知然后删除特定侵权作品及相关联侵权作品，最后到接收不完备信息的通知然后阻止该侵权作品上传或阻止该重复侵权人实施上传行为，司法实践中对于通知的要求逐步放松，对于网络服务提供者接到通知后的行为要求越来越高。因此，在司法实践中，网络服务提供者通过接收通知后删除侵权信息进入"避风港"的成功案例越来越少，司法对于网络服务提供者主观过错的审查越来越严格，相应的，网络服务提供者承担的注意义务或者在一定程度上的审查义务也越来越高。

网络服务提供者知道侵权存在的另一个判断标准是"红旗标准"。该标准是指当侵权行为对一个在相同或者类似情况下的理性人已然明显时，应适用"理性人"的行事思考标准。这就是前文讨论的理性管理者标准。该标准在实践中也存在着不同的尺度。例如，在美国的 Perfect 10, Inc. v. CCBill 案中，原告主张根据被告的域名"illegal.net"（非法网络）以及"Stolencelebritypics.com"（窃取名人照片）的事实主张"红旗标准"的存在，认为被告作为一个理性管理者应该知道侵权行为的存在。但法院驳回了这一主张，认为该域名本身并不构成著作权侵权，不能以此认定被告知道侵权行为的存在。在 Aimster 案中，法院认为网络服务提供者若对侵权行为视而不见就可推定为知晓。① 对于具体的知道判断标准，不同法院之间还存在着不同，这是法官自由裁量权行使过程中自由心证的结果，但肯定的一点是，应该以一个理性管理者的标准来进行判断。同时，在对侵权行为的感知上，本书认为应该是具体的侵权行为，而非侵权行为存在的可能性。例如，在上海全土豆网络科技有限公司诉新传在线（北京）信息技术有限公司案②中，法院在判断网络服务提供者对其经营的土

---

① In re Aimster Copyright Litigation, 334 F. 3d 643（7th Cir. 2003）.
② 参见上海市高级人民法院（2008）沪高民三（知）终字第 62 号民事判决书。

豆网上出现用户上传的涉案侵权视频是否应承担著作权侵权责任问题时着重考虑了两个理由：一是被告是经营视频分享网站的网络服务提供者，其承担的注意义务应当与其具体服务可能带来的侵权风险相对应；二是涉案视频属于制作完整的热播电影。这两个考量因素与本书前文在判断网络服务提供者的注意义务时提出的判断标准相一致。

最高人民法院《信息网络传播权民事案件法律规定》第9条对于网络服务提供者的"应知"作了具体规定，即："人民法院应当根据网络用户侵害信息网络传播权的具体事实是否明显，综合考虑以下因素，认定网络服务提供者是否构成应知：（一）基于网络服务提供者提供服务的性质、方式及其引发侵权的可能性大小，应当具备的管理信息的能力；（二）传播的作品、表演、录音录像制品的类型、知名度及侵权信息的明显程度；（三）网络服务提供者是否主动对作品、表演、录音录像制品进行了选择、编辑、修改、推荐等；（四）网络服务提供者是否积极采取了预防侵权的合理措施；（五）网络服务提供者是否设置便捷程序接收侵权通知并及时对侵权通知作出合理的反应；（六）网络服务提供者是否针对同一网络用户的重复侵权行为采取了相应的合理措施；（七）其他相关因素。"从最高人民法院的司法解释可以看出，法院在判断网络服务提供者主观过错时，还是强调用户侵权的具体事实是否明显，这与美国"避风港"原则和"红旗标准"精神是一致的，给予了网络服务提供者相对宽松的经营和发展环境。有学者担心，对于"应知"，这样的把握相对宽松了，不利于鼓励网络服务提供者履行合理注意义务后发现直接侵权行为存在从而采取一定的措施避免侵权行为持续的情形。实际上，结合《网络著作权适用法律规定》第8条规定可知，虽然主动审查内容并非网络服务提供者的义务，但如果能够证明已采取合理、有效的技术措施，仍难以发现网络用户侵害信息网络传播权行为的，应认定网络服务提供者不具有过错。这在一定程度上是在鼓励网络服务提供者积极采取合理、有效的技术措施主动避免侵权行为的发生。此外，关于司法解释列举的网络服务提供者"应知"的判断因素并非要求同时具备，一般情况下只要具备了其中一项因素，即可判定网络服务提供者主观上存在应知的过错。实践中，有些判决已经在网络服务提供者没有进行内容分类也没有推荐，作品也没有出现在网站显著位置的情况下，仅凭影视作品处于热播期的事实就认定网络服务提供者主观上存在过错。这样的裁判标准一定程度上是在促使网络服务提供者对作品内容进行主动审查或者设置技术措施，提前就完整的热播期的影视作品进行审查。这是司法裁判者在网络著作权发展的当下及时调节主观过错判断标准、保护权利人的态度表现。

2. 替代性侵权

在数字技术环境下，著作权人仍然希望网络服务提供者像传统的出版者或者发行者一样对其用户的侵权行为承担责任，这样就可以将对众多网络用户的侵权诉讼转移到对网络服务提供者的侵权诉讼中。这种替代性侵权责任①的引入对制止网络侵权有其一定的积极作用。由于以网络服务提供者为代表的信息社会服务提供者的这种不同于传统中间媒介的角色，以及由于后来的对等传输传播技术和模式的出现更加加剧了这种现象，使得版权法制度遇到了与以前的模式完全不同的环境，即在传统的中间媒介消失的情况下，如何规范和实施版权法。替代性侵权责任这种守门人制度在网络技术的发展中一直处于瓦解的过程中，其中的一个高峰便是对等传输（Peer to Peer）技术所带来的。② 然而，替代性侵权责任在网络著作权保护的历程中发挥过也仍在发挥着积极的作用。本书拟分析美国网络服务提供者的替代性侵权责任的司法实践，以期对我国目前及日后的网络著作权保护提供鲜活的素材。

（1）替代性侵权责任的引入。

现代侵权法律制度规定因他人的行为而承担替代责任，是建立在行为人有控制他人行为的义务的基础上，也是建立在加害人和责任人之间的特殊关系基础之上的，因此，替代性侵权责任是指责任人为由于自己的过失致他人的行为和他人之行为以外的自己管领下的物件所致损害负有的侵权责任。③ 替代性侵权责任有不同的称谓。在大陆法系一般称作替代责任或者间接责任。我国台湾地区"民法"称之为间接责任，其实是替代责任，与一般侵权行为的直接责任相对应。在英美法系称作转承责任、替代责任、间接责任。在原东欧的民事立法中，则称为延伸事件。④ 在我国侵权

---

① 替代性侵权责任是由雇主责任发展出来的责任形式，一般认为需要证明责任人有权利和能力来控制侵权行为的发生，并且从侵权行为中直接获得了利益。

② 在这方面我国版权界应该有更深的体会，当由于数字技术的发展使得盗版变得越来越严重的时候，当我们面对怀抱着孩子在街上游走、兜售盗版光盘的妇女们时，不论司法还是行政执法都显得力不从心。参见《全国整规办召开打击制假售假、保护知识产权专项行动协调会》，http://www.jcrb.com/zyw/n358/ca294554.htm，最后访问日期：2011-12-23。

③ 参见刘清波：《民法概论》，台北，台湾开明书店，1979，第234页。

④ 参见车辉、李敏、叶名怡编著：《侵权责任法理论与务实》，北京，中国政法大学出版社，2009，第276页。

法体系中没有出现替代性侵权责任或间接责任的概念，但在《侵权责任法》第十一章物件损害责任中规定的责任形式就类似于替代性侵权责任。在网络著作权侵权中没有规定类似的侵权责任。

美国关于替代性侵权责任的概念最早在 Shapiro, Bernstein & Co. v. H. L. Green 案①中提出，虽然在美国的著作权法案中没有明确规定网络服务提供者承担替代性侵权责任，但是法院在满足以下两个条件的情况下让网络服务提供者承担替代性侵权责任：1)"有权利和能力监控"直接侵权人；2)"在著作权作品开发中获得直接经济利益"②。著作权侵权中的替代性侵权责任和侵权法中的替代性侵权责任不同，因为著作权法上的替代性侵权责任超越了雇主/雇员或主人/仆人的关系。③ 网络服务提供者对网络用户著作权侵权承担的替代性侵权责任需要依赖于对"监控"能力和"直接经济利益"的解释。对此，在司法实践中，存在两种不同的方法，即宽松的方法和严格的方法。到目前为止，法院大多采用较为严格的方法来确定网络服务提供者的替代性侵权责任。采取严格的方法的理由主要有：只有重要的事实性不同才可以区分网络服务提供者的替代性侵权责任；另外，让网络服务提供者为网络用户承担替代性侵权责任需要采纳公司责任的形式，这使得网络服务提供者更容易接受侵权法的规定。

(2) 替代性侵权责任的基本原则：区分"房东"和"舞厅经营者"。

对网络服务提供者苛以替代性侵权责任需要区分两种不同的网络服务提供者，多数认为应该让"类似舞厅经营者"④ 的网络服务提供者承担替代性侵权责任，而免除类似"房东"性质的网络服务提供者的替代性侵权责任。⑤ 因为"舞厅经营者"满足了替代性侵权责任构成的两个条件：作为经营者其有控制侵权行为发生地的权利和能力，并能够阻止侵权行为的发生；此外，"舞厅经营者"还满足直接经济收益的条件，其从观众入场

---

① Shapiro, Bernstein & Co. v. H. L. Green Co., 316 F. 2d 304, 307 (2d Cir. 1964). 该案中，法院判决让商场对销售享有著作权的录音制品负替代性侵权责任。

② Fonovisa, Inc. v. Cherry Auction, Inc., 76 F. 3d 259, 261-64（9th Cir. 1996）；Gershwin Publ'g Corp. v. Columbia Artists Management, Inc., 443 F. 2d 1159, 1162-63 (2d Cir. 1971). 以上案件中都适用了替代性侵权责任。

③ See Shapiro, 316 F. ed at 307；2 Paul Goldstein, Copyright: Principles, Law and Practice § 6.2 (2000).

④ 类似舞厅经营者案件中往往涉及俱乐部、音乐厅或者其他未经许可有音乐演奏的场所。

⑤ See Sony Corp. of Am. v. Universal City Studios, Inc., 464 U.S. 417, 438 n. 18 (1984)；Fonovisa, 76 F. 3d at 262-63；Shapiro, 316 F. 2d at 306-08；Banff Ltd. v. Limited, Inc., 869 F. Supp. 1103, 1108-09 (S.D.N.Y. 1994).

费中获得了收益，观众入场的数量与侵权行为密切相关，从而可以看作舞厅经营者从侵权行为中直接获得了经济性收益。① "房东"则相反，其对出租出去的房屋的控制能力比"舞厅经营者"的控制能力要弱很多，他们缺乏对"租房者"行为的控制能力。另外，"房东"也缺少从"租房者"处得到直接经济收益的条件，因为"房东"每月只是收取固定的租金，与"租房者"的侵权行为没有经济关联。② 在美国，Shapiro案是区分"房东"和"舞厅经营者"案的典型案例。在Shapiro案中，原告拥有数首音乐作品的著作权，起诉被告Green公司销售该音乐作品的录音制品。被告答辩称Jalen公司是销售侵权音乐作品的唯一主体，自己不应承担侵权责任。一审区法院同意被告的答辩意见，驳回了原告的诉讼请求。第二巡回上诉法院在审理中发现，顾客接受Green公司的收据然后到Green公司现金柜台处交费。该公司再返还给Jalen公司之前扣除自己的10%～12%的佣金折扣，并且Green公司有权解雇Jalen公司的员工。所以法院认为，这些事实证明Green公司能控制Jalen公司的行为，并且Green公司从侵权销售行为中获得了直接的经济利益，因此，应当承担替代性侵权责任。

在上述"Google"案中，上诉人的又一诉讼请求是被上诉人应当承担替代性侵权责任。法院认为替代性侵权责任的构成要件为：1）行为人对第三方的"侵权行为具有监督的权利和能力"；2）行为人从第三方实施的侵权行为中获得直接的经济利益；3）对经济利益的大小没有要求。③ 在本案中，上诉人没有证据证明被上诉人从第三方的侵权行为中获得了直接的经济利益，因此，替代性侵权责任不成立。

在Marobie-FL, Inc. v. National Association of Fire Equipment Distributors④案中，伊利诺伊州北区法院判决认为不构成替代性侵权。原告Marobie拥有美术作品的著作权，被告在消防设备销售全国联合会有一个网页，其经纪人复制了原告享有著作权的图片在自己的网站上。访问被告

---

① See Fonovisa, 76 F. 3d at 262，该案中之所以舞厅经营者从侵权行为中获得了直接的经济收益，是因为观众付费是为了听到侵权作品。
② See Artists Music, Inc. v. Reed Publ'g, Inc., 31 U. S. P. Q. 2d 1623, 1626 (S. D. N. Y. 1994); Shapiro, 316 F. 2d at 307; Deutsh v. Arnold, 98 F. 2d 686, 688（2d Cir. 1938); Artists Music, 31 U. S. P. Q 2d at 1627; Vernon Music Corp. v. First Dev. Corp., No. 83-0645-MA, 1984 WL8146, at＊1 (D. Mass 1984).
③ 参见黄燕：《论网络服务提供商的著作权侵权责任及豁免的认定》，《法制与社会》2011年第4期（下）。
④ 983 F. 1167 (N. D. Ⅲ. 1997).

网页的用户可以浏览并下载这些图片。经审理查明，被告没有对其经纪人的行为控制力，此外，从侵权行为中获得直接经济利益也是不可能①，因此，判决被告不承担替代性侵权责任。

由此可见，判断网络服务提供者是否应当承担替代性侵权责任关键是要判断其是否能够对侵权行为进行控制并从中获得直接经济利益。对侵权人的控制能够实现对其行为的控制，对直接经济利益的认定则关乎替代性侵权责任适用的宽严尺度。

（3）网络服务提供者的审查义务。

一般而言，法院认为在满足替代侵权的条件时，即在服务提供者从侵权行为中获得了直接经济利益并且有权和有能力控制侵权行为时，服务商应承担审查义务。审查义务的前提是网络服务提供者有控制侵权行为的权利和能力。这里的审查义务要比一般的注意义务标准更高，审查义务是与网络服务提供者对侵权行为的控制能力相对应的。在 Io Group, Inc. v. Veoh Networks, Inc.② 一案中，法院指出 DMCA 要求考察的是服务提供者是否有权且有能力控制侵权行为，而不是是否有权且有能力控制其系统。③ 在对侵权行为有控制的权利和能力的情况下，如果服务商没有尽到审查义务，纵容或容留侵权内容存在于其网站上，此时，网络服务提供者就应当承担侵权责任。

（4）替代性侵权责任的归责原则。

如前文所述，侵权归责原则有过错归责原则和严格责任即无过错归责原则两种，在一般著作权侵权纠纷中目前我国采取的是过错归责原则。那么，在网络服务提供者能够对侵权行为实施控制并从该侵权行为中获得直接经济利益的情况下，是否还要求网络服务提供者具有主观过错是值得讨论的问题。

有观点认为替代性侵权责任应该是一种无过错责任。正如有学者所言，替代性侵权是指不知道第三方实施侵权行为，但其对于第三方的侵权行为具有监督的权利和能力，并且从第三方行为中获得直接的经济利益的

---

① See Marobie-FL，983 F. at 1179.

② Io Group, Inc. v. Veoh Networks, Inc., http：//docs.justia.com/cases/deferal/districtcourts/california/candce/5：2006cv03926/181461/117/，最后访问日期：2012 - 01 - 20。

③ See Io Group, Inc. v. Veoh Networks, Inc., 586 F. supp. 2d 1132, at 1151 (N. D. Cal., 2007).

侵权行为。① 另外，从替代责任的构成要件来看，"行为人从他人的侵权行为中获得的直接经济利益"是建立在版权人的损失基础之上的，可以视为一种"不当得利"②，这部分获益没有正当性基础。同时，因为行为人对侵权行为有监督和控制的权利与能力，而与这种权利与能力相称的就是行为人具有阻止侵权行为发生的义务。一旦这种侵权行为发生，不论网络服务提供者是否具有过错都应当承担侵权责任。基于以上两点考虑，网络服务提供者不论其是否知悉侵权行为的存在都应该对直接侵权行为负责任。本书认为，这种无过错归责原则会给网络服务提供者苛以太重的责任，不利于网络技术的发展。因为，网络环境中的直接侵权人通常会借助网络服务提供者提供的网络技术服务实施侵权行为。从极端的角度讲，网络服务提供者有可能在不知道也不应当知道有人利用其提供的服务进行直接侵权行为，这种情况下无法对该行为进行监控。从逻辑上讲，本书认为替代性侵权责任是从网络服务提供者能够控制侵权行为的角度提高了其对侵权行为的注意义务，如果没有实现对侵权行为的控制则没有尽到注意义务，所以应当承担替代性侵权责任，这也是过错归责原则的体现。

在 Viacom International Inc. v. YouTube, Inc.③ 案中，法院在分析替代侵权责任时，认为无论网络服务提供者是否直接从侵权内容中获益以及是否具有控制的权利和能力，都必须事先知晓具体特定的侵权内容。然而，在该案中，法院认为"仅仅大致地知晓侵权行为的存在是不够的"，原告还应证明 YouTube 实际知晓或推定知晓其具体可辨识的侵权材料的存在。由于原告未能证明这一点，因而法院认为被告并不知晓具体特定的侵权内容，也不可能控制相关内容，从而不承担替代责任。由此法院最终得出结论，即 YouTube 应当受到第§512（c）条款的保护，并否定了原告的关于替代性侵权的诉请。

因此，在替代性侵权责任中，本书认为其归责原则应该依然适用过错归责原则。但是，鉴于替代性侵权责任要求被告对侵权行为具有控制的权利和能力以及从侵权行为中直接获得经济利益，其主观过错应该以推定的

---

① 参见刘华锋、肖婷：《外国著作权间接侵权制度评析及对我国的立法借鉴》，《产业与科技论坛》2008年第7卷第4期。
② 燕敏：《美国版权间接责任的经济分析》，《法制与社会》2006年第21期。
③ Viacom International Inc. v. YouTube, Inc., & Google, 2010 WL2532404（S. D. N. Y.）.

方式，让被告承担其没有主观过错的举证责任。这样有利于实现替代性侵权责任的目的，让网络服务提供者在自身具有技术优势的情形下对自己没有主观过错承担举证责任具有一定的合理性。

3. 引诱侵权

引诱侵权最初源自专利法的"引诱侵权责任理论"，即："发布某种工具的人如果有意地强调该工具的版权侵权用途，并有明确的鼓励他人侵权的肆意表示或采取了其他现实步骤鼓励他人侵权，则应对第三人的侵权行为承担法律责任。"① 引诱侵权最初一直是和帮助侵权混在一起的，对引诱的理解也是指故意帮助、教唆行为人进行侵权行为。引诱侵权直到Grokster案中才确立下来。根据美国联邦最高院的判决，引诱侵权责任的成立要求被告的行为满足以下两个条件：即"确定的侵权意图"② 和"积极的引诱行为"③。在Grokster案中，Grokster的广告行为构成了积极引诱的故意。Grokster通过广告向Napster的用户发送信息鼓励他们来使用与Napster程序兼容的软件并告知用户这两个软件之间的相似性等。另外，没有任何过滤机制。被告Grokster有放纵用户进行版权侵权的行为的意图。再者，从收益模式来看，被告的经济来源主要是广告，如果Grokster软件或者服务的用户越多，其获得的利益也就越大。因此，被告具有诱使用户前来使用软件或服务的利益动机，也就有诱使用户进行侵权的意图。这里我们可以看出引诱侵权的确立必须有"意图"（intent）的存在，而通过对Grokster案的分析可知，这里的"意图"与间接侵权中的主观过错的判断基本一致。④

引诱侵权的确立具有重要意义，技术问题不再是法律判断行为人是否应当承担责任的判断因素。法律又重新回到了对行为人的行为进行规制的原有轨道上，这也正是法律的价值所在。引诱侵权抛开了纷繁复杂的技术难题，从提供技术的行为人的行为出发，考量行为人的主观状态，在具备了积极引诱的故意且引诱行为对侵权行为有决定性的作用时，引诱者就应该与侵权行为者共同承担侵权责任。

---

① MGM Studios, Inc. v. Grokster Ltd., 545V. S. (2005). 参见 Grokster 案，第18页。
② MGM Studios, Inc. v. Grokster Ltd., 545V. S. (2005). 参见 Grokster 案，第23页。
③ 同上。
④ Elkin-koren, Niva: "Making Technology Visible: Liability of Internet Service Providers for Peer-to-Peer Traffic", *New York University Journal of Legislation and Public*, 2006 (9), pp. 38-39.

(三) 共同侵权的法律责任

1. 共同侵权承担连带侵权责任

我国《民法通则》第130条①、《侵权责任法》第8条②对共同侵权行为应当承担连带责任进行了统一的规定。在我国侵权法上构成共同侵权行为是承担连带责任的充分条件。所谓连带责任，是指依照法律规定或当事人约定，两个或者两个以上当事人对其共同侵权行为造成的损害承担共同侵权责任。连带责任分为一般连带责任③和补充连带责任。④ 这种划分是在债务人内部责任上有所不同，体现了不同的价值取舍。补充连带责任要比一般连带责任要轻，是法律对其主体的权益进行了倾斜性保护。因此，补充连带责任往往是法定的，其依据是原因的主次性或紧密性。⑤ 我国规定适用补充连带责任的情形有负有安全保障义务人的补充责任⑥、学校、幼儿园等教育主体的补充责任⑦，离婚一方的补充责任⑧以及被帮工人的补充责任。⑨ 可见我国对于补充连带责任是实行法定主义的。我国法律仅仅规定了网络服务提供者应当与网络侵权用户承担连带责任，但是该连带责任的性质并没有明确，也没有具体地区分不同类型的连带责任。一般不宜将这种连带责任理解为补充连带责任，如果其承担的是补充连带责任，则只能在直接侵权人无法承担侵权责任时再由网络服务提供者承担，网络

---

① 《民法通则》第130条规定："二人以上共同侵权造成他人损害的，应当承担连带责任。"
② 《侵权责任法》第8条规定："二人以上共同实施侵权行为，造成他人损害的，应当承担连带责任。"
③ 一般连带责任的各个债务人之间不分主次，对整个债务无条件地承担连带责任，债权人可向任一债务人主张清偿全部债务。
④ 补充连带责任是连带责任中的主债务人不能履行或不能完全履行债务时，从债务人只在第二次序上承担补充连带责任。
⑤ 参见阳雪雅：《连带责任研究》，北京，人民出版社，2011，第160页。
⑥ 最高人民法院《关于审理人身损害赔偿案件适用法律若干问题的解释》（以下简称《人身损害赔偿解释》）第6条第1款规定："从事住宿、餐饮、娱乐等经营活动或其他社会活动的自然人、法人、其他组织，未尽合理限度范围内的安全保障义务致使他人遭受人身损害，赔偿权利人请求其承担相应赔偿责任的，人民法院应予支持。"
⑦ 《人身损害赔偿解释》第7条第2款规定："第三人侵权致未成年遭受人身损害的，应当承担赔偿责任。学校、幼儿园等教育机构有过错的，应当承担相应的补充赔偿责任。"
⑧ 最高人民法院《关于贯彻执行〈中华人民共和国民法通则〉若干问题的意见（试行）》第158条规定："夫妻离婚后，未成年子女侵害他人权益的，同该子女共同生活的一方应承担民事责任；如果独立承担民事责任确有困难的，可以责令未与该子女共同生活的一方共同承担民事责任。"
⑨ 《人身损害赔偿解释》第14条第2款规定："帮工人因第三人侵权遭受人身损害的，由第三人承担赔偿责任。第三人不能确定或者没有赔偿能力的，可以由被帮工人予以适当补偿。"

服务提供者是处于第二序位的责任主体。那么，在网络服务提供者构成共同侵权时，如果让其承担补充连带责任则基本无法保障权利人的利益。因为，网络用户作为直接侵权人很难被找到也存在很高的诉讼成本，这也是权利人选择网络服务提供者一方单独作为共同侵权的被告提起诉讼的原因，如果让网络服务提供者承担补充连带责任则使得追加其为被告承担共同侵权责任的意义不复存在。因此，在网络共同侵权责任中，网络服务提供者承担的是一般连带责任，即著作权人既可以要求直接侵权人承担责任，也可以要求网络服务提供者承担全部侵权责任。这也符合现代社会对连带责任适用范围的考量，即为了将风险转移给经济强者。而产生的危险控制理论和行为的过错判断等。①

美国对共同行为②适用连带责任具有统一的认识。早期普通法将连带责任严格限制在共同行为的范围内。③ 对共同行为适用连带责任是为了对所有的被告进行道德上的谴责（moral condemnation）。④ 在我国，《侵权责任法》第 8 条⑤规定了共同侵权应当承担连带责任，第 9 条⑥规定了教唆、帮助侵权也应当与行为人承担连带责任。因此，我国在共同侵权承担连带责任方面是非常明确的。同样，在《侵权责任法》第 36 条中还具体规定了在网络服务提供者构成共同侵权时，其承担连带责任，但责任范围却有所不同。在网络服务提供者没有主观过错的前提下，其自接到通知没有及时采取必要措施时，仅对因为没有采取必要措施造成的损害扩大部分与网络用户承担连带责任。在网络服务提供者具备主观过错，即知道网络用户利用其服务侵权时，未采取必要措施的，与该网络用户承担连带责

---

① 在上文分析网路服务提供者承担侵权责任的法经济分析中也涉及了这三点。
② 美国《侵权法重述·第二次》第 876 条将"共同行为的人"分为三类："就他人的侵权行为导致第三人受伤害，行为人应当承担责任如果他：(a) 行为人与该他人共同或与其追求实现共同计划而从事侵权行为；或 (b) 知悉该他人行为构成违反义务，并给予其实质帮助或鼓动，相当于他自己去做；或 (c) 对该他人达到侵权结果给予了实质帮助，其行为被单独考虑时构成对第三人义务的违反。" See ALT：Restatement of the Law, Third, Torts: Apportionment of Liability, 2000. § 15 Persons Acting in Concert. Reporters Notes：Comment a. Scope.
③ See W. Page Keeton, et al.：*Prosser and Keeton on Torts*, West Group, 1984, 5th ed., pp. 324 - 325.
④ See ALI：Restatement of the Law, Third, Torts: Apportionment of Liability, 2000. § 15 Persons Acting in Concert. Reporters Notes：Comment a. Scope.
⑤ 《侵权责任法》第 8 条规定："二人以上共同实施侵权行为，造成他人损害的，应当承担连带责任。"
⑥ 《侵权责任法》第 9 条规定："教唆、帮助他人实施侵权行为的，应当与行为人承担连带责任。"

任。这里的连带责任的责任范围应该是从网络服务提供者知道侵权行为没有及时采取措施之时起算。本书认为,这两种情形下的连带责任范围实质上是一致的,都是对网络服务提供者本应该避免却由于自己的不谨慎或怠于采取措施而导致的损失部分承担连带赔偿责任。

2. 连带责任的实现形式

在共同侵权行为承担连带责任的情形下,连带责任如何实现是下一步要解决的问题。在我国相关法律中,根据《民法通则》第87条①和《侵权责任法》第13条的规定,被侵权人有权请求部分或全部连带责任人承担责任。也就是说被侵权人可以选择负有连带责任的任一个责任主体或不同责任主体间的组合形式来请求其应得的赔偿数额。《侵权责任法》第14条第1款又规定:"连带责任人根据各自责任大小确定相应的赔偿数额;难以确定责任大小的,平均承担赔偿责任。"这是连带责任人在赔偿被侵权人后内部责任的划分,并不是被侵权人主张各个连带责任人应当承担的责任份额。在网络侵权方面,《侵权责任法》没有作出特别的规定,由此可见,网络服务提供者构成共同侵权承担连带责任与一般的连带责任一样没有特殊性。也就是说,网络服务提供者与网络用户承担连带责任是一般连带责任。权利人可以选择网络服务提供者单独承担全部赔偿额,网络服务提供者在承担完全部赔偿额后可以向网络用户追偿其应付的份额。因为考虑到各个行为人的行为具有不同的原因力,所以在承担连带责任之后可以在行为人之间进行追偿。② 但实际上,由于网络用户往往很难找到,且经济赔偿能力有限,权利人一般会选择向网络服务提供者提起诉讼以期实现自己的索赔目的。一旦网络服务提供者被判决承担共同侵权责任,在其偿付了权利人赔偿款后,其很难找到网络用户进行追偿,理论上可以在连带责任人之间进行追偿的设想就完全落空了,这实际上增加了网络服务提供者的赔偿责任。

在司法实践中,目前往往仅判决网络服务提供者与网络用户承担连带侵权责任,实际上这只是解决了外部纠纷,判决并没有对网络服务提供者和网络用户之间的内部纠纷做出处理。但是,本书认为这样恰也促使网络服务提供者提高对自己网络用户的管理水平,以便在将来可能的侵权责任

---

① 《民法通则》第87条规定:"享有连带权利的每个债权人,都有权要求债务人履行义务;负有连带义务的每个债务人,都负有清偿全部债务的义务。"

② 参见王利明:《侵权行为法研究》(上卷),北京,中国人民大学出版社,2004,第720页。

第三章 网络服务提供者侵犯著作权责任的法源检视

中可以向其用户追偿到部分赔偿额。如果在判决网络服务提供者承担连带责任时，一并根据行为对于损害的原因力大小、行为人过错大小确定连带责任人内部的责任分配，明确了网络服务提供者应该承担的赔偿数额则不利于连带侵权责任的价值体现，不利于引导网络服务提供者对其网络用户的管理与监督。

在确定了共同侵权的责任性质为连带侵权责任后，需要确定赔偿数额。这个问题不仅是网络著作权领域更是整个知识产权领域的难点问题。如何对著作权因侵权造成的损失进行估值，目前并没有统一的结论。在司法实践中，权利人因侵权而受到的损失与侵权人因侵权而获得的利益都是很难确定的，因此，法院往往按照法定赔偿来酌定赔偿数额。在酌定赔偿数额时要考虑侵权行为的类型、过错程度等要素。在我国，损失一般指当事人的利益受到减损的事实状态，而损害是法律认可的、可能会导致民事责任的不利。[①] 这个区分在发达国家的法律中实际已经得到了普遍认可。例如，在美国《第二次侵权法重述》中，对损害（damage）、损失（loss）和伤害（harm）做了区分，认为赔偿责任来源于损害，亦即对法律保护的利益的侵害，损失和伤害仅表明了不利的事实状态，并不必然产生赔偿责任。[②] 英国法中规定，尽管原告的财产并没有发生损失，被告从中获得的不当得利仍需返还给原告。英国学者 W. V. H. Rogers 就指出：当被告的侵权给予被告一定利益并且原告并未遭受损失，或者至少该损失小于被告获得的利益时，就会发生加害人不当得利的损害赔偿。[③] 因此，本书认为在确定网络服务提供者承担连带责任的赔偿数额时应该考虑其因为网络用户的直接侵权行为而获得的经济利益，这部分经济利益是其搭便车获得的不当利益，应当在赔偿时一并返还给著作权人。同时，还应当考虑网络服务提供者的主观过错、行为性质以及对直接侵权的作用等综合确定赔偿数额。根据本书第二编的分析可知，只有当网络服务提供者承担的赔偿数额足够高时才能让其彻底打消搭便车的投机心理。也就是说，适当提高赔偿数额是制裁网络服务提供者进行共同侵权的重要途径。但是，目前司法

---

① 参见王军：《侵权损害赔偿制度比较研究——我国侵权损害赔偿制度的构建》，北京，法律出版社，2011，第31页。

② Restatement of the Law, Second, Torts, Comments a, §903, Compensatory Damages-Definition.

③ See Harvey McGregor：*McGregor on damages*，Sweet &Maxwell，2003，17th ed.，p. 179.

实践中对于网络服务提供者进行共同侵权的赔偿数额主要是参考了涉案作品的知名度、流行程度、使用费等因素酌定的赔偿数额，普遍相对较低，尤其是在大规模侵权时赔偿数额往往低于正常的许可使用费。加之我国的诉讼成本相对较低，在"司法为民""均衡结案"的宗旨和政策的指导下，诉讼的费用相对较低，而案件审理的周期较短，这样就大大减少了网络服务提供者的诉讼成本。当诉讼成本和即便败诉承担的赔偿责任之和小于其进行监督的成本以及与权利人进行磋商购买版权的费用之和时，网络服务提供者作为理性的经济人当然会选择进行侵权。因此，本书建议在赔偿数额方面加大网络服务提供者的责任，以遏制其进行共同侵权的投机动机。

第四章 网络服务提供者侵权责任制度构建及相关问题研究

第一节 网络服务提供者侵权责任制度构建

一、网络服务提供者侵权责任制度构建的指导思想和原则

一项法律制度是基于立法者的观念、原则、目标、价值等在综合了社会各方的知识、经验、意志、利益的基础上架构而成的，体现了立法者的理性设计。立法过程并非只体现了立法者的个人理性，而是一个社会各方利益群体的竞争和博弈过程，这种竞争和博弈相当于一个立法的市场，最终有可能形成一个有效率的结果。① 在网络日益发展的当下，集结在网络环境中的各方利益通过不断的博弈形成了以著作权人为代表的文化创意产业等权利人方、以网络服务提供者为代表的网络技术产业方和以网络用户为代表的社会公众方三方鼎立的局面。权利人方为了维护自己在网络环境中的利益需要依靠网络服务提供者的配合与支持，但是，网络服务提供者在网络环境中需要更多的自由来发展自身技术和实现经营模式创新，其在一定程度上"揩油"于权利人，借机发展，不愿意主动受权利人的制约。社会公众在网络时代享有信息获取的自由和权利，有的国家甚至认为网络接入权是公民的基本人权。在这样的环境下，要想实现权利人的利益、网络服务提供者的利益和公众的利益协调发展，需要对现有的著作权法进行

---

① 虽然受立法程序民主化和科学化程度的影响，有效率的结果并不必然出现，但是经过时间和历史的淘洗，以及不同法系、不同国家在立法制度、程序、内容上的相互影响，有效率的法律原则、制度总是更容易产生。

调整。而这种调整又必然考虑国家整体的利益之和,正如我国知识产权法学者吴汉东教授所言"从国家层面看,知识产权是政府公共政策的选择"①。按照西方学者的观点,公共政策是对价值的权威性分配,在任何时候,公共政策都反映出占支配地位的团体的利益,"随着各个团体力量和影响的消长,公共政策将变得有利于影响增加的那些团体的利益,而不利于其影响下降的那些团体的利益"②。正如英国知识产权委员会所说:"无论怎样称呼知识产权,我们最好将它视作公共政策的一种手段,通过授予个人或机构一些经济特权,以实现更大的公共利益,而这些特权只是一种目标实现手段,其本身并非目标。"③ 由此带来的结果必然是,知识产权保护具有浓厚的公共政策色彩。尤其是在网络空间领域,正如有学者所言,网络空间的未来是可以选择的。④ 但是,网络空间的发展不仅取决于技术的发展,还取决于法律和政治。同时,由于知识产权既缺乏物权所具有的天然的物理边界,又缺乏债权所具有的清晰的法律边界,因而在保护范围和保护强度方面,都存在政策上的考虑和利益上的衡平,存在弹性的法律空间。因此,我们在设计或施行著作权法这一政策工具时,要适应我国的基本国情和发展阶段。著作权司法保护要适应我国所处的国际国内发展环境,符合我国经济社会文化发展新的阶段性特征,符合我国文化发展和科技创新的新要求,既要实现保护著作权的目的,促进文化创意产业的不断发展,同时,也要维护网络运营和技术发展的经济利益。

2016年11月4日,中共中央国务院出台《关于完善产权保护制度依法保护产权的意见》,明确产权制度是社会主义市场经济的基石,保护产权是坚持社会主义基本经济制度的必然要求。有恒产者有恒心,经济主体财产权的有效保障和实现是经济社会持续健康发展的基础。改革开放以来,通过大力推进产权制度改革,我国基本形成了归属清晰、权责明确、保护严格、流转顺畅的现代产权制度和产权保护法律框架,全社会产权保护意识不断增强,保护力度不断加大。同时也要看到,我国产权保护仍然

---

① 吴汉东:《国际变革大势与中国发展大局中的知识产权制度》,《法学研究》2009年第2期。

② James E. Anderson: *Public Policy-Making*, New-York, Holt, Rinehart and Winston, 1979, p. 32.

③ 英国知识产权委员会:《整合知识产权与发展政策》,2002年11月,第6页。

④ 参见〔美〕劳伦斯·莱斯格:《代码2.0:网络空间中的法律》,李旭、沈伟伟译,北京,清华大学出版社,2009,第337页。

存在一些薄弱环节和问题：其中着重指知识产权保护不力，侵权易发多发。在《关于完善产权保护制度依法保护产权的意见》中明确提出应坚持全面保护，保护产权不仅包括保护物权、债权、股权，也包括保护知识产权及其他各种无形财产权；还提出不断完善法律进行保护产权，其中特别提到完善知识产权法律制度；此外，还单独就知识产权提出加大知识产权保护力度，具体内容为："加大知识产权侵权行为惩治力度，提高知识产权侵权法定赔偿上限，探索建立对专利权、著作权等知识产权侵权惩罚性赔偿制度，对情节严重的恶意侵权行为实施惩罚性赔偿，并由侵权人承担权利人为制止侵权行为所支付的合理开支，提高知识产权侵权成本。建立收集假冒产品来源地信息工作机制，将故意侵犯知识产权行为情况纳入企业和个人信用记录，进一步推进侵犯知识产权行政处罚案件信息公开。完善知识产权审判工作机制，积极发挥知识产权法院作用，推进知识产权民事、刑事、行政案件审判'三审合一'，加强知识产权行政执法与刑事司法的衔接，加大知识产权司法保护力度。完善涉外知识产权执法机制，加强刑事执法国际合作，加大涉外知识产权犯罪案件侦办力度。严厉打击不正当竞争行为，加强品牌商誉保护。将知识产权保护和运用相结合，加强机制和平台建设，加快知识产权转移转化。"2017年11月20日十九届中央全面深化改革领导小组第一次会议通过了《关于加强知识产权审判领域改革创新若干问题的意见》，强调加强知识产权审判领域改革创新，要充分发挥知识产权司法保护主导作用，树立保护知识产权就是保护创新的理念，完善知识产权诉讼制度，加强知识产权法院体系建设等。

可以说，加强知识产权保护，为科技进步、知识创新和文化发展提供法律保障，已经成为我国当前经济社会发展的内在要求。但是，"过分强化的知识产权保护将导致由于过度垄断带来的成本问题，而削弱知识产权保护则会引起过度的搭便车现象，并导致在创新领域减少投资的情况。任何立法的难点就在于在占有规则和传播规则之间找到一种平衡"①。知识产权保护力度永远面临这样一种矛盾的状态：没有保护就不会有足够的创新，但是有了过多的保护又会妨碍创新成果的扩散与运用，反过来又会制约和妨碍创新。寻找知识产权保护的最佳的"度"，是知识产权司法保护的永恒追求。要实现保护与创新共存发展需要依靠著作权制度中不同层面

---

① 〔澳〕彼得·达沃豪斯、约翰·布雷斯维特：《信息封建主义——知识产权谁主沉浮》，刘雪涛译，北京，知识产权出版社，2005，第13页。引文对照英文原文有所改动。

的调整，在不讨论网络环境下的著作权权利内涵及限制受到了极大的挑战，需要在新技术环境下进行调整的情况下，本书着重讨论网络环境下著作权保护中网络服务提供者应当承担怎样的侵权责任问题，希望通过对网络服务提供者责任承担的构建，适度调整著作权保护和网络技术发展之间的矛盾，探寻网络环境中著作权的保护和网络技术发展之间的平衡。如何保护网络环境下的著作权，是我国根据现实发展状况和未来发展需要所作出的制度选择和安排。

本书从侵权的角度着重分析了网络服务提供者的侵权行为，让网络服务提供者承担侵权责任的法经济学原因以及目前理论和司法实践中对于网络服务提供者承担侵权责任的规定和存在的问题。结合大量的中美案例，本书将本着利益平衡与公平效率的原则对网络服务提供者侵权提出一套体系化的侵权责任制度的构想。

一般认为侵权制度有三个主要功能或者目标：（1）对因为他人的行为而遭到损失或者伤害的人给予补偿，也就是补偿功能；（2）要求根据公正原则由应该承担该补偿成本的人来承担成本；（3）防止将来的损失或者伤害的发生，也就是预防功能。① 因此，网络服务提供者侵权责任制度的设计也应该体现侵权制度这三个价值目标，即实现对著作权人损失的补偿且这种补偿应该实现公正原则，并防止著作权人损失或伤害的发生。但是，再完美的法律在实践中也需要解释赋予其生命力。只有立法和解释相结合才能使法律的功效发挥到实处，体现在个案的公正上。从理论角度讲，研究现有的问题时要做到立法论和解释论的结合。正如铃木教授所言，立法论是从立法者的立场出发，面向未来研究和思考最理想的法律，即思考和研究最理想的法条是什么，并进行具体的条文设计。解释论是站在法官的立场，在现行法的框架内通过对现行法律进行逻辑推论，针对现实生活中发生的法律问题、法律纠纷等推导出最为妥善、最有说服力的结论。② 为此，本书将在立法论和解释论的指导下，从《侵权责任法》《著作权法》和《信息网络传播权民事案件法律规定》等立法与司法两个角度来设计网络服务提供者侵权责任。

---

① 参见〔美〕爱德华·J.科恩卡：《侵权法》，北京，法律出版社，1999，英文影印第 2 版，第 5 页。

② 参见〔日〕铃木贤：《中国的立法论与日本的解释论——为什么日本民法典可以沿用百多年之久》。转引自渠涛主编：《中日民商法研究》，第 2 卷，北京，法律出版社，2004，第 538 页。

二、网络服务提供者侵权责任制度构建的设想

（一）在《侵权责任法》中明确规定网络服务提供者侵权归责原则及构成要件

目前，《侵权责任法》第36条第1款只规定"网络用户、网络服务提供者利用网络侵害他人民事权益的，应当承担侵权责任"，没有明确规定侵权责任的归责原则。在司法实践中，就著作权侵权是按照过错规则原则还是无过错规则原则，一直存在不同的意见。在《民法典》编纂的过程中，除知识产权是否独立成编外，知识产权侵权应当遵循什么样的归责原则也成为热议的问题。涉及网络服务提供者侵犯著作权判定遵循的归责原则，本书认为应明确为过错归责原则。

从利益平衡的角度讲，鉴于目前网络技术的日新月异，网络服务提供者对自己提供的网络技术服务在甄别是否侵犯版权方面力不从心，如果以无过错责任来要求网络服务提供者的话，则极易造成网络服务提供者发展的沉重负担，因忌惮侵犯著作权的可能性而对技术的开发和应用畏首畏尾，不能在网络发展中大展身手，从而错失良机，失去网络技术发展的宝贵机遇。严重地讲，可能使我国错失信息技术发展的新机遇。那么，如何在既不制约网络技术发展的同时，还能保护著作权人的利益，从而激励创作，促进文化创意产业的发展？以过错归责原则来判断网络服务提供者的侵权责任则会在保障著作权人利益的同时，为网络服务提供者开辟较为广阔的空间，使其可以作为"理性管理者"① 来实现其技术与经营模式的健康发展。过错归责原则能够更好地平衡网络服务提供者与著作权人的利益，从而实现科学技术的发展与文化繁荣之间的平衡。

此外，从法经济学的角度讲，根据经济学中的重要理论——成本收益理论，在判断网络服务提供者侵犯著作权的归责原则时其成本和收益是考虑的首要因素。网络服务提供者作为以网络运营为基本内容的主体，其市场诉求亦是追求利益的最大化。根据经济学的理论可知，只有在经济主体的边际成本等于其边际收益的产出时，利润才能达到最大。如果经济主体的边际成本大于边际收益时，经济主体为了节省成本、降低边际成本支出的自然反应就是减产。② 在无过错责任原则下，网络服务提供者必须对网

---

① 本书在上文中已具体介绍"理性管理人"的内涵。
② 参见钱弘道：《经济分析法学》，北京，法律出版社，2003，第241~242页。

络上的一切侵权行为承担责任，这无疑会增加网络服务提供者运营时的边际成本，但同时其边际收益并不会有任何增加，使得网络服务提供者的积极性受到沉重的打击，积重难返，以至于损害整个互联网行业的技术革新与模式创新。因此，从效率的角度出发，减少网络服务提供者的边际成本是提高其效率的正途，以过错为归责原则更符合效率原则。

网络服务提供者对因自己过错侵害他人合法权益的行为承担民事侵权责任。确立一元的归责体系，即网络服务提供者承担侵权责任必须是因为自己主观上存在过错。在过错原则的指导下，对于利用任何技术条件进行的各种侵权行为都离不开对行为人主观状态的判断，这与侵权责任的基本精神是一致的。这里需要强调的是，即便引入替代性侵权责任，其仍然应当以过错为归责原则。具体来讲，网络服务提供者提供自动接入、自动传输、信息存储空间、搜索、链接等服务，因过错而侵害权利人信息网络传播权的，应当承担民事责任。这里的民事责任既包含赔偿损失的民事责任，也包含停止侵权、消除影响等民事责任。法院应当根据案件具体情况予以确定。

网络服务提供者直接侵权的构成要件：网络服务提供者构成对信息网络传播权的侵犯、承担侵权的民事责任，应具备违法行为、损害后果、违法行为与损害后果具有因果关系和过错四个要件。这里的网络服务提供者实际上已经成为网络内容提供者，承担直接侵犯著作权的侵权责任。本书虽意在探讨网络服务提供者的共同侵权责任问题，但存在直接侵权行为是其承担共同侵权责任的前提。直接侵权责任的判断还是应该坚持违法行为、损害后果、违法行为与损害后果具有因果关系和过错四个要件。

在判定直接侵权责任的基础上，网络服务提供者的共同侵权责任的构成要件为：网络服务提供者提供信息存储空间、搜索、链接、P2P（点对点）等服务，通过网络参与、教唆、帮助他人实施侵犯著作权、表演者权、录音录像制作者权的行为，并有过错的，承担共同侵权责任。

（二）在《著作权法》中规定网络服务提供者侵权责任

备受社会关注的《著作权法》第三次修改工作再次取得实质性进展，继国家版权局于2012年3月31日发出通知，就《中华人民共和国著作权法》（修改草案）公开向社会各界征求意见后，2014年6月6日国务院法制办公室又决定将国家版权局报请国务院审议的《中华人民共和国著作权法（修订草案送审稿）》（以下称送审稿）及其修订说明全文公布，征求社会各界意见。现行著作权法自1991年6月1日起实施。前两次修改仅进行了局部修改，整整 20 年过去，数字技术飞速发展，互联网全面普及，市场经济不断完善，对外经贸及文化合作日益深化；文学、音乐、电影、摄影等文化创意产业和高科技产业的生存、发展环境发生了巨大的变化，既面临良好的发展机遇，也面临日益猖獗的侵权盗版的挑战。因此，《著作权法》的修改已是大势所趋。在本次《著作权法》修改中应遵循三个原则，即遵循独立性①、平衡性②和国际性③原则。当前，我国著作权法律制度面临着权利人意识普遍提高、版权相关产业快速成长、高新技术迅猛发展、社会转型进程加快、国内外压力日渐增大等一系列复杂的国内国际环境。本次修法，必须从中国的实际出发，扎根于而不是超越或者离开这些基本国情。应该借鉴其他国家或地区在著作权立法方面的成功经验，但是要更注重中国的现实国情和实际需要。著作权法律制度是调整作品创作、传播和消费利益关系链的基本法律，既要保护创造、鼓励传播，也要促进消费，满足广大公众的智力文化需求。《著作权法》修改，要牢牢把握利益平衡这一现代著作权立法的基本精神，充分认识在当前新技术条件下著作权保护平衡动态化的特点，吸取历史有益经验，妥善处理好保护著作权与保障传播的关系，既要依法保护著作权，又要促进传播使用，发挥智力产品的社会效益。而在国际性原则的指导下，我们要认真查找我国现行《著作权法》与我国加入的国际条约之间的差距，使我国《著作权法》符合相关国际条约的规定；要密切跟踪和关注国际组织对著作权相关条约的讨论，把握其发展方向，适时内化为国内法；要仔细分析和研究各主要国家的著作权法制发展动态，消化吸收，改造利用，增强国际化的共识。

在这些原则的指导下，2014 年《著作权法（修订草案送审稿）》第七章"权利的保护"第 73 条规定了网络服务提供者侵犯著作权的责任："网络服务提供者为网络用户提供存储、搜索或者链接等单纯网络技术服务时，不承担与著作权或者相关权有关的审查义务。他人利用网络服务实施侵犯著作权或者相关权行为的，权利人可以书面通知网络服务提供者，要求其采取删除、断开链接等必要措施。网络服务提供者接到通知后及时采取必要措施的，不承担赔偿责任；未及时采取必要措施的，对损害的扩大部分与该侵权人承担连带责任。网络服务提供者知道或者应当知道他人利

---

① 独立性原则就是要立足中国国情、体现中国特色、结合中国实际、解决中国问题。
② 平衡性原则就是要妥善处理好创作者、传播者和社会公众利益的基本平衡。
③ 国际性原则就是从国际著作权制度调整变化的趋势和提升我国负责任大国的国际形象的角度推进修法工作。

用其网络服务侵犯著作权或者相关权,未及时采取必要措施的,与该侵权人承担连带责任。"这里面以非穷尽式列举的方式规定了"单纯网络技术服务"具有合理性,也就是说在这种情况下网络服务提供者是无法进行内容审查的,所以免除其义务。但是,对于网络服务提供者知道或者应当知道网络用户利用其网络服务侵犯著作权的,网络服务提供者应当承担连带责任,"这样才能有效防止一些网络服务提供商以技术服务为幌子,逃避其应该承担的作品内容审查义务"①。同时,这样还在《侵权责任法》第36条第3款仅规定"知道"的情况下进一步明确其涵盖"知道或应当知道",在一定程度上明确了网络服务提供者主观过错的判断标准。该条在之后的送审稿中基本被保留了下来。送审稿第73条新增加了部分内容,即明确网络服务提供者"未及时采取必要措施的,对损害的扩大部分与该侵权人承担连带责任"。这与《侵权责任法》第2款规定相契合。此外,还增加了"网络服务提供者教唆或者帮助他人侵犯著作权或者相关权的,与该侵权人承担连带责任"条款,该款规定部分吸纳了2012年《信息网络传播权民事案件法律规定》第7条规定的内容。同时,明确排除网络服务提供者直接提供内容的情形。至此,明确网络服务提供者在《著作权法》中的确切定位和法律地位。

目前送审稿对于网络服务提供者侵犯著作权责任的规定比较全面,但问题是这样的规定相对粗线条,基本上是把目前能够形成共识的问题进行了规定,对于存在争议的内容均没有规定。这样的立法比较符合一般的立法要求,但对于解决实践中的问题意义并不大。特别是对于"通知"的意义以及其与主观过错的判断之间的关系建议在著作权法中能够有较为清晰的规定,否则通知删除规则的现实意义将逐渐消失。

(三) 在《著作权法》中重塑"信息网络传播权"

现行《著作权法》第10条第1款第12项规定了信息网络传播权,这是我国基于信息网络传播的特殊性在著作权权项中进行的具体规定。立法的初衷是美好的,希望借此项规定能够保障著作权人在互联网中基于传播而获得经济利益。虽然该权项的设置在一定程度上保障了著作权人基于网络传播而获得经济利益的权利,但是,由于立法对于信息网络传播权的规定具有一定的模糊性,加之,网络技术的飞速发展,司法实践中对于何谓

---

① http://news.qq.com/a/20120405/000913.htm? pgv_ref = aio,最后访问日期:2012-04-05。

信息网络传播权产生了严重的分歧。① 在司法实践中，对于如何判断某一行为是否属于信息网络传播行为已经衍生出服务器标准、用户感知标准、法律标准、播放器标准、新公众标准、实质替代标准以及专用权标准等多种判断标准，突出反映在通过聚合平台、深度链接等技术实施的传播行为是否属于信息网络传播权控制范围的判断上。本书将在下编结合具体技术形态及典型案件进行详细分析。

在《著作权法》第三次修改稿中对信息网络传播权并没有提出修改的意见，但司法实践中已经产生了迫切的需求。这种现实的需求主要源于两个方面，一方面是由于立法本身对于信息网络传播权的规定具有一定模糊性。"以有线或者无线方式向公众提供作品，使公众可以在其个人选定的时间和地点获得作品的权利是信息网络传播权"，该权项中没有明确实施信息网络传播行为的要件是什么以及是否以上传至"服务器"为标准，即没有明确信息网络传播权是否以作品上传至网络为前提。《信息网络传播权保护条例》及《信息网络传播权民事案件法律规定》对此均没有明确规定。对于法律、法规及司法解释均没有明确规定的权项，在司法实践中基于不同的技术发展阶段、不同的利益诉求就可能出现不同的解读。因此，《著作权法》应该在第三次修改稿中对信息网络传播权进行重塑，消除基于不同理解而产生不同结果的分歧。

如何对信息网络传播权进行重塑，这需要立法者的智慧和勇气。目前学术界和司法界对于如何解读信息网络传播权之所以存在分歧，在很大程度上与对国际条约规定的理解以及对目前中国网络发展现状的认知存在不同有关。

从国际公约的角度讲，目前能够达成共识的是我国《著作权法》第10条第12项信息网络传播权源于《世界知识产权组织版权公约》（WCT）第8条（在不损害伯尔尼公约有关条款规定的情况下，"文学和艺术作品的作者应享有专有权，以授权将其作品以有线或无线方式向公众传播，包括将其作品向公众提供，使公众中的成员在其个人选定的地点和时间可获得这些作品"）。该条款整体是针对传播权的规定，其后半句系我国著作权法中信息网络传播权的来源。这一立法渊源表明对于《著作权法》第10条第12项中"提供行为"的理解，WCT缔结过程中的相关文件具有参考意义。但是，对于国际公约中的该条规定存在不同的理解。有

---

① 本书将在下编结合具体的司法实践进行阐述。

观点认为，关于WCT的"基础提案"在针对WCT草案第10条（最终通过的文本中为第8条）的说明中指出，构成向公众提供作品的行为是提供作品的"初始行为"（the initial act of making the work available），而不是单纯提供服务器空间、通信连接或为信号的传输或路由提供便利的行为（the mere provision of severe space, communication connections, or facilities for carriage and routing of signals）。[1]因该文件对于条约的解释具有很高的权威性，故依据上述记载，该条款中的"提供"行为指向的是"最初"将作品置于网络中的行为，亦即将作品上传至服务器的行为，而非提供信息存储空间、链接以及接入设备等行为。基于此，《著作权法》第10条第12项所规定的信息网络传播行为亦应指向的是最初将作品置于互联网中的行为。这是北京知识产权法院在同方诉湖南卫视案件[2]判决中强调服务器标准正确性对于我国信息网络传播权控制范围的解读。但是，作为该案援引国际公约中文翻译出处的《版权法与因特网》一书的翻译者之一中国人民大学教授万勇则撰文《论国际版权公约中"向公众提供权"的含义》表示，运用文义解释、系统解释、目的解释及补充性解释，"提供"一词的含义在WCT与《伯尔尼公约》一样，都是指使作品处于可为公众获得或接触的状态，其范围非常广泛，不涉及任何具体技术，可以纳入发行权，也可以作为向公众传播权的子权利。基于此，该文提出信息网络传播权中的"向公众提供"不仅包括向公众直接提供（上传至服务器的行为），还包括向公众间接提供的观点，在此基础上提出间接提供理论以规制深层链接行为。司法实践中已经有案例采用间接提供的概念和理论认定被告实施了侵害著作权的行为。深圳市南山区法院在"电视猫"聚合平台侵害著作权案件[3]中，就通过间接提供的理论认定被告通过聚合平台实施了对涉案作品的间接提供，构成直接侵权。

无独有偶，北京大学刘银良教授也从国际公约的角度对该条进行了解读，其在《信息网络传播权及其与广播权的界限》[4]一文中指出，WCT

---

[1] 参见世界知识产权组织：《供外交会议考虑的〈有关保护文学艺术作品特定问题的条约〉实体条款的基础提案》，第10段。

[2] 参见北京知识产权法院（2015）京知民终字第559号民事判决书。

[3] 2015年5月，腾讯公司发现"电视猫"App通过信息网络对外提供热播剧《北京爱情故事》在内的多部热播影视剧。法院判定，"电视猫"软件盗链行为属于对未经授权作品的再提供，构成著作权侵权，并判决上海千杉赔偿腾讯公司10万元。2018年11月，深圳中院维持一审判决。

[4] 参见刘银良：《信息网络传播权及其与广播权的界限》，《法学研究》2017年第6期。

最终以"伞型权利"的形式赋予所有作品的作者控制通过有线或无线方式向公众传播其作品的权利,以弥补《伯尔尼公约》关于作品传播权分散且不周延等缺陷。在"不损害"之前缀后,WCT 第 8 条前半段规定了广泛的向公众传播权(right of communication to the public),后半段规定了向公众提供权(right of making available to the public)。WCT 设置向公众提供权主要是为适应互联网技术时代。然而考虑到网络技术发展的不可预测,为对未来技术发展保持开放性,WCT 并未使用互联网技术特征界定该新型传播模式,此为技术中立原则,其目的主要是维护国际条约的稳定性。考虑到各缔约国具有不同的传播权保护路径,为避免明示或暗示其倾向性,第 8 条后半段也没有利用法律特征界定该新型权利,而只是规定了相关行为,即向公众提供作品使公众成员可在其个人选定的地点和时间获得作品。此为法律中立原则,即不把该行为规定为发行或传播,从而使缔约国可以自由选择适用发行权或传播权等权利形式规制互联网环境下向公众提供作品的行为。从这个角度讲,从 WCT 第 8 条解读出信息网络传播权控制的是初始传播貌似缺乏基础。同时,刘教授在该文中还进一步指出:"从行为效果看,只要行为人把作品提供于对公众开放的互联网空间,就完成了作品提供行为,该行为就落入向公众提供权范畴。基于不同的技术设置,公众或许能够把作品下载或存储至个人终端形成复制件,或许只能在线浏览或感知作品,或许只能在有限的时间(如一星期内或每天的固定时间段)或地点(如 ISP 可把能够获得作品的终端 IP 范围限定在一国境内或一所大学内)获得该作品,皆无关紧要。"无论 WCT 第 8 条后半段还是我国《著作权法》第 10 条皆未为"获得"作品规定更多条件或要求,其中包括公众对于浏览或观看过程的控制。一些研究者把"获得"作品理解为公众对于作品播放过程的随意控制是缺乏依据的。同时,该文还指出:"研究者和法官不宜把公众在其'个人选定的时间和地点获得作品'的条件无端拔高,以至于超出 WCT 和著作权法文本的规定,从而可能限制信息网络传播权的适用范围。我国著作权法规定的信息网络传播权直接源于 WCT,其本身并无缺陷,是机械的理解与错误的法律解释导致了信息网络传播权法律适用的困局。"

从中国网络发展的现状和趋势来讲,是否已经到了需要调整对信息网络传播权保护范围的程度目前尚未形成一致意见。但是,从目前司法实践中的案例来看,无论坚持何种标准下的信息网络传播权判断,最后基本上都给予权利人保护,区别只是在于是通过直接侵权还是共同侵权又或者是通过不正当竞争。由此可以得出一个结论，司法实践中已经明确的态度是，对于信息网络传播行为虽然基于技术的发展有不同的认识，但有一条基本的底线是，不能因为技术的发展变化而触动或损害著作权人的利益。与其让裁判者在不同的案件中从具体的技术细节、证据以及各个部门法中绞尽脑汁地寻找依据保护权利人，莫如在《著作权法》修改时直接将信息网络传播权予以修正。

正如本书在前文所述，由于互联网技术的发展使得著作权中复制权的意义越来越小，而传播权的意义凸显。目前对于信息网络传播权的定义以及把握之所以还是以初始提供或者上传至"服务器"为判断标准本质上还是坚持了复制权作为传播的基础性权利的理念。为了全面适应未来网络技术的发展以及对于信息网络传播行为的影响，在现有《著作权法》体例下，建议将信息网络传播权的定义修正为以无线或者有线方式向公众传播作品，使公众可以在其个人选定的时间和地点获得作品的权利。这样的修正方式不仅与《著作权法》（送审稿）中关于播放权[①]的定义相衔接，即统一均用"传播"用语，避免通过解读"提供"行为出现必须以复制作品为前提的传播。同时，强调信息网络传播权与传播权的区别在于交互性。这样该权项在不考究作品传播方式和途径的前提下，以实现作品交互式传播的效果作为权利保护的内容，在一定程度上避免目前基于信息网络传播权定义中对"提供"的不同解释带来的困扰。随着传播技术的不断发展，目前的广播权和信息网络传播权在保护范围上已经出现交叉，同时，《著作权法》第10条中的兜底条款不断被援引，因此，为了避免因技术的发展而不断地修改法律，莫如学习国际公约及美国著作权法中的做法，将现行《著作权法》中第10条第11项、第12项和第17项合并，概括提出"向公众传播权"[②]，以有效应对目前以及将来出现的由于传播技术的发展带来行为定性的困惑。具体来讲，公众传播权是指以有线或者无线的方式，向公众传播作品。这样较为宽松的设权方式不仅有利于适应技术的变化，还在一定程度上解决了目前细化设权带来的立法弊端。当然这样的概念提出需要相应的条款配合，例如，对于合理使用的内涵界定等不侵权抗辩需要完善，对于"通知—删除"程序设计需要明确法律性质和地位，这

[①] 《著作权法》（送审稿）第13条第6项规定："播放权，即以无线或者有线方式公开播放作品或者转播该作品的播放，以及通过技术设备向公众传播该作品的播放的权利。"

[②] 向公众传播权的概念来自《伯尔尼公约》。参见万勇：《〈著作权法〉传播权修改建议》，《上海交通大学学报（哲学社会科学版）》2012年第2期。

样才能有效避免对作品的传播一律存在侵权的风险，阻碍了作品的传播。

（四）在《信息网络传播权民事案件法律规定》中规定网络服务提供者承担共同侵权的条件、主要类型及责任后果

虽然可以从立法论的角度进行网络服务提供者侵权责任的设计，但法律的生命在于施行。法律如何在司法实践中得到贯彻和应用是解释论需要解决的问题。司法政策是进行司法解释的指导原则。而司法政策又是特定时期国家宏观政策、内政外交政策和社会经济文化需求在司法审判领域中的凝聚和体现，是政治与法律交互作用的产物，是连接法律与政治的桥梁，是法律精神的提炼和总结。司法政策是司法审判工作的灵魂，具有指导法律规则在司法中正确实施，确保法律适用正确方向的重要功能。当法律规则在具体适用上存在多个选项，或者适用结果具有一定的弹性和裁量性，或者法官在个案裁判中找不到可以适用的法律规范时，正是司法政策和理念最终决定个案的裁决方向和结果。正如以色列最高法院前院长巴拉克所说："司法政策和司法哲学具有根本性，因为它们会在最艰难的时刻为我们提供指引。"[1]

司法政策作为宏观的指导思想，在总体上为司法统一做了基础和方向上的保障。同时，在司法政策的指导下进行的司法解释则从具体的微观角度对法律的司法适用进行了详尽的规定，确保法律适用的统一和同案同判的实现。由于网络环境下侵权行为具有多发、隐蔽、超越时空等特点，发现和制止侵权行为均存在相当的难度。同时，当前网络已经成为公民获取信息、交流观点、表达意见、体验娱乐的重要途径之一。在网络著作权司法保护中，既要考虑著作权人维权的现实困难，依法加强网络环境下著作权保护，又要注意促进信息网络技术创新和商业模式发展，确保社会公众利益。追求权利人、网络服务提供者和社会公众之间的利益平衡，是处理网络环境下侵权纠纷案件应当重点把握的一项重要原则。

网络服务提供者承担共同侵权责任的重要条件是网络服务提供者具有主观过错。目前司法实践中对于主观过错的判断没有统一的标准，亟待在新的司法解释中对其规定明确的判断标准。过错反映了经由社会交往主体违反特定注意义务之行为所反映的价值判断。[2] 对网络服务提供者过错判

---

[1] 〔以〕巴拉克：《民主国家的法官》，毕洪海译，北京，法律出版社，2011，第7页。
[2] 参见朱岩：《侵权责任法通论（总论）》（上册 责任成立法），北京，法律出版社，2011，第236页。

断标准的确定是法律的价值选择。然而，在《侵权责任法》中没有对过错给出任何解释性说明，将如何认定过错交给了法院，法官对行为人主观过错具有完全自由裁量权，过大的自由裁量范围增加了法的不可预见性和不可操作性。为此，本书在保护著作权人利益与保护网络服务提供者利益"和平共处"的原则下，结合网络著作权纠纷的不同类型，试图对法官行使自由裁量权判断主观过错提出一些可供参考的依据，帮助法官形成较为统一的过错判断标准，增强法律的预见性和稳定性。

概括地讲，网络服务提供者的过错是指其知道或应当知道直接侵权行为的存在。《侵权责任法》第36条第3款规定："网络服务提供者知道网络用户利用其网络服务侵害他人民事权益，未采取必要措施的，与该网络用户承担连带责任。"在司法实践中应当将其解释为"知道或应当知道"。在判断网络服务提供者是否具有过错时，应当根据提供服务的性质和方式、该服务领域内的一般侵权状况以及被诉侵权作品、表演、录音录像制品的特点等一般情形综合进行确认。在判断应知时，应当以"理性管理者"的标准来确定其合理的注意义务。

这里需要明确的是"通知与移除"规则的重要作用和基本价值。我国在《信息网络传播权保护条例》中明确规定，"通知与移除"规则是为了保障网络服务提供者能够正常开展网络服务，免遭突如其来的纠纷困扰和不可预见的责任风险，保障网络整体顺利运营的重要条件，既是立法为网络服务提供者设定的安全港，又是网络环境下著作权人行使自己权利的基本程序规则。除根据明显的侵权事实能够认定网络服务提供者具有明知或者应知的情形外，追究网络服务提供者的侵权赔偿责任应当以首先适用"通知与移除"规则为前提。但是，目前司法实践中出现"通知与移除"程序被闲置或规避的情形，权利人在没有发出任何通知的情况下，直接起诉网络服务提供者的情况时常存在，以至于网络服务提供者面临大量的诉讼。权利人渐渐绕开通知程序直接起诉网络服务提供者有致网络服务提供者有审查在先的义务之虞，这种动辄得咎的诉讼行为无异于让网络服务提供者如履薄冰。虽然"通知与移除"规则自美国《数字千年版权法》在1998年通过至今已经有二十余年的历史，我国在2006年《信息网络传播权保护条例》中引入该规则至今亦有十多年的历史，但该规则在实践中仍存在各种问题，据 Notice and Takedown In Everyday Practice 一书所进行的研究表明，尽管网络版权侵权及对其应对的性质发生了转变，但是法律规定的"通知—删除"条款对受访各方而言依然保持基本地位。网络服务提供者认为"避风港"条款对其自由运营有着根本的重要性。虽然权利人会对应对大规模侵权的能力表达沮丧之情，但他们仍认为"通知—删除"居于其实施措施的核心。就其某些最基本的特征而言，"通知—删除"制度仍运行良好，第512条款仍居于网络生态中版权管理的核心。① 因此，本书建议在新的司法解释中，对"通知与移除"程序明确其价值所在，规范其操作程序，明确规定其作为网络服务提供者具有主观明知的判断标准之一。同时，明确通知的效力范围，让网络服务提供者能够对于一个"通知"带来的后续行为义务范围有一个明确的认知。

在没有"通知"时，对于网络服务提供者主观过错即"应知"状态需要结合"理性管理人"的注意义务标准来进行判断。面对海量的网络信息，网络服务提供者客观上没有能力对每条信息进行审查。根据信息网络环境的这一特点和实际，在把握网络服务提供行为的侵权过错认定时，应以侵权事实明显作为认定过错的标准，不应当使网络服务提供者承担具体作品的事先审查义务和过高的注意义务。同时，对于侵权事实的明显程度也不宜要求过高，防止造成网络服务提供者对网络侵权行为的漠视或者放任，丧失主动防止侵权以及与权利人合作防止侵权的积极性。此外，对于网络服务提供者注意义务不能搞"一刀切"，应结合不同服务的性质和类型以及具体案件事实的其他具体情况，综合确定其注意义务。本书建议考虑以下因素：

（1）网络服务提供者提供服务的性质、方式及其引发侵权的可能性大小；

（2）网络服务提供者提供服务的领域业内普遍的管理信息的能力；

（3）传播的作品类型及侵权信息的明显程度；

（4）网络服务提供者因传播作品直接获利的情况；

（5）网络服务提供者是否对涉案作品进行过选择、编辑、修改、分类、列表、推荐等人为的干涉；

（6）网络服务提供者是否采取了同行业普遍采取的、预防侵权的技术措施；

（7）网络服务提供者是否针对相同作品的重复侵权行为或者相同用户

---

① 参见《过时了吗：18年后的"通知删除"规则》，载"知产北京"公众号。该文译自 Jennifer M. Urban, Joe Karaganis & Brianna L. Schofield: *Notice and Takedown In Everyday Practice* 一书第一部分"Executive Summary"。

的反复侵权行为采取了合理的预防措施等；

（8）网络服务提供者对虽然不符合通知要求的侵权通知作出了及时与合理的反应；

（9）其他相关情形。

另外，在明确过错归责原则的前提下，关于过错的举证责任分配问题，建议在新的司法解释中予以明确。在过错归责原则下，一般情况下被告的过错应由权利人举证证明。但是，在网络服务提者涉嫌侵权时，其主观"明知"状态由权利人负责举证证明；其"应知"状态参考"理性管理者"标准进行判断，只要权利人能够证明被告的行为没有达到"理性管理者"的标准就存在过错。网络服务提供者能够提供证据证明其没有过错的除外。

现行司法解释中虽然规定权利人主张网络服务提供者实施了直接侵权行为，而网络服务提供者主张其仅为被诉侵权的作品、表演、录音录像制品提供了信息存储空间、搜索、链接、P2P（点对点）等服务的，应举证证明。网络服务提供者不能提供证据证明被诉侵权的作品、表演、录音录像制品系由他人提供并置于向公众开放的网络服务器中的，可以推定该服务提供者实施了信息网络传播行为。但在实践中依然无法解决目前由于深度链接、聚合技术等引发的著作权侵权行为。建议在《著作权法》引入"向公众传播权"后将该权利的构成要件进行细化，明确什么是公众、传播的要件以及对于涉及"向公众传播权"的合理使用进行具体化的解释，在保障技术中立的情况下，保护著作权人基于网络发展带来的基本利益。

鉴于目前我国相关法律中并没有就共同侵权进行类型上的划分，新的《信息网络传播权民事案件法律规定》已经将共同侵权进行类型上的细分，将目前的《侵权责任法》中的"教唆、帮助他人实施侵权行为的，应当与行为人承担连带责任"明确具体划分为帮助侵权和教唆侵权。帮助侵权，是指网络服务提供者在明知或应知网络用户利用网络服务侵害信息网络传播权，未采取删除、屏蔽、断开链接等必要措施，或者提供技术支持等帮助行为的。引诱侵权，是指网络服务提供者以言语、推介技术支持、奖励积分等方式诱导、鼓励网络用户实施侵害信息网络传播权行为的。这样的责任划分有利于把网络服务提供者从纷繁复杂的技术环境中脱离出来，从侵权行为的角度对网络服务提供者的行为进行评价，着重于其主观过错的判断。但是，这样的划分还遗漏了一种情形，即有可能对于网络服务提供者主观上的应知很难判断而其确实又从中获得了不当的利益的情况。为了对网络服务提供者全面设置保护著作权的义务，建议引入替代性侵权责任，即在网络服务提供者意识到具体侵权行为的发生或存在且具有控制具体网络侵权行为的权利和能力，并从侵权行为中获得经济利益时，其应该与直接侵权行为共同承担侵权责任。设置独立的责任形态需要从立法中进行根本的解决，但是，在司法解释的层面，可以将共同侵权责任进行扩大化解释，在教唆、帮助侵权责任形态之外将替代性侵权责任的内容解释进共同侵权责任中，这样能够更好地保护权利人的利益，促进网络服务提供者积极起到看门人角色的作用，以最小的成本实现最经济的社会效果。

网络服务提供者在构成共同侵权责任时应承担连带侵权责任，这意味着网络服务提供者可以单独承担对权利人的全部损失。根据过错归责原则，侵权责任的承担与过错大小相关联，在连带债务人即网络服务提供者与网络直接侵权人内部进行责任分配时，可以考虑过错大小和原因力大小进行内部的责任划分。在司法实践中，在判令网络服务提供者承担连带赔偿责任的同时，有些法院直接根据过错程度和原因力的大小，明确网络服务提供者应承担的具体赔偿数额或者在判决赔偿责任时直接扣减了直接侵权用户应当承担的赔偿份额或者考虑到直接侵权用户很难找到实践中不可能追偿等因素而对整个连带责任的赔偿数额进行酌减。本书认为这种做法既与连带责任的精神相悖，也不利于对网络著作权的保护。对此，前文中已有相关论述，本书在此建议在司法解释中对网络著作权侵权连带责任承担以及赔偿数额问题进行规定，明确连带赔偿责任在酌定时不宜考虑难向网络用户追偿的因素，且加大赔偿力度是促使网络服务提供者尽到理性管理者义务、积极参与保护著作权的重要途径。

第二节 网络服务提供者与权利人的合作之路

网络服务提供者在网络著作权保护中具有举足轻重的地位和作用。为了实现网络著作权权利人的利益、网络服务提供者的利益以及社会公众的利益三者的协调发展，作为一个"理性管理者"在经营自己网络服务的同时防止侵权行为的发生不仅对于著作权保护具有重要意义，对于自身健康发展也大有裨益。为此，著作权权利人与网络服务提供者进行合作成为明智的选择。今日，百度公司与环球、索尼、华纳三大唱片公司进行了合作，这是网络服务提供者和著作权权利人进行合作的重要的一步。

在多媒体时代，完善著作权制度方面的主要工作是探索适用于网络环境的著作权保护模式,具体做法是"以现行的著作权法为前提,研究对其改良,对其不适应的部分以新制度作为补充",同时采用对价征收制度等"对著作权的私权性进行淡化处理,使著作权制度内部向着双轨化发展。对这种措施仍然不能解决的问题,可以在著作权法之外谋求另外的法制解决"①。此外,伴随着网络的发展,网络著作权的纷争更多地演变为代表版权内容的一方公司与代表传播平台的一方公司之间的博弈与竞争。下面本书以渐进反应机制为例,分析网络服务提供者与著作权人合作之路。

一、渐进反应机制的启示

(一)渐进反应机制的提出

网络著作权保护与创新产业息息相关,而著作权人认为非法文件共享主要是由P2P软件提供的侵权工具进行大范围盗版,严重打击了创意产业的发展。著作权人联合向政府施压,企图通过政府的强制措施保护网络著作权,遏止网络盗版行为。例如,英国政府计划在今后的两到三年内减少70%的盗版问题,英国电子报告(2009)②中称有九个代表创新产业的部门,其中包括反版权盗版联盟(FACT)和五个贸易组织以及音乐家联盟,已经表明希望政府责令网络服务提供者警告重复侵权者,扼杀他们宽带连接的速度并最终断开目前的非法文件共享。英国唱片业首席执行官Geoff Taylor,强烈支持上述组织,他相信网络服务提供者应该成为网络警察并采用"三振"立法。他在"聚集伦敦2008——数字媒体的未来"会议中讲道:我们认为当网络服务提供者知道用户在利用他们的宽带服务传播非法音乐时,他们有法律责任和社会责任阻止类似行为再度发生。政府决心制定法律,要求网络服务提供者采取行动制止网络非法活动。③ 在这样的利益诉求下,"三振出局机制"也称为渐进反应机制应运而生。

(二)渐进反应机制的基本内容

渐进反应机制(Graduated Response)又称"三振出局机制",简称GR,是随着P2P技术的发展而提出的应对反复侵权行为的一种举措。根据渐进反应机制,若同一位终端用户收到了三次或三次以上的侵权警告却仍不停止其侵权行为,网络服务提供者则应将上述反复侵权的用户名报知法院或行政部门,由法官或行政官员对此进行审理,并根据具体情形作出

---

① 〔日〕中山信弘:《多媒体与著作权》,张玉瑞译,北京,专利文献出版社,1997,第113页。

② See "HM Department for Culture, Media and Sports (DCMS) and Department for Innovation", *Business and Skill* (BIS) (2009).

③ See "The Role of Record Labels in the Digital Age", Extract from the speech by BPI Chief Executive Geoff Taylor on 20 Jun 2008.

判决或处罚决定，该机制的惩罚措施采取了包括罚款或切断网络等手段来惩戒反复侵权的网络用户。

（三）渐进反应机制的实施例

渐进反应机制作为政府、网络服务提供者及著作权人三方会谈的结果，最初产生于法国（Elysee/Oliveness Agreement）。① 随后被一些国家和地区所借鉴，但形式不尽相同。例如，有的采取立法的形式实施渐进反应机制，代表性的有我国台湾地区②和韩国。③ 另外一些法域，如法国、英国、澳大利亚、新西兰、新加坡及美国④也正致力于在法律或者实践中实施这一规则。渐进反应机制虽然呼声很高，但其产生和运行过程历经反复和质疑。

1. 法国

以渐进反应机制的诞生为例，渐进反应机制的产生在法国就备受挫折，其先由政府设置机构（HADOPI⑤）进行网络监管，但被参议院否决⑥，后改由司法审查⑦实施，渐进反应机制历经两年之后终于开始实际

---

① Accord pour le developpement et la protection des ceures et programmes culturels sur les november 2007，http：//www.culture.gour.fr/culture/actualites/conferen/albanel/acco-rdolivennes.htm. 转引自宋海燕：《中国版权新问题——网络侵权责任、Google图书馆案、比赛转播权》，北京，商务印书馆，2011，第47页。

② 2009年5月出台的"中国台湾版权法修正案"对网络服务提供商实施了针对侵犯版权的用户的三振出局政策。台湾知识产权办公室（TIPO）随后于2009年11月制定了执行条例。参见"台湾版权法案"第90条第4款，http：//www.tipo.gov.tw/en/Allinone_show.aspx?path=2557&guid=26944d88-del9-4d63-b89f-864d2bdb2dac-&lang=en-us，最后访问日期：2010-12-10。

③ 韩国版的《版权法修正案》于2009年7月23日生效。第133—2条规定了由韩国文化体育观光部（MCST）建议的"GR政策"。

④ 参见Verizon ends service of alleged illegal downloaders，January 20，2010，http：//news.cent.com/8301-10233-10437176-93.html?tag=TOCmoreStories.0，最后访问日期：2010-12-10。

⑤ 法国的分级回应政策，又称HADOPI法案，See In frence loi favorisant la dif fusion et la protection de la creation sur internet. french te，http：//www.senat.fr/dossierleg/pj107-405.html. HADOPI是依法成立的监管网络的政府机构，其全称为"艺术作品网络传播及网络版权保护高级管理机构"（Haute Autorite pour la diffusion des Oeuvres et la protection des Droits sur internet）。

⑥ HADOPI法案的草案稿曾于2009年4月9日被法国国会否决。后法国国会与法国参议院分别于2009年5月13日通过了该法案的修正案。然而，该法案中备受争议的核心部分于2009年6月10日再遭法国宪法委员会否决，理由是"访问网络是表达自由的体现之一"及"法国法律坚持无罪推定的原则，只有法官才能根据法律给予制裁"。France 24，Top Legal Body Strikes Down Anti-Piracy Law，June 10，2009，http：//www.france24.com/en/20090610-top-legal-body-strikes-down-anti-piracy-law-hadopi-con-stitutional-council-internet-france，最后访问日期：2010-12-20。

⑦ 2009年10月22日，法国宪法委员会通过了再次修改的HADOPI法案，即HADOPI2法案（分级回应机制的制裁），该修改后的法案要求在对个人断网前需要经过司法审查，其他要求则和修改前法案相似。See Pfanner Eric："France Approves Wide Crackdown on Net Piracy"，New York Times，October 22，2009，http：//www.nytimes.com/2009/10/23/technolong/23net.html. 转引自宋海燕：《中国版权新问题——网络侵权责任、Google图书馆案、比赛转播权》，北京，商务印书馆，2011，第49页。

运作。2010年10月1日起，法国主要的网络服务提供者开始以HADOPI的名义向终端网络用户发出侵权通知。根据HADOPI法案，网络服务提供者应在8天时间内向HADOPI提供以辨别网络用户的数据其中包括网络用户的用户名、注册信息和IP地址等以及在15天时间提供相关的证明。如果网络服务提供者在相应的时间内无法提供相应信息，则会受到1 500欧元的处罚，第二天仍无法完成的，罚金便会翻倍。如果网络服务提供者其没有执行HADOPI的账户取消命令，即断开网络用户的上网通道，则会受到5 000欧元的处罚。法国通过强制惩罚的手段迫使网络服务提供者与著作权人合作，共同应对网络用户的侵犯著作权的侵权行为。

2. 韩国

在韩国，渐进反应机制的执行机构是韩国著作权委员会①，其对是否取消终端用户的网络订阅服务进行正当程序审查。② 韩国实施的"三振出局法案"不仅针对反复制作和上传版权侵权内容的网络用户③，还针对那些收到3次以上警告仍然不执行删除命令的网络服务提供者，即若该网络服务提供者被认为损害了版权作品在互联网上的健康使用，则会受到类似停止账号的惩罚。④ 韩国的渐进反应机制运营初见成效，其威慑力在其惩罚的范围和力度上可见一斑。近期，韩国文化体育观光部⑤在其官方政府公报上公布了一批收到3次著作权侵权警告的网络用户名单。这批网络用

---

① 韩国著作权委员会是行政机构不是司法机构，其实为主持著作权侵权纠纷调解而成立，同时也审议著作权侵权案件，并可请求法院下达禁令。

② 2009年7月修改的韩国《版权法案》第133-2条第1段规定：通过信息传播网络传输非法复制品的，MCST可以责令相关在线服务提供者（i）向该复制品的复制者和/或传输者发送警告通知而且/或者（ii）经由韩国版权委员会审议后删除该等复制品或者停止该等复制品的传输。

③ 2009年7月修改的韩国《版权法案》第133-2条第2段规定：MCST若发现同一复制者及/或传输者已经收到以上条款规定的警告通知（i）进行该等未经授权的传输行为超过3次，则在经由韩国版权委员会审议后，MCST可以责令该在线服务提供者注销该用户账号时间不超过6个月。

④ 2009年7月修改的韩国《版权法案》第133-2条第4段规定：MCST若发现在线公告板已收到以上条款规定的警告通知超过3次，继续扰乱公告秩序，比如著作权，则经由韩国版权委员会审议后，MCST可以责令该在线服务者注销与非法复制及/或传输相关账号的时间不超过6个月。

⑤ 韩国文化体育观光部在文化、艺术、体育、观光、宗教、媒体、国政宣传等方面实行各种各样的政策，具体参见 http://www.mcst.go.kr/chinese/aboutus/organizationchart.jsp，最后访问日期：2012-01-20。

户如果在24天的"窗口期"内无法成功解除警告,他们3次侵权的网络服务提供者账户则会被取消。如果网络服务提供者拒不执行政府的账户取消命令,则会面临罚金惩处。① 韩国渐进反应机制与法国的不同之处在于,其取消指令仅仅针对网络用户个人的3次侵权所使用的在线服务提供商账户,而不针对个人的网络账号本身,也不涉及个人可能拥有的任何其他在线服务提供商账户。② 韩国的渐进反应机制对网络侵权的自动监管、辨别和通知程序产生了深远的影响,对保护网络环境下的著作权具有重要意义。

3. 中国台湾地区

另一个实行渐进反应机制的典型代表是我国的台湾地区。2009年5月出台的"中国台湾版权法修正案"授权网络服务提供者对侵权用户实施"三振出局法案"。台湾智慧财产局(TIPO)又于2009年11月制定了"网络服务提供者民事免责事由实施办法"③。根据"版权法修正案"和该实施办法,网络服务提供者若未执行"三振出局法案",则无法享受"避风港"条款的保护。因此,在P2P技术背景下,若某网络服务提供者没有转发著作权人的最初及反复侵权通知或者没有在第三次侵权后终止(完全或者部分)反复侵权者的网络服务,则将被剥夺"避风港"保护。我国台湾地区将网络服务提供者执行渐进反应机制与"避风港"的适用联系在一起具有一定的积极意义。但相关的法律法规并未具体说明"三振出局法案"应当如何执行。根据台湾智慧财产局之前的草案,政府似乎无意参与渐进反应机制的具体执行。④

二、渐进反应机制对中国的影响

不得不承认,通过P2P软件进行侵犯著作权的侵权行为在中国已经

---

① 参见韩国文化体育观光部于2010年2月24日的"亚洲版权会议"上发表的《韩国网络反盗版措施》,Seung Joon Park,http://www.bunka.go.jp/chosakuken/kaizokuban/asia_kaigi/01/pdf/korea_seifu.pdf.

② See James Gannon:"Music's Biggest Hit in 2009? Graduated Response",http://jamesgannon.ca/2010/04/30/musics-biggest-hit-in-2009-graduated-response/.

③ "台湾版权法"第90条第4款,http://www.tipo.gov.tw/en/allinone_show.aspx?path=2557-&guid=26944d88-de19-4d63-b89f-864d2bdb2dac&lang=en-us.

④ 参见国际知识产权协会2010年关于中国台湾地区的《第301特别报告》,IIPA-TAIWAN2010 Special 301 Report on Copyright Protection and Enforcement,at 4,http://www.iipa.com/rbc/2010/2010SPEC301TAWAN.pdf.

成"燎原之势"。中国的网络用户数量已经突破 5 亿,其网络用户的侵权行为犹如"星星之火",未经授权通过 P2P 软件分享各种尚在保护期内的作品已经不可遏制地侵蚀着著作权人的合法权益。在明确网络服务提供者侵权责任的同时,可以采取渐进反应机制来促使网络服务提供者与著作权人合作,将我国现有的法律上规定的权利人对网络服务提供者的通知进行延续,由网络服务提供者将权利人的侵权通知转发给网络用户,给网络用户以明确的侵权警告,这样可以杜绝相当一部分网络用户的侵权行为,毕竟网络用户的侵权行为并不是以侵权获利为目的,有的还存在着不懂法、不知法的情况,也有的就是出于单纯的"分享"动机。同时,网络服务提供者转发侵权通知的行为也可作为其尽到一般理性管理者应尽的注意义务的一种证明,从而给网络服务提供者一定的机会来及时杜绝或阻断侵权作品在网络中的传播。当然,渐进反应机制从诞生到运行时间并不长,还没有形成一套成熟有效的运行机制。这还需要我们结合我国的具体法律环境和网络运行环境来具体地设计渐进反应机制的运行模式,但是可以预见的是,如果采用设计得当的渐进反应机制,如具备正当法律程序的分级回应政策,将有可能较好地平衡权利人和社会公众之间的利益,从而最终推动创新及公共福利。①

此外,在著作权领域,还有许多重构著作权制度以实现作者和公众之间的衡平方法,其中的关键是增加作品的公共获取与限制作者的财产权。人们已经提出用公共基金支付报酬的制度代替现行著作权体制的几种建议。该制度承认作者通过创作作品创造了社会财富,应该受到奖励,并将设计与作者努力相称并反映他们可能获得的潜在利润的恰当的金钱激励办法。莱斯格倡导的公共保存和类似于美国《医疗创新奖励法案》的"奖赏作者"计划均是这种制度的变种。② 除了这种奖赏制度之外,国际科技界、学术界、出版界和信息传播界共同推出的开放存取运动是实践中比较成功的另一种著作权模式。

---

① 参见宋海燕编著:《中国版权新问题——网络侵权责任、Google 图书馆档案、比赛转播权》,北京,商务印书馆,2011,第 52 页。
② See Lior Zemer: "Rethinking Copyright Alternative", 14 Int'l J. L. & Info. Tech, pp. 138-139.

第三节 网络服务提供者与权利人的利益之争

网络服务提供者与著作权权利人在合作的同时，因为利益而进行的斗争也从未停止过且有越演越烈的态势。随着网络技术的不断发展，著作权保护受到的挑战也不断深化，以网络服务提供者为代表的网络新兴利益集团与以电影、音乐制作者为代表的传统版权人集团矛盾重重、斗争不断。从本质上讲，这两个利益集团的斗争都是围绕基于著作权内容进行传播渠道的控制而产生的，是传统传播渠道的控制者与新兴的网络传播渠道的控制者之间基于传播利益而产生的斗争。

2011年10月1日，部分国家在日本东京签署了《反假冒贸易协定》（ACTA）。该协定设立了超越TRIPs协定的保护标准，更加关注知识产权执法力度的提升和落实，加大对假冒和盗版尤其是网络环境下盗版行为的打击力度。这是权利人加强其著作权保护取得的重要进展。但是，以网络服务提供者为代表的技术新兴产业在其利益受到冲击时也作出了激烈的反抗。著作权权利人和网络服务提供者之间的矛盾不断激化。最近引起世界广为关注的就是这对矛盾在传统版权产业和新兴互联网产业之间激化的阶段性产物，即美国SOPA/PIPA立法[①]的曲折过程。

SOPA的立法目的是"通过打击侵犯美国知识产权行为而推动市场繁荣、企业家精神和创新"，PIPA的立法目的则是"防止网上对经济创新和知识产权盗窃的威胁"。两个法案的内容都是让美国司法部可以通过寻求法院传票来关停有盗版内容的网站、阻止相关的付款渠道。以制造内容的电子媒体公司为代表的支持者，比如电影公司、电视台、音乐公司、出版社、有线网络，以及消费品牌产品，由于他们是盗版的最大受害者，无论是P2P网络上的盗版电影，还是Youtube上的音乐，或者ebay上的假冒商品，都严重地打击了他们的商业利益，因而他们强烈要求尽快通过

---

① PIPA是参议院法案，名为《保护版权法》（Protect Intellectual Property Act，PIPA），2011年5月12日由佛蒙特州民主党参议员莱希为首的12名参议员引入参议院立法程序，已经被参议院司法委员会通过，但没进入参议院表决。SOPA是众议院法案，名为《禁止网络盗版法》（Stop Online Piracy Act，SOPA），是PIPA的众议院对应版，2011年10月26日被得克萨斯州共和党众议员史密斯等13名众议员引入众议院立法程序，随后引发轩然大波。

SOPA/PIPA。以互联网公司、互联网自由和人权团体为代表的反对者认为该法案把模拟时代版权概念套用在互联网数字时代，会严重阻碍互联网产业的发展和创新，严重破坏美国的竞争力。且这个法案太武断，任何小小的版权争议都会导致网站的关停，如此一来谷歌、ebay、维基百科这样的网站以后基本就无法存在了。利益双方阵营强大，斗争激烈，大有势均力敌之局面。其实，从本质上讲，SOPA/PIPA 是传统媒体和消费品行业延长其权利创造经济价值的保护伞，却是互联网行业和用户权利的扼杀者。前者只是希望为保持在新技术时代对原有利益的占有的习惯性而斗争，后者却因为触动其发展的根本利益，所以誓死反对这个法案的通过。最终，美国国会迫于网络服务提供者庞大的群众压力和集团利益游说[①]，于 2012 年 1 月 20 日宣布无限期地搁置该法案。参议院多数党领袖哈里·雷德（Harry Reid）表示，将会推迟 PIPA 的投票。众议院司法委员会主席拉马尔·史密斯（Lamar Smith）表示，将取消 2 月份正式起草反网络盗版法案的计划，对 SOPA 进行修改。

审视 SOPA/PIPA 提出的背景，权利人对"避风港"原则的不满是其诞生的最大推动力。根据民主与技术中心和电子前沿基金会对该法案的评论，法案的措辞已经模糊到足够让一个网站的原告依据网站上的表面证据而封禁它。法案条款规定，任何"正在采取或曾经采取措施避免将该网站确定为专门侵犯美国财产权的网站"都会被封禁。可以理解为，网站必须积极监管其内容并查出侵权内容以避免被封禁，而不再是倚赖别人告诉它侵权内容存在。显然，这是对 DMCA 中"通知—删除"义务的加强，很大程度上削弱了"避风港"原则对网络服务提供者的庇护，增加了网络服务提供者的义务和责任。如果这项法案通过，美国司法部及其他版权持有人将可以更便捷地申请法院禁令来对付盗版及销售假冒产品的网站。向法院申请的禁令包括：禁止网络广告公司向涉嫌网站投放广告、禁止支付网站向涉嫌网站提供支付服务、禁止搜索引擎出现涉嫌网站的网址，甚至可以要求互联网服务提供者拒绝用户访问涉嫌网站。该法案提高了对互联网用户未经授权在网络上分享版权内容的刑罚，如：6 个月内分享 10 份音

---

① 各大互联网公司给政客们捐款、给 K 街游说公司撒钱也是不计其数的。单单以谷歌公司为例，这三年，谷歌（包括员工）给政客的直接选举捐款达 185 万美元，而公司给 K 街的钱高达 1 511 万美元。

乐或电影类的版权作品将面临最高 5 年的监禁。这项法案将给予那些自愿采取措施打击网络盗版和侵权的互联网服务提供商以司法豁免权，同时也允许版权持有人向任何一个"明知"却谎称"不知"进而提供侵权内容或盗版产品的网站索要连带赔偿。显然，这是网络服务提供者所不愿意接受的。网络服务提供者利用网络新的运营模式，依靠强大的群众基础，不断在享有著作权的作品传播中获得利益。美国的商业运作模式正处于转折点，显示出新的经济模式正在战胜旧模式，旧的经济模式正在为网络新势力让路。互联网是美国最具活力的产业之一，因此美国立法者在考虑反盗版问题时必将更加慎重。同时，独立的民众力量在崛起，他们为了眼前自己的利益往往会选择和网络服务提供者站在一起，这对传统媒体行业来说，是极具威胁性的。但是，从更长远的角度讲，只有激励创作才能保持作品不断丰富，才能不断满足人们日益增长的文化需要。目前的现状是，正如众议院前高级顾问约翰·菲赫里所述："内容产业的问题是不知道如何动员人们，而互联网已经深入人们生活的方方面面。内容产业只拥有一小部分内容创造者以及一些联盟，但是互联网产业，尤其是社交网络，却可以以人们从未想到过的方式深入人们生活中。"如何让民众意识到内容产业保持生命力的根本是对作品给予一定保护而激励创作者不断进行创作是争取到民众支持保护著作权的重中之重。正如电子前锋基金会（EFF）的律师科瑞尼·麦克谢里（Corynne McSherry）所述在"大家都同意，我们需要的是一个对内容创造者进行合理回报的世界"，解决网络盗版问题的正确办法不是打击网站，而应当建立新的商业模式。这种新的商业模式"需要一种新的指导，更关注创新，而非拯救昨日的产业"。网络服务提供者与著作权人在斗争中不断发展，也在斗争中不断探寻合理的平衡点，使得著作权人的利益与公众、网络服务提供者的利益之间实现平衡。

"未来还将充满著作权人与网络服务提供者之间的利益博弈，我们不奢望一劳永逸，但我们希望并相信这种博弈能够不断取得好的结果，在互利共赢上再入新境界。"① 网络著作权保护是一个复杂而变化的课题，法律制度与科学技术之间存在着紧密而微妙的关系。科学技术进步是人类进

---

① 孔祥俊：《论网络著作权保护利益平衡的新机制》，转引自奚晓明主编、最高人民法院民事判第三庭编：《知识产权审判指导》，北京，人民法院出版社，2011，第 78 页。

步的推动力,也是社会发展的原动力,这股力量是强劲而不可逆的。法律又总是滞后的,这种滞后性必将导致与日益发展的科技之间产生冲突和矛盾。在其冲击和影响下,法律制度必将随之调整和变化。网络服务提供者侵权责任制度的构建正是在科技冲击下法律制度调整的产物,在明确责任的同时更好地保护著作权,实现以著作权为核心的文化产业与以网络服务提供者为代表的网络科技产业的协调发展。

下编 网络服务提供者侵犯著作权类型化研究

随着网络技术的发展，网络著作权案件在司法实践中的地位日渐显著，其不仅在数量上能够占到著作权案件乃至知识产权案件的半壁江山，而且在疑难复杂程度上堪称之最。这种局面的形成不仅仅是反映了网络技术的发展带来的技术困扰，更重要的是引发了人们对于在技术发展的历史进程中，如何既保障网络技术的持续健康发展，又发挥著作权保护权利人利益并激励创作的作用，同时，还要保障社会公众随着技术的发展而享有其应得的社会福祉的思考。本编梳理了近十年关于网络著作权的典型案件，进行类型化分析，希冀能够透过司法的智慧拨云见日，为保护著作权，促进IP产业健康发展，激励网络技术和网络运营模式发展发挥一定的指引作用。

第五章　P2P 服务提供者侵犯著作权责任问题研究

数字技术尤其是 P2P 技术使社会大众借助网络媒介拥有超强的在互联网上获得和传播作品的能力，著作权中传统的复制权和信息网络传播权在技术的冲击之下已经无法起到应有的维护著作权人合法权益的作用。"在信息的个人利用产生爆炸性增长的 21 世纪，权利人不得不接受这样的现实，即不受其控制的利用在不断增长。"① 这种不受控制的利用从根本上动摇了几百年来著作权人赖以获利的商业运作模式，迫使其考虑如何尽最大可能保护其作品不被传播和复制，避免合法的经济利益的流失。其中，提供点对点对等传输技术的网络服务提供者的侵权责任如何认定，成为目前理论界和实务界广泛关注的热点问题。本书在分析 P2P 服务提供者的法律地位的基础上，结合中美典型案例的分析，探讨 P2P 服务提供者能否进入"避风港"以及与技术中立原则的关系等问题，从而探讨 P2P 服务提供者侵犯著作权责任问题。

第一节　P2P 技术的特点以及发展趋势

P2P 也就是点对点，是 Peer to Peer 的简称。其被美国《财富》杂志称为改变因特网发展的四大新技术之一，甚至被认为是无线宽带互联网的未来技术。P2P 技术的发展以及 P2P 与网格技术的结合，将影响整个计算机网络的概念和人们的信息获取模式，真正实现"网络就是计算机，计算机就是网络"的梦想。结合 P2P 软件的典型代表及相关案件，P2P 技

---

① 〔日〕中山信弘：《多媒体与著作权》，张玉瑞译，北京，专利文献出版社，1997，第 102 页。

术诞生至今已经历经四个发展阶段,这四个阶段分别为:第一代为以Napster①为代表的集中型P2P模式,依靠中央服务器来管理文件列表,如果关闭服务器,文件就无法进行交换。第二代为分散型P2P模式,其突出特点是所有文件共享的技术功能(包括文件检索或传输)都完全摆脱了对中央服务器的依赖,由终端用户独立采用这种P2P软件实现直接搜索其他同类软件用户计算机中共享的文件,这种类型的代表软件为Grokster、KaZaA或Morpheus,提供这种P2P服务的网络服务提供者一般不承担侵权责任,但Grokster②一案又将引诱原则作为判断P2P侵权的新标准,美国联邦最高法院最终以9:0判定Grokster公司须为网络非法传播文件负责。第三代则是以Bit Torrent(BT)为代表的P2P技术,其集中了中央服务器的稳定性和分散式的灵活性,采用集群技术简单而有效地实现了下载压力的分散。第四代目前正在发展中,主要发展的技术有动态口选择和双向下载。不同阶段的P2P技术呈现出不同的技术特点,同时,也影响着法律对其地位的认定,进而影响对提供P2P技术服务的网络服务提供者的侵权责任的认定。

网络服务提供者因为提供P2P技术而承担侵权责任会影响到网络的构建和著作权人与网络服务提供者的利益平衡。网络服务提供者对P2P侵权承担责任会促使其对P2P中央管理,以期减少法律风险。其实,P2P技术本身是网络技术发展的产物,原本单纯的网络技术由非市场参与者引入网络市场并置网络服务提供者于尴尬的境界。一方面,P2P技术促进了网络服务提供者的营业收入,增加了对其带宽③的要求;另一方面,也增加了其提供无限制带宽消费的压力。任何一个网络服务提供者如果取消P2P服务都会有失去市场份额的风险。事实上,P2P的应用使得原来的服务层面的消费转向了对带宽的消费,这就对网络信息流的速度要求更高,从这方面讲其能够激励网络技术的深入变革和更快发展。P2P技术的交互性特点使得每一个使用者同时也是提供者或服务者。因此,对于同一文件的强烈需求就可以通过用户自身的交换来满足,这时,就需要网络服务提供者提供很高的带宽来支持用户的上传和下载。

P2P技术之所以被认为是对文化产业的一种主要威胁,是因为他们主

---

① A&M Record, Inc., v. Napster, Inc, No. 00 - 16401, No, 00 - 16403.
② Metro-Goldwyn-Mayer Studios Ins., et al. v. Grokster, I. td, et al. No. 04 - 480.
③ P2P技术对网络带宽要求高,网络带宽决定了P2P软件文件共享的速度。

要被用来分享未经授权使用的著作权作品。世界上数亿网络用户可以通过P2P技术得到近乎完美的著作权作品复印件而不需要支付任何费用。有数据显示，在英国，2010年通过P2P技术下载电子书籍的增长率是300%，而2011年上半年的增长速度是600%。[1] 现在，这样大量的未经授权的传播引发了书籍、音乐和电影产业的大量损失。能够获得免费的作品复制件是促使P2P取得巨大成功的主要动力。P2P技术使得其网络内的电脑实现了直接的文件共享，而不需要经过任何中央管理和控制。存储在用户个人电脑上的文件可以通过网络直接传输到任何一台电脑上，实现文件的共享。第一代P2P软件还局限于声音文件的共享，现今的系统可以交换任何文件，从录像文件到音乐、文本和软件甚至包括实时数据例如电话声讯。[2] 第一代P2P技术例如Napster，还需要在中心服务器中列明全部可供下载的文件名称；而第二代P2P技术建立在Gnutella技术的基础上，不再依赖于中心服务器。用户想要得到一个特定的文件只需要发出一个搜索请求就可以，这个搜索请求会在同一个P2P系统内搜寻，直到找到存储这个文件的地址。这样，用户可以直接从电脑上下载该文件。[3] P2P的主要优势在于其去中心化的结构。去中心化是控制网络设计的基本原则。虽然在P2P系统中，用户既可能是提供文件者也可能是下载者，但文件提供者通常需要更强的电脑来管理文件和网络交易，这样，网络交易还是需要大的服务提供者。在客户—服务提供者的设计中，使用者请求服务是有一定限制的，请求的客户越多，数据传输的速度就越慢，极端情况下可能造成拒绝服务。在P2P设计中，用户不仅消费服务还提供资源，例如，用户会提供带宽、存储空间和计算能力等。结果就是，随着对系统要求的增加，系统的总体能量也在增加。P2P系统的另一个重要的优势就是稳定性和密集性。P2P共享的特点会增加系统抗失败的强健性。分享的系统会减少因为一个提供者不能提供而导致整个系统失灵的风险。P2P的这种分享性比起实物交易来说要更有效率，并且没有存储、打包和分发复制件的成本。P2P的这种去中心化搜索特点为其避免侵权行为和潜在的责任提供

---

[1] Publisher Association Statistics Monitor, September 2011.

[2] 参见 http://zh.wikipedia.org/wiki/%E9%BB%9E%E5%B0%8D%E9%BB%9E%E6%8A%80%E8%A1%93, 最后访问日期：2012-01-12。

[3] Grokster 和 KaZaA 使用这样的应用软件，他们也都成为诉讼的被告。See Metro-Goldwyn Mayer Studios Inc. v. Grokster, Ltd., 125 S. Ct. 2764 (2005); Universal Music Australia Pty Ltd. v. Sharman License Holdings Ltd. (2005) FCA 1242, http://www.austlii.edu.au/au/cases/cth/federal_ct/2005/1242.html.

了理由。这种去中心化的设计因为没有中心控制设备而增加了个人自由。P2P 低成本地提供内容，使得网络内容呈现多样性。

第二节　P2P 服务提供者法律责任相关问题分析

法律和技术的内在关系往往集中在新技术开发与发展正在对现有的法律形成挑战由此产生对法律改革的需要的方面。法律和技术的内在关系是辩证的。法律不是仅仅对新技术作出反应，还会引导新技术的发展方向，反之，新技术也会改变和影响法律的设计。

网络服务提供者对其用户侵犯著作权行为应承担什么样的责任在网络发展的初期阶段是备受争议的。[1] 就是目前对于 P2P 技术的法律性质仍然存在很大分歧。在判决提供 P2P 服务的网络服务提供者承担责任的同时，也有在 BMG Canada Inc. v. John Doe[2] 案例中加拿大确认 P2P 技术的合法性和荷兰 KaZaA 案[3]确立软件提供者的合法性[4]的情形。

一、P2P 服务提供者能否进入"避风港"

网络服务提供者（也就是 ISP）是指帮助进入网络环境的在线中介服务提供者，泛指除网络内容提供者之外的网络服务提供者。随着网络技术

---

[1] See Jessica Litman, Digital Copyright: Protecting Intellectualproperty on The Internet (2001). For further analysis of ISP liability for injurious content posted by subscribers see *infra* Part Ⅲ. A.

[2] 2004 F. C488 para. 25.

[3] KaZaA 案的基本事实是：KaZaA B. V. 公司是一家注册在荷兰阿姆斯特丹的私人有限股份公司，自 2000 年起，该公司通过网站 www. KaZaA. com 提供 P2P 软件，供个人用户交换纯文字、影像和语音档案文件。这些档案文件包含有受到著作权以及相关权利保障的作品。KaZaA 软件目前为世界上最大的 P2P 软件，其用户以亿级别计算，同时在线用户超过百万。Buma 协会与 Stemra 基金会是代表荷兰唱片界的最大的音乐产权组织，在荷兰的音乐作品著作权登记数据库中，它们几乎拥有全部的出版、复制（包括自动复制）权。它们相当于我国的音乐著作权协会，可以代表音乐的制作人、词曲作家等权利人向侵权的任何一方当事人提起侵权诉讼。2000 年 9 月，KaZaA 公司向 Buma 协会与 Stemra 基金会提出谈判要求，商讨授权 KaZaA 软件用户合法使用音乐的可能性。双方经过多轮谈判未能达成一致，Buma 协会与 Stemra 基金会于 2001 年 10 月主动提出中止协商，并随即提起诉讼。几经反复，荷兰最高法院维持了上诉法院的判决，判令 KaZaA 可以发售用于网上档案共享的软件程序。

[4] 参见 http: //rmfyb. chinacourt. org/public/detail. php? id = 76041，最后访问日期：2012 - 02 - 17。

的不断发展，网络服务提供者由提供网络接入、连接服务到提供广泛的信息处理服务，例如搜索、聊天、论坛、存储、制度、市场和设计服务等，这一划分在近些年随着数字市场信息交流的增加而变得模糊。网络服务提供者是著作权人控告网络侵权的主要的潜在被告。著作权人在寻找"守门人"来帮助他们保障其著作权在网络上的实现。网络服务提供者因为具有一定的经济实力，并在本国的法域内对网络环境具有控制的能力。让网络服务提供者承担侵权责任不仅仅具有效率，还能够促使其主动参与到反盗版的队伍中。随着美国DMCA①规定了"避风港"原则，为网络服务提供者提供了大部分的免责条款，网络服务提供者责任问题相对已经明确化。然而，P2P的兴起打破了著作权人和网络服务提供者在DMCA下的平衡，P2P技术实现了文件在个人用户间的直接交换。在P2P网络中侵权材料的传播是很难控制的。数据可以被多个用户端复制并且存储在用户端而不依赖于中央数据服务处理器。这种P2P软件使得辨识侵权来源和确定直接侵权者非常困难。这些挑战使得著作权人要想维护自己的权益需要网络服务提供者的合作。著作权人尝试让网络服务提供者重新回到法律的框架内，以求其主动解决P2P引发的侵权问题。

DMCA中对网络服务提供者仅仅充当管道作用的免责能否适用于P2P情形是有争议的。在美国，全美录音工业协会（RIAA）曾试图依据DMCA对P2P服务提供者提起诉讼，但被美国法院驳回，法院认为DMCA不适用于P2P服务。例如，在RIAA诉Verizon网络服务公司案②和Charter公司案③中，法院认为DMCA确立的"避风港"原则不适用于P2P技术。④ 原告RIAA试图辨别和起诉通过P2P软件进行直接侵权的个人。RIAA能够获得直接侵权人的IP地址和用户名以及根据512（h）⑤获得法院传票从网络服务提供者那里获得相关的联系方式。⑥ 512（h）允

---

① Pub. L. No. 105 - 304，112 Stat. 2860（1998）（codified in scattered sections of 17 U.S.C.）.

② Recording Indus. Ass'n of Am.，Inc.，v. Verizon Internet Servs.，Inc.，351 F. 3d 1229（D. C. Cir. 2003）.

③ Inre Charter Commc'ns，Inc.，393 F. 3d 771（8th Cir. 2005）.

④ See Verizon，351 F. 3d at 1237 - 38；Charter，393 F. 3d at 777.

⑤ 美国DMCA512（h）规定确定侵权者身份的法院令。版权人或经授权代表版权人的人可以根据本条的规定，申请任何美国地区法院的秘书向服务提供者发出用于确定被指称侵权者身份的法院令。

⑥ 393 F. 3d 771（8th Cir. 2005），p. 774.

许著作权人能够获得必要的信息,从而提起对直接侵权人的诉讼。[1] 著作权人只有通过网络服务提供者才能够获得侵权人的相关信息,包括 IP 地址、街道地址和电话号码等。上述两个案子的问题是 512（h）条款是否适用于网络服务提供者,也就是说 P2P 网络服务提供者能否进入"避风港"？华盛顿巡回上诉法院在 Verizon 案和第八巡回上诉法院在 Charter 案中都认为,根据 512（a）[2]的规定,512（h）不能适用于仅仅提供管道作用的网络服务提供者,因为网络服务提供者不能够移除侵权作品或者切断与侵权作品的连接。[3] 法院认为 512（h）是为在接到权利人的侵权通知后能够移除侵权作品或者切断与侵权作品的连接的网络服务提供者而设定的。因此,"通知—删除"程序不适合提供 P2P 服务的网络服务提供者。

如果"避风港"原则不适用于解决 P2P 问题,则网络服务提供者将面临着 P2P 侵权的大量诉讼。为此,如何平衡 P2P 技术下的相关各方的利益,成为亟待解决的问题。进一步拷问,那么 DMCA 是否适用于 P2P 呢？从该千禧年法案制定的历史来看,法院认为在制定 DMCA 时议会不知道也不可能预测到 P2P 技术的产生。因此,DMCA 不是为了 P2P 技术而设定的,不能适用于 P2P。无论 DMCA 的目的如何,法院都相信新的技术需要新的平衡,而实现这种新的平衡的设定是需要议会来修改法律,从而解决新的和不可预见的网络技术带来的各种利益平衡问题。这种观点不仅是华盛顿巡回上诉法院在 Verizon 案中的观点,同时也是第八巡回法院在 Charter 案中的观点。事实上,"避风港"原则是为了"强烈刺激服务提供者和权利人合作来查明并处理在网络环境下的著作权侵权"[4]。P2P 技术需要对立法进行重新的考量。为保障著作权利人的利益,需要得到网络服务提供者更多的协助,但也不能使得网络服务提供者承担过重的责任。

二、P2P 服务提供者能否以技术中立原则抗辩

技术中立原则可以追溯到美国联邦最高法院 1984 年判决的索尼案,

---

[1] 美国相关法案规定,传票使得权利人可以要求网络服务提供者提供"能够辨别直接侵权人的足够的信息"。17U. S. C. §512（h）（3）.

[2] 美国 DMCA 第 512（a）条规定了临时性数字网络传输的免责条款。

[3] Charter, 393 F. 3d at 776; Verizon, 351 F. 3d at 1235.

[4] 议会制定 DMCA 的目的是在不影响网络技术的发展的前提下,让服务提供者承担第三方责任,以解决在网络环境中的大量的盗版行为。网络服务提供者在技术条件允许的情况下,提供侵权人信息并移除或者切断与侵权作品链接的,仅仅可以免除经济赔偿责任。

该案确立了"实质性非侵权用途原则",亦称"技术中立原则"或"Sony 规则"。该原则是指某种技术能够被用作合法用途,即使有可能被用作非法用途也不应承担侵权责任。① 那么 P2P 技术能否得到技术中立原则的庇护? 以美国的"三部曲"为代表的一系列典型案例对 P2P 服务提供者与技术中立问题进行了探讨,即 2001 年的 Napster 案②、2003 年的 Aimster 案③和 2005 年的 Grokster 案。④

在美国司法实践中,在 A&M Records,Inc. v. Napster,Inc.⑤ 上诉案中,第九巡回上诉法院对该案的意见成为了第一个对 P2P 软件系统研发者是否应承担帮助侵权责任的主要解释。第九巡回上诉法院认为 Sony 案的"实质性非侵权用途"原则不适用于 Napster 案。因为,第九巡回上诉法院认为当一个系统具有实质性非侵权使用性能时,并不能推断被告就具有知道他方侵权行为的能力。所以,在适用技术中立原则时,不能只局限于现有用途,却忽略了该技术的能力,既不能放大技术被用于侵权的比例,也不能忽视技术被用于侵权的可能。一审法院通过 Napster 创始人之一肖恩·帕克(Sean Parker)曾提到的言论"用户交流的是盗版音乐,因此有必要隐去其真实姓名以及 IP 地址"以及全美录音工业协会(RIAA)给 Napster 的通知中包含有其系统内有超过 12 000 件侵权作品的信息,综合确认 Napster 实际知道用户的直接侵权行为存在。通过 Napster 的高级管理人员有从事唱片产业的经验和 Napster 公司自己的维护知识产权的事实以及 Napster 的网络快照中列有侵权文件等判定被告应当知道其用户利用其提供的 P2P 软件进行版权音乐互换行为。二审法院认为本案不适用技术中立原则,因为本案与 Sony 案件不同,其区别在于 Napster 处于实际、具体知晓直接侵权行为的状态。因此,在判断 P2P 技术提供者帮助侵权责任时首先还是要判断技术服务提供者对直接侵权是否知悉。

在判决 Napster 公司承担侵权责任后,其他的 P2P 服务提供者就开始尝试设计新的系统来避免承担与 Napster 类似的帮助侵权责任。在 In re

---

① 参见张今:《版权法上"技术中立"的反思与评析》,《知识产权》2008 年第 1 期;冯刚:《网络交易平台服务提供商的侵权归责原则问题》,《中国知识产权》2010 年第 8 期。
② A&M Record, Inc., v. Napster, Inc, No. 00 - 16401, No, 00 - 16403.
③ In re Aimster, 343 F. 3d 643 (7th Cir. 2003).
④ Metro-Goldwyn-Mayer Studios Ins., et al v. Grokster, I. td, et al. No. 04 - 480.
⑤ A&M Record, Inc., v. Napster, Inc, No. 00 - 16401, No, 00 - 16403.

Aimster①案中，Aimster 在 P2P 软件中设置了加密技术使得该技术能够阻止其用户之外的任何人包括 Aimster 自己的监控。② 同时，Aimster 在其提供的服务中，用户传输音乐文件是以"附件"的形式传输给"即时通信"，而在 Aimster 自己的服务器中从未存储或传输过这些音乐文件，且在用户搜索某一文件时，Aimster 服务器搜索其 P2P 网络上的电脑后发现目标文件并直接传输给搜索命令发出者。第七巡回上诉法院在分析本案是否构成"实质性非侵权用途"时认为当面对一个产品既有侵权使用又有非侵权使用的双重特征时，评估各自的使用状况对帮助发现是否构成帮助侵权很有必要。该法院发现被告不应仅因表明他的程序可被用于非侵权使用途径，就可以免除帮助侵权责任。依据法官 Posner 的意见，具有非侵权使用的特征并不能免除被告的责任，因为几乎每种产品都至少具有非侵权适用的特征。Sony 规则是为了避免使版权所有人有不适当的技术控制权，"商业通用物"原则（staple article of commerce doctrine）③ 不仅适用于产品，对于服务也同样适用，关键问题在于服务或者产品能否影响终端用户的侵权能力。④ 法院发现 Aimster 公司为他的用户侵犯受版权保护的材料打开了方便之门。法院拒绝了被告关于在他的网络上缺少对侵权事实知道的辩解，因为被告对他的用户的侵权行为采取了睁一只眼闭一只眼的态度。法院宣称被告这种故意不管理的行为更证明了被告应该承担帮助侵权责任。最终第七巡回上诉法院以帮助侵权理论肯定了地方法院关于关闭 Aimster 在线服务公司的判决。

美国联邦三级法院在 MGM Studios Inc. v. Grokster, Ltd. 一案中又重温了 Sony 案判例是否适用于 P2P 软件系统问题。尽管在 Grokster 一案中有很多部分与 Napster 一案相似，但两者的软件技术毕竟有很大的不同。Napster 公司拥有并运营中央处理器使得程序运行在他的控制之下，而在 Grokster 公司中 P2P 软件的运行却不是依靠中央处理器的，这就使得 Grokster 公司很难控制使用者。基于这些技术特点，一审法院认为：

---

① In re Aimster, 343 F. 3d 643 (7th Cir. 2003) .
② In re Aimster Copyright Litigation, 334 F. 3d 643, 67 U. S. P. Q. 2d（bna）1233（7th Cir. 2003），at 646.
③ 在专利法中规定，如果销售商制造和出售的商品只能用于组装专利产品，便可以推定他有促使用户把产品组装成专利产品的目的。
④ In re Aimster Copyright Litigation, 334 F. 3d 643, 67 U. S. P. Q. 2d（bna）1233（7th Cir. 2003），at 648.

"基于P2P网络的分散性特点，被告两公司并不知晓终端用户具体的直接侵权行为，因此被告两公司不需为发布软件承担任何责任。"① 在本案的二审判决中，第九巡回上诉法院认为被告的P2P软件具有实质性非侵权用途，鉴于P2P软件的分散性特征，被告并不实际知晓终端用户具体的直接侵权行为，应该采纳Sony规则。在本案中，被告的行为仅限于最终为用户提供软件，并未参与到应用阶段的搜索、获得侵权文件的行为中，因此，法院二审判决被告不知晓直接侵权行为且未参与侵权行为，不承担帮助侵权责任，维持了一审的判决。但是，美国联邦最高法院在审理本案时，重申了Sony规则的真实含义，认为将"实质性非侵权用途"规则解读为"只要一种产品具有实质性的合法用途，制造者（和消费者）就永远不能被要求为第三方对该产品的侵权性使用承担侵权责任"，"这一理解是错误的"②。如果存在能够证明销售者主观意图的其他证据，技术中立原则并没有要求法院忽略这些证据。根据Sony案的判决，技术提供者也就是销售者只有在实际知晓特定的直接侵权行为且未采取任何行动的情况下，才承担帮助侵权责任。因此，当证据能够证明销售者有促成他人侵权的言论或行为时，"技术中立原则将不能阻止责任的产生"③。美国联邦最高法院认为Sony规则是将专利法中的"商业通用物原则"引入版权领域的尝试，其前提条件是没有直接证据证明销售商有鼓励用户使用其产品直接侵权的目的。实际上，Sony规则或技术中立规则（也称实质性非侵权规则）只是从所出售的产品用途的角度限制了对销售商非法目的的推定，其并没有改变帮助侵权责任理论，也就是说，在判断销售商是否应当承担帮助侵权责任时，仍然要以过错责任为原则，不能忽视能够证明被告非法目的的证据。于是，美国联邦最高法院在Grokster一案中认为主观意图是非常重要的，技术的提供者如果具有了主观的"恶意"就应该承担相应的法律责任。

通过对美国这一系列P2P案件的分析，总结美国终审法院对P2P服务提供者与技术中立原则的认识可知，技术中立原则的适用目的是避免对技术提供者因为提供了涉案技术这一提供行为而被推定为主观上有过错，技术中立原则并没有改变帮助侵权的过错归责原则的适用。也就是说，在

---

① Case No. CV 01 08541 SVW (PJWx) (CD Cal:, June 18, 2003), App. 1213.
② Metro-Goldwyn-Mayer Studios v. Grokster, 2005 *U. S. LEXIS* 5212, pp. 36 – 37.
③ Ibid, p. 38.

涉及 P2P 案件中，仍然要以过错归责原则作为判定服务提供者承担侵权责任的原则。在判断 P2P 服务提供者主观过错时要把握实际知道和应该知道两个层面，通过相关证据组成证据链条来证明 P2P 服务提供者具有主观过错。

三、P2P 服务提供者是否应当承担直接侵权责任

让网络服务提供者承担责任的基础是其利用 P2P 进行交易。网络服务提供者在 P2P 交易中充当管道的作用，其是否应当为复制和传播作品等侵犯著作权行为承担直接责任。在美国判例中，让网络服务提供者承担侵权责任的第一案是 Playboy Enterprise, Inc. v. Frena 案。① 本案涉及 BBS 上有侵权的照片，虽然这些照片不是由被告直接上传到网络上的，但是法院认为被告的行为侵犯了作品的传播权，因此，构成直接侵权。这个判决备受争议。让网络服务提供者承担严格责任将会阻止新的中介媒体和网络经济的发展。在 1995 年，这个标准在 Religious Technology Center v. Netcom On-Line Communication Services, Inc② 案中被推翻了。和 Frena 案不同的是，在 Netcom 案中法院认为网络服务提供者提供网络连接和 BBS 服务不应该承担直接侵权责任。虽然著作权的侵权责任是严格责任，但是仍然需要实际行为、主观上知道以及二者有因果关系。法院判决认为仅仅起到管道作用且没有足够的主观意识不能成立著作权侵权。Netcom 案作为先例被后来的案件所遵循，例如，Ellison v. Robertson③ 和 Marobie-FL, Inc. v. Nat'l Ass'n of Fire Equip. Distribs④ 等。DMCA 立法史上描述 Netcom 案"是领先和最具有思想的司法裁判"⑤。该案的处理思路与提供 P2P 服务的网络服务提供者有潜在责任相关。因为该案处理的是提供网络链接服务的提供者，而网络链接又是提供 P2P 服务的首要技术条件。在 CoStar Group, Inc. v. LoopNet Inc 案中，美国第四巡回上诉法院认为议会实施 512 法案的目的不是要取代 Netcom 案的先例而是给法院解释著作权法案和界定责任范围的裁量权，"避风港"条款并没有否认 Netcom 案中对责任限制的抗辩。法院认为议会的目的是让现行的法

---

① 839 F. Supp. 1552 (M. D. Fla. 1993).
② 907 F. Supp. 1361 (N. D. Cal. 1995).
③ 357 F. 3d 1072, 1078 (9th Cir. 2004).
④ 983 F. Supp. 1167, 1178 (N. D. Ill. 1997).
⑤ H. R. REP. No. 105－551, pt. 1, at 11 (1998).

律处于演变状态中，设立"避风港"是为了让网络服务提供者能够存活下去。在 P2P 系统中网络服务提供者提供的复制文件是附属于用户的文件复制的，并且这种复制是自动的，没有人为介入。网络服务提供者是传播作品的被动的管道，因此，网络服务提供者不应当承担直接侵权责任。

四、P2P 服务提供者的间接侵权责任

数字网络持续挑战着著作权人实施其著作权的努力。通过鼠标就可轻易实现的低成本的完美复制使得数字网络增加了盗版的比例。许多学者认为数字环境下的著作权实施是一个失败。例如，阿萨夫汉姆尼（Assaf Hamdani）在《谁为网络用户之错负责》[1]中提到仅对个人侵权者起诉将没有任何威慑力。马克•莱姆利（Mark Lemley）和安瑟尼•瑞兹（R. Anthony Reese）在《减少数字盗版，促进创新》[2]一文中论述了侵权由专业化转向终端用户使得过去的执行技术变得过时。艾尔弗雷德•元（Alfred Yen）则从法经济学的角度论证了在个人的搭便车行为很难控制的情况下，如何配置著作权的外部性。[3] 查找个人信息的难度大、收集侵权证据的成本高和起诉单个个体侵权者获赔的可能性不高等这些因素导致针对个人的诉讼没有效率。数字网络导致的著作权执行危机使得权利人开始寻求其他的维权之路。第一种策略就是起诉设备的生产者，使得享有著作权的作品能够被加密。第二种策略就是起诉设备的开发者和传播者，如 MP3 播放器[4]或者 P2P 文件共享应用软件。[5] 第三种策略是通过对信息守门人即网络服务提供者的诉讼来实现维权。网络服务提供者可以通过技术设置和价格手段来最终实现对用户的监管。而利用 P2P 软件进行侵权问题涉及上述三种策略，因此，在美国判例中，对于间接侵权的三种责任形

---

[1] Assaf Hamdani："Who's Liable for Cyber Wrongs", 87 Cornell L. Rev. 901, 910 - 11 (2014).

[2] Mark Lemley & R. Anthony Reese："Reducing Digital Copyright Infringement without Restricting Innovation", 56 Stan. L. Rev. 1345, 1373 - 79 (2004).

[3] See Alfred Yen："A Preliminary Economic Analysis of Napster: Internet Technology, Copyright Liability, and the Possibility of Coasean Bargaining", 26 U. Dayton L. Rev. 247, 252, 260 - 62 (2001).

[4] See Recording Indus. Ass'n of Am. v. Diamond Multimedia Sys., Inc., 180 F. 3d 1072 (9th Cir. 1999).

[5] See A & M Records, Inc. v. Napster, Inc. 239 F. 3d 1004 (9th Cir. 2001). In re Aimster Copyright Litig., 334 F. 3d 643 (7th Cir. 2003). See also infra notes 140 - 147 and accompanying text.

式——帮助侵权、引诱侵权和替代性侵权，P2P 服务提供者都有所涉及。

网络服务提供者是否应当为 P2P 侵权负责以及负什么样的责任这是法律需要进行的价值选择。P2P 技术使得网络用户能够在电脑上直接搜寻网络中其他电脑上的共享文件并下载。在 P2P 的设计中，网络服务提供者的作用是被动的信息传输管道，网络服务提供者帮助 P2P 网络实现文件传输有以下两个方面的作用：一是用户通过网络服务提供者提供的网络传输文件；二是被传输的文件在网络服务提供者设备上被临时复制。除非网络服务提供者适用 512 条免责，否则将承担直接或共同的侵权责任。根据前文所述，P2P 文件传输中的复制属于系统对终端用户文件复制的附属复制，是系统自动生成的，没有介入人为因素，因此不承担直接侵权责任，但由于 P2P 服务提供者不能直接适用 512 条的免责条款而需承担间接侵权责任。

著作权法中的间接侵权责任是普通法中的一个原则，是通过让"故意引诱或者鼓励直接侵权，拒绝实施阻止或限制直接侵权行为而获得经济利益"[1] 的网络服务提供者承担间接侵权责任来救济著作权人的一种责任制度。在间接侵权的早期，有提供"场地和设备"[2]（例如，舞厅和交易场所）与提供工具[3]的区别。在网络环境中，服务商和设备生产商很难区分，服务、产品和设备也混在一起。在美国，第一起让网络服务提供者承担共同侵权责任的案例是 Netcom 案，在该案中，网络服务提供者责任从严格责任转变到间接责任[4]，这需要被告知道直接侵权行为的存在，也就是要具有主观过错。根据 DMCA 中"通知—删除"的规定，"知道"建立在网络服务提供者被通知侵权行为存在的基础上，除非网络服务提供者有合理理由证明侵权的可能性、权利的有效性和合理使用。美国第九巡回上诉法院发展了"知道"的判断标准，其区分"实际知道"侵权行为和"应当知道"侵权行为两种情况。例如，在 Ellison v. Robertson[5] 案中，法院认为"实际知道"不是共同侵权的必备要件，"有理由知道"足以使其承担共同侵权责任，如果已经给予通知则网络服务提供者就有理由知道侵权

---

[1] Metro-Goldwyn-Mayer Studios Inc. v. Grokster, Ltd., 125 S. Ct. 2764, 2776.

[2] Fonovisa, Inc. v. Cherry Auction, Inc., 76 F. 3d 259 (9th Cir. 1996).

[3] See *Sony*, 464 U. S. 417.

[4] See Religious Tech. Ctr. v. Netcom On-Line Commc'n Servs., Inc., 907 F. Supp. 1371, 1373 (N. D. Cal. 1995).

[5] 357F. 3d 1072, 1076 - 77 (9th Cir. 2004).

行为的发生。在知道或应当知道侵权行为存在的情况下，仍然提供帮助行为，构成帮助侵权。在美国 Grokster 案之前，P2P 服务提供者承担责任主要是依据过错责任原则，在判定服务提供者知道或应当知道侵权行为的情况下，让其承担帮助侵权责任。

然而，在 Grokster 案中，美国加州地区法院的法官们认为 Grokster 提供的点对点传输文件的软件具有合法使用的目的，这种软件通过技术设计使得软件提供者不可能控制软件用户的使用行为，在用户接入网络进行文件的上传、搜索、下载等分享活动时，网络服务提供者并没有实质性的参与，也没有进行任何帮助行为。这种技术的强大之处还在于其并不依赖于一台计算机的控制和操作，也就是说，网络中的计算机断网或者关机并不影响这些软件继续进行文件交换和传输，这也正是 P2P 软件的魅力所在。① 因此，法院认为尽管涉案软件可能被用来进行侵权行为，但是 Grokster 的网络服务提供者不应为这些行为承担责任。② 但是，在版权组织申请后③，美国最高法院受理本案，并最终基于 Grokster 的网络服务提供者存在引诱行为，判定被告承担引诱侵权的间接侵权责任。重审的诉讼被称为 GroksterⅡ案。在 GroksterⅡ案中，StreamCast 公司曾争辩称：要构成引诱侵权，原告不仅要证明其在提供 P2P 软件时，具有希望用户使该 P2P 软件侵权的意图，还要证明其实施了进一步的行为，如对侵权用途进行介绍，并最终导致了用户利用 P2P 软件实施侵权行为。④ 在本案中，法院认定 Grokster 具有积极诱导用户购买其软件的行为且对侵权用途做了介绍，因此判定引诱侵权成立。美国学者塞缪尔森指出 Grokster 案的判决只要法院继续遵循引诱原则来追究工具提供者的责任，那么相关产业就会努力避开这一原则而继续提供相关工具。沿着这条路有很多后继者走下去，其中引人注目的一个便是 Guntella 协议，Guntella 设计

---

① Metro–Goldwyn-Mayer Studios, Inc., et al., 259 F. Supp. 2d 1029 (C. D. Cal. 2003).
② William W. Fisher Ⅲ: *Promises to Keep Technology, Law and the Future of Entertainment*, California, Stanford University Press, 2004, p. 123.
③ 版权组织认识到如果将确认提供 P2P 服务的网络服务提供者不承担间接侵权的判例作为原则确定下来，那么他们的保护版权之战将是直接面对千百万的对等传输终端用户的人民战争，而不是像版权法一直是以控制中间媒介组织来保护版权那样。显然取胜这样的战争几乎是不可能的，因此版权组织采取了两个途径来推翻这一判决：一是游说美国国会，希望通过法律来推翻这一判决；二是向美国最高法院提出申请，要求美国最高法院对该案进行裁决。参见吴伟光编著：《数字技术环境下的版权法——危机与对策》，北京，知识产权出版社，2008，第 130～131 页。
④ Metro-Goldwyn-Mayer Studios v. Grokster, 454 F. supp. 2d 966, at 984 (CD. Cal 2006).

者的目的便是创造出一个文件分享协议来避免法律诉讼。Guntella 的非中心化程度几乎是绝对的,没有一个节点与其他的节点不同,搜索文件、分享和对等点的发现都是在没有创造出特别中间媒介的情形下完成的。唯一的一些中间媒介便是特供 Guntella 客户端软件下载的一些相对有限的网站。Guntella 系统的设计者设计出一个没有人拥有也没有人控制的文件分享的网络,而且各种变化的 Guntella 程序都可以加入,就如同我们常用的电子邮件,如 Hotmail、Gmail、微软的 Outlook 以及 Eudora 等虽然是不同的软件和程序但是用户之间可以通信。在法律上,Guntella 是成功的,因为它的非中心化设计避开了法律诉讼,至今没有任何针对它的诉讼,但是通过这种系统所交换的侵权内容的数量是很大的。[1]

关于替代责任,在涉及 P2P 服务提供者侵犯著作权责任时,权利人一般都会在主张帮助侵权的同时主张替代侵权。法院在满足以下两个条件的情况下让网络服务提供者承担替代性侵权责任:(1)"有权力和能力监控"直接侵权人;(2)"在著作权作品开发中获得直接经济利益"[2]。在 P2P 案件中,由于 P2P 技术的特点导致服务提供者对直接侵权人的监督和控制能力弱化,甚至"无能为力",因而在实践中,让 P2P 服务提供者承担替代性侵权责任的情形很少。例如,在 Aimster 案中,法院认为替代性侵权责任是指被代理人为代理人的侵权行为承担责任,而用 Aimster 的系统来进行侵权行为的用户不是 Aimster 的代理人,因此,不应让 Aimster 承担替代性侵权责任。[3] 但是,在第一代 P2P 中,以 Napster 案为例,法院则认定构成替代性侵权。关于经济利益方面,法院认为如果从被告处可以获得侵权材料的事实起到了招揽客户的作用,就认为被告从中获得了经济利益。在本案中,随着可以获得的音乐数量不断增加,越来越多的用户在 Napster 系统上注册,这就表明被告从侵权活动中获得了经济利益。在是否具有监管能力方面,第一代 P2P 对其系统准入有控制权,对侵权人访问具有屏蔽的能力等证明 Napster 有监管的权力和能力。综合以

---

[1] TIM WU:"When Code isn't Law", *Virginia Law Review*, June 2003 (89), pp. 150 - 152.

[2] Fonovisa, Inc. v. Cherry Auction, Inc., 76 F. 3d 259, 261 - 64 (9th Cir. 1996); Gershwin Publ'g Corp. v. Columbia Artists Management, Inc., 443 F. 2d 1159, 1162 - 63 (2d Cir. 1971) 等案件中都适用了替代性侵权责任。

[3] In re Aimster Copyright Litigation, 334F, 3d 643, 67 U. S. P. Q. 2d (bna) 1233 (7th Cir. 2003). at 654.

上两个方面，法院判定被告 Napster 应当承担替代性侵权责任。但随着 P2P 技术的发展，其技术设计使得对用户的控制力越来越弱化，让其承担替代性侵权责任的基础也日益薄弱，替代性侵权责任在 P2P 侵权责任中也日渐瓦解。

关于 P2P 服务提供者是否应当就其用户利用 P2P 软件进行侵权承担责任，澳大利亚最近的案例似乎有不同的看法和思路。① 在澳大利亚 ii-Net 案中，上诉人是电影和电视剧的制作公司，拥有诸多流行电影和电视剧的著作权。该诉讼是由澳大利亚联邦反著作权盗窃（AFACT）② 机构发起的。被上诉人 iiNet 是澳大利亚最大的网络服务提供者之一，向公众提供网络接入服务。在全联邦法院（the Full Federal Court）审理上诉案中还有诸多利益团体参与进来，例如澳大利亚表演权协会（Australasian Performing Right Association）、媒体娱乐与艺术联盟（The Media Entertainment and Arts Alliance）等。在高等法院审理中还有一些利益团体参与进来，例如澳大利亚录音工业协会（The Australian Record Industry Association）、澳大利亚数字联盟（the Australian Privacy Foundation）等。该案中，被上诉人是否应当为其用户利用 BitTorrent（一种 P2P 软件）分享并无授权的电影和电视剧而承担责任是焦点问题。一审中，考德罗伊（Cowdroy）法官认为 iiNet 不应该承担责任，因为其并没有提供真正意义上的侵权帮助，网络链接最多也就是侵权行为发生的前提条件并不能导致网络服务提供者对侵权结果承担责任。③ 这一判决理由意味着网络服务提供者如果仅仅是提供网络链接服务就不应该对其用户侵权行为负责。在上诉案中，全联邦法院多数意见赞同一审判决，但是理由不同。埃米特（Emmett）法官和尼古拉斯（Nicholas）法官认为 AFACT 提供的信息不足以让 iiNet 承担其用户侵犯著作权的责任。④ 然而，他们也认为在一定的情况下，网络服务提供者是应该为其没有阻止用户侵权负责任

---

① 本书仅就一审和二审的审判思路进行分析，本案的终审还没有做出裁判。
② AFACT 是由工业协会设立的专门的执行机构，包括本案中涉及的各种上诉主体。
③ iiNet (No 3)（2010）83 IPR 430. 考德罗伊法官判决理由的描述和批判参见 David Brennan；"ISP Liability for Copyright Authorisation: The Trial Decision in Roadshow Films v. iiNet"（2010）28（4）Communications Law Bulletin 1; 29（1）Communications Law Bulletin 8; David Lindsay: "Liability of ISPs for End-User Copyright Infringements: The First Instance Decision in Roadshow Films Pty Ltd v. iiNet"，(No 3)（2010）60（2）*Telecommunications Journal of Australia* 29.1.
④ iiNet（2011）89 IPR 1, 46 [205]（Emmett J）；172 [781]（Nicholas J）.

的。Emmett 法官总结认为 iiNet 有义务去阻止其用户侵权行为的发生，但前提是有"清楚明白和准确无误的证据证明存在所谓的侵权行为"，同时，著作权人应补偿 iiNet 辨别侵权行为所发生的合理费用和保持控制进一步侵权的机制的费用以及基于权利人通知而对用户做出的错误的终止或延缓网络服务所承担的费用。①

第三节　我国对 P2P 服务提供者侵权责任的认定

在我国司法实践中，涉及 P2P 服务提供者侵犯著作权的案件并没有形成规模。以知识产权纠纷案件数量最大的北京来讲，其自第一起 P2P 案件发生至今也总共只有三起。② 本书在对这三个案件进行分析的基础上，发现我国在 P2P 侵权的司法实践中，一般是以共同侵权来认定 P2P 服务提供者的侵权责任的。例如，在中国首例 P2P 侵权案"上海步升音乐文化传播有限公司诉北京飞行网音乐软件开发有限公司、北京舶舫安信技术有限公司侵犯著作权纠纷一案"③（以下简称上海步升案）中，法院通过被告对涉案音乐文件进行了编辑整理且为了吸引用户而做了大量广告等行为认定北京舶舫安信技术有限公司的上述行为构成了以教唆、帮助他

---

①　iiNet（2011）89 IPR 1，468 [210].

②　本书的案件数统计依赖于北京法院系统的案件数据库，不排除因为调解、撤诉等原因文书没有上网的案件存在，因此，该数据仅为模糊统计。

③　原告上海步升音乐文化传播有限公司（以下简称上海步升公司）诉称其对于胡彦斌演唱的《老爸你别装酷》、许巍演唱的《纯真》、花儿乐队演唱的《刚刚好》、黑棒演唱的《哎哟A-YO》等涉案歌曲享有录音制作者权，且从未许可他人利用信息网络向公众传播上述歌曲。被告北京飞行网音乐软件开发有限公司利用 Kuro（酷乐）软件向公众提供上述歌曲的分享、搜索和下载服务，侵犯了原告的信息网络传播权。经审理查明，在本案中，被告利用 www.kuro.com.cn 网站提供的"点对点"（Peer-to-Peer）技术，用户可以直接搜索并下载其他在线用户存储在"共享目录"下的文件。该技术本身可以被利用于在网络上传播任何种类的文件，本案中 Kuro 酷乐软件仅提供了音乐文件的传播。但被告在 www.kuro.com.cn 网站对其中的音乐文件进行了多层次、体系化的分类，提供了多种搜索下载方法，提供了歌曲试听和光碟烧录的功能，并进行了大量广告宣传以吸引用户。而且，涉案 53 首歌曲均为近年来的流行歌曲。法院认为，从主观方面看，被告舶舫安信技术公司作为专业从事音乐文件传播的网络服务提供者应当知道涉案 53 首歌曲很可能是未经原告上海步升公司许可而上传的；从客观方面看，被告舶舫安信技术公司未举证证明涉案 53 首歌曲的上传用户来源中存在合法上传的部分，且被告舶舫安信技术公司未举证证明其曾采取任何措施避免未经原告上海步升公司许可而上传涉案的 53 首歌曲。

人实施侵权行为的共同侵权行为。① 在本案中，法院在认定 P2P 服务提供者侵权责任时仍然是遵循过错归责原则，并从歌曲的流行程度、网络服务提供者对歌曲的选择与编排等方面来判断被告具有主观过错。同时，从被告取得直接经济收益的角度排除了 P2P 服务提供者适用"避风港"原则的条件，从而判断 P2P 网络服务提供者应当承担共同侵权责任。

在中搜网利用"点对点"（P2P）软件传播电影《无极》著作权侵权纠纷案（以下简称《无极》案）② 中，法院查明被告北京中搜在线软件有限公司利用"网络猪"软件③以点对点的传播方式向公众提供电影《无极》的下载文件，网络用户下载电影均需通过点击中搜网的相关页面并使用中搜公司提供的软件方可实现。在全部过程中，相关网页页面和软件界面均与中搜公司紧密关联，且中搜公司未能提交证据证明涉案材料来自第三方。据此，法院认为中搜公司并非仅提供搜索和帮助下载服务，而是向用户提供了电影《无极》的相关文件，侵犯了权利人对该作品所享有的信息网络传播权。④ 在本案中，法院是以直接侵权来判定 P2P 服务提供者的侵权责任的。之所以出现与上海步升案不同的结论，主要原因是本案中被告的文件没有第三方来源，不能证明该文件是由网络用户上传或来自第三方网站的。由于原告并没有针对 P2P 服务提出诉讼请求，判决中也就没有对 P2P 服务做法律上的分析，因而本案并非典型意义上的 P2P 侵权案件。

此外，在迪志文化出版有限公司诉被告北京百度网讯科技有限公司、黄某侵犯计算机软件著作权纠纷案⑤（以下简称迪志案）中，在二审审理中，法院查明被告黄某通过 Verycd.com 网站实施的被控侵权行为并不是"链接"行为。实际上，黄某是利用了 eMule⑥ 这一 P2P 软件以及自己经

---

① 参见王振清编著：《网络著作权经典判例 1999—2010》，北京，知识产权出版社，2011，第 109~116 页。

② 参见（2006）海民初字第 24968 号广东中凯文化发展有限公司诉北京中搜在线软件有限公司侵犯著作权纠纷案民事判决书。

③ "网络猪"软件是一种典型的 P2P 软件，具有将下载的文件同时自动上传的功能，与他人共享文件并不需要用户专门选择即能实现。

④ 参见王振清编著：《网络著作权经典判例 1999—2010》，北京，知识产权出版社，2011，第 124~132 页。

⑤ 参见北京市第一中级人民法院（2006）一中民初字第 7251 号民事判决书，北京市高级人民法院（2006）高民终字第 1483 号民事判决书。

⑥ 这是第一代的 P2P 技术，依靠中央服务器来管理文件列表，类似于我国台湾地区审理的 Kuro（酷乐）软件侵权案。

营的网站，为他人分享未经著作权人授权的作品提供了便利条件，而且黄某在提供网站平台的过程中，按照自己的主观意志，在Verycd.com网站上对用以交换的资源内容进行整理编排并分类。因此，"Verycd.com网站对搜索结果是否涉嫌侵权有高于通常的预见和判断能力"。并且，Verycd.com网站页面有关于涉案软件的介绍，详细披露了该软件的文件容量之大以及参考价格之高，但用户却能够通过Verycd.com网站提供的平台和便利条件免费获得，据此法院推定黄某应当知道在Verycd.com网站传播平台上的涉案软件系未经著作权人授权的。因此，黄某的涉案行为在主观上应属故意，构成帮助侵权。①

通过对北京市法院审理的三起涉及P2P软件的侵犯著作权案件的分析可以看出，我国的P2P软件技术如果按照代际来分还处于第一代集中型时段，即仍然需要靠中央服务器来管理文件列表，如果关闭服务器，文件就无法进行交换。例如，在上海步升案中，P2P服务提供者对音乐文件进行了编辑整理。在迪志案中，被告能够按照自己的主观意志，在Verycd.com网站上对用以交换的资源内容进行整理编排并分类。这说明P2P服务提供者能够控制通过P2P软件进行交换的文件。法院依据过错责任原则，认定P2P服务提供者在知道侵权行为存在的情形下仍然给予帮助，构成了教唆、帮助的共同侵权责任。我国法院在P2P案件审理中坚持过错责任原则，在分析P2P服务提供者的具体行为的基础上判定侵权责任，秉承了侵权责任法对侵权行为进行惩戒的精神，是值得肯定的。在网络技术不断发展的当下，我国的P2P技术势必会不断发展，从美国的相关判例和共同侵权的法理精神来看，无论技术怎么发展，法律规制的总是有过错的行为，因此，在正确理解技术中立原则的基础上，恪守对过错和行为的判断，是处理此类案件的原则。

---

① 参见北京市第一中级人民法院知识产权庭编著：《知识产权名案评析5》，北京，知识产权出版社，2008，第139～147页。

第六章　搜索链接服务提供者的侵权责任认定问题

搜索链接服务也就是信息定位服务，是指网络服务提供者本身不直接将作品置于网络中传播，而是对位于第三方网站中的内容以自动或手动方式设置链接。① 搜索链接服务依靠搜索引擎技术来实现，美国最新的《网络反盗版法案》② 中对"互联网搜索引擎"的界定为：基于网络用户的询问或选择，通过互联网为用户进行信息或可用网站的搜索、编排、分类或编制索引，最后提供给用户与其询问或选择相关的超链接列表，用于互联网上定位、浏览、下载相关信息。询问或选择的提出方式包括技术语、概念、分类、问题或其他数据。

信息搜索链接服务提供者依靠搜索引擎技术向用户提供搜索引擎和链接服务。我国目前主要的信息搜索链接服务提供者是百度（占市场份额50％左右）、Google（占市场份额30％左右）和雅虎（占市场份额10％左右）等。③ 链接技术已经构成网络世界运行的基础。随着互联网技术的不断发展，链接技术也出现新的发展动向。第一，从技术平台方面来看，网络传播的使用平台从PC（固定）端向手机（移动）端发展。根据统计数据显示，目前移动端上网使用率已经超过PC端④，随之而来的就是在司法领域发生在手机端的侵害信息网络传播权纠纷案件的数量已经开始超过发生在PC端的相应案件的数量。⑤ 第二，从搜索结果显示方式方面来看，随着网络服务的发展，搜索引擎技术已经从第一代、第二代搜索引擎向第

---

① 参见王迁：《网络环境中的著作权保护研究》，北京，法律出版社，2011，第336页。
② 参见《网络反盗版法案》，左玉茹译，《电子知识产权》2012年2月号。
③ 参见齐爱民：《电子商务法》，大连，东北财经大学出版社，2009，第31页。
④ 参见中国互联网络信息中心（CNNIC）：《第34次中国互联网络发展状况统计报告》。
⑤ "近两年来，法院审理或行政查处的著作权案件中，80％以上和移动端有关。"参见《移动APP侵权盗版愈演愈烈，怎么破？》，http：//www.legaldaily.com.cn，最后访问日期：2016-08-20。

三代搜索引擎演变。① 第一代搜索引擎是简单的全文搜索，主要是基于内容匹配的原则进行排序，由于搜索结果是对数据库抓取内容的简单罗列，因而其搜索结果包含的内容较多，用户检索到需要的内容要多次点击跳转；第二代搜索引擎是对搜索资源页面分类展现的，在抓取过程中搜索引擎不仅扫描关键词，还阅读页面全文，考虑图像、视频等所有链接，并进行区分存储。但是，在第一代和第二代搜索引擎的搜索结果页面（设链网站）中一般只有搜索结果的简要信息，而没有搜索结果的完整内容（除非搜索结果的内容恰好非常少，能够完整地显示于搜索结果页面中），用户想要查看搜索结果的完整内容，就必须点击该搜索链接，并从设链网站跳转到被链网站，在被链网站中获取完整的搜索内容。第三代搜索引擎技术则能够自动从被链网站中"抓取"搜索结果的相应信息，并在搜索结果页面（设链网站）中以窗口的形式进行全部显示，表现为从跳转式向窗口式的发展。第三，从服务提供者方面来看，随着网络内容服务进一步的发展整合，提供视频点播播放服务的网络服务商正在逐步减少，并且形成了以优酷、乐视等网站为主的大型服务商，而在音乐服务领域也形成了酷狗、虾米、腾讯音乐等主流服务商，前述服务商目前同时提供链接搜索服务和内容服务，其服务内容逐渐多元化。

自1996年英国Shetland Times诉Shetland News一案以来，在英国、美国、德国以及我国等许多国家都出现了因网络链接所引发的法律纠纷。② 上述新技术发展分别产生了新的技术特征，且新的技术特征在司法实践中产生不同的叠加，给司法裁判又提出了新的挑战。根据技术条件的不同，网络链接可分为浅层链接③和深层链接④两种。目前，对于提供浅层链接服务的提供者的侵权责任认定问题没有争议，在明确网络服务提供者"知道或应当知道"的情况下，按照共同侵权责任来认定。这类案件已

---

① 该技术划分标准并非统一的学术概念，而是散见于不同论者的文章中，本书采用的是一种服务形式区分标准，而非严格的技术标准。
② 参见于璐：《深层链接引发的著作权侵权研究》，华中科技大学2010年硕士学位论文。
③ 所谓浅层链接，是指对第三方网站首页或其他网页的链接，在用户点击链接之后，即脱离设链网站而进入被链接的网页，用户浏览器中显示的网络地址为被链接网站的网页地址，而不再是设链网站的地址。
④ 深层链接则是对第三方网站中存储的文件的链接，在用户点击链接之后，即可以在不脱离设链网站的情况下，从第三方网站下载该文件，或在线打开来自第三方网站的文件，欣赏其中的作品。此时用户浏览器中显示的网络地址仍然为设链网站的地址，而不是被链接文件所在的第三方网站的地址。

经越来越少。但是，由于目前的深层链接要么在提供链接服务的网站的网页上无法看出用户最终获得内容的来源网站，也就是说，仅从网页页面上无法看出该网站提供的是链接服务；要么，虽然在网页上清楚地显示了被搜索或链接到内容的来源网站，但在原网页下就可以得到被链接内容，特别是手机端的搜索，因为手机端在结果呈现方面在一般情况下缺少地址栏，用户在获取作品时直接获取该作品，而不能了解到该作品的存储地址等信息；此外，从设链网站到被链网站的跳转过程不明显，在手机端许多搜索采取了直接打开第三方软件的方式进行跳转，而没有明显的打开新的页面并载入等步骤，并且在手机端的软件切换并无标志节点。因此，提供深层链接服务是提供内容服务还是网络链接服务，是直接侵权还是构成共同侵权目前存在分歧。以百度 MP3 搜索链接为例，网络用户点击百度首页上的 MP3 音乐，然后进入百度音乐页面，在该页面用户可在线收听或下载音乐，该行为的发生并没有脱离百度的页面。此时，百度到底是提供了音乐文件还是只提供了音乐文件的链接，这是判定百度承担什么侵权责任的关键。同时，随着搜索链接技术的不断发展，新一代搜索引擎往往对于相关搜索结果进行了内容整合，其相关的信息均是通过第三方网站进行抓取的，不能因为搜索结果存在其他信息而认定存在编辑整理，在判断其是否进行了编辑整理时也需要新的标准。此外，由于内容服务提供者的减少，由此造成搜索链接服务的提供者更多地选择"定向链接"或者"有限链接"的搜索方式，不同链接背后的技术虽有不同，但究其实质均为未实施上传作品至互联网的行为，提供的仅为搜索链接技术服务，那么，是否因为技术中立原则而使网络服务提供商免于著作权侵权之风险则有待具体分析。进而言之，是否未直接实施将作品上传至互联网的行为就一定不会构成信息网络传播权的直接侵权均有待结合具体案情及判断方法进行分析。

第一节 采用何种标准判断"链接"是否构成直接侵权

关于网络服务提供者涉嫌侵犯著作权的案件，司法实践中一贯秉承的思路是首先判断其是直接侵权还是间接侵权，然后再分别按照各自的侵权构成要件进行分析和判断。如何判断是直接侵权还是间接侵权，理论界和司法实务界在经历了"用户感知标准"①和"服务器标准"②的争议后，"服务器标准"因其具有客观统一性以及在一定程度上能够体现信息网络传播权的立法本意而成为主流观点。但是，随着中心服务器逐步被新的技术取代，严格坚守服务器标准又出现了对著作权人权利保护不力的局面，于是又出现新的判断标准——"法律标准"或"专有权标准"③"实质替代标准"④"实质呈现标准"⑤等。目前在司法实践中对于上述各种标准的适用还存在争议，从主流司法意见来看，更多的还是倾向于对"服务器标准"的坚守。

谈及"服务器标准"的由来，从正式的法律法规中难觅其踪。我国在《著作权法》第10条第12项中规定信息网络传播权时表述为"以有线或者无线方式向公众提供作品，使公众可以在其个人选定的时间和地点获得作品的权利"，并没有"服务器"的概念。在《信息网络传播权保护条例》中亦没有出现"服务器"这个概念。最早出现"服务器"这一概念应该是在司法实践中，先是在美国的判例中出现，随即被我国的司法实践所接受。

在 Cooper v. Universal Music Australia Pty Ltd&Or⑥ 案中，Cooper 接受从 E-Talk 的免费寄主服务只要他在自己网站上建立包含有 E-Talk 图标的深度链，使浏览自己页面的人只知道 E-Talk 的主页。E-Talk 没有采取任何措施阻止通过 Cooper 网站的侵权。法院认为，E-Talk 本应该断开网页链接，但其还从使用深度链接中获得利益，这就足以使网络服务提供者承担责任。这里承担的是共同侵权责任而非直接侵权责任，可见，法院

---

① "用户感知标准"也叫主观标准，是指即使网络服务提供者仅仅对第三方网站中的内容设置深层链接，只要用户误认为该内容直接来自设置链接的网络服务提供者，就可以认定该网络服务提供者未经许可提供了内容，构成直接侵权。

② "服务器标准"也叫客观标准，是指只有将作品上传或以其他方式置于向公众开放的服务器的行为，才是受"信息网络传播权"控制的"网络传播行为"，也才有可能构成对"信息网络传播权"的直接侵犯。

③ "法律标准"或"专有权标准"是指在判断是否属于作品提供行为即是否构成直接侵权时，应当以是否构成对于著作专有权的行使或者直接侵犯为标准进行判断。参见孔祥俊：《网络著作权保护法律理念与裁判方法》，北京，中国法制出版社，2015，第69页。

④ 石必胜：《论链接不替代原则——以下载链接的经济分析为进路》，《科技与法律》2008年第5期；石必胜：《数字网络知识产权司法保护》，北京，知识产权出版社，2016。

⑤ "实质呈现标准"强调著作权人对于作品提供者身份的有效控制，而不关心设链者是否损害了被设链网站的利益。参见崔国斌：《加框链接的著作权法律规制》，《政治与法律》2014年第5期。

⑥ [2006] FCAFC187（18 December 2006）.

采用的是"服务器标准"。其实，美国早在 2000 年搜索链接服务兴起之时就有判例表明"链接本身并不构成版权侵权行为"[①]。当然，在出现聚合链接时，美国司法实践中也曾用直接侵权进行过判决。具有代表性的案例是 Kelly v. Arriba Soft Corp. 案。在该案中，一、二审法院均认为搜索引擎指向原图的嵌入链接构成直接侵犯图片的展览权。但后来，二审法院撤回了该判决，在重新发布的判决中删除了有关嵌入链接直接侵犯展览权的论述。2006 年的 Perfect 10 v. Google, Inc.[②] 案彻底改变了美国聚合链接案件的方向。该案中一审法院认为，判断链接是否构成直接侵犯展览权和发行权有两种不同标准：（1）服务器标准（server test），只有存储和上传侵权文件的网站才构成直接侵权，而提供聚合链接的网站不构成直接侵权；（2）整合标准（incorporation test），只要被告通过嵌入或加框链接将他人网址上的图片在视觉角度上整合到被告网页上，被告链接就构成直接侵权。一审法院出于以下几个原因最终采用了服务器标准：（1）服务器标准更符合深层链接的实际技术过程。用户点击链接之后，其中包含的 HTML 指令便将被链接文件的网址提供给浏览器，然后浏览器与网址所指向的文件所在服务器建立双向交流，直接将文件下载到用户终端。虽然该文件在被告网页的背景下被打开，但文件的传输过程完全没有经过被告控制的设备。所以深层链接仅向用户传播了被链接文件的网址，而没有传播文件本身。（2）根据服务器标准认定深层链接不构成直接侵权，并不意味着链接服务提供者不可能承担任何制止侵权的责任。在被告明知或应知文件侵权却仍然提供链接的情况下，原告可以追究其帮助侵权等间接责任。（3）服务器标准更符合网络技术互联互通的属性。互联网最大的优点之一，就是使从多渠道收集并同时呈现各种内容成为可能。（4）原告提起诉讼的根本原因就是第三方网站未经授权上传文件的直接侵权行为。（5）通过认定信息存储和上传构成直接侵权但信息检索不构成，服务器标准能够更有效地维护作品创作与传播之间的平衡。[③] 二审法院美国第九巡回法院根据 DMCA 的规定，认为设置深度链接时，如果网络服务提供者对被链接内容侵权"知道"或者"应当知道"的话，其就可构成间接侵权。明确

[①] Ticketmaster Corp. v. Tickets.Com, Inc., 2000 U.S. Dist. LEXIS 4553, p.6 (C.D. Cal. 2000).

[②] Perfect 10 v. Google, 416 F Supp. 2d 828, at 843—844 (2006).

[③] 参见刘家瑞：《为何历史选择了服务器标准——兼论聚合链接的归责原则》，《知识产权》2017 年第 2 期。

拒绝整合标准，其理由是："虽然内置的加框链接可能导致计算机用户以为他们正在观看 Google 网页中的图片，但与商标法不同，版权法并不帮助版权人制止导致消费者混淆的行为。"① 自此，形成美国司法实践中关于深度链接的代表性意见。美国学术界大部分学者也认为提供指向有侵权文件站点的链接并非直接侵权，没有直接实施著作权法保护的专有权利。②

欧盟法院在 2014 年的 Svensson v. Retriever Sverige AB 案中提出"新公众标准"，法院结合该案事实认定，原告网站上的作品向所有网络用户免费开放，必然就包括了被告深层链接所指向的所有受众，所以被告的链接行为没有指向新公众，也不构成需要授权的公众传播行为。法院同时指出，公众能否感知被链接作品实际来自被告网站之外，不影响判决结果。然而，如果原告网站通过技术措施，将其受众限制在网络用户中的特定部分（例如注册或缴费用户），被告却通过破解技术措施，向权利人所针对特定受众之外的公众提供作品的深层链接，该链接所指向的就为新公众，构成直接侵犯公众传播权。欧盟法院在 2016 年的 GS Media BV v. Sanoma Media Netherlands BV 案进一步明确深度链接不构成直接侵权，但可以根据主观过错承担间接侵权责任。该案中被告链接的网站本身含有未经授权上传的图片，被告在接到原告几次来信反对后仍未断开深度链接，因此，欧洲法院认为，如果第三方网站上传的为侵权作品，而被告明知或应知该作品侵权（例如收到权利人侵权通知）却仍然提供链接，就可以构成侵犯公众传播权的行为。在被告提供链接出于商业目的的情况下，被告应当承担确认被链接作品合法传播的注意义务，而且法院可以推定被告完全知晓该作品的版权属性以及是否获得合法授权的状态；如果该推定没有被充分的相反证据所推翻，出于商业目的提供侵权作品的链接就构成侵犯公众传播权。该案被告以商业目的提供原告图片链接，不但没有证据推翻其知晓被链接图片侵权的推定，而且原告的通知更提供了明知的证据，所以该推定成立，被告构成侵权。③

---

① Perfect 10 v. Google, 508F. 3d 1146, at 1160（2007）.
② See Melvile B. Nimmer&David Nimmer：*Nimmer on Copyright*，§12B. 05 [A] [2], Matthew Bender & Company, Inc,（2003）and Stacey L. Dogan，"Infringement Once Removed: The Perils of Hyperlinking to Infringing Content"，*Iowa Law Review*，Vol. 87 p. 829, at n99（2002）.
③ 参见刘家瑞：《为何历史选择了服务器标准——兼论聚合链接的归责原则》，《知识产权》2017 年第 2 期。

目前，多数国家的司法实践是认同"服务器标准"的，即只有在涉案文件上传至网络服务提供者的"服务器"上时，网络服务提供者才直接实施了侵犯著作权的行为，构成直接侵权。如果依据"服务器标准"其没有上传涉案作品，便不构成直接侵权，但可能构成间接侵权。

我国司法实践中几乎是在《著作权法》规定信息网络传播权这一具体权项后，随即接受"服务器标准"的，这不仅是受到美国在先判例的影响，还取决于对信息网络传播权的理解。虽然在法律条文中信息网络传播权仅规定了"以有线或者无线方式向公众提供作品，使公众可以在其个人选定的时间和地点获得作品的权利"，但是实践中一般把握的是"将作品、表演、录音录像制品上传至或以其他方式将其置于向公众开放的网络服务器中"，由此可见，判断是否构成信息网络传播权的关键是将作品、表演、录音录像制品上传至服务器中，这就是所谓的"服务器标准"。例如，北京市高级人民法院在 2010 年京高法法〔2010〕166 号《关于审理涉及网络环境下著作权纠纷案件若干问题的指导意见（一）（试行）》（以下简称北京高院《指导意见》）中规定，信息网络传播行为是指将作品、表演、录音录像制品上传至或以其他方式将其置于向公众开放的网络服务器中，使公众可以在选定的时间和地点获得作品、表演、录音录像制品的行为。将作品、表演、录音录像制品上传至或以其他方式将其置于向公众开放的网络服务器中，使作品、表演、录音录像制品处于公众可以在选定的时间和地点下载、浏览或以其他方式在线获得，即构成信息网络传播行为，无须当事人举证证明实际进行过下载、浏览或以其他方式在线获得的事实。网络服务提供者的行为是否构成信息网络传播行为，通常应以传播的作品、表演、录音录像制品是否由网络服务提供者上传或以其他方式置于向公众开放的网络服务器上为标准。在该指导意见的指导下，北京法院系统中涉及网络著作权侵权的案件自此一般均坚守"服务器标准"[①]。2011 年上海市第一中级人民法院撰写的调研报告《关于信息网络传播权纠纷案件

[①] 这是模糊统计的结论，不排除个别案件基于特殊的案件事实可能得出和客观的服务器标准不一致的情形。同时，随着技术的不断发展，在涉及网络著作权侵权的案件中，为了平衡著作权人、网络服务提供者和社会公众的利益，通过举证证明责任的分配来推定涉案行为为信息网络传播行为的案件亦屡见不鲜。在北京高院《网络著作权指导意见》施行之前，北京法院系统对于如何判断信息网络传播行为出现过不同的认识且存在认识上的反复。例如，北京市第一中级人民法院（2004）一中民初字第 428 号民事判决书、北京市高级人民法院（2004）高民终字第 714 号民事判决书和（2004）高民终字第 713 号民事判决书等，均出现对于链接是否属于信息网络传播行为的不同认识及反复。

若干问题的规定（建议稿）》（以下简称上海一中院《信息网络传播权纠纷案件建议稿》）第 2 条将"信息网络传播行为"定义为"将作品、表演、录音录像制品上传至或以其他方式将其置于向公众开放的网络服务器中，使公众可以在选定的时间和地点获得作品、表演、录音录像制品的行为"。并在说明中指出："对于网络传播权行为究竟是采用用户感知标准还是服务器标准，学界有争议，本条采用服务器标准。"但是，2013 年 1 月 1 日施行的最高人民法院《信息网络传播权民事案件法律规定》第 3 条规定："网络用户、网络服务提供者未经许可，通过信息网络提供权利人享有信息网络传播权的作品、表演、录音录像制品，除法律、行政法规另有规定外，人民法院应当认定其构成侵害信息网络传播权行为。通过上传到网络服务器、设置共享文件或者利用文件分享软件等方式，将作品、表演、录音录像制品置于信息网络中，使公众能够在个人选定的时间和地点以下载、浏览或者其他方式获得的，人民法院应当认定其实施了前款规定的提供行为。"对于该司法解释，司法实践中存在不同的理解，特别是关于"服务器标准"是否因为该条款而废弃的问题成为一时的争议话题。有观点认为，从文义解释来看，该司法解释除了规定上传到服务器外还规定可以通过设置共享文件或者利用文件分享软件等方式将作品、表演、录音录像制品置于信息网络中，由此可见，最高院的司法解释已经不再坚持单一的"服务器标准"，而是以将"作品、表演、录音录像制品置于信息网络中"为判断提供行为的标准。还有观点认为，该司法解释恰恰体现了"服务器标准"，这也是我国第一次将服务器概念引入司法解释中，能够指导司法实践如何判断提供行为。本书认为，这两种观点的分歧在于对"服务器标准"的理解不同。如果单纯从之前北京高院《网络著作权指导意见》和上海一中院《信息网络传播权纠纷案件建议稿》的内容来看，"服务器标准"仅指作品、表演、录音录像制品上传至或以其他方式将其置于向公众开放的网络服务器中，这里的"服务器标准"中的服务器就是现实中的服务器，也即物理意义上的服务器。因此，一般在谈及"服务器标准"时将服务器理解为物理意义上的服务器，即基于技术依赖的具体的、物理上的服务器。这也是服务器标准备受指责的一个重要原因，因为对于"服务器标准"应该摒弃的理由主要是其局限性明显，不能涵盖提供行为的所有情形，同时，可能因技术发展而丧失存在基础。例如，随着技术的不断发展，提供作品将不再需要经过服务器，此时再坚持"服务器标准"则使得法律上的判断被技术所架空，不能适应网络技术的发展。上述观点和担忧主要是因为对"服务器标准"理解的机械化造成的。分析信息网络传播权的定义可知,信息网络传播权控制的是提供作品、表演、录音录像制品的行为,是否为提供行为从本质上讲应该是能够控制作品、表演、录音录像制品在网络上的去留,即能够控制其内容的上传和删除,实现内容上传和删除的前提是要有内容的复制和存储行为,至于存储在服务器上还是其他任何地方则均为提供行为的表象或者实施场所,不影响对该行为本质的判断。《信息网络传播权民事案件法律规定》规定的提供行为是通过上传到网络服务器、设置共享文件或者利用文件分享软件等方式,将作品、表演、录音录像制品置于信息网络中,使公众能够在个人选定的时间和地点以下载、浏览或者其他方式获得。这不仅突破了之前单一服务器存储的判断,还为新技术的发展留下了司法解释的空间,在一定程度上讲,该规定修正了之前司法实践中僵化理解的"服务器标准"。如果将"服务器"作为一个比喻词,其代表的是内容存储的场所或者位置,那么《信息网络传播权民事案件法律规定》实际上仍然坚持了"服务器标准"。也有民法学者认为,著作权侵权案件属于一种民事侵权案件,还应该坚持民事侵权案件的一般审理思路及判断原则,不应该独创出什么"服务器标准"。本书赞同上述观点的逻辑,但需要说明的是,在网络著作权侵权案件中所谓的"服务器标准"也仅是判断涉案行为是否侵害了信息网络传播权专有权范围的一个技术标准或者事实问题,其实质依然是遵循了法律的判断思维。进一步讲,"服务器标准"的核心理念是坚持复制权是著作权中的最基础权限,是传播的基础和前提。

　　链接是指在互联网的网页或文本之间建立引导或搜索路径,使用户通过点击浏览器可以由一网站或文本直接进入另一网站的网页或文本,以方便用户获得对自己有价值的信息。[①] 从技术上讲,链接行为不涉及复制,不复制目标数据,没有对被链接网页进行任何非技术性的选择或者控制。用户所获取的信息数据通过链接直接来自存储数据的计算机服务器,链接只是起着引导性的媒介作用。根据上述《信息网络传播权民事案件法律规定》判断提供行为的标准即修正的"服务器标准",链接行为不是提供行为,不属于信息网络传播权所控制的专有权范围。因此,单独的链接行为不会产生直接侵权的后果,但可能落入共同侵权的范畴。

---

① 参见薛虹:《网络时代的知识产权》,北京,法律出版社,2000,第206页。

第二节　浅层链接服务提供者侵犯著作权判断

根据链接对象的不同，可以将其分为浅层链接和深层链接。浅层链接是直接链接到来源网页，设链者一般在其网站或网页上直接显示链接标志，网络用户能够清楚地知道设链者的网站或网页同其他网站或网页建立了链接，点击链接时即跳转至来源网页，并显示来源网页的地址。根据互联网互联互通的基本原则，只要来源网页没有设置技术措施或者拒绝被任意链接，链接本身应是常态，即对于链接本身是允许的。对于设链者来说，在大多数情况下借以免责的是"默示授权"制度。美国案例法表明，将自己的作品上传并在网络上展示，除非上传者通过技术程序阻止自动搜索，否则可以被推断为同意其他人的设链行为，其他网页就获得了可以设置链接链入该作品的"默示授权"①。同时，为了保护著作权人的利益，法律又对设链者附加了接到断链通知后及时断链的义务以及设链者基于主观状态具有明知或应知的过错时应该承担共同侵权责任。例如，《信息网络传播权保护条例》第23条规定："网络服务提供者为服务对象提供搜索或者链接服务，在接到权利人的通知书后，根据本条例规定断开与侵权的作品、表演、录音录像制品的链接的，不承担赔偿责任；但是，明知或者应知所链接的作品、表演、录音录像制品侵权的，应当承担共同侵权责任。"

在涉及浅层链接的案件中，目前司法实践中存在的主要问题是链接服务提供者能否进入"避风港"即集中在其是否具有主观过错的判断上。②此外，还存在一类案件是提供链接的服务提供者是否构成以分工合作的方式侵犯著作权人的信息网络传播权。在（2015）京知民终字第796号判决之前，基本上当事人能够提供证据证明内容提供者和服务提供者之间有合同约定时，双方构成以分工合作的方式侵犯著作权人的信息网络传播权。本书将结合相关案例探讨如何确定以分工合作的方式侵犯著作权人的信息网络传播权。

《信息网络传播权民事案件法律规定》第4条规定："有证据证明网络

---

① Field v. Google, Inc., No CV-S-04-0413-RCJ-LRL (Dis. Nevada 2006).
② 本书在上编已经进行了论述，这里不再赘述。

服务提供者与他人以分工合作等方式共同提供作品、表演、录音录像制品，构成共同侵权行为的，人民法院应当判令其承担连带责任。网络服务提供者能够证明其仅提供自动接入、自动传输、信息存储空间、搜索、链接、文件分享技术等网络服务，主张其不构成共同侵权行为的，人民法院应予支持。"该司法解释并没有具体规定什么情况构成"以分工合作等方式共同提供"，仅将单纯提供技术服务行为排除在外。本书认为，对于该司法解释的把握还应以《侵权责任法》第8条为原则，即二人以上共同实施侵权行为，造成他人损害的，应当承担连带责任。这里的承担连带责任的前提是双方应为有意思联络的共同侵权，且给他人造成了损失。

例如，在傅某诉玩美益邦公司案①中，法院认定玩美益邦公司与爱菲工作室构成以分工合作等方式共同提供作品，构成共同侵权的理由是：首先，根据玩美益邦公司与爱菲工作室之间签订的《哪拍网服务合作协议》及当事人当庭陈述②，玩美益邦公司为爱菲工作室提供展示平台、订单管理等服务并从爱菲工作室的项目中进行提成，双方在该过程中具有充分的意思联络且双方就团购项目共享收益，可以确认玩美益邦公司与爱菲工作室属于以分工合作方式共同提供涉案作品。其次，玩美益邦公司从团购项目中直接获得了经济利益，应当对爱菲工作室的行为负有较高的注意义务，但玩美益邦公司并未对爱菲工作室上传的作品是否获得授权进行审核，本身存在过错。最后，玩美益邦公司与爱菲工作室在未向傅某支付报酬的情况下，通过分工合作的方式传播涉案作品，给傅某造成了损失。在该案中，法院从意思联络、主观过错、造成损失三个方面对是否构成以分工合作方式提供作品进行了分析。从该案可以看出，是否直接获得经济利益是判断服务提供者是否具有主观过错的重要考虑因素。

在涉及提供链接服务是否构成以分工合作方式提供作品的案件中，法

---

① 参见北京市第一中级人民法院（2014）一中民（知）终字第7765号民事判决书。
② 玩美益邦公司（甲方）与爱菲工作室（乙方）签订有《哪拍网服务合作协议》，其中约定：甲方客户持哪拍券到乙方地点消费，结算方式为每半个月按照实际消费数结算；乙方在甲方网站展示的所有图片必须保证不侵犯他人肖像权、著作权等，如有侵权情形，后果由乙方全责承担，与甲方无任何关系。双方还就其他事宜进行了约定。针对双方的合作方式，玩美益邦公司与爱菲工作室均在庭审中进一步明确表示上述结算方式为按效果付费，即玩美益邦公司从爱菲工作室每一个团购成功的项目中进行提成，提成比例约为15%～30%。为证明该合作模式及二被告的获利情况，玩美益邦公司提交了一份《涉案商家获利情况统计》，其中载明爱菲视觉商家520元套系的项目虚交易量为"14"，实交易量为"1"，提点为"20%"，哪拍获利为104元，商家获利为416元。

院存在两种截然不同的裁判结果。出现不同裁判结果的原因主要是《信息网络传播权民事案件法律规定》对于"分工合作"没有具体的规定，司法实践中存在具体把握标准上的差异。例如，在盛世骄阳公司诉豆网公司侵犯信息网络传播权纠纷案件①中，法院认为：首先，从主观上来看，豆网公司与合一公司对于一方提供节目内容及链接接口，另一方在自己的网站上建立链接，且通过该种链接方式相互推广各自的资源、网站，从而相互获益的合作模式，具有充分的意思联络。在这种合作模式下，豆网公司应当对其链接的视频资源的合法性进行审查，但豆网公司未尽到审查义务，主观上存在过错。其次，从客观行为来看，合一公司许可豆网公司链接涉案作品的行为，客观上使得网络用户通过豆网公司经营的豆瓣网即可以观看涉案作品。但盛世骄阳公司对合一公司的授权明确限定了合一公司使用涉案作品的授权平台，且授权性质为不含有转授权的非独家信息网络传播权。根据《著作权法》第 27 条的规定，许可使用合同中著作权人未明确许可的权利，未经著作权人同意，另一方当事人不得行使。因此，根据盛世骄阳公司对合一公司的授权，合一公司只能在明确约定的授权平台上自行使用涉案作品，盛世骄阳公司在此情况下仍然可以将该电视剧对外进行授权并据此获益。而合一公司与豆网公司以涉案方式在豆瓣网上传播涉案作品实际上超出了合一公司自行使用涉案作品的范畴，即超出了合一公司所获授权的范围。在此情况下，豆网公司的链接行为不具有合法的前提。最后，在合一公司超出授权范围与豆网公司通过涉案链接行为相互推广并获益的情况下，导致盛世骄阳公司丧失一次对外进行授权并据此获益的机会，给盛世骄阳公司造成了一定的损失，且该损失与合一公司、豆网公司的涉案行为具有因果关系。综上，从侵权构成要件来看，豆网公司主观上具有过错，客观行为不具有合法前提，且其涉案链接行为给盛世骄阳公司造成了损失，故侵犯了盛世骄阳公司的信息网络传播权。在该案中，合一公司与豆网公司曾商定由合一公司向豆网公司提供优酷网上相关视频的接口，豆网公司在其豆瓣网上建立指向优酷网上相关视频的链接，用户点击后跳转至域名为"douban.youku.com"的页面进行播放。涉案公证播放的作品即是双方根据上述协商的情况由合一公司向豆网公司提供接口，豆网公司建立链接后所形成的。由此可见，本案涉及提供链接服务提供者因其提供链接行为而与内容提供者构成了共同侵权。

---

① 参见北京市第三中级人民法院（2014）三中民终字第 13584 号民事判决书。

但是，在盛世骄阳公司诉动艺时光公司案①中，二审法院认为：关于上诉人动艺时光公司是否属于与他人以分工合作方式共同提供涉案电影的问题，因上诉人动艺时光公司经营的时光网系影视资讯的集成平台，上诉人动艺时光公司通过对影视评论、影视海报、演职人员等影视作品相关信息的收集、分类、整理、编辑，向社会公众提供网络信息服务。同时，该公司也在其经营的网站上提供搜索、链接并对相关匹配链接进行维护的网络服务。上诉人动艺时光公司与爱奇艺公司的合作是对爱奇艺网站上传播的电影的推广，在帮助爱奇艺网站上的授权影片扩大传播范围的同时，通过提供有效的正版链接增强用户获取信息的便利和改善用户体验，以增加用户黏性、吸引更多的用户，进而带来更多的经济利益。因此双方的合作并不是共同提供作品层面的合作，而是内容提供者和服务提供者之间各取所需的合作。上诉人动艺时光公司实施的涉案行为不属于最高人民法院《信息网络传播权民事案件法律规定》第4条所指的"网络服务提供者与他人以分工合作等方式共同提供作品"的行为。本案中，爱奇艺公司与动艺时光公司曾就爱奇艺公司向动艺时光公司提供匹配视频链接内容以供后者网友在线点播的合作事宜签署合作协议，约定：爱奇艺公司向动艺时光公司提供匹配视频链接，供网友进行点播，具体方式为爱奇艺公司提供其自身网站视频内容播放索引，具体内容为爱奇艺网电影频道和电视剧频道内的所有上映或未上映的影片全片；动艺时光公司负责在其网站在线视频搜索产品的相关页面匹配链接播放以上视频内容，展示形式为在动艺时光公司在线视频搜索产品的相关页面的相关条目页面展示爱奇艺公司的视频内容、视频缩略图及将下方链接地址均设置为活链接，点击链接即可回到爱奇艺网该影片的播放页面；爱奇艺公司负责视频内容索引的日常维护和更新，负责承担向动艺时光公司提供的视频链接内容的在线播放带宽、服务器成本；动艺时光公司负责对爱奇艺公司提供的视频链接内容进行日常更新、维护，以保证网友正常观看。

通过上述两个盛世骄阳公司的案件来看，事实情况基本相同，均为盛世骄阳公司的非独家授权方超范围的与被告合作设置链接，区别仅在于前案中设置的链接是豆网公司在其豆瓣网上建立指向优酷网上相关视频的链接，用户点击后跳转至域名为"douban.youku.com"的页面进行播放；而后案中设置的链接是活链接，点击标注来源为"奇艺"的"标清版"图

---

① 参见北京知识产权法院（2015）京知民终字第796号民事判决书。

标后,页面跳转至爱奇艺公司运营的网址为"http://www.iqiyi.com"的爱奇艺网电影频道下进行在线播放。但这个区别并不是决定这两个案件不同结果的根本因素。后案中,法院的基本思路是认为被告动艺时光公司提供的仅为链接服务,是对爱奇艺网站上传播的电影的推广,在帮助爱奇艺网站上的授权影片扩大传播范围,并不构成共同提供行为。该思路的逻辑前提是只有爱奇艺公司在其网站提供涉案电影的行为或者爱奇艺公司向动艺时光公司提供涉案电影的匹配链接接口的行为侵犯盛世骄阳公司的信息网络传播权时,动艺时光公司在其网站上建立指向爱奇艺网站涉案电影的链接行为才可能侵犯被上诉人的信息网络传播权。而爱奇艺公司在其网站上提供涉案电影是获得授权的,同时,链接行为本身不属于信息网络传播权控制的范围,因此,动艺时光公司设置链接的行为不构成侵权。在判断是否构成以分工合作等方式共同提供作品、表演、录音录像制品,构成共同侵权行为时,应该按照共同侵权的一般思路,即有无共同的意思联络、有无主观过错、有无损失进行判断。同时,关于共同的意思联络的判断应该结合其合作的具体方式进行判断。在前案中双方合作的方式是在被告的网页上建立链接,点击链接后进入域名为"douban.youku.com"的网页进行在线播放。从该域名可以看出,二者进行了播放上的深度合作,已经能够表彰其存在共同提供内容的合作。但是,在后案中,被告虽然也提供了链接,但该链接是活链接,点击后完全进入爱奇艺公司获得授权的网页上,由此可见,被告提供的仅仅是一个链接的通道,扩大了爱奇艺公司播放的渠道。同时,在双方的合同中没有约定被告因为对内容提供链接而获得的经济收益,也就是说即便被告提供的链接是收费的,其也与被链接网站提供什么内容没有直接的关系,从这个角度讲,认定被告仅仅提供链接行为,不构成共同侵权似能够成立。但是,在对于以分工合作等方式共同提供作品是否构成共同侵权的判断时,不能将提供内容的行为和提供技术的行为简单的割裂,认为是各取所需的合作,而非针对内容提供行为的合作。应该透过双方合作的方式来具体判断提供技术的一方是否应该就内容的提供承担责任,这里的合作方式主要体现在具体的链接方式、收益方式等。同时,关于提供内容一方已经获得授权,但该授权是非独家且无链接权时,其超范围进行链接的行为是否构成侵权的问题在司法实践中存在争议。其实,这个问题不仅仅是个合同问题,同时,也涉及对侵权的判定问题。链接本身不属于信息网络传播权控制的范围,即单纯的链接不构成侵权这一点在司法实践中被普遍认可,当然这里也仅限于普通链接或者浅层链接。但是，信息网络传播权本身是否含有链接的自然属性这个是存在争议的，有观点认为信息网络传播权本身就含有链接的特点，没有链接或者限制链接不仅违背了互联网互联互通的本质属性，也使得信息网络传播权存在缺陷，因此，出现限制链接的信息网络传播权授权时，这样的授权应为无效的。从信息网络传播权的定义来看，链接本身并不是权利内涵，但从互联网的本质来讲，互联互通决定了链接自由，也就是说为了更好地实现信息网络传播权，链接是必要的。但链接是不是能够决定信息网络传播权的权利属性，即如果限制了链接或者对链接附加条件等是不是就不再是信息网络传播权？本书认为，信息网络传播权的判定应该按照其定义的内涵进行判断，只要能够实现以有线或者无线方式向公众提供作品，满足交互式的条件则构成信息网络传播权。同时，《著作权法》第10条第3款规定，著作权人可以全部或者部分转让本条第1款第5项至第17项规定的权利，并依照约定或者本法有关规定获得报酬。因此，著作权人可以将信息网络传播权按照链接的范围或者对链接附加条件进行部分转让并从中获得报酬。实践中，著作权人已经开始通过这种授权模式开展授权，这样的商业模式成为当今著作权人进行对外授权的主流模式。在肯定了限制链接的授权或者附条件链接的授权后，如果被授权方违背合同约定进行超范围的链接是否构成侵权的问题成为需要着重探讨的问题。通过上文的分析可知，既然信息网络传播权可以依据链接条件的不同进行部分授权，那么，超范围的链接亦落入信息网络传播权所控制的范围，超范围链接有构成共同侵权的风险。

在适用《信息网络传播权民事案件法律规定》第4条中以分工合作等方式共同提供作品、表演、录音录像制品，构成共同侵权行为时，还要注意与第7条帮助侵权之间的联系与区别。从侵权责任法的解读讲，帮助侵权属于一种典型的以分工合作的方式实施的侵权行为。但是，从司法解释的体例来看，第7条中的帮助侵权与第4条的分工合作侵权是指不同类型的侵权方式。正如前文所述，分工合作的侵权强调侵权行为人之间主观上存在意思联络，而帮助侵权主要考察网络服务提供者对于用户实施的直接侵权行为具有主观上的过错。也就是说，帮助侵权中网络服务提供者对于用户实施的直接侵权行为并没有基于主观上的意思联络而分工共同实施侵权行为，其之所以构成帮助侵权更重要的是主观上存在过错，没有及时制止侵权行为的发生或者提供了技术上的支持。由此看来，《信息网络传播权民事案件法律规定》中的帮助侵权与分工合作共同侵权属于两种不同的共同侵权形式。

第三节　深层链接服务提供者侵犯著作权判断

关于深度链接的行为性质自其诞生就伴随着争议，司法实践中对于深度链接服务提供者侵犯著作权责任的认定亦一直以来都存在不同的裁判思路和标准。于是，就出现在有的案件中深度链接可能进入"避风港"，免于侵权责任的承担，在有的案件中深度链接可能构成间接侵权，而在有的案件中则可能构成直接侵权的局面。目前，司法实践中争议最大的是深度链接能否构成直接侵权，除了网络著作权领域一直存在的"服务器标准""用户感知标准""法律标准"和"新公众标准"等标准之争外，还有专门针对链接的"链接不替代"原则[①]和"实质呈现"标准[②]等。学术界对前述标准均在不同层面进行过热烈的讨论，本书仅从司法实践的角度就深度链接服务提供者侵犯著作权司法判定进行反省，尽最大努力还原司法认识的历程并就该类问题的司法出路提出个人浅见。

一、实践中对"服务器标准"的抗议与坚持

随着聚合软件等应用深度链接技术的经营模式日益发展，著作权人及获得独家信息网络传播权的权利人在互联网上传播作品的利益再度受到挑战。于是，深度链接是否应该被纳入内容提供行为进而通过直接侵权予以规制又再度成为司法审判的焦点。

（一）商业领域对"服务器标准"的抗议

2015年10月，北京知识产权法院在同方机顶盒案[③]中重申"服务器标准"后，深度链接服务提供者因其没有将内容存储在自己的服务器中而不属于内容提供行为被再次予以肯定后，以搜狐、优酷、腾讯等为代表的

[①] 链接不替代原则是指凡是能够使用户在设链网站上获得被链作品具体内容的链接，均为替代链接。不准设置替代链接应当成为链接应遵守的基本原则。参见石必胜：《论链接不替代原则——以下载链接的经济分析为进路》，《科技与法律》2008年5月号。

[②] "实质呈现"标准是指如果设链者通过加框链接将他人作品作为自己网页或客户端的一部分向用户展示，使用户无须访问被设链的网站，则设链者就应当被视为作品的提供者。参见崔国斌：《加框链接的著作权法规制》，《政治与法律》2014年第5期。

[③] 参见北京知识产权法院（2015）京知民终字第559号民事判决书。

互联网视频正版化联盟[1]代表著作权人利益对此提出了抗议，认为深度链接已经严重影响了著作权人的合法权利，破坏了网络著作权的生态平衡，"服务器标准"的坚持不仅背离信息网络传播权设立的立法目的，亦违背了技术中立原则。主要原因如下。

首先，"服务器标准"已经不再适应目前的网络技术环境。回溯网络技术的发展可知，由于受制于技术的发展，2010年之前网络的带宽有限，视频网站自身提供视频服务尚且出现缓冲，因而当时的侵权视频一般只能下载到自身的服务器上再向用户提供，"服务器标准"基本上能够适应此时的网络环境。但是随着正版视频网站带宽升级、CDN节点[2]布局更为广泛，设链网站无须自设服务器，就可直接获取被链网站的播放地址，不仅可以流畅地向用户提供播放服务，而且省去了购买服务器和带宽资源的成本。搜索链接定位技术、云计算等技术的出现和发展改变了人们在移动互联网时代获取内容的方式和途径，带来了深链聚合侵权系列产业纠纷，于是，据称视频行业里已经形成了"十盗版，九聚合"的态势，因为视频深度链接成本低，网络视频行业正版内容成本高，在利益的驱逐下，争做链接局面势必会破坏刚刚稳定的正版视频行业。

其次，"服务器标准"已经无法实现保护著作权人利益的立法目的。深度链接直接截取内容，占用带宽和服务器，导致权利人成本收益失衡。此外，深度链接劫持被链网站流量，破坏了被链网站的盈利模式。而在"服务器标准"下，深度链接服务提供者是不需要承担直接侵权责任的，仅在链接了非授权网站且主观上存在过错的情况下，才可能承担共同侵权责任。而对于链接正版网站的深度链接服务提供者因为没有直接侵权行为所以很难认定其承担侵权责任。于是，出现了适用"服务器标准"判断信息网络传播行为逻辑自洽但却无法保护著作权人利益的司法现状。

最后，"服务器标准"的固守使得原有著作权法体系遭到破坏，司法裁判标准的不统一造成维权局面的混乱。目前，就深度链接而言，不同地区的不同法院，甚至同一地区的不同法院以及同一法院在不同时段均出现了

---

[1] 2015年7月13日互联网视频正版化联盟在北京宣布成立，该联盟由搜狐视频、腾讯、优酷、土豆、凤凰视频、爱奇艺、56网、PPS、PPTV等互联网公司发起组建，旨在通过联盟成员的自律、互助，维护互联网视频版权市场的良好秩序。参见http://news.sina.com.cn/m/wl/2015-07-13/doc-ifxewnia9146573.shtml，最后访问日期：2016-03-15。

[2] CDN是一种内容分发技术，节点是CDN服务商在全国各地部署的节点服务器，当用户访问网站的时候就从最近的节点服务器访问，这样可以提高访问速度。

不同的裁判尺度,有些是坚定地遵循"服务器标准"进行裁判,有些是在"服务器标准"下通过举证责任改变实质结果,有些则明确否定"服务器标准"。此外,权利人在适用著作权法维权无果或者不利的情况下,转而开始采用反不正当竞争法的诉讼策略。司法实践中支持深度链接构成不正当竞争的案件亦频繁出现。

(二)回顾"服务器标准"的司法历程

在司法实践中,深度链接甫一出现就伴随着"服务器标准"与"用户感知标准"的分歧。2003年的华纳诉世纪悦博案是最早体现出上述分歧的案件。该案中,涉案歌曲并不存储于被告世纪悦博公司经营的CHINAMP3网站,但网络用户可以通过逐级点击的方法在被告网站上直接下载涉案歌曲,整个过程并不进入第三方网站。对于该行为是否可以被认定构成信息网络传播行为,北京市第一中级人民法院采用了"用户感知标准",指出因该过程并不进入第三方网站,其足以使网络用户认为提供歌曲下载服务者为CHINAMP3网站,故被告的行为构成信息网络传播行为。[①] 但北京市高级人民法院在该案的二审中采用了"服务器标准",认为世纪悦博公司虽然以逐层递进的方式引导用户下载,但其不能完全控制被链接网站的资源,一旦被链接网站的网址发生变化或者网站采取加密等限制访问措施,访问要求就会被拒绝。世纪悦博公司没有复制、没有向公众传播被链接的录音制品,因此,世纪悦博公司所提供服务本质上依然属于链接通道服务。[②]

在此后的相当长时间内,两种裁判标准在案件中均有所体现。例如,在2007年的梦通诉衡准公司案中,北京市海淀区人民法院采用"用户感知标准",指出衡准公司在给出查询结果之后,不仅提供相应的摘要信息,还通过技术手段将作品的内容直接展示在自己的网页上,衡准公司已经成为网络内容提供者,不再是搜索服务提供者。[③] 但北京市高级人民法院在相当长的时间内一直坚持"服务器标准"。如在2007年的泛亚诉百度案中,法院认为虽然用户在百度网页下即可获得涉案歌曲,而无须进入被链接网站页面,但因百度网站的服务器上并未上传或储存被链接的涉案歌

---

① 参见北京市第一中级人民法院(2003)一中民初字第12189号华纳唱片有限公司诉北京世纪悦博科技有限公司侵犯著作权纠纷案民事判决书。

② 参见北京市高级人民法院(2004)年高民终字第1303号北京世纪悦博科技有限公司与华纳唱片有限公司侵犯著作权案民事判决书。

③ 参见北京市海淀区人民法院(2007)海民初字第25153号广东梦通文化发展有限公司诉北京衡准科技有限公司侵犯著作权案民事判决书。

曲。因此，其所提供的是定位和链接服务，并非信息网络传播行为。①

在同方机顶盒案之前，这一分歧局面逐渐开始统一，在越来越多的案件中采用了"服务器标准"。这一做法不仅体现在北京市各级法院的案件中，最高人民法院对此亦予认同。在2011年的肇庆数字文化网数字影院案件中，最高人民法院明确指出应适用"服务器标准"。法院认为，因肇庆数字文化网数字影院所播放的涉案四部影片并未存储在该网站的服务器上，因此，肇庆市广电局、肇庆市图书馆向用户提供的是相关链接服务。② 在2012年审结的泛亚诉百度案的二审判决中，最高人民法院亦对一审法院所采用的"服务器标准"予以认同并指出，百度网站提供MP3下载，虽然整体过程并不脱离百度网站的页面，但其并非我国《著作权法》及《信息网络传播权保护条例》所规定的通过信息网络提供他人作品的行为，而属于提供信息定位服务。③

此后，最高人民法院于2013年1月1日颁布的《信息网络传播权民事案件法律规定》第3条规定："网络用户、网络服务提供者未经许可，通过信息网络提供权利人享有信息网络传播权的作品、表演、录音录像制品，除法律、行政法规另有规定外，人民法院应当认定其构成侵害信息网络传播权行为。通过上传到网络服务器、设置共享文件或者利用文件分享软件等方式，将作品、表演、录音录像制品置于信息网络中，使公众能够在个人选定的时间和地点以下载、浏览或者其他方式获得的，人民法院应当认定其实施了前款规定的提供行为。"该规定中虽并无"服务器标准"的明确表示，但因"置于信息网络中"通常被理解为置于"服务器"中，因此，再结合最高人民法院公报案例（2010年第5期）北京慈文影视制作有限公司诉中国网络通信集团公司海南省分公司案④中对于"用户感知标准"的否定，一般认为最高人民法院坚持的是"服务器标准"。

但是，随着网络技术的发展和深度链接技术创新应用，出现了由于直接侵权不存在无法追究深度链接服务提供者共同侵权的情形。面对这些新情况，司法一线又出现了不同的认识和做法。例如，2015年上海某基层

---

① 参见北京市高级人民法院（2007）高民初字第1201号浙江泛亚电子商务有限公司诉北京百度网讯科技有限公司侵犯著作权案民事判决书。
② 参见最高人民法院（2011）民申字第686号北京优朋普乐科技有限公司与肇庆市文化广电新闻出版局、肇庆市图书馆侵犯著作权纠纷案民事裁定书。
③ 参见最高人民法院（2009）民三终字第2号浙江泛亚电子商务有限公司与北京百度网讯科技有限公司、百度在线网络技术（北京）有限公司侵犯著作权纠纷案民事判决书。
④ 参见最高人民法院（2009）民提字第17号民事判决书。

法院在华视网聚案①中，用"实质替代"标准认定被告行为构成信息网络传播权直接侵权。2017 年，深圳南山区法院则利用间接提供的理论认定聚合平台的深度链接构成信息网络传播权直接侵权。

此外，在知识产权刑事案件中，也明确出现了对"服务器标准"的突破。2014 年，在"张某侵犯著作权案"中，上海市普陀区法院认为，被告网站服务器上虽然并未存有涉案影视作品的拷贝文件，但被告通过其网站管理后台链接至盗版网站获得盗版作品文件的索引地址，供网络用户在其个人选定的时间和地点观看被链作品，实施了涉案作品在互联网上的传播，被告的行为符合信息网络传播行为的实质要件，属信息网络传播行为，构成侵犯著作权罪。② 该案被最高人民法院评选为"2014 中国法院十大创新性知识产权案件之一"，该案显然突破了"服务器标准"。2016 年，北京市海淀区法院在快播公司涉嫌传播淫秽物品牟利案的判决中认为，鉴于快播公司采取的技术模糊了服务器的概念和边界，核心在于集碎化文件、分散传输、验证汇集碎片文件于一体，其利用该技术实施的行为构成信息网络传播行为，该案亦没有坚守民事案件中的"服务器标准"。

（三）司法实务界对于"服务器标准"的再次坚持

面对业界的呼声和司法一线的纠结，深度链接服务提供者是否应当承担直接侵权责任再次拷问着司法裁判者的智慧？2015 年 10 月，北京知识产权法院在同方机顶盒案判决中明确信息网络传播权中所控制的"'提供'行为指向的是'最初'将作品置于网络中的行为，亦即将作品上传至服务器的行为。我国著作权法中信息网络传播行为的确定标准应是服务器标准"③。由于该案明确重申坚持"服务器标准"判断信息网络传播行为，使得理论界和司法实务界就"服务器标准"又展开了重新的讨论。为进一步表明司法裁判者的立场和态度，2016 年 10 月，北京知识产权法院在易联伟达案④中再次重申"服务器标准"，并在该判决中阐明法院之所以坚持"服务器标准"的原因："本院之所以坚持服务器标准，主要原因还在于信息网络传播行为是信息网络传播权所控制的行为，对该行为的认定属于事实认定范畴，而服务器标准与信息网络传播行为的性质最为契合。"此外，上海知识产权

---

① 参见上海知识产权法院（2015）沪知民终字第 269 号民事判决书。
② 参见刘银良：《信息网络传播权框架下深度链接的法律性质探究》，《环球法律评论》2017 年第 6 期。
③ 北京知识产权法院（2015）京知民终字第 559 号民事判决书，第 14 页。
④ 参见北京知识产权法院（2016）京 73 民终 143 号民事判决书。

法院在奇艺诉幻电案中亦认为，虽然幻电公司网站未将公众指引到被链接网站观看涉案视频，但这不能改变涉案节目来源于乐视网的事实，幻电公司对涉案视频的传播受控于乐视网是否存在涉案视频，乐视网上存在涉案视频是幻电公司得以链接的前提，幻电公司的链接行为不能认定为其实质替代了乐视网实施的将作品置于信息网络中从而构成作品提供行为。该案旗帜鲜明地否定了"实质替代标准"作为判断信息网络传播行为的裁判标准。

2017年12月29日，天津市高级人民法院发布《关于侵害信息网络传播权纠纷案件审理指南（试行）》，该指南中没有明确对于各种标准的评判，基本沿袭了《信息网络传播权民事案件法律规定》对于提供行为的解释，即提供行为是通过上传到服务器、设置共享文件等方式，将作品等至于信息网络中供公众在个人选定的时间和地点获得的行为。但是，该指南对于类型化的行为定性给出了明确的指引。例如，网络服务提供者以传播为目的，通过另建网站用于存储供其链接的作品、表演、录音录像制品的，应认定实施提供行为。2018年4月，北京市高级人民法院发布《侵害著作权案件审理指南》，该指南亦没有明确涉及标准问题，但在对破坏技术保护措施设置链接行为定性时，则明确如果通过破坏或避开技术措施设置链接的行为，原告依据《著作权法》第10条第1款第12项主张权利的，可以根据案件情况予以支持。也就是说，通过破坏或避开技术措施设置链接的行为可以构成信息网络传播行为。

二、"服务器标准"与举证责任的矛盾与协调

在民事案件中，举证责任的分配以及对于证据证明力的判断在一定程度上会影响对行为性质的判断，特别是在网络著作权领域表现尤为突出。在涉及网络著作权案件时，无论是司法解释[①]还是各地高院的指导意见[②]

[①] 最高人民法院《信息网络传播权民事案件法律规定》第6条明确规定："原告有初步证据证明网络服务提供者提供了相关作品、表演、录音录像制品，但网络服务提供者能够证明其仅提供网络服务，且无过错的，人民法院不应认定为构成侵权。"

[②] 例如，天津市高级人民法院《侵害信息网络传播权纠纷案件审理指南》规定："网络用户、网络服务提供者未提供证据或者提供的证据不足以证明其系仅提供信息存储空间、搜索、链接等网络技术服务的，可以认定其实施了提供行为。"北京市高级人民法院《侵害著作权案件审理指南》第9.3条规定："被告主张其仅提供自动接入、自动传输、信息存储空间、搜索、链接、文件分享技术等网络技术服务的，应承担举证证明责任，被告未提供充分证据证明其仅提供自动接入、自动传输、信息存储空间、搜索、链接、文件分享技术等网络技术服务的，对其前述主张不予支持。被告应当就涉案作品、表演、录音录像制品的提供主体或者其与提供主体之间的关系提供相应证据。被告未提交充分证据证明，但原告已经初步举证的情况下，被告主张未实施提供内容行为的，不予支持。"

以及具体到各个法院的判决均一致认为,原告应就网络服务提供者提供了涉案作品提供初步证据,网络服务提供者以其提供的是链接行为进行抗辩时需要提供证据予以证明。因此,原告承担的仅为初步证明责任,即网络服务提供者提供了涉案作品,至于其事实上是仅仅提供技术还是直接提供内容,则并非原告的举证责任。被告若想证明自己仅为网络服务提供者并未实施内容提供行为则需要举证证明,否则直接认定其实施的是内容提供行为。

(一)"服务器标准"与举证责任之间实为表里关系

在一定意义上讲,"服务器标准"真正的作用在于其表彰作用,实际上决定行为性质的是在于举证责任以及对于证据证明力的认定。在司法实践中的表现为,对于深度链接的判断在形式上尊重或坚持"服务器标准",但在实质上却基于所谓"初步证据"推定"深度链接"的链接服务提供者上传被链接作品到服务器,然后要求网络服务提供者举证反驳。

在司法实践中,不同法院对于原告提供的初步证据或者被诉侵权行为的外观呈现状态的推定效力认知不同。如舌尖上的中国案,北京知识产权法院对于用户感知的推定效力比较高进而导致对被告的反证义务要求高,法院在判决中认定:"豆果信息公司、豆果扬天公司主张其仅提供了链接服务,应就此进行举证。豆果信息公司、豆果扬天公司认为,在涉案节目点击播放过程中,可以看到播放页面发生了跳转,但未提交证据予以证明。涉案节目播放视频画面显示了'搜狐视频'的水印,仅凭该水印并不足以证明涉案节目系链接自'搜狐视频'。同时,在案证据还显示,'搜狐视频'网站亦未将涉案作品的信息网络传播权进行转授权。因此,央视国际公司提交的证据达到了高度盖然性的证明标准。"再如,在央视案[①]中,百度宣称对搜狐的视频提供了深度链接,但是在百度的页面上可以直接播放该视频。法院基于网站的外在表现形式,认定原告达到初步的举证要求。百度主张自己采用的是 i-frame 技术,并且公证证明另一视频通过百度和被链接的网站都可以播放。但是,法院依然没有接受这样的抗辩理由。有的法院对于被告的举证责任要求更高。在乐视网诉暴雪案[②]中,被告事先在页面上展示了被诉侵权作品的 URL 地址,但是法院依然没有接受该作品系来源于第三方网站的抗辩。由此可见,被告做到何种程度的举

---

① 参见北京市第一中级人民法院(2013)一中民终字第 3142 号民事判决书。
② 参见北京市石景山区人民法院(2010)石民初字第 3753 号民事判决书。

证可以视为网络服务提供者完成了其是进行的深度链接,并没有统一的做法或者标准,实际上,这也是出现同案不同判的关键所在。

根据"服务器标准",将作品等上传至服务器等介质中应该是一个客观事实,北京知识产权法院在易联伟达案中就认为"服务器标准"仅为实现"法律标准"的一个事实查明方法或者标准,属于客观事实。如果信息网络传播行为是一种客观事实,则就不能通过举证责任分配方式确定行为性质,特别是在已经非常明确深度链接行为技术上属于链接的情况下,更不应通过举证责任分配的方式来进行事实的查明。但是,从《信息网络传播权民事案件法律规定》规定的举证责任来看,"提供行为"并非客观事实而应为法律事实,表现在当客观事实无法证明或查明时可通过举证责任倒置的方式进行法律事实的判断。将证明涉案侵权内容存储在哪个服务器上或存储在什么介质上的举证责任由网络服务提供者承担并提高对证据证明力的要求在一定程度架空了"服务器标准",因此,在举证责任适用的司法实践中,"服务器标准"具有的更大意义在于表彰作用。

(二)在举证责任视角下,对被告抗辩证据的司法审查

从司法实践中被告的举证情况以及法院的采信情况来看,被告提供的证据很少能够被采信进而使被诉行为被认定为链接行为。被诉侵权网站播放的视频中含有来源网站的水印和来源网站完整的广告往往不能证明该网站实施的是链接行为,即不能通过水印和广告证明视频存储在来源网站服务器中。例如,在前述"舌尖上的中国2"案中尽管被告能够证明其播放的视频中带有来源网站的水印并保留完整的广告,但法院认为水印和广告不足以证明其进行的是链接行为。(如图6-1所示)

图6-1 带水印播放

此外,即便被告在案件中可以提交证据证明播放涉案视频需要下载来源网站的播放器依然没有获得支持。例如,在"豌豆荚"案中,一审法院

认为虽然在点击相关剧集的"播放"按钮时,出现的弹窗内容标注为"请选择播放来源 快播图标",虽然播放画面出现缓存状况时,其相应剧集视频标注带有"rmvb"后缀,但在播放涉案影视视频时,既没有跳转至第三方网站,也没有显示第三方网络地址,不能证明正在播放的视频文件网络地址位于"快播"软件或网站,亦无法排除被告自行截取第三方网站相关视频的数据流并通过涉案软件进行在线播放的可能性。除了前述三种典型的抗辩证据外,在司法实践中还存在以下七种抗辩证据形式,但一般亦很难得到法院的采信。

第一种为被告证明涉案视频能够显示来源,显示的方式多种多样,常见的有在视频内容介绍中提及来源,有在视频播放按钮处显示播放来源,点击不同来源可以进行播放。(如图6-2、图6-3所示)

图6-2 带来源播放

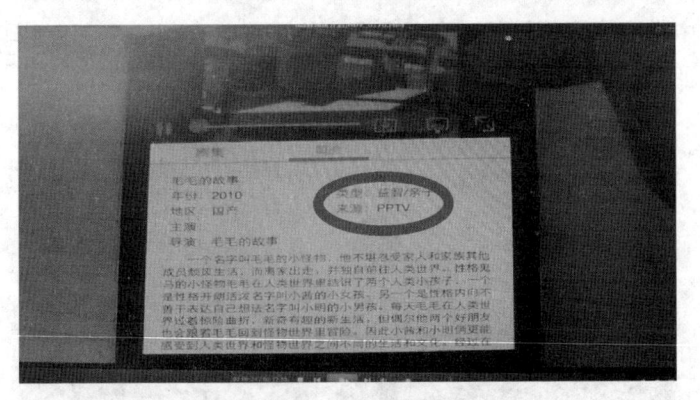

图6-3 介绍播放来源

第二种为被告通过抓包程序解析涉案视频,通过技术手段证明视频来源第三方。例如,在"舌尖上的中国2"案中,被告运行"Wireshark"软件进行同步数据抓包,并显示"Wireshark"软件的数据抓包结果为

"〔Full requestURI：http：//m.tv.sohu.com/v1799969.shtml? channeled=1211010100〕"；经勘验前述网址可以链接至搜狐视频网站"舌尖上的中国2"页面，能够在搜狐视频网站页面中在线播放全部涉案节目内容。但是，法院从软件"更新日期"存在不同的角度认为不能排除合理怀疑从而否认了该份证据。实践中，原告方几乎都以抓包时间晚于其公证时间、抓包时所播放的作品非涉案作品、软件进行了升级等理由不认可该证据。甚至有的原告称，即使播放的是同一作品，也不能说明抓包时的作品来源与其公证时的作品来源是同一的。因此，通过技术还原的方式证明涉案作品系来源于第三方依然无法得到支持。（如图6-4所示）

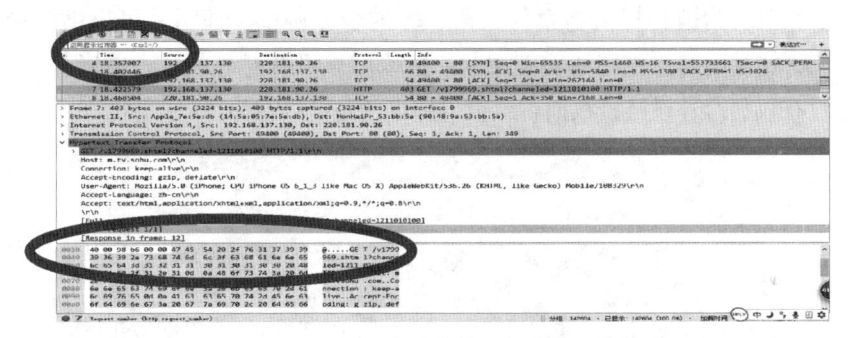

图6-4 技术还原播放来源

第三种为被告举证证明其空间有限无法存储，特别是在手机端播放视频时，由于手机存储空间有限不可能存储较大的视频界面，但这种证据形式均被法院所否定。例如，在"快乐大本营"案中，被告提交了从电信通公司服务器中拷贝的截屏文件以及 btte.com.cn 网站截图文件，证明 www.bj96007 官网带宽测试中文件传输速度不到 40MB/秒，无法实现存储功能。一审法院认为：仅因网站的速度测试而与搜狐视频网站设置链接，缺乏证据证明其网站速度测试的情形客观存在，也无充分理由解释为何网站速度测试需要持续如此之久以及其 btte.com.cn 网站视频栏目下仅设置四个视频网站选项，且在涉案节目播放过程中未出现网址跳转情况。二审法院认为：虽然被告提供证据证明其并不具备提供在线播放服务的流媒体服务器资源、存储资源和宽带资源的客观条件，但因相关证据均来源于被告，在无其他证据佐证的情况下，法院对上述证据的真实性无法确认，因此，没有采信该份证明。

第四种为被告提供涉案视频在线播放时后台访问信息数据库打印件，证明其并未提供涉案视频仅提供了链接，对于这种证据形式不同法院存在不同的认识。例如,在"快乐大本营"案中,一、二审法院认为该份证据是单方出具的,且央视国际公司不认可其真实性、关联性,故一、二审法院没有采纳。但在上海知识产权法院审理的北京奇艺世纪科技有限公司诉上海幻电信息科技有限公司侵害作品信息网络传播权案①中,被告幻电公司提交的其公司网站管理系统记录显示,涉案被控侵权视频来自乐视网,一审法院未采信该份证据,但二审认为该证据可以证明涉案视频实际上来源于乐视网且其传播受控于乐视网,被告幻电公司通过技术手段为涉案视频的传播提供搜索、链接服务,并未将作品置于网络中,不构成作品提供行为。②

第五种为被告提供与案外人第三方的合作协议,证明其仅提供链接,第三方提供内容。在司法实践中,一般以原告没有对外授权,或者被授权方没有权利对外设链授权而否认被告提供的是链接行为。(如图6-5所示)

图6-5 带合作方播放

第六种为被告方与被链网站虽无书面合同,但双方有往来邮件等,可以辨析双方之间存在一方提供内容、另一方设置链接的约定或者原告明确认可被告实施的为链接行为。在这种情况下一般会通过共同侵权的裁判思路予以审理。

第七种为虽然不变址跳转,但整个视频播放有加载过程。在"快乐大本营"案中,在涉案节目加载过程中,视频播放页面左下角显示有"ht-

---

① 参见上海知识产权法院(2015)沪知民终字第213号民事判决书。
② 参见王秋良主编:《知识产权司法保护前沿》(第1辑),北京,知识产权出版社,2017,第249页。

tp：//tv.sohu.com/upload/……"。加载结束后，会显示"完成"字样。二审法院认为：虽然整个过程并未进入搜狐网，但在视频播放页面左下角短暂显示有"http：//tv.sohu.com/upload/……"等字样，在涉案节目加载完成后，取而代之为"完成"字样。因该显示内容通常是在视频播放过程中，浏览器对播放视频所存储网址的自动显示，设链网站较难对其进行更改，故在无相反证据的情况下，依据这一显示内容，法院可以合理认为涉案内容系存储于搜狐网站，而非被告网站。（如图6-6、图6-7所示）

图6-6 带来源网址

图6-7 带"完成"字样

前述10种举证形式仅仅概括了目前司法实践中常见的举证形式，在案件中这些举证形式有些是单一出现的，有些是某几种形式结合出现的。但是，实践中，上述证据形式被法院采信作为被告实施链接服务的案例相对较少。这其中的原因主要有两个方面：一方面是法院对于判断网络服务提供者实施的服务行为所采取的标准，是于现有法律体系中坚持"服务器标准"的同时，在上传行为判断方面更侧重于"法律标准"。这就出现只要没有来源网站的绝对地址，没有跳转，外观状态呈现出是由网络服务提供者提供的内容即可认定构成内容提供行为。这种司法理念表面上是坚持了"服务器标准"，实质上已经接受了"法律标准"，从案件呈现的权利外观视角出发追究网络服务提供者直接侵权的责任。另一方面的原因在于前述七种举证形式均由网络服务提供者单方提供，网络服务提供者掌握着技术，其提供证据的证明力相对较弱。在司法实践中存在被告通过技术手段虚设来源网站、虚设来源地址等情况。比较典型的有被告通过链接不知名网站播放涉案视频，该不知名网站往往没有备案，无法查询其真实主体等。从整体案情来看，该不知名网站很大可能是由被告自己设立的，为的是逃避被认定直接侵权的可能，试图通过链接行为进入"避风港"，进而免除侵权责任。此外，还有被告通过虚设来源地址的情形来伪装成链接，这也是在乐视网诉暴雪案中法院没有接受公开在线资源的 URL 地址作为提供链接证据的主要原因。正是由于实践中存在各种通过技术伪装的链接使得司法对于认定链接持谨慎的态度。

三、深度链接服务提供者主观过错的判断因素

在司法实践中，在明确设置深度链接以及加框链接等非直接链接行为应将"服务器标准"作为判断网络服务提供行为的事实判断标准后，深度链接服务提供者虽然不构成直接侵权，但并不意味着不构成共同侵权。在判断设置深度链接者是否构成共同侵权时的关键是其是否具有主观过错，即是否知道或应当知道在其设置的深度链接关联的网页上存在侵权内容。

这里涉及网络服务提供者对侵权内容是负有"审查义务"还是"注意义务"的问题。我国立法上并没有规定搜索与链接服务提供者负有审查被链内容是否侵犯著作权的义务，让其承担对并非存储在自己服务器中的海量信息进行审查的义务不具有可操作性且成本畸高。因此，搜索链接服务提供者对被链接内容是否侵犯著作权只负有注意义务。

在判断搜索链接服务提供者是否"知道"时一般以收到"通知"为条件，如果权利人已经按照要求向服务提供者发出了能够准确定位涉嫌侵权文件的通知后，搜索链接服务提供者怠于及时删除涉案的链接，则应当承担共同侵权责任。而判断搜索链接服务提供者"应知"的标准应以"理性

管理人"的标准进行判断。例如，在设置"榜单"的搜索链接服务中，大量流行歌手的姓名和流行歌曲的名称都直接显示在榜单中，作为一个理性管理者，其具有该领域的相关经验并对其网页进行日常的管理，不可能没有意识到其设立的搜索链接中存在这些热门歌手的热门歌曲，也不可能没有意识到这些当红的歌曲是未经授权许可使用而私自上传的。也就是说，网络服务提供者如果其对相关信息进行了人工干预，提供了信息的分类、列表（主要是榜单）、编辑等服务，这种服务本身使得信息已清楚、明白地摆在了网络服务提供者面前。在这种服务形式下，网络服务提供者应当也能够意识到信息的合法性问题，因此，可以认定其有过错。

在认定搜索链接服务提供者主观过错时，还应该注意"技术中立原则"的适用。在搜索链接服务涉嫌侵权时，被告网络服务提供者往往主张"技术中立原则"来证明自己没有过错。因为，搜索链接技术本身是一个中立的客观技术，虽然其可能被用于侵权使用，但其实质上还是作为合法用途的。我们在判断搜索链接服务提供者主观过错时，要考虑到技术的特点。不能因为链接或搜索结果有可能指向侵权内容就因此判断网络服务提供者主观上应当知道侵权行为的存在。但是，有些国家在判断搜索链接服务提供者主观过错时采用了更为严格的态度。例如，荷兰在 Techno Design 案[1]中，法院认为被告作为 "zoekmp3.nl"（在该网站上设置了许多相似的深层链接搜索 MP3 音乐）网站的经营者知道绝大部分的网络用户访问自己的网站是为了搜索未经许可传播的 MP3 歌曲，被告对这一事实是知道的且被告的盈利模式很大程度上依赖于未经许可传播的 MP3 歌曲。虽然被告的搜索引擎不能区分合法和非法的音乐文件，但这不能成为被告免责的理由，被告不能躲在"网络爬虫"技术后免责。[2] 荷兰法院在判断搜索链接服务提供者主观过错时已经超出了对"知道或应当知道"的判断标准，其对主观过错的判断建立在网络服务提供者是否大规模地利用侵权内容营利的基础上。这是一种更为严苛的过错判断标准。

我国司法实践中对于深度链接的服务提供者主观过错的判断标准依然坚持最高人民法院《信息网络传播权民事案件法律规定》第7条第3款的规定，即"网络服务提供者明知或者应知网络用户利用网络服务侵害信息

---

[1] "The European IP Bulletin", http://www.mwe.com/info/news/euroip1006.pdf, 2012-03-02.

[2] Stichting Bescherming Rechten Entertainment Industrie Nederland（BREIN）v. Techno Design "Internet Programming" B. V. Case No. 1157/04，p. 301.

网络传播权，未采取删除、屏蔽、断开链接等必要措施，或者提供技术支持等帮助行为的，人民法院应当认定其构成帮助侵权行为"。目前司法实践中，通过"通知—删除"程序证明网络服务提供者具有主观过错的案件相对较少。一般均通过网络服务提供者在提供深度链接服务时的状态判断其是否应当知晓侵权行为存在或存在的可能性。

例如，在奇艺诉幻电案中，法院根据涉案节目《快乐大本营》系存在年限较长的国内知名综艺节目，上传时间是2014年7月20日，从幻电公司涉案网站的节目名称"快乐大本营20140719小时代之男神"即应当知道节目是在首播次日上传的，幻电公司主观上应当知道该节目具有较大侵权的可能性，客观上对于未经授权的涉案节目未采取任何预防或者避免侵权发生的措施，从而帮助了涉案节目侵权后果的扩大，因此，构成共同侵权。

在同方诉快乐阳光电视盒子案中，北京知识产权法院从网络服务提供者是否能够接触到被诉侵权视频以及是否具备对涉案视频侵权的认知能力和认知义务的角度分析网络服务提供者具有主观过错，进而构成共同侵权。在该判决中，法院认定因被上诉人并未向兔子视频提供者发送侵权通知，亦无其他证据证明兔子视频提供者存在明知的情形，因此，本案中尚无法认定兔子视频提供者存在明知的情形。据此，本案的关键在于认定兔子视频提供者是否存在应知的情形。

首先，从兔子视频提供者客观上是否具有"接触"到被诉内容或与之相关信息的可能性的角度讲，因搜索链接服务提供者主观过错的认定系以其对被链接网站直接侵权行为的主观认知为基础的，通常而言，只有在接触到被链接网站中相关内容的情况下，其才可能对于该内容是否构成侵权具有认知，故认定搜索链接服务提供者具有主观过错的前提条件应为其客观上对于被链接内容或相关信息具有接触的可能性。本案中，由查明的事实可知，兔子视频提供者对于被链接内容进行了编辑整理，制作了节目列表，并同时提供了节目介绍，被诉内容即是被上诉人通过在上述节目列表中进行翻找而获得的。在上述编辑结果中，虽列表形式存在由程序自动生成的可能性，但节目介绍页面通常是人工编辑的结果。因在人工编辑过程中，兔子视频提供者必然会接触到被编辑整理的内容，而即便对于自动生成的节目列表，兔子视频提供者在对网站网页进行日常维护时亦会对载有这些信息的网页有所了解。据此，无论属于何种情形，兔子视频提供者对于被诉内容或与之相关的信息均具有接触的可能性，其应知晓被链接的内容中存在被诉内容。

其次，从兔子视频提供者对于被链接网站中被诉内容是否构成侵权的

"认知能力"来看,因现有网络环境中同时存在合法传播与非法传播的内容,故搜索链接服务提供者知晓被链接网站中存在被诉内容,并不足以认定其知晓被链接内容系非法传播的内容,还应进一步考虑其对于被诉内容构成侵权是否具有认知能力。如搜索链接服务提供者对此具有认知能力,则可认定其主观上具有过错。而对于认知能力的确定,在很大程度上取决于具体的"链接方式"及"被链接内容的性质"。就链接方式而言,相对于被动的全网搜索链接服务提供行为,主动的定向链接服务行为(即提供者对于被链接内容进行主动整理编排,且其链接仅指向少量有限的网站)提供者应负有更高的认知义务。这一认知义务的具体内容,在相当程度上受到被链接内容性质的影响。通常而言,如果被链接内容是影视类作品,则链接服务提供者有义务对被链接网站传播的内容是否属于正版传播内容进行了解,并应尽可能将其链接服务指向正版的链接网站。这一了解渠道包括多种方式,既包括向权利人询问,亦包括向集体管理组织或被链接网站询问,还包括从公开网络信息中查询等。如果链接服务提供者尽到上述了解义务,则即便其最终链接到的内容确非合法传播的内容,仍应认定其主观上不具有过错。对于被链接内容而言,影视类作品与其他类型的作品有所不同,权利人虽亦会授权网站予以传播,但此类内容的权利人数量并不多,且被授权的正版网站的数量通常较为有限,因此即便要求主动定向链接服务提供者应对于上述作品的正版网站有所认知,并尽量做到仅提供针对正版网站的链接,亦不会为其带来过重的负担。反之,如果不对其赋予这一义务,则很可能出现的情形是:虽然主动定向链接服务提供者知道被链接内容并非合法传播,但因其对这一情形并无了解的义务,故仍会主张其主观并不知道,而著作权人客观上亦很难要求链接服务提供者对该情形予以了解,从而无法证明链接服务提供者主观上具有过错,客观上使得著作权人虽受到损害,却无法获得保护。据此,对于主动定向链接服务提供者赋予上述义务较为合理。本案中,由查明的事实可知,兔子视频提供者对被链接内容进行了编辑整理,且针对被整理编辑的内容仅提供指向有限几家网站的链接,因此,兔子视频提供的是主动定向链接服务,而非被动全网链接服务。鉴于此,兔子视频软件提供者对于被链接内容是否属于合法传播,应负有较高的认知义务。因被链接内容属于影视作品,兔子视频提供者在提供主动定向链接的情况下,应对于被链接内容是否属于合法授权的内容有所了解。鉴于现有证据无法证明兔子视频提供者实施了上述行为,法院合理认定兔子视频提供者未尽到其应有的认知义务。

综上，兔子视频提供者知晓被链接网站中存在被诉内容，其对于该内容是否为合法传播负有认知义务，因此，在被诉内容系未经被上诉人许可而传播的情况下，兔子视频提供者应对此有所认知，但其仍然提供被诉内容的链接服务，其主观状态属于应知，故该行为构成共同侵权行为。

四、深度链接服务提供者侵犯著作权认定的困境与著作权人维权的策略选择

（一）深度链接行为侵犯信息网络传播权认定的困境

从目前的法律规定以及司法实践来看，深度链接服务提供者在具有主观过错的情况下可能构成共同侵权，但这有一个前提是存在直接侵权。实践中，大量涉及深度链接的案件基本上是以共同侵权认定深度链接服务提供者构成侵犯著作权的。但现在的问题是，如果没有直接侵权行为的存在，深度链接服务提供者是否还应当承担侵犯著作权的责任？根据共同侵权的构成要件，存在直接侵权行为是前提。司法实践中较为典型的案件是被链网站经权利人授权取得非独家信息网络传播权，但权利人禁止被链网站与他人合作链接视频节目，此时，设链网站深度链接了被链网站的内容，如果不存在设链网站与被链网站分工合作构成共同侵权的情况，即被链网站并没有直接侵权行为的存在时，设链网站就不构成侵犯著作权的共同侵权。

随着互联网业态的不断发展，在目前的互联网视频行业中，市场上已经出现了多家规模较大的正版视频分享网站，其通过从著作权人处取得的正版授权作品数量和比例不断提高。作为聚合平台的经营者，其可以从前述已正版化的视频分享网站中链接到大量合法授权的作品。随着正版化的不断推进，聚合平台链接授权作品的工作将会变得越来越容易。因此，在对深度链接正版网站的聚合平台的规制过程中，采用"服务器标准"的著作权判定规则的局限性将更加明显。

2018年2月15日，美国纽约南区联邦地区法院在贾斯汀·高曼诉布赖特巴特网一案中首次尝试推翻联邦第九巡回法院在有关公开展示权直接侵权认定上确立的"服务器标准"。我国基层法院亦在通过解释"提供行为"包含间接提供以及利用民法思维通过权利外观展现等方法试图将深度链接行为纳入信息网络传播权控制的范围。面对深度链接侵犯著作权的困境，解释信息网络传播权控制的范围成为适用著作权法的一个重要途径。但，目前在司法实践层面尚未达成共识。

（二）深度链接行为可能构成不正当竞争行为

面对无直接侵权行为的深度链接，司法实践中开始尝试通过《反不正

当竞争法》第 2 条的原则条款进行规制。早在 2004 年，北京市海淀区人民法院就在鸿宇昊天公司诉沈某不正当竞争案①中认定，被告网站利用加框链接技术将原告上传至其网站上的四篇文字内容分别显现在被告的四个网页的中间区域内，其他区域所显示的则是与被告相关的内容，用户在搜索或者浏览内容时，并不知晓其浏览的实际上是原告网站的相关内容。被告将原告的劳动成果据为已有的行为构成不正当竞争。2016 年 4 月，上海知识产权法院在上诉人深圳市聚视科技有限公司与被上诉人北京爱奇艺科技有限公司不正当竞争纠纷案②中认定，聚视科技有限公司的"VST 全聚合"采用技术手段绕开片前广告，直接播放来源于爱奇艺公司的视频的行为构成不正当竞争。这起"VST 聚合软件"案也被称为全国首例视频聚合盗链不正当竞争案。之后，2016 年 8 月，北京知识产权法院在深圳市腾讯计算机系统有限公司诉北京暴风科技股份有限公司不正当竞争案③中亦认定，北京暴风科技股份有限公司在其经营的"暴风看电影"网站提供了使用"极轻模式"播放的来自其他网站的视频，使得网络用户不必跳转至视频来源网站，就可以在暴风网页面完整观看来源于腾讯的视频。法院从互联网市场特点与竞争的关系、"极轻模式"的特点、暴风公司的主观过错、源网站的具体损害四个方面，认定"极轻模式"无法显示视频前广告、无法显示原网址、无法显示原网页上除视频以外的网页广告等其他内容的三类播放行为均构成不正当竞争，并结合过错程度对深圳市腾讯计算机系统有限公司的诉讼请求给予了全额支持。

此后，北京知识产权法院在"电视粉"案④中亦明确指出，小蚁公司在通过其所经营的"电视粉"软件向公众提供涉案视频播放服务的过程中，实际上是链接了两原审原告飞狐公司、搜狐公司所共同经营的"搜狐视频"。虽然根据我国《信息网络传播权保护条例》的相关规定，正当的链接行为的网络服务提供者，在接到权利人的通知后断开链接，是可以免除赔偿责任的，但免责的前提条件是设定链接者不知道也不应当知道被链接者所提供的内容是侵权的。而在本案中，小蚁公司是直接链接到权利人的网站的，与《信息网络传播权保护条例》中所规范的链接到第三方的内容并不吻合。因此，不具有适用《信息网络传播权保护条例》的条件。该

---

① 参见北京市海淀区人民法院（2004）海民初字第 19192 号民事判决书。
② 参见上海市杨浦区人民法院（2015）杨民三（知）初字第 1 号民事判决书。
③ 参见北京知识产权法院（2015）京知民终字第 2203 号民事判决书。
④ 参见北京知识产权法院（2017）京 73 民终 25 号民事判决书。

案最终认定小蚂蚁公司的链接行为构成不正当竞争。

虽然理论界对于《反不正当竞争法》第 2 条原则条款的适用存在异议，但是，囿于目前司法实践中对信息网络传播权控制范围的解读，权利人选择反不正当竞争法进行维权亦不失为一种权宜之计。这也许正是《反不正当竞争法》第 2 条被泛化适用的一个重要原因。

（三）深度链接行为可能因实施了破坏技术措施行为而侵犯著作权

关于破坏技术保护措施的法律规定有：《著作权法》第 48 条第 6 项①、《信息网络传播权保护条例》第 18 条第 2 项②以及第 19 条第 1 项。③ 按照前述法律、法规规定，任何第三人不得故意避开或者破坏权利人为保护其作品著作权而设置的技术保护措施。该技术保护措施是指用于防止、限制未经权利人许可浏览、欣赏作品、表演、录音录像制品的或者通过信息网络向公众提供作品、表演、录音录像制品的有效技术、装置或者部件。在信息网络传播权案件中，其可以表现为视频服务商设置的视频部分试看、会员等级观看限制、限制获取下载地址等方式。我国《信息网络传播权保护条例》的起草者在解释条例中保护技术措施的条款时也指出："技术措施能够通过防止、限制使用者非法访问、使用权利人的作品、录音录像制品，有效地保护权利人的经济权利。"可见，关于破坏技术保

---

① 《著作权法》第 48 条规定："有下列侵权行为的，应当根据情况，承担停止侵害、消除影响、赔礼道歉、赔偿损失等民事责任；同时损害公共利益的，可以由著作权行政管理部门责令停止侵权行为，没收违法所得，没收、销毁侵权复制品，并可处以罚款；情节严重的，著作权行政管理部门还可以没收主要用于制作侵权复制品的材料、工具、设备等；构成犯罪的，依法追究刑事责任：……（六）未经著作权人或者与著作权有关的权利人许可，故意避开或者破坏权利人为其作品、录音录像制品等采取的保护著作权或者与著作权有关的权利的技术措施的，法律、行政法规另有规定的除外……"

② 《信息网络传播权保护条例》第 18 条规定："违反本条例规定，有下列侵权行为之一的，根据情况承担停止侵害、消除影响、赔礼道歉、赔偿损失等民事责任；同时损害公共利益的，可以由著作权行政管理部门责令停止侵权行为，没收违法所得，非法经营额 5 万元以上的，可处非法经营额 1 倍以上 5 倍以下的罚款；没有非法经营额或者非法经营额 5 万元以下的，根据情节轻重，可处 25 万元以下的罚款；情节严重的，著作权行政管理部门可以没收主要用于提供网络服务的计算机等设备；构成犯罪的，依法追究刑事责任：……（二）故意避开或者破坏技术措施的……"

③ 《信息网络传播权保护条例》第 19 条规定："违反本条例规定，有下列行为之一的，由著作权行政管理部门予以警告，没收违法所得，没收主要用于避开、破坏技术措施的装置或者部件；情节严重的，可以没收主要用于提供网络服务的计算机等设备；非法经营额 5 万元以上的，可处非法经营额 1 倍以上 5 倍以下的罚款；没有非法经营额或者非法经营额 5 万元以下的，根据情节轻重，可处 25 万元以下的罚款；构成犯罪的，依法追究刑事责任：（一）故意制造、进口或者向他人提供主要用于避开、破坏技术措施的装置或者部件，或者故意为他人避开或者破坏技术措施提供技术服务的……"

护措施的立法本意为,在版权人享有某种专有权利、能够控制某种行为的情况下,版权人当然可以设置技术措施防止他人未经许可实施这种行为,以保护自己在版权法上的正当利益。

实践中,享有著作权的网站在提供作品时一般会采取技术保护措施,避免被其他网站设置深度链接。在司法实践中,破坏技术保护措施的认定思路已经被很多法院在判决中予以实际采用,但是并未以破坏技术保护措施的名义认定构成侵权。这主要是因为查明原告或者原告给予限制性授权的主体采取技术保护措施且被告破坏技术保护措施这一事实有困难,因此个别法官在没有查明这一事实的情况下,在内心确认了这一事实,并在这种内心确认之下结合行业利益分析认定被告提供了作品。甚至在个别案件中,法院已经查明被告破坏了技术保护措施,但法院认为"破坏技术保护措施"+"链接"构成了"提供",进而直接认定构成提供行为。实际上,按照法律规定,单纯的"破坏技术保护措施"已经构成了特殊的著作权侵权。在侵害计算机软件纠纷案件中因为破坏技术措施而构成侵权的案件却较为普遍。例如,在王某等与深圳市沙井沙一股份合作公司振华电子设备厂等侵害计算机软件纠纷上诉案[①]中,法院认定故意避开或破坏访问控制技术措施或保护版权措施或为其提供工具或服务的行为均构成著作权侵权。这样的判断思路和方法同样可以适用到信息网络传播权的保护中。例如,在乐视网诉聚合视频软件"电视猫"侵权案中,北京市朝阳区人民法院认为被告以破坏技术保护措施获得涉案视频构成信息网络传播行为,应承担直接侵权责任。

破坏技术保护措施可以构成一种独立的侵犯著作权的行为,这种裁判思路已经出现端倪,并有燎原之势。这是在侵犯信息网络传播权路径被堵住后,实践中被迫选择的道路。但是,对于在民事案件中适用破坏技术保护措施构成侵权,从长远角度来看,并非优选。

(四)技术保护措施的再思考

由于新技术是导致版权侵权的重要原因之一,因而版权人也采取一些技术方案作为回应,这就是对版权作品的技术保护措施。这些措施被设计用来限制对未经授权作品的接触和复制,实际上确实具有积极的作用。法律亦对该技术保护措施给予正当性评价并赋予其权利。但值得思考的是,如果版权作品均采取了技术保护措施的话,是否会限制了公众基于合理使

---

① 参见广东省高级人民法院(2008)粤高法民三终字第213号民事判决书。

用的合法利益以及阻碍创新发展？学界已有观点认为传统版权法通过实施技术保护措施从而给予版权人过多的保护已经逐渐将公共领域范围内的智力成果归入版权人所掌握的权利内容中，公共利益不断受到侵蚀，版权法中公共领域的意义也逐渐弱化。① 欧洲法制咨询委员会论坛很早就提出警示，技术保护措施若过于广泛使用，将造成新信息产制上的垄断，最后导致社会大众对版权法的彻底轻蔑。②

同时，技术保护措施的成本由谁承担，这套规则如何创设才能平衡著作权人、社会公众以及网络服务提供者的利益？在上述问题没有明晰前，不宜使技术保护措施成为作品在网络中传播的必需举措。可以在实践中探讨一些更加智能的措施，最低限度地避免对创新行为以及合理使用的干预。此外，一旦强制著作人对作品采取保护措施，还会有技术保护措施陷阱的担忧。什么样的措施可以算作著作权法意义上的技术保护措施，如何破解的，破解行为实施人和实际从事著作权侵权的侵权人之间的关系等均是下一步侵权判断的难点。刑事案件中对于破坏技术保护措施的认定已经显露出技术上和事实认定上的困难，民事案件中对于该技术手段的认定则会难上加难，不利于解决民事纠纷。

然而，即便要采取技术保护措施也应该是双向的，即不仅著作权人可以对作品实施技术保护措施，网络服务提供者作为理性管理人为了避免帮助侵权行为的发生或者扩大，也可以积极采取过滤等技术措施，限制重复侵权、大规模侵权等。如果网络服务提供者主动采取了这些技术措施则在一定程度上可以证明其不具有侵权的主观状态。对于技术措施的采用，有学者建议将"采取合理有效且可以商业应用的措施最大限度限制侵权的在线服务提供者；应有资格进入避风港；免于承担他人侵权带来的责任"作为新的"避风港"③。清华大学崔国斌教授曾撰文《论网络服务商版权内容过滤义务》，认为网络版权内容过滤技术的进步，将使得版权侵权的预防方式发生革命性变化。著作权法应引导网络服务提供者与著作权人合作建立合理的版权内容过滤机制，自动识别和阻止用户的版权侵权行为。④

---

① 参见王素玉：《版权法的经济分析》，北京，经济科学出版社，2016，第184页。
② See Paul Goldstein："Copyright and its Substitutes"，*Wisconsin Law Review*. pp. 865, 868（1977）.
③ 〔美〕帕梅拉·塞缪尔森等：《版权基本原则：改革的方向》，付孝祥、宋红松译。转引自金福海主编：《版权法改革：理论与实践》，北京，北京大学出版社，2015，第39页。
④ 参见崔国斌：《论网络服务商版权内容过滤义务》，《中国法学》2017年第2期。

美国本·德泊特（Ben Depoorter）教授亦认为，未来解决网络版权的问题亦应由网络服务提供者进行技术过滤措施。① 笔者亦认为，从理性管理者的角度讲，在网络服务提供者采取内容过滤技术并不会额外增加过多的运行成本时，应激励其主动采取技术过滤措施，即在网络服务提供者主观过错判断方面对于主动采取技术过滤措施给予考虑，同时，也应随着技术的发展，不断调整对于技术过滤措施的要求。

---

① 本·德泊特教授于2017年11月29日在中央财经大学讲座中提出的观点。

第七章　定向链接网络服务提供者侵犯著作权责任问题研究

第一节　问题的提出

搜索引擎提供的不同链接会产生性质不同的法律关系，进而带来不同的法律责任，导致不同的法律后果。目前，按照链接方式的不同可以分为普通链接①、深层链接②、埋置链接③和加框链接④等。这些分类是以链接技术呈现链接结果的方式不同为依据，其前提一般均为全网链接。目前，司法实践中又出现一个新名词——定向链接。定向链接虽并非一种独特的新技术，但区别于传统互联网中的全网链接，因其对于链接对象的选择特定化导致搜索结果链接的特定性，从而引发对定向链接网络服务提供行为如何定性以及在涉嫌侵犯著作权时如何判定定向链接网络服务提供者侵权责任等问题的思考。本书以司法实践中的典型案例为样本进行分析，以期探讨定向链接网络服务提供者基于不同情形提供定向链接服务在被链网站侵犯著作权时其责任如何认定。

---

① 普通链接，即链接的对象通常是被链接网站的入口（首页），通过设链网站进入被链接网站后，可以从地址栏展示的 URL 地址获知其所浏览内容之归属，用户清楚地知晓，他已从一个网站链接到另一个网站。
② 深层链接，即通过网站的分页地址设置链接，绕开了被链接网站的首页，直接将用户导向某个分页。
③ 埋置链接，即在浏览器显示一个网页时，网页的一部分是通过链接将另一个网页的部分或全部内容显示在本网页中。
④ 加框链接，即设链者将自己的网页做成一个框架，将别人的网页变成自己网页框架的一个窗口，它实际上是深层链接的高级形式。

第二节 定向链接的基本含义及技术原理

互联网环境下，信息以超乎想象的速度增长着也以超乎想象的数量存在着。为了便于互联网用户能从海量信息中快速便捷地找到目标信息，搜索引擎作为网络查询工具便应运而生。搜索引擎是指互联网上专门提供检索服务的一类网站，这些站点的服务器通过网络搜索软件或网络登录等方式，将互联网上大量网站的页面信息收集到本地，经过加工处理建立信息数据库和索引数据库，从而对用户提出的各种检索作出响应，提供用户所需的信息或相关指针。[1] 在搜索引擎技术中抓取页面的功能是通过爬虫（一般称为 Robot、Spider、Worm 或 Random）来完成，这是一种自动获取网页内容的程序，是搜索引擎的重要组成部分，因此搜索引擎优化很大程度上就是针对爬虫而作出的优化。但是，并非所有的网页都可以自由抓取链接，Robots 协议（也称为爬虫协议、机器人协议等，全称是"网络爬虫排除标准"Robots Exclusion Protocol）是互联网领域普遍遵守的行业惯例，网站通过 Robots 协议告诉搜索引擎哪些页面可以抓取，哪些页面不能抓取。简单地讲，当爬虫访问一个站点时，它会首先检查该站点根目录下是否存在 robots.txt，如果存在，搜索机器人就会按照该文件中的内容来确定访问的范围；如果该文件不存在，爬虫将能够访问网站上所有没有被口令保护的页面。实践中，设置防爬虫程序的内容相对于开放的内容来说是少量的，因此，一般的搜索结果仍然是具有相当大的数量。

搜索不是目的，搜索的目的是可以便捷地查询搜索的结果。因此，搜索通常是和链接技术一起发挥信息定位检索查询功能。链接是指通过使用超文本标示语言编辑包含标记指令的文本文件，在两个不同的文档或同一文档的不同部分建立联系，从而使得访问者可以通过一个网址访问不同网址的文件或通过一个特定的栏目访问同一站点上的其他栏目。[2] 通俗地讲，链接是搜索引擎向用户提供信息的渠道，是其与被链接网站和用户发生联系的关键环节。从技术上讲，链接是设链者在自己的网页上设置图标或者文字标志，在该图标或者文字标志后面储存其他网站的地址。当互联网用

---

[1] 参见百度百科 http://baike.baidu.com/link，最后访问日期：2015-03-14。
[2] 参见郭卫华、金朝武、王静：《网络中的法律问题及对策》，北京，法律出版社，2004，第28页。

户点击链接标志时，计算机便转向预先通过爬虫抓取并储存好的网址。

定向链接技术是搜索链接的一种特殊形式，该链接是进行人工干预设定条件的链接，而并非针对全网的链接。之所以说这种链接技术特殊是因为这种链接实际上是爬虫按照预先设定的条件抓取页面从而导致搜索结果指向的特定化。定向链接体现了设链者自身的主观意图和对被链网站的选择。定向链接技术不仅可以改善用户的体验，还可以提高搜索的有效性。根据条件设定的不同一般会产生特定某一结果的链接和 N 个结果的链接。单纯从技术上讲，设定条件产生某一特定结果的链接似乎是没有任何意义的，因为，通过直接进入该网站可以实现同样的搜索效果。但通过设定一定条件在结果意义上出现唯一的搜索链接确实现实存在。在司法实践中，既存在网络服务提供者主张其提供的仅仅为某一特定网站的定向链接案例也存在通过设定一定条件在结果意义上仅出现唯一的定向链接的案例。

在法律上，搜索引擎在抓取网页时与其他网站已经发生了实质关联，这种关联是否会为其带来法律上的义务需要进行具体分析。法律的作用是在平衡著作权人、网络服务提供者和社会公共利益的基础上，确保搜索引擎发挥应有的功能。因此，如何判断定向链接网络服务提供者的侵权责任成为司法实践中值得探讨和关切的问题。定向链接的表现形式可以分为一对一的定向链接和一对多的定向链接，笔者认为这种分类的意义不仅在于形象地理解定向链接，链接对象的多寡还将一定程度上影响对于定向链接服务提供者责任的认定。但是，为了行文的逻辑顺序，本书从法律责任分析的角度结合司法实践中出现的涉及定向链接的案例按照定向链接设链的原因不同将定向链接分为有合同关系的定向链接和自主设定条件进行的定向链接两种并分别进行讨论。链接对象的多寡对于自主设定条件进行的定向链接有所影响，因此，本书将在第四节对其进行讨论。

第三节　基于合同而进行的定向链接服务提供者侵犯著作权责任认定

一、据以分析的案例——优朋普乐公司诉环球时报公司案[①]

在北京优朋普乐科技有限公司（简称优朋普乐公司）诉环球时报在线

---

① 参见北京市朝阳区人民法院（2013）朝民初字第 16511 号民事判决书。

(北京)文化传播有限公司(简称环球时报公司)侵犯信息网络传播权纠纷案件中,原告优朋普乐公司经合法授权,依法享有电影《行运超人》在授权期间内的专有独占性信息网络传播权,并且有权单独以自己的名义维权。后发现被告环球时报公司未经授权,在其经营的环球网(域名为huanqiu.com)上非法提供前述作品在线播放,并且环球时报公司在其网站的多个页面设置了广告。优朋普乐公司主张环球时报公司的上述行为严重侵犯了其对作品《行运超人》享有的专有独占性信息网络传播权,诉至法院,请求停止侵权并赔偿经济损失2万元。环球时报公司答辩称,涉案作品是由上海聚力传媒技术有限公司(简称聚力传媒公司)在该公司网站页面内播放的,环球时报公司仅依据与聚力传媒公司之间的合同提供了对涉案作品的链接技术服务。环球时报公司审核了聚力传媒公司的所有资质,已经尽到了链接者的注意义务,主观上没有过错并且在收到优朋普乐公司的通知后,及时断开了对涉案作品的链接,并提前终止了与聚力传媒公司的合作,关闭了环球网的电影电视剧频道。涉案作品播放过程中的所有广告均在聚力传媒公司的播放页面,与其无关,其并没有从中获利。

这是一起典型的网络服务提供者双方基于合同关系而进行的定向链接服务的案例。在这种定向链接服务中,被链接网站的多寡不影响其性质的判断。在上述案例中,被告环球时报公司是基于与聚力传媒公司签订的合同而对聚力传媒公司的网站进行了定向链接。主张其在接到权利人的通知后及时断开了链接,应该进入"避风港",不应该承担侵权的法律责任。从本案查明的事实来看,涉案作品存储在聚力传媒公司的PPTV网上,环球时报公司依据与聚力传媒公司之间的合同对涉案作品提供了定向链接技术服务。那么,这种定向链接技术服务该如何定性,是否能够依据"避风港"原则免责成为本案审理的焦点问题。

二、定向链接的行为性质——以分工合作方式共同提供作品而非提供链接服务

上述案例中,被告环球时报公司在其经营的环球网上并未直接提供涉案电影作品,根据双方合同,涉案电影定向链接于聚力传媒公司的网站。在判断该定向链接的行为性质时需要考虑链接的具体呈现状态以及双方的合同约定。

该案中,在环球网首页点击"影视",进入网址为 http://movie.v.huanqiu.com 的环球网视频页面,该页面上方分别显示有"电影"和

"电视剧"图标，页面上显示有影视作品分类、海报及排行榜。点击该页面上的"电影"，通过选择相应分类及页码，在相应页面上能够找到涉案电影。点击播放《行运超人》，可以正常播放涉案电影，所进入视频播放页面的域名为 huanqiu.pptv.com，在播放页面和播放器界面上登载有广告。环球网（域名为 huanqiu.com）系环球时报公司经营的网站。PPTV 网（域名为 pptv.com）为聚力传媒公司经营的网站。从具体的播放页面来看，涉案影片是来自 PPTV 网而非环球网，搜索点击的过程体现出了链接跳转，显示了第三方的网址，因此，单纯从行为本身讲是一种一对一的定向链接。

根据被告环球时报公司与聚力传媒公司签订的《环球与 PPTV 合作协议》来看，约定双方共同建设享有均等权利的基于聚力传媒公司 PPTV（http：//www.pptv.com）域名的视频服务平台 http：//movie.v.huanqiu.com。聚力传媒公司为合作平台提供无任何权利瑕疵的视频相关信息、视频内容及视频播放技术支持（包括视频播放带宽及视频文件介质存储空间），除播放页在 PPTV 域名下，其他页面均采用环球时报公司域名，合作频道页面的所有权（包括但不限于知识产权）、经营权和广告权均归环球时报公司所有，播放器里面内容的所有权、经营权和广告权均归聚力传媒公司所有，环球时报公司有权审核聚力传媒公司提供的独家视频内容，对于违反国家法律法规或环球时报公司规定的视频内容，环球时报公司有权加以删除；环球时报公司在环球网站上设置视频链接到合作平台，在合作平台上实现视频播放，视频内容存储在聚力传媒公司服务器上；环球时报公司为合作平台提供所需要的服务和网络推广平台、对合作平台进行必要的产品设计和开发、提供必要的资源支持、在合作平台上选用聚力传媒公司的视频内容、有权使用合作平台除视频介质文件本身之外的视频相关信息；聚力传媒公司负责合作频道内容的日常更新，播放页的域名归其所有，域名在 huanqiu.pptv.com 下，聚力传媒公司保证其提供的享有独家信息网络传播权的内容可在其网站上进行播放，不侵犯任何第三方的权利；聚力传媒公司负责与视频版权人或授权人对视频进行制作、编辑、维护及修改，为环球时报公司提供必要的资源支持。从合同约定的具体内容来看，聚力传媒公司负责提供内容并存储在自己的服务器上，播放的网址域名亦在其名下，而环球时报公司负责提供网络技术及推广服务，双方共同建设域名为 huanqiu.pptv.com 的视频服务平台。因此，环球时报公司在本案中所实施的行为并非单纯的法律上的链接行为，其与聚力传媒公司存在意思联络,属于以分工合作方式共同提供涉案作品。尽管只是其中一个网络服务提供者的服务器存储了涉案电影,但这仅是网络服务提供者内部的分工不同。最高人民法院《信息网络传播权民事案件法律规定》第 4 条规定:"有证据证明网络服务提供者与他人以分工合作等方式共同提供作品、表演、录音录像制品,构成共同侵权行为的,人民法院应当判令其承担连带责任。"故法院认定环球时报公司与聚力传媒公司共同实施了侵犯信息网络传播权的行为,承担连带赔偿责任。

三、评析

就上述案例而言,被告环球时报公司所使用的技术本身是链接技术,但其提供链接技术的行为是为了为他人提供的内容提供渠道和平台,这种链接是双方事前共同协商的结果,是共同意思表示的体现。这是一种典型的以分工合作方式实施共同侵权的案例。

在该案中,被告环球时报公司的重要抗辩理由是其提供的为链接技术,根据"避风港"原则,其在接到通知后及时断开链接就不应当承担侵权责任。这里被告试图以链接的技术特点代替其行为的法律性质,是一种混淆视听的诉讼策略。根据技术中立原则,法律规制的对象并非技术本身,而是具体的使用技术的行为。法律总是透过技术的表现探究行为人使用技术的具体行为和意图,以规范行为,维护权利人的利益,引导行业健康发展。在双方有合同约定的情况下,尽管网络服务提供者提供的仅为定向链接服务,但是其实质上是有分工有合作的直接侵权行为。因此,对于此类案件应直接适用《侵权责任法》第 8 条①和最高人民法院《信息网络传播权民事案件法律规定》第 4 条,认定构成侵犯信息网络传播权,承担连带责任。

第四节 自主设定条件进行定向链接服务提供者侵犯著作权责任认定

在互联网的世界里,自由平等是基本原则。Robots 协议是互联网普

---

① 《侵权责任法》第 8 条规定:"二人以上共同实施侵权行为,造成他人损害的,应当承担连带责任。"

遍遵守的行业惯例和基本道德。因此，任何网站都有搜索链接其他网站的自由亦有选择是否被链的自由。当某一网站不想被爬虫抓取，其可以通过Robots.txt文件来限制整个站点或者目录的搜索引擎访问。同理，某一网站在设计搜索链接时亦可以选择被链接网站的条件，从而抓取符合其目标条件的网站。当该设计达到一定条件时即出现了定向链接。这里的定向链接又以呈现的形式不同分为特定某一方向的链接和特定N个方向的链接。前文提及从技术上讲，如无合作关系，单纯设定某一特定方向的链接并无意义。因此，本节探讨的是从结果意义上呈现出某一特定方向的链接而非从目的意义上的设定某一特定方向的链接。

一、据以分析的案例——花季文化公司诉阅言科技公司案[①]

在广州市花季文化传播有限公司（简称花季文化公司）诉北京阅言科技有限公司（简称阅言科技公司）侵犯著作权纠纷案中，花季文化公司是文字作品《王子进化论》的著作权人，其发现阅言科技公司未经许可，擅自在其经营的网站www.xs8.cn上发布、传播了该文字作品，侵害了其对该文字作品所享有的复制权、信息网络传播权。阅言科技公司的主要答辩理由为其提供文学网站的搜索链接服务，尽管搜索结果显示唯一来源于xs8.com.cn网站，但其仅仅提供搜索链接的网络服务，涉案作品系由xs8.com.cn网站提供在线阅读和下载服务，而该网站并非由其所有和经营，与该网站也不存在合作关系，其在收到花季文化公司的通知后删除了该链接，应该进入"避风港"，不承担侵权责任。

本案是一起典型的设定范围提供搜索链接，结果呈现一对一定向链接的案例。在该案件中，被告阅言科技公司主张其仅提供文学领域的垂直链接[②]而非全网链接，因此，搜索结果出现唯一的链接是可能的。被告是依据什么策略抓取页面即全网链接、垂直链接或某些特定网页链接是否影响其行为性质及责任认定，搜索结果显示一对一定向链接及n个特定链接是否影响对定向链接网络服务提供者的责任认定，这是本案需要思考的问题。

[①] 参见北京市朝阳区人民法院（2014）朝民初字第40483号民事判决书，北京市第三中级人民法院（2014）三中民终字第12121号民事判决书。

[②] 垂直搜索链接也被称为专业搜索或主题搜索，它专门收录某一方面、某一行业或某一主题内的信息，专为查询某一个学科或某一主题的信息提供检索服务。

二、定向链接的性质——帮助被链接网站实施侵权行为

在该案件中，登录域名为 www.xs8.cn 的言情小说吧首页，通过搜索涉案作品"王子进化论"可以找到该作品唯一的搜索结果，该搜索结果上显示有作者、状态、情节、时代、指数及简介等信息。点击"开始阅读"按钮后可以找到该作品的封面、简介、阅读指数、男主角、女主角等信息，点击该页面右侧的"《王子进化论》TXT 下载"，可以在"在线阅读"项下找到涉案作品的章节列表，选择其中一章打开，跳转至域名为 xs8.com.cn 的网站，可以在该网站阅读涉案作品的相应章节。通过点击 xs8.com.cn 网站上的"王子进化论 TXT 下载"，可以下载到相应作品的 TXT 文本，下载后的文本记载有"《王子进化论》由亲亲小说吧（www.77xs8.com）独家制作！本书仅供试阅，请下载后于 24 小时内删除，让我们一起支持正版阅读支持作者" "http：//www.xs8.com.cn、http：//wap.xs8.cn"等字样。经查，域名为 www.xs8.cn 的言情小说吧由阅言科技公司注册并经营，域名为 xs8.com.cn 网站未经 ICP 备案，亦未在网站上标注经营者等备案信息。

从本案具体的链接行为来看，被告阅言科技公司提供的链接服务不同于一般意义上的全网链接，其主张仅提供文学作品行业内的垂直搜索服务，即其事先设定了包括 xs8.com.cn 在内的多个提供文学作品的网站域名为抓取的目标网站，当用户在其经营的域名为 xs8.cn 的网站输入关键词后即可实现对上述设定的域名范围内的网站内容的搜索，并将相应搜索结果的链接提供给用户。根据查明的事实，用户在阅言科技公司经营的域名为 www.xs8.cn 的网站上搜索包括涉案作品在内的数百部作品名称后得到的均是对应作品的唯一搜索结果，且该搜索结果最终指向的均为域名为 xs8.com.cn 的网站的对应作品页面。在这种情况下，被告阅言科技公司作为一家专门提供文学作品搜索服务的网站应当而且有能力注意到被链接网站及被链接内容，但其采取的是视而不见的态度，放任该链接的持续，客观上帮助被链接网站实施了侵害权利人信息网络传播权的行为，最终法院判定其成立帮助侵权，承担赔偿经济损失的法律责任。

三、评析

从司法实践的角度讲，网络服务提供者依据什么策略抓取页面即是全

网链接、垂直链接还是某些特定网页链接几乎是不可查证的。在被诉侵权行为发生时，原告可以通过公证的方式取得侵权行为发生的状态证据但却无从知晓此时被告依据的是什么抓取策略。在诉讼阶段，被告如果抗辩称其提供的仅为垂直链接或某些特定网页链接，即便可以提供其后台设计策略的证据但依然是事后的证据，不能证明事前发生的被诉侵权行为时的状态，且这种后台的数据受控于被告，往往不易被采信。其实，笔者认为网络服务提供者依据什么策略抓取页面对其行为定性没有影响，对于其是否应当承担责任的影响也明显小于搜索结果的唯一性或特定性带来的影响。此外，对于一切非全网链接基于对链接对象进行了条件预设或选择，其范围必然较全网链接小，网络服务提供者承担的注意义务应该高于全网链接，因此，这样的抗辩理由对于被告是没有积极意义的。从审判实践的角度讲，搜索链接结果的特定性影响了定向链接服务提供者主观状态的判断从而对定向链接服务提供者是否应承担侵权责任的判断具有重要的影响。

上述案件可以明显看到页面的跳转，内容来自第三方网站。在第三方网站侵犯著作权的情况下，判断网络服务提供者是否应当承担间接侵权责任转化为判断网络服务提供者是否存在明知或应知的主观状态。[①] 从立法的进程来看，将网络服务提供者界定为间接责任承担者经历了一个发展过程[②]，这个过程并非基于法律逻辑，而是出于维护互联网技术发展的政策考量。[③] 网络服务提供者承担间接侵权责任的制度设计的本质在于在对著作权人利益损害最小限度的前提下，避免让网络服务提供者承担过重的义务，阻碍技术创新和发展。在海量的信息中让网络服务提供者承担审查内容是否侵权的义务明显过重，不利于网络技术的发展。因此，DMCA 第512 条（m）款明确排除了法院对第 512 条的任何款项作如下解释：ISP

[①] 《信息网络传播权保护条例》第 23 条规定："网络服务提供者为服务对象提供搜索或者链接服务，在接到权利人的通知书后，根据本条例规定断开与侵权的作品、表演、录音录像制品的链接的，不承担赔偿责任；但是，明知或者应知所链接的作品、表演、录音录像制品侵权的，应当承担共同侵权责任。"最高人民法院《信息网络传播权民事案件法律规定》第 7 条第 3 款规定："网络服务提供者明知或者应知网络用户利用网络服务侵害信息网络传播权，未采取删除、屏蔽、断开链接等必要措施，或者提供技术支持等帮助行为的，人民法院应当认定其构成帮助侵权行为。"

[②] 参见王迁：《网络环境中著作权保护研究》，北京，法律出版社，2012，第 2 版，第 208~216 页。

[③] 参见孔祥俊：《论信息网络传播行为》，《人民司法》2012 年第 7 期。

应履行积极义务来监管其服务以发现侵权活动，才能获得"避风港"的保护。① 可见，在"通知——移除"制度架构下，DMCA 将识别侵权者的责任分配给了著作权人。② 同样，我国在《关于侵害信息网络传播权的规定》第 8 条也明确规定，网络服务提供者未对网络用户侵害信息网络传播权的行为主动进行审查的，人民法院不应据此认定其具有过错。目前，理论界与实务界关于网络服务提供者对内容不具有审查义务已基本形成共识。

但是，笔者认为，当搜索结果呈现唯一的链接状态时，特别是数百部文学作品的搜索链接均呈现唯一的搜索结果且链接网站均为同一网站时，网络服务提供者对内容进行审查的客观困难已经不存在，免除其对内容进行审查的义务时考虑的各种因素业已不复存在，在这种情况下，网络服务提供者作为"理性管理者"③ 应当对该被链网站的内容进行审查以判断来源的合法性。本案中，在域名为 xs8.com.cn 的网站未经 ICP 备案，亦未在网站上标注经营者等备案信息的情况下，且在阅言科技公司经营的网页进行数百部文学作品的搜索时均得到来自该网站的唯一链接，作为一对一定向链接的提供者应当知道该网站涉嫌侵权的可能性较大，在权利人发出侵权警告时应当及时采取断链等技术措施避免侵权行为的扩大。而被告阅言科技公司以通知不合格为由拒绝进行断链，还为涉案作品设置了封面、简介、阅读指数、男主角、女主角等推荐信息，因此，可以判定其应当知道被链接网站的侵权行为，主观上存在过错。阅言科技公司通过定向链接的方式为侵权作品的传播提供了通道和便利，使用户得以下载侵权作品，从而使被链接网站的侵权行为得以实施和扩大，因此，阅言科技公司客观上帮助了被链接网站实施侵权行为，应当承担赔偿经济损失的法律责任。这里不排除第三方网站系由被告阅言科技公司创设并实际经营，但囿于目前没有任何证据证明被告阅言科技公司与第三方网站存在关系，因此，法

---

① 17 U.S.C.A. § 512 (m) (1998).

② See Perfect 10, Inc. v. CCBill, LLC, 488 F. 3d 1102, 1113 (9th Cir. 2007).

③ 张玲玲：《网络服务提供者侵权责任问题研究》，中国人民大学 2012 年法学博士论文。笔者提出的"理性管理者"，其应是一个谨慎的、为了实现自身经济目的且在不损害他人合法利益的前提下对自身行为进行科学管理的拟制的人。这一概念包含两层含义：一是网络服务提供者首先是网络的管理人，其能够管理并控制自己提供的网络技术服务；二是网络服务提供者作为管理人应当是一般的理性管理者，即具有一般管理者应该具备的能力、技术，并尽到一般管理者应尽的注意义务。

院基于现有证据从被告阅言科技公司作为网络服务提供者主观存在过错为由作出了让其承担共同侵权的责任的判决。

　　这里引申出一个需要探讨的问题是当搜索结果不唯一，而是特定的N个链接时，网络服务提供者是否还应承担这样的审查义务？对于N的数值设定在什么范围是合理的？探讨这个问题并非要在网络服务提供者承担注意义务与审查义务之间确立一个泾渭分明的客观标准，亦非为链接网络服务提供者承担审查义务设定一个阈值。探讨这个问题的意义在于在搜索链接结果出现有限的N个链接时会影响到对网络服务提供者主观状态的判断，即对网络服务提供者对被诉侵权行为的"应知"的判断。根据《信息网络传播权民事案件法律规定》第9条可知，人民法院应当根据网络用户侵害信息网络传播权的具体事实是否明显，综合考虑以下因素，认定网络服务提供者是否构成应知：基于网络服务提供者提供服务的性质、方式及其引发侵权的可能性大小，应当具备的管理信息的能力。在搜索链接呈现有限的N个链接时，当网络服务提供者具备就这N个链接进行管理和审查的能力而未采取措施尽到"理性管理者"的义务时，可以判定该网络服务提供者具有应知的主观过错。这里当然N的数值设定不能一概而论，不能搞一刀切，但是搜索链接结果的数量却是判断定向网络服务提供者应知的一个重要因素。当然，在司法实践中判断定向网络服务提供者应知时还应结合涉案作品、表演、录音录像制品的类型、知名度及网络服务提供者是否主动对作品、表演、录音录像制品进行了选择、编辑、修改、推荐等因素进行综合考量。

四、结语

　　定向链接服务提供者因其提供链接的特定性导致出现不同的法律后果。从法律上讲，定向链接技术本身是客观中立的技术，不是法律所规制的对象。但提供定向链接技术因其依据不同而产生不同的法律后果。同时，基于预设条件产生特定方向的链接数量多寡亦会影响对定向链接服务提供者主观状态的判断。从本质上讲，定向链接服务是否应承担侵权责任，不在于链接技术本身，关键在于服务提供者进行定向链接的主观状态。

　　在网络著作权语境里有太多新名词和规则，我们需要回归到法律的一些最基本的原则和理念上。遇到法律规定不清楚的纠纷，法官可以从法律的基本目标和价值取向出发,分析可供选择的不同的裁判规则会带来的效果,从而得出最佳的裁判方案。① 笔者认同这样的裁判理念。在技术不断发展的今天,纠结在技术的不同特征中无异于作茧自缚。面对纷繁复杂的技术和花样迭出的模式,我们应该抽丝剥茧,透过技术的表象,看到使用技术的行为性质的本质。毕竟,法律调整的是关系,规制的是行为。

---

① 参见石必胜:《链接不替代原则的适用》,http://www.haokoo.com/internet/1053613.html,最后访问日期:2015-03-14。

第八章 视频分享服务提供者侵犯著作权的司法判断

第一节 网络视频行业的发展及存在的问题

互联网飞速发展的今天，视频分享服务在众多的 Web2.0 应用和服务中脱颖而出成为最新的爆发点。视频分享服务为用户提供视频上传、播放和分享服务，操作简单，传播方便，加上视频本身能带来丰富的用户体验，视频分享网站受到广泛欢迎，从而在我国催生了以优酷土豆、爱奇艺、乐视等视频分享网站为代表的视频分享网络服务模式，并取得了良好的市场效应。随之百度、腾讯、阿里巴巴、奇虎360等互联网企业也纷纷通过自建或者合作等方式参与网络视频行业。2014年被称为中国网络视频网站自制剧的元年。视频网站自制内容开始形成丰富的 IP 品牌。据艺恩咨询研究统计，2014年网络自制剧突破50部，达到1 200集的体量。[1]随着国内网络视频行业的竞争加剧，视频版权的价格不断攀升，正版视频网站版权运营压力持续增加。从2009年开始，一部影视剧的独家信息网络传播权从过去的几万元飙升为现在的几千万元，短短几年间价格翻了1 000倍。2008年经典电视剧《潜伏》的网络版权仅为每集1万元，2009年《大秦帝国》每集的网络版权费升至2.5万元，被视为"天价"，而2011年《甄嬛传》独家版权卖出了2 000万元的价格。不仅是电视剧，综艺节目的网络独播权价格亦持续走高，2013年腾讯视频以2.5亿元高价购买了《中国好声音》第三季的独播权，创下视频网站购买综艺节目版权

---

[1] 参见《视频网站自制力量大起底》，http://www.entgroup.cn/news/markets/0322423.shtml，最后访问日期：2014-10-15。

第八章 视频分享服务提供者侵犯著作权的司法判断

费新高。①

与之相随的是，视频分享网站传播影视作品导致影视作品的著作权屡屡受到侵犯且损失惨重②，事实上，我国网络盗版问题一直是阻碍网络视频版权生态良性有序发展的"顽疾"。权利人为了收回成本，获得收益，保护自己的版权，选择将视频分享服务提供者诉诸法院的案件数量正在大规模上涨，问题也不断暴露，成为网络著作权保护领域中颇受关注的一隅。

视频分享网站作为信息存储空间的服务提供者在判断其应否承担共同侵权责任时，关键是判断其"主观过错"是否构成明知或者应知③，同时，还要考虑是否满足"避风港"原则④的适用条件。而这两方面有诸多因素是交叉牵连的，在司法实践中，因为视频分享服务提供者提供服务的具体模式、原告提供的证据等不同致使法院在裁判时对其主观过错的认定不一，从而使得其能否进入"避风港"成为或然状态。例如，北京慈文影视制作有限公司诉北京我乐信息科技有限公司⑤（"我乐网"）一案，法院援引"避风港"规则判决视频分享网站胜诉，而在北京广电伟业影视文化中心诉酷溜网（北京）信息技术有限公司案⑥、乐视网信息技术（北京）

---

① 参见肖湘女：《视频网站缘何突然爱上 UGC》，《北京商报》2014-03-28；张晓斌：《视频巨头吹大综艺节目泡沫》，http：//epaper.ccdy.cn/html/2013-12/04/content_112872.htm，最后访问日期：2014 年 11 月 4 日。

② 以美国 Viacom 起诉视频网站 YouTube 公司和 Google 公司为例，原告诉称被告利用视频技术未经原告的许可将原告拥有版权的 15 万个节目视频向公众提供，共被观看了 15 亿次，因此要求被告赔偿 10 亿美元的赔偿金。2011 年，土豆起诉优酷侵犯《康熙来了》的信息网络传播权，索赔 1.5 亿元，并且要求政府部门吊销优酷的视频网站资质。2014 年 6 月，深圳市市场监督局公布快播 2.6 亿元罚单依据，初步认定快播公司未经许可，通过网络向公众传播《辣妈正传》《北京爱情故事》等影视剧、综艺类作品，非法经营额为 8 671.6 万元，依法拟处以非法经营额 3 倍的罚款，即 2.6 亿元。

③ 最高人民法院《信息网络传播权民事案件法律规定》第 8 条第 1 款规定："人民法院应当根据网络服务提供者的过错，确定其是否承担教唆、帮助侵权责任。网络服务提供者的过错包括对于网络用户侵害信息网络传播行为的明知或者应知。"

④ 《信息网络传播权保护条例》第 22 条规定："网络服务提供者为服务对象提供信息存储空间，供服务对象通过信息网络向公众提供作品、表演、录音录像制品，并具备下列条件的，不承担赔偿责任：（一）明确标示该信息存储空间是为服务对象所提供，并公开网络服务提供者的名称、联系人、网络地址；（二）未改变服务对象所提供的作品、表演、录音录像制品；（三）不知道也没有合理的理由应当知道服务对象提供的作品、表演、录音录像制品侵权；（四）未从服务对象提供作品、表演、录音录像制品中直接获得经济利益；（五）在接到权利人的通知书后，根据本条例规定删除权利人认为侵权的作品、表演、录音录像制品。"

⑤ 参见北京市第二中级人民法院（2009）二中民终字第 9 号民事判决书。

⑥ 参见北京市海淀区人民法院（2008）海民初字第 14025 号民事判决书。

股份有限公司诉杭州在信科技有限公司等侵犯著作权案①中被告的行为就被判构成了侵权。为此，最高人民法院制定的《信息网络传播权民事案件法律规定》②中对网络服务提供者的主观过错判定给予了具体的司法解释，该解释对于司法实践中如何掌握视频分享服务提供者主观过错提供了具体的操作准则。此后，在广州佳华文化活动策划有限公司诉广州市千钧网络技术有限公司、北京我乐信息科技有限公司的系列串案③（以下简称广州佳华案）中，法院按照该司法解释确立的标准对视频分享服务提供者的主观过错进行认定并最终判定被告可以进入"避风港"，本节将以该系列案件为样本结合最高院司法解释的相关规定分析视频分享服务提供者主观过错的判定标准。

第二节　视频分享服务提供者"过错"主观状态判断的法律依据

根据《侵权责任法》第6条第1款（"行为人因过错侵害他人民事权益，应当承担侵权责任"）和第36条第3款（"网络服务提供者知道网络用户利用其网络服务侵害他人民事权益，未采取必要措施的，与该网络用户承担连带责任"）的规定可知，对网络服务提供者侵权的归责原则是过错责任原则，对其主观状态的要求是"知道"④。关于过错的表述，《信息网络传播权保护条例》第22条使用了"知道""有合理的理由应当知道"⑤，第23条则使用了"明知""应知"。从上述基本法律规定看，虽然

---

① 参见北京市西城区人民法院（2011）西民初字第14730号民事判决书。
② 《关于审理侵害信息网络传播权民事纠纷案件适用法律若干问题的规定》（法释〔2012〕20号）2012年11月26日由最高人民法院审判委员会第1561次会议通过，自2013年1月1日起施行。
③ 参见北京市朝阳区人民法院（2013）朝民初字第20578号民事判决书、北京市第三中级人民法院（2014）三中民终字第199号民事判决书等22起案件。
④ 根据立法机关的解释，该"知道"包括"明知"和"应知"两种主观状态。参见全国人大常委会法制工作委员会编、王胜明主编：《中华人民共和国侵权责任法释义》，北京，法律出版社，2010，第194～195页。
⑤ 《信息网络传播权保护条例》第22条第3项规定："不知道也没有合理的理由应当知道服务对象提供的作品、表演、录音录像制品侵权。"与之相对应的是美国DMCA第512条第(c)款的规定（"并不实际知晓其网络系统中的作品是侵权的；在缺乏该实际知晓状态时，没有意识到能够从中明显发现侵权行为的事实或情况"）。

两者用语不同，但内涵是一致的。①《信息网络传播权民事案件法律规定》第 8 条则采用了"明知"和"应知"的表述。②

关于"明知"的理解一般是指有证据证明网络服务提供者明知其服务的网络用户可能利用其网络服务侵害权利人的信息网络传播权，仍然积极鼓励网络用户实施侵权行为，以及在已经明知网络用户利用其提供的网络服务实施侵害信息网络传播权行为的情况下，不采取相应的删除、断开连接、屏蔽等措施而仍然为其提供服务的行为。③ 根据元照法律词典的解释其包含两层含义：即直接且清楚地知悉某种事实或状态；知晓某种信息或情况，而该信息或情况会引起一般理性人对事实做进一步的探究或查询。④ 在司法实践中，一般情况下网络服务提供者如果收到了权利人发出的通知且该通知上写明了涉案侵权作品的具体所指，则应判定网络服务提供者明知的主观状态。在关于通知并不完全符合要求时，在网络服务提供者的主观状态的判断问题上，不同法院存在不同的理解。本书认为，根据对"明知"的理解，如果网络服务提供者在收到并不符合具体要求的通知后，其作为理性管理者主动做出反应，就通知所提供的信息做出进一步的探究或查询仍然不可能发现侵权行为或侵权事实的，不能认定为"明知"。但是，如果网络服务提供者在收到通知后，仅仅以通知不符合具体要求为由置通知所述侵权事实于不顾，不是理性管理者所应有的态度，主观上具有过错。这里对通知的唯一要求是能够准确确定侵权行为的具体所指和所在。在广州佳华案中，原告广州佳华公司就此 22 件案件涉及的影视作品均发出了"删除通知函"，但在该通知函中仅列明了影片名称，未写明要求删除的侵权视频的名称和网络地址。例如，在北京市第三中级人民法院（2014）三中民终字第 00199 号民事判决书中，法院查明该通知函中不仅列出了影片的中文名字《特工女友》，还同时列明了英文名字"Lies And Illusions"，但是，涉案的视频名字为《谎言与错觉》。虽然在影片的片头能够显示英文名字"Lies And Illusions"，但是，通过搜索《特工女友》及"Lies And Illusions"均不能准确查找出涉案的视频《谎言与错觉》。

---

① 参见陈锦川：《著作权审判原理解读与实务指导》，北京，法律出版社，2014，第 244 页。
② 最高人民法院《信息网络传播权民事案件法律规定》第 8 条第 1 款规定："人民法院应当根据网络服务提供者的过错，确定其是否承担教唆、帮助侵权责任。网络服务提供者的过错包括对于网络用户侵害信息网络传播行为的明知或者应知。"
③ 参见奚晓明主编：《解读最高人民法院司法解释、指导案例》（知识产权卷），北京，人民法院出版社，2014，第 169 页。
④ 参见薛波主编：《元照英美法词典》，北京，法律出版社，2003，第 26 页。

因此，法院以原告通知函中"未告知我乐网信息公司侵权视频名称和网络地址的情况下，我乐信息公司无法依据其通知函准确定位并删除涉案视频"为由判定被告不具有"明知"的主观过错。

关于"应知"的理解是指推定知道，即对于某人基于合理的注意就能了解的事实，法律推定其应该且已经了解该事实，而不论其事实上是否知情。最高人民法院《信息网络传播权民事案件法律规定》第9条根据司法实践总结经验，归纳了判断"应知"的参考因素主要为：网络服务提供者提供服务的性质、方式及其引发侵权的可能性大小，应当具备的管理信息的能力；其传播的作品、表演、录音录像制品的类型、知名度及侵权信息的明显程度；是否主动对作品表演、录音录像制品进行了选择、编辑、修改、推荐等，是否积极采取了预防侵权的合理措施，是否设置便捷程序接收侵权通知并及时对侵权通知作出合理的反应，是否针对同一网络用户的重复侵权行为采取了相应的合理措施等。司法解释中规定的考虑因素并不需要机械地一一全部进行考虑，人民法院应当根据个案的具体情况进行认定。① 本书将针对提供视频分享这一类网络服务提供者的"应知"状态结合案件进行具体分析。

第三节 视频分享服务提供者"应知"主观状态的判断因素

实践中对于"应知"的判断则一般限定在能够从中明显发现侵权行为的事实，应以"红旗标准"为判断尺度。如果侵权行为明显到像一面鲜艳的红旗一样昭然若揭时，网络服务提供者就应该知道该侵权行为的存在。至于什么样的事实可以构成"红旗标准"则需要与网络服务提供者应当承担的"注意义务"结合起来进行考量。最高人民法院《信息网络传播权民事案件法律规定》第10条规定："网络服务提供者在提供网络服务时，对热播影视作品等以设置榜单、目录、索引、描述性段落、内容简介等方式进行推荐，且公众可以在其网页上直接以下载、浏览或者其他方式获得的，人民法院可以认定其应知网络用户侵害信息网络传播权。"该条是对于"红旗标准"在网络中如何体现的具体描述，在对热播影视作品等以设

---

① 参见奚晓明主编：《解读最高人民法院司法解释、指导案例》（知识产权卷），北京，人民法院出版社，2014，第169页。

置榜单、目录、索引、描述性段落、内容简介等方式推荐时,榜单、目录、索引、描述性段落、内容简介等即像红旗一样昭示侵权行为的存在。具体到视频分享服务所属的信息存储空间服务类型来看,最高人民法院《信息网络传播权民事案件法律规定》第12条又列明了应知的情形:将热播影视作品等置于首页或者其他主要页面等能够为网络服务提供者明显感知的位置;对热播影视作品等的主题、内容主动进行选择、编辑、整理、推荐,或者为其设立专门的推荐榜的;其他可以明显感知相关作品、表演、录音录像制品为未经许可提供,仍未采取合理措施的情形。该条的核心有两点:一是感知对象应为热播影视作品等,强调对象的知名度;二是感知的程度为明显感知,通过人为因素的参与等来推定其明显感知。同时,该规定第11条对注意义务应掌握的高低标准提供了一个重要的考量因素,即是否直接获得经济利益。下文将对上述判断视频分享服务提供者"应知"主观状态的三个重要因素进行分析。

一、"应知"侵权行为存在的侵权对象为热播影视作品等的判断

《信息网络传播权民事案件法律规定》第10条和第12条均规定"应知"侵权行为存在的侵权对象为"热播影视作品等"。之所以将热播影视作品特别列明,主要考虑是影视作品制作成本较高,权利人投资较大,特别是正值热播期间的电影,权利人一般不会将其无偿置于信息网络中供社会公众免费使用。[①] 该条规定虽然单独列明了热播影视作品,但不代表不处于热播期的影视作品就不受保护。这样规定的原因除了上述理由外,本书认为,从判断视频分享服务提供者主观是否"应知"的角度来看,热播影视作品知名度较高,能够被服务提供者感知的可能性更大,并且由于正处于热播期其被侵权的可能性更大,因而视频分享服务提供者承担的注意义务更高。在广州佳华系列案中,原告主张权利的影视作品均为2009年—2011年间从境外引进的影片,该系列影片均并非处于热播期或具有较高知名度。该因素直接影响了法院判定视频分享服务提供者注意义务的高低。佳华公司上诉时称该系列影片在还没有上院线之前或还没有处于热播期即遭受侵权,潜在的消费市场受到了极大的挤压,损失更大。从电影市场运行角度讲,事实上确实存在这种情况,但由于其在国内相关市场的知

---

① 参见奚晓明主编:《解读最高人民法院司法解释、指导案例》(知识产权卷),北京,人民法院出版社,2014,第171页。

名度较小，视频分享服务提供者获知该影片的可能性较小，且其不承担事前主动审查的义务，从权利人与网络技术发展的利益平衡角度来讲，对视频分享服务提供者承担一般的注意义务的要求不宜过高。

二、"应知"侵权行为存在的感知状态为明显的判断

作为一个理性的管理者，视频分享服务提供者应当关注上传至其网页上的作品，特别是位于首页显著位置、点击下载排名靠前以及经过选择、编辑、整理、推荐的作品，其应该积极审慎地发现侵权作品的存在，尽到合理的注意义务。本书认为，对于处于显著位置的作品，可以适用红旗标准来判断网络服务提供者的主观过错。对于排名靠前的作品，网络服务提供者作为理性管理者有更多机会注意到该作品侵权的可能，应该负担较高的注意义务。网络服务提供者如果发现排行榜中有侵权作品则应在合理的时间内删除，否则可判定其没有尽到注意义务。对于经过选择、编辑、整理、推荐的作品，因为视频分享服务提供者主动进行了人为干预，其对作品便具有了深度接触的机会，从而具有更高的注意义务。对于明显感知的判断，只要符合能够合理地认识到作品在其视频分享网站中传播的情形之一并且符合能够合理地认识到网络用户传播的作品是未经著作权人许可的情形之一，就可以判定网络服务提供者有合理的理由应当知道网络用户利用视频分享服务传播作品的行为系侵犯他人信息网络传播权，也就是说，可以判定网络服务提供者具有主观过错，应当承担共同侵权责任。在广州佳华系列案中，权利人是通过百度搜索定位我乐网上的涉案侵权视频，没有证据证明该视频处于我乐网首页或主要页面等能够明显感知的位置。同时，点击我乐网的涉案视频后，仅仅能看到"类别：电影"，并没有影片的介绍、推荐等。对于设置"电影"栏目是否就意味着视频分享服务提供者对涉案影片进行了选择、编辑、整理等，法院认为电影栏目是我乐网的固定栏目分类，仅仅通过这一分类栏目不能推定视频分享服务提供者对涉案影片主动进行了选择、编辑、整理或推荐。对于从影片位于提前设置的"电影"栏目来推定视频分享服务提供者是否应知方面，在之前的司法实践中有的法院掌握得比较宽松，认为只要设置了"电影"分类栏目就可以推定视频分享服务提供者具有主观方面的应知。该标准对视频分享服务提供者承担的注意义务比最高院司法解释中要求的"明显"更为严苛，是对视频分享服务提供者提出了更高的注意义务。随着网络经济的日益发展，网络服务提供者对于促进信息网络技术创新和商业模式发展具有极其重要

的作用，对其行为的控制也应当适可而止，防止不适当妨碍技术的发展、创新，并为相关互联网产业的发展留下空间。因此，既让网络服务提供者承担相应的责任，但又避免使其过重地承担责任，是网络环境下著作权保护中平衡著作权人与网络服务提供者之间利益的基本原则。① 在该原则的指导下，《信息网络传播权民事案件法律规定》对于视频分享服务提供者主观过错的应知状态的要求是"明显"感知。因此，在广州佳华系列案中，仅仅通过"电影"栏目的分类不能直接推定其主观的应知状态，还需要综合考虑其他相关因素做出判断。

三、是否从侵权作品中直接获得经济利益的判断

最高人民法院《信息网络传播权民事案件法律规定》第 11 条第 1 款规定："网络服务提供者从网络用户提供的作品、表演、录音录像制品中直接获得经济利益的，人民法院应当认定其对该网络用户侵害信息网络传播权的行为负有较高的注意义务。"关于网络服务提供者是否从侵权作品中获得了直接经济利益，在国外理论和司法实践中仍存在诸多分歧。《数字千年版权法案》认可了 Netcom 案中采用的直接经济利益标准——向每位用户都收取固定的使用费并不是从侵权行为中获得直接经济利益，因为侵权行为并没有直接影响到每位用户的使用费数额。但在另外一些情形下，由于侵权内容的存在导致的用户数量上升、广告收益增加是否构成直接经济利益尚无定论。例如，在 1996 年的 Fonovisa 案②中，法院认为由于市场内的侵权商品存在，使得市场对潜在消费者的吸引力增加，从而导致消费者数量的上升，市场经营者从固定收取的服务费中获得了直接经济利益。但在 2004 年的 CoStar v. LoopNet③ 案中，法院却不认同原告所称的由于网页中的侵权作品使得网站对可能用户的吸引力增加从而使得被告获得直接经济利益的观点。似乎法院有对直接经济利益从严把握之势。然而，在 Cybernet 一案中，法院又认为用户在侵权网站上签署 Adult Cheek 为 Cybernet 带来的直接收入构成直接经济利益。④ 与之类似，在 Aimster

---

① 参见奚晓明主编：《解读最高人民法院司法解释、指导案例》（知识产权卷），北京，人民法院出版社，2014，第 163 页。
② See Fonovisa v. Cherry Auction, 76 F. 3d 259, at263 (9ᵗʰ Cir, 1996).
③ CoStar Group, Inc. v. LoopNet, Inc., 373 F. 3d 544 (4th Cir. 2004).
④ 在本案中，法院查究了立法历史，认为只要服务的价值来源于侵权内容而非"合法业务"，服务提供者就从中获得了直接经济利益。

案中法院也认为"只要侵权行为的存在能吸引可能的用户,则满足经济利益的要素"。同样,在 Google 案①中,法院根据 Google 的广告收入直接取决于其用户数据库用户量的增加,从而认为 Google 从更多的用户浏览并使用 Google 图片搜索的行为中获得了直接经济利益。通过美国的这一系列案件我们可以看出,CoStar 案中对直接经济利益的判断标准已经逐渐被 Fonovisa、Aimster 和 Cybernet 等案共同确立的判断标准所取代,即由于侵权内容的存在导致用户量的增加,其广告收入可以认为构成直接经济利益。

我国目前在司法实践中有观点认为,由于侵权作品的存在,网站对用户的吸引力增加,导致点击率上升,使得网站获得了更多的广告收益,这应当视为从侵权行为中获得了直接经济利益。这一判断标准和美国 Fonovisa、Aimster 和 Cybernet 等案确立的标准是一致的。例如,上海激动通信有限公司诉北京六间房科技有限公司案。② 但也有法院采取了较为严格的标准来判断直接经济利益,如在慈文诉我乐案的一审判决书中,北京市朝阳区法院认为"56 网"上的视频没有向用户收取费用,虽然在涉案作品的旁白处显示了一则广告,但无证据证明我乐公司可以从中直接获得经济利益,因此,符合"避风港"的免责条件。在北京市高级人民法院出台的《关于审理涉及网络环境下著作权纠纷案件若干问题的指导意见(一)(试行)》③ 中对直接经济利益做出了指导性规定,其中第 25 条规定:"网络服务提供者因提供信息存储空间服务,按照时间、流量等向用户收取标准费用的,不属于《信息网络传播权保护条例》第二十二条第(四)项所称的'从服务对象提供作品、表演、录音录像制品中直接获得经济利益'。网络服务提供者因提供信息存储空间服务而收取的广告费,一般不应认定为直接获得的经济利益;网络服务提供者针对特定作品、表演、录音录像制品而投放的广告,可以根据案件的具体情况,在认定网络服务提供者是否存在过错时酌情予以综合考虑。"可见,我国北京法院对于认定直接经济利益的标准是非常严格的,这也就是对"避风港"原则适用的较为宽松的态度,从而使得大量的视频分享服务提供者能够进入"避风港",从而免除赔偿责任。而上海法院对于直接经济利益的认定较为宽松,对进入

---

① See Perfect 10 v. Google, Inc. 416 F. supp. 2d 828, at 857 (C D. Cal, 2006).
② 参见北京市海淀区人民法院(2008)海民初字第 24752 号民事判决书。
③ 京高法发〔2010〕166 号通知,2010 年 5 月 17 日北京市高级人民法院审判委员会第七次会议讨论通过。

"避风港"的标准把握得比较严格。在最高人民法院的《信息网络传播权民事案件法律规定》中认定直接获得经济利益的条件必须是针对特定侵权作品投放广告获得的收益或者获取与该特定作品存在特定联系的经济利益，该要求是比较严格的，并且明确规定网络服务提供者因提供网络服务而收取的一般性广告费、服务费等不属于直接获得的经济利益。

在广州佳华系列案件中，我乐网在涉案视频开始播放前均加载了广告，但该广告系视频播放器自动加载的，并非针对特定侵权作品专门投放的，因此，法院依据《信息网络传播权民事案件法律规定》的规定，认为该广告不能证明我乐网获得了直接经济利益。广州佳华公司主张，尽管广告是播放器自动加载的，但广告费的收取却是与视频点击次数息息相关的，从这个角度讲，我乐网从涉案的侵权视频中获得了直接的经济利益。但是，从《信息网络传播权民事案件法律规定》的内容及精神来看，直接获得的经济利益必须是针对具体的侵权作品而投放的广告，点击率、流量、用户量等会影响广告收益但并非针对特定侵权作品而产生的直接经济利益。因此，法院最终判决认为我乐网视频播放器中的自动加载广告行为并未带来直接经济利益。

第四节　视频分享服务的新发展和新挑战

目前，我国网络视频产业经历了多年的发展，已经形成完善的网络视频版权生态，包括投资方、制作方、发行商、播出平台、广告主、用户等，分别负责网络视频的投资、制作、发行、渠道、增值、消费等环节。网络视频行业的正版化与版权内容维权是维系行业版权生态良性发展的核心，只有最大限度地降低网络盗版的不良影响才能实现行业版权生态各个参与方的供应。事实上，网络视频产业的发展始终伴随着网络盗版的阴影，产业竞争虽有"春秋战国"的混战局面，却无"儒释道法"之风。①随着网络存储技术的发展，互联网对作品的传播已经出现了许多新的侵权样态，视频盗版行为亦出现新的方式，最为典型的是通过云盘存储盗版视频并在淘宝网等网络上销售百度云的账户名和密码。如2016年的热播电视剧《芈月传》，在卫视台未播完的情况下，就有人将全部剧集上传至百

---

① 参见腾讯研究院：《互联网＋时代的立法与公共政策》，北京，法律出版社，2016，第72页。

度云中，并将百度云中播放该剧的账户名和密码通过淘宝网对外销售，达到"盗播"的目的（如图8-1所示）。

图8-1 淘宝网上销售百度云中播放《芈月传》的账户名、密码

  百度云只是一个信息存储空间，上传者无须实名注册，有人将储存有该剧的百度云的账户名和密码进行商业销售，满足了向公众提供作品的要求，但因上传者身份难以查明，作品上传行为是否侵权也难以认定。如果仅以服务器标准认定信息网络传播行为，在直接侵权行为难以确定的情况下，淘宝卖家销售百度云的账号和密码的行为性质也难以认定。那么，此种情形下权利人如何通过民事途径维权成为突出的问题。本书将在第十二章结合百度云服务提供者侵犯著作权责任问题研究一并进行讨论。

第九章 网页快照服务提供者侵犯著作权问题研究

第一节 网页快照提供行为的基本属性及价值

一、网页快照的技术解说

网页快照（Web Cache①），是搜索引擎的一项特色功能。根据全球网络存储工业协会②对网页快照的定义［关于指定数据集合的一个完全可用拷贝，该拷贝包括相应数据在某个时间点（拷贝开始的时间点）的映像］可知，快照可以是其所表示的数据的一个副本，也可以是数据的一个复制品。而从具体的技术细节来讲，快照是指向保存在存储设备中的数据的引用标记或指针。③ 当用户输入关键词搜索时，不仅能够得到包含关键词页面的网址还能够直接得到"快照"，当点击"快照"选项时，该内容就直接从搜索引擎服务器中被调取出来，此时用户看到的页面，就是网络快照，是搜索引擎提前抓取存储在服务器中的页面而并非搜索当时的页面现状。

---

① 此处的网页快照不包含缩略图快照，缩略图快照是指 Thumbnail，其对原图进行了尺寸上的调整，改变了原作品。而网页快照是对原网页的镜面反映，除因技术原因不能快照音频和视频外，对原网页不做人为调整。

② 全球网络存储工业协会（Storage Network Industry Association，SNIA）是存储网络的非营利行业组织，拥有 420 多家来自世界各地的公司，遍及整个存储行业，以推进存储网络成为信息科技业内完善并值得信赖的解决方案为共同的目标，详见 www.sniachina.org。

③ 参见《快照技术原理》，http://www.sansky.net/article/2007-05-13-snapshot-theory.html，最后访问日期：2013-02-06。

二、网页快照提供行为的法律解读

法律规范的是行为。作为一种网络技术的产物，网页快照本身不具有法律调整的意义，但是网页快照提供行为恰是法律规范的对象。从行为上来看，网页快照包括提前主动抓取来源网站的网页信息这一抓取行为、存储在搜索引擎服务器中这一存储行为以及应用户点击而呈现快照页面的提供行为这三个具体行为。网页快照的抓取、存储行为均应属于著作权法意义上的复制行为。但是，当其依附于搜索链接后，通过有线或无线的方式向公众提供了快照，使得公众可以在其个人选定的时间和地点获得该快照的提供行为又构成信息网络传播行为。本书探讨的正是网页快照的这种提供行为的法律责任问题。从上述分析来看，网页快照虽然是搜索引擎的一项特色功能，但就其本身来讲，已经不再属于网络服务提供者即 ISP，其快照提供行为已经构成了内容的直接提供，当属于内容提供者即 ICP 的范畴。

从法律规定来看，最高人民法院《信息网络传播权民事案件法律规定》第 5 条明确规定："网络服务提供者以提供网页快照等方式实质替代其他网络服务提供者向公众提供相关作品的，人民法院应当认定其构成提供行为。"如何理解该条规定的"提供行为"将直接影响到对快照行为的定性。其中一种理解是，《信息网络传播权民事案件法律规定》中的提供行为的内涵不明确导致规定没有法律意义，仅仅是对快照技术的一种客观描述。理由是提供行为是一种事实行为，无论是否能够实质替代其他网络服务提供者向公众提供相关作品，都是提供行为。从语义解释方法来看，此处的"提供行为"也貌似不妥，该款前半句已经规定"以提供网页快照等方式"，后半句又规定"应当认定其构成提供行为"，属于重复定义。本书认为，最高人民法院《信息网络传播权民事案件法律规定》第 5 条第 1 款中出现的三个"提供"其内涵是有差别的。前两个"提供"就是指其字面含义，是指提供的动作。而最后的"构成提供行为"的"提供"则有着法律意义，此处应以系统解释方法来正确理解"提供行为"。《信息网络传播权民事案件法律规定》第 3 条使用了"提供"一词，并规定网络服务提供者未经许可，通过信息网络提供权利人享有信息网络传播权的作品、表演、录音录像制品，除法律、行政法规另有规定外，应当认定其构成侵害信息网络传播权行为。第 5 条第 2 款规定："前款规定的提供行为不影响相关作品的正常使用，且未不合理损害权利人对该作品的合法权益，网络服务提供者主张其未侵害信息网络传播权的，人民法院应予支持。"结合上下条文理解，此处的"提供行为"应当理解为信息网络传播行为。

三、网页快照提供行为的存在价值

网络快照提供行为涉及的是内容提供行为，其最终指向的是对著作权中的信息网络传播权的直接侵害。根据利益平衡原则，法院在审理侵害信息网络传播权民事纠纷案件时，在依法行使裁量权时，应当兼顾权利人、网络服务提供者和社会公众的利益。因此，分析网页快照提供行为的存在价值，也即考量网页快照提供行为对于三者的意义是十分必要的。

从网页快照的技术特点来看，网页快照对于社会公众的存在价值在于在网站服务器暂时中断、堵塞、网速过慢、链接更改、内容删除等情况下，可以选取网页快照来达到自己查阅搜索内容的目的。同时，在访问原网站出现障碍时，能够了解到原网页曾经存在的内容，抑或通过网页快照来快速定位、查找信息。网页快照作为搜索引擎的附带功能，本身并未给网络服务提供者带来更多的技术负担，且其依附于搜索引擎，丰富了搜索的功能。但是，网页快照提供行为是对内容的直接提供行为，在一定程度上会对著作权人的利益造成损害。那么，法院在审理该类案件时如何才能更好地平衡权利人、网络服务提供者和社会公众的利益是司法价值彰显的关键。

第二节 网页快照提供行为责任认定的中外既往判例之探究

一、雅虎案及百度案

在我国网络著作权司法实践中较早涉及网页快照的案件是王某诉雅虎公司侵犯著作权案。① 该案件适用《著作权法》和2006年12月8日修改之前的最高人民法院《关于审理涉及计算机网络著作权纠纷案件适用法律若干问题的解释》（现已失效）。法院以被告没有主观过错，尽到了告知义务且原告没有证据证明被告提供网页快照已经超过了合理期限为由，驳回了原告的诉讼请求。该案是将网页快照提供者作为一种ISP来看待，认为网页快照提供行为是一种链接行为，在是否承担共同侵权责任时被告的主

---

① 参见北京市第一中级人民法院（2005）一中民初字第5761号民事判决书，北京市高级人民法院（2007）高民终字第1729号民事判决书。

观状态还是考虑的主要因素。

而在泛亚诉百度案中，法院认为百度将歌词放置在其服务器上，通过用户点击百度网站 MP3 搜索框的"歌词"按钮的方式向用户提供歌词，其提供的歌词"快照"服务并不仅仅是搜索引擎服务，已经构成在网络上传播作品的行为。此时，法院对网页快照行为的认识已经由搜索链接转到信息网络传播行为上，从定位于 ISP 转向了 ICP，从而判定快照服务提供商承担侵犯信息网络传播权的侵权责任。

但随着网络技术的发展，快照服务以其特有的存在价值一直存在且持续发展着。时至今日，权利人再次大规模地将网页快照服务提供者诉至法院，网页快照服务面临着存亡的危机，而司法裁判的尺度将直接决定其命运。法院在利益平衡原则下会如何进行司法价值的抉择，本书将在下文结合对《信息网络传播权民事案件法律规定》第 5 条的理解，分析最新的司法案例。

二、Google 快照系列案件

网页快照服务提供行为的法律责任在不同国家存在不同的司法态度和标准，同一国家对此问题也存在不同的认识和判断。在美国涉及网页快照著作权问题的典型案例是 Field v. Google[①] 案。在该案中，法院以谷歌缺乏必要的故意为由驳回了原告的诉讼请求，具体裁判理由是："当用户通过点击'快照'链接访问页面时，是用户对页面进行了复制和下载而并非谷歌。谷歌在这一期间是被动的，没有用户的访问，复制是不会产生的。"但是，该案在判例法中是否可被作为先例引用尚不清楚，因为该案的判决与第九巡回法院在 Perfect10[②] 案的判决理由是截然不同的。在 Perfect10 案中，美国第九巡回法院认为谷歌的使用构成合理使用，因此，不应当承担侵权责任。在其他类似案例中，美国法院认为如果谷歌的行为构成直接侵权，他也能够从默示许可、禁止反言、合理使用和"避风港"这四个方面成功地进行抗辩。[③]

在欧洲，提及网页快照必然提起比利时著名的 Copiepresse v. Google 案。[④]

[①] "Field v. Google Inc", 412 F. Supp. 2d 1106 (D. Nev. 2006).

[②] " Perfect 10, Inc. v. Amazon. Com, Inc", 508 F. 3d 1146 (9th. Cir. 2007).

[③] Miquel Peguera: *Copyright Issues Regarding Google Images and Google Cache*, p. 177.

[④] " Copiepresse v. Google", *Tribunal de Premiere Instance de Bruxelles*, 13 Feb. 2007, No. 06/10. 928/C. "Partially affirmed on appeal", *Cour Appel de Bruxelles 9 chambre*, 5 May, 2011, http: //www.copiepresse.be/pdf/Copiepress5mail2011.pdf.

在该案中，一审法院认为谷歌快照存储文章和文件并使其可被公众获知是一种侵权行为，谷歌不能基于法律获得任何免责。最终一审法院判决谷歌移除网页快照中的侵权内容。谷歌公司以在 Field v. Google 案中获得支持的理由即复制行为是用户所为进行抗辩，但一审法院没有支持这种抗辩，认为通过蜘蛛程序抓取和存储行为是谷歌进行的复制行为，并且谷歌还将该复制件通过快照形式向公众传播。谷歌不服一审判决上诉至布鲁塞尔上诉法院，布鲁塞尔上诉法院认为谷歌提供快照的行为不是为了传播而仅仅提供管道，也并非必要的技术程序，因此谷歌快照不能进入"避风港"[1]。

同样，在西班牙的巴塞罗那上诉法院审理的 Megakini v. Google[2] 案中，法院也认为快照不能进入"避风港"且快照行为不是实现搜索功能所必需的技术，但是，巴塞罗那上诉法院从合理使用的角度来解释了知识产权的范围，认为快照行为并没有损害著作权人的利益，其从平衡社会公众利益与著作权人利益的角度出发，最终认为谷歌快照没有侵犯著作权。

从上述案例来看，由于考量的利益权重有别，对于网页快照提供行为的责任认定确实存在过不同的司法判决。但是随着网络技术的不断发展以及对网页快照技术的深入了解，在技术中立和利益平衡原则的指引下，法院对网页快照提供行为给予了更多的宽容和支持。

第三节　网页快照提供行为著作权侵权判定的再思考

目前，判断网页快照提供行为是否侵犯著作权的主要法律依据是于 2013 年 1 月 1 日起实施的最高人民法院《信息网络传播权民事案件法律规定》的第 5 条规定（"网络服务提供者以提供网页快照、缩略图等方式实质替代其他网络服务提供者向公众提供相关作品的，人民法院应当认定其构成提供行为。前款规定的提供行为不影响相关作品的正常使用，且未不合理损害权利人对该作品的合法权益，网络服务提供者主张其未侵害信息网络传播权的，人民法院应予支持"）。本书认为对于该条的理解和适用的关键点是如何把握"实质性替代"从而判断快照行为构成提供行为，如

---

[1] "The Cour D'Appel de Bruxelles 9 chambre", 5 May 2011, http://www.copiepresse.be/pdf/Copiepresse5mai2011.pdf.

[2] See Commercial Court No. 5 of Barcelona, 30 March 2007, Audiencia Provincial (Court of Appeals) of Barcelona, 17 September 2008.

何理解本条两款之间的逻辑关系从而判断快照行为应否承担侵害信息网络传播权的责任。

一、对"实质性替代"的理解

从法律适用的角度讲,《信息网络传播权民事案件法律规定》第5条第1款是判断快照提供行为是否构成侵害信息网络传播权的直接法律依据。从本款规定的内容来看,"实质性替代"是判断是否构成侵害信息网络传播权的关键。

为了更好地理解及掌握"实质性替代"的标准,本书尝试从"实质性"的词源入手分析。《信息网络传播权民事案件法律规定》第5条第1款中的"实质性"用语源自何处不得而知。梳理"实质性"用语在著作权法语义中的脉络可知,"实质性"一词曾在判断作品是否侵权时,即"接触加实质性相似"的判断规则中提及。此处的"实质性相似"一词本身来自美国版权法中的"material similarity",其含义是两部作品内容高度相似或者核心部分基本相似。因此,有观点认为,如果从这个角度来理解"实质性",网页快照与原网页几近一致,那么,结论肯定是实质性相似的,从而得出实质性替代的结论。本书认为,这种理解忽视了比对对象的差别,实质性相似不能等同于实质性替代,还应就是否构成"替代"进行分析。网页快照中实质性替代的是"其他网络服务提供者向公众提供相关作品"。这就意味着在判断是否构成"实质性替代"时要考虑的因素不单单是网页内容的替代,还应考虑替代的对象是其他网络服务提供者提供的服务。

另外,"实质性"一词还在1984年美国联邦最高法院通过索尼案确立的技术中立原则中得以体现,该案确立了"实质性非侵权用途原则"。本书认为,从使得法律有意义的角度进行法律解释这个原则出发,《信息网络传播权民事案件法律规定》第5条第1款中的"实质性"替代规定可以从技术中立原则的角度进行解释。技术中立原则是指某种技术能够被用作合法用途,即使有可能被用作非法用途也不应承担侵权责任。[1] 虽然技术中立原则的提出及适用是从间接侵权的角度,但该原则的精神实质却是出于对技术客观中立的态度,给予技术生存发展的空间。在这个问题上,北京市高级人民法院在《关于审理涉及网络环境下著作权纠纷案件若干问题

---

[1] 参见张今:《版权法上"技术中立"的反思与评析》,《知识产权》2008年第1期;冯刚:《网络交易平台服务提供商的侵权归责原则问题》,《中国知识产权》2010年第8期。

的指导意见（一）试行》①（以下简称北京高院《指导意见》）第13条中从合理使用的角度对"未实质性替代用户对他人网站的访问"给予快照免责。此处的"非实质性"应该是暗合了《信息网络传播权民事案件法律规定》中规定的"实质性"的排除范畴。

在司法实践中，如何判断网页快照是否构成实质性替代其他网络服务提供者向公众提供相关作品，成为判断快照服务提供者是否构成侵犯信息网络传播权的关键。本书认为，对于"实质性替代"的把握，从内容上来看，快照应该能够反映原作品的核心内容，也就是说，快照服务实际上已经能够替代原来网络服务提供者提供涉案作品。从替代对象上来看，应该把握"实质性替代"的是其他网络服务提供者。由此可见，"实质性替代"应该是一个客观的事实判断，而非基于对用户如何选择的主观的判断。因为用户选择具有主观随意性和选择偏好，并且用户上网习惯的培养和改变是一个群体长期渐进的动态过程。实际上，当用户输入关键词，搜索引擎在列出搜索结果条目的同时，提供了"转向原始网页的链接"和"对原始网页的快照"等标识，不管用户点击哪种方式，用户都是可以得到其所需要的内容的。这两种方式均提供了用户获得原网站内容的可能性。当用户选择点击"对原始网页的快照"时，该快照可以构成实质性替代原网页，也就是说，快照提供行为存在着实质性替代原网页的可能性。在原始网页已经更改或者删除了相应内容后，用户只能选择网页快照时，该网页快照即具有了实质上替代原网页的必然性。在三面向诉人民网二审案件②中，北京市三中院针对来源网页和网页快照均可正常访问及来源网页已经不可访问两种情况，均认定涉案网页快照提供行为构成了实质性替代。③ 但在北京市二中院的判决中却从是否影响作品的正常使用的角度，认为不构成实质性替代。④ 在丛某诉搜狗二审案件⑤中，北京市一中院从是否不合理

---

① 京高法发〔2010〕166号。
② 参见北京市第三中级人民法院（2013）三中民终字第1229号民事判决书。
③ 法院在判决书中论述如下：在junshishu.com（来源网页）和"即刻快照"均可正常访问的情况下，网络用户无须进入来源网页也可获得涉案作品；在junshishu.com已将涉案作品删除的情况下，网络用户仍能通过"即刻快照"获得涉案作品。因此，人民搜索公司提供的"即刻快照"达到了网络用户对来源网站访问的实质性替代作用，属于"未经许可，通过信息网络提供权利人享有信息网络传播权作品"的提供行为。详见北京市第三中级人民法院（2013）三中民终字第1229号民事判决书，第19页。
④ 参见北京市第二中级人民法院（2013）二中民终字第15446号民事判决书。
⑤ 参见北京市第一中级人民法院（2013）一中民终字第12533号民事判决书。

地损害权利人的利益的角度，认为网页快照不构成实质性替代。北京市三个中级法院对于网页快照是否构成"实质性替代"存在不同认识的原因是：对"实质性替代"是构成网页快照提供行为的要件还是构成责任免除的要件的认识不同。本书认为，从《信息网络传播权民事案件法律规定》第5条规定的内容及两款的逻辑关系来看，"实质性替代"应当是网页快照提供行为的构成要件。只有在构成提供行为的前提下，才有必要继续审查是否构成"不影响相关作品的正常使用，且未不合理损害权利人对该作品的合法权益"的免除责任要件。

二、快照服务提供者侵权责任的免除

最高人民法院《信息网络传播权民事案件法律规定》第5条第2款的规定实际上给快照提供行为打开了豁免之门。从立法本意上讲，该条款从著作权人与网络服务提供者、社会公众之间利益平衡的角度，为网页快照行为留下了一定的发展空间。

但是对于如何理解和适用"不影响相关作品的正常使用，且未不合理损害权利人对该作品的合法权益"，司法解释并没有给出具体的操作标准。从根源上讲，该款内容脱胎于《伯尔尼公约》第9条第2款[①]规定的"三步检验法"。后来，该"三步检验法"的适用范围逐渐扩展，不仅扩大到了版权领域的其他经济权利[②]，还扩大到了相关权的领域。[③] 从内容上讲，该款规定的是对信息网络传播权的限制与例外，其以开放、灵活的方式给封闭列举式的"合理使用"注入了新的内涵。[④] 对于该款的适用应当把握的两个关键点是"作品的正常使用"与"不合理的损害"。

对于何谓"作品的正常使用"可以借鉴《伯尔尼公约》在起草时的立法本意。"正常使用"这个术语并非单纯指权利人如何利用其作品的一些

[①] 《伯尔尼公约》第9条第2款规定：本联盟成员国法律有权允许在某些特殊情况下复制上述作品，只要这种复制不致损害作品的正常使用也不致无故危害作者的合法利益。

[②] TRIPs协议第13条规定：全体成员均应将专有权的限制或例外局限于一定特例中，该特例应不与作品的正常利用冲突，也不应不合理地损害权利持有人的合法利益。

[③] WPPT第16条规定：缔约各方应将本条约所规定权利的任何限制或例外限于某些不与录音制品的正常利用相抵触，也不无理地损害表演者或录音制品制作者合法利益的特殊情况。

[④] 北京市第一中级人民法院在（2013）一中民终字第12533号民事判决中亦从快照是否影响"作品的正常使用"及"不合理地损害权利人对该作品的合法权益"的角度分析是否能够构成合理使用的实质性要件，从而将《信息网络传播权民事案件法律规定》第5条第2款的规定纳入合理使用的考量范畴。

经验性结论，它其实是一个规范性的条件：如果某一例外涵盖了任何具有或者可能具有重大的重要性的作品利用方式，以致与作者对作品所行使的权利展开经济竞争，则此种例外就已经与作品的正常使用相抵触了。① 这里的关键是要看作品的利用方式是否能够对原作者行使权利产生经济竞争。实践中，网页快照这种行为是否能够或者可能对作者行使权利产生经济竞争呢？从司法实践来看，北京市一中院从网页快照"不会起到实质性替代作用"的角度论证"通常情况下不会与正常使用方式相冲突"②。北京市二中院从网络服务提供者角度和用户角度分析，网页快照行为均未对权利人行使权利产生经济竞争，因此，网页快照行为没有影响作品的正常使用。③ 北京市三中院则在判决中将"是否影响作品的正常使用与不合理地损害权利人对该作品的合法权益"一并进行了论述。本书认为，判断是否影响"正常使用"要看网页快照这种作品的利用方式与作者对作品所行使的权利是否能展开经济竞争。从现有证据尚无法看出网页快照提供行为会给提供者带来直接利益。相比来源网页，网页快照的差别仅在于快照在来源网页外进行了加框，该加框中仅显示了其网页来源等少量信息，并无任何广告等营利方式。④ 从目前的网络现状来看，网页快照还不是网络服务提供者的一种盈利模式，亦不构成与权利人对作品所行使权利的经济竞争，因此，现阶段网页快照并不影响作品的正常使用。但是，随着网络技术的不断发展，盈利模式的不断创新，并不排除网页快照影响作品正常使用的可能，因此，在判断此要件时应保持与时俱进的审判思维，为著作权人实现其利益保有适宜的空间。

对于"不合理损害"的理解和把握是考验司法尺度拿捏的关键，也是

---

① 参见〔匈〕米哈依·菲彻尔：《版权法与因特网（上）》，郭寿康、万勇、相靖译，北京，中国大百科全书出版社，2009，第414页。
② 北京市第一中级人民法院（2013）一中民终字第12533号民事判决书，第18～22页。
③ 参见北京市第二中级人民法院（2013）二中民终字第15446号民事判决书。法院从搜索服务提供者的角度分析认为："搜索引擎与被搜索的原始网站之间是相互依存的关系，搜索引擎为原始网站提供路径引指和用户流量，原始网站为搜索引擎提供网页和信息资源，搜索服务提供者提供网页'快照'服务仅为辅助用户实现检索需求，提高用户体验，无意通过网页'快照'服务代替用户对于原网站的访问。"同时，法院还从网络用户的角度分析认为："按照普通用户的使用习惯，在搜索关键词获得搜索结果时，通常会首选访问原网页内容而非网页'快照'中的内容，在一般情况下，网页'快照'亦不会取代用户对于原网页的访问。故尽管涉案网页'快照'中的文字包含了被上诉人三面向公司享有信息网络传播权的《仙凡劫》的部分文字，但该提供行为并不会影响相关作品的正常使用。"
④ 参见北京市第一中级人民法院（2013）一中民终字第12533号民事判决书。

利益平衡的着力点。在《伯尔尼公约》中对于"不得不合理"的理解也是损害必须适当,基于适当的公共政策的考虑。① 但对于如何具体把握这一用语,公约约文和斯德哥尔摩修订会议的记录都没有提供任何专门的指导意见。在司法实践中,北京市三个中级法院均认为,虽然网页快照提供作品在一定层面上会影响到权利人的部分权益,但网页快照服务本身是为方便网络用户搜索互联网信息而设,从社会公众利益与权利人利益衡量的角度,适当让渡权利人的部分利益从而增进整体社会的福祉是符合时代的发展和法的根本宗旨的。同时,对于是否是"不合理损害"的判断,三个法院在终审判决中②均认为权利人是否采取通知网页快照服务提供者删除相关网页快照的方式来最大限度地降低或消除网页快照给其造成的影响是重要的参考因素。这样就意味着一旦权利人发出删除通知,就代表着其已不堪该网页快照损害利益之重,以积极的行动来避免损害的进一步扩大,从而要求快照服务提供者删除该快照。

实际上,在判断是否不合理地损害权利人利益时引入"通知—删除"规则,这种做法本身是对"避风港"规则中的"通知—删除"的一种合理借鉴,为什么程度才构成"不合理损害"提供了可以操作的参考因素。其依据主要是《著作权法》的立法本意是保护著作权人的利益,在损害是否"合理"没有具体判断的客观标准的情况下,适度考虑著作权人的主观意图是十分必要的。并且从《著作权法》第22条合理使用条款中规定了著作权人可以明确排除他人的合理使用行为来看,法律是赋予著作权人表达自由意志的权利的。本书认为,对于"删除—通知"应该从当事人举证的角度来理解,一般来讲,判断"是否不合理地损害权利人的利益"应该基

---

① 参见〔匈〕米哈依·菲彻尔:《版权法与因特网(上)》,郭寿康、万勇、相靖译,北京,中国大百科全书出版社,2009,第416页。

② 例如,在北京市第一中级人民法院(2013)一中民终字第12533号民事判决书中表述为:如果著作权人已明确向快照提供者发送通知,要求其删除网页快照,则提供者有义务将其删除,否则将可以合理认定该行为已对著作权人的利益造成"不合理"的损害。在北京市第二中级人民法院(2013)二中民终字第15446号民事判决书中写道:"被上诉人三面向公司在发现人民搜索公司提供的网页'快照'中包含涉案作品的部分内容时,并未采取及时有效的方式通知人民搜索公司,且人民搜索公司明确表示如果收到通知将删除涉案网页'快照'中的文字内容,并且实际已经于三面向公司提起本案诉讼前删除了涉案网页'快照',故人民搜索公司提供涉案网页'快照'的行为本身,并未不合理损害权利人对该作品的合法权益。"在北京市第三中级人民法院(2013)三中民终字第1229号民事判决书中,法院明确写出:"判断网页快照提供行为是否'不合理'损害了权利人对该作品的合法权益,著作权人的维权意图及行为亦是客观判断标准之一。如果著作权人明确向快照提供者发送通知,要求其删除网页快照,应当推定为著作权人认为这一提供行为已经对所享有的合法权益造成了'不合理'的损害。"

于公共政策的考量，从公众利益、权利人利益与网络服务提供者利益平衡的角度来讲，网页快照行为没有不合理地损害权利人的利益。但具体到个案，权利人如果认为该网页快照行为已经不合理地损害了其利益时，其应该承担举证责任。那么，是否发过"删除—通知"则是重要的证据。同样，如果没有发过"删除—通知"而直接起诉至法院，法院则应着重考察在具体的案件中是否存在其他证据能够证明该网页快照已经不合理地损害了权利人的利益，从而判定该快照提供行为是否应该承担侵权责任。

综上可知，网页快照提供行为这一由技术变革引发的技术行为，在普惠大众之时，亦存在侵犯权利人利益之虞。当技术与利益发生碰撞时，法律作为利益平衡的调节器就发挥了至关重要的作用。在网络时代，保持网络技术持续发展是当前最大的社会利益，合理地限制著作权人的利益成为暂时的权宜之计，亦为将来技术不断创新，更好地衡平各种利益留下了宝贵的空间与时间。

第十章　聚合平台服务提供者侵犯著作权问题研究

随着移动终端的不断发展，特别是智能手机的普及，在手机上看视频已成为人们观看视频的一种通常方式。视频聚合平台与手机的结合，大大满足了手机用户观看视频的需要。手机视频聚合平台服务提供者，即俗称的视频聚合平台的 APP 提供者通过定向搜索聚合技术连接、聚合其他公司的优质资源用以吸引用户，给"精耕细作"的正版视频网站带来了极大的困扰。① 同时，其在侵犯著作权方面应该如何定位，是内容提供者还是技术服务提供者，主张涉案行为构成侵权时是否必须二选其一进行诉讼等问题一直在司法实践中存在较大争议，且存在不同的做法。本章将结合具体案例，尝试从程序和实体两个方面来分析手机视频聚合平台服务提供者侵犯著作权的法律责任。

第一节　手机视频聚合平台的技术原理及运行模式

通俗地讲，视频聚合是通过将分散在各视频网站的内容集中观看的方式，让用户在一款产品中就可以搜索到优酷土豆、爱奇艺、乐视、搜狐等所有视频服务商的资源，省去了用户打开无数个应用找视频的麻烦，也避免了安装各种各样的客户端。② 那么，手机视频聚合平台即将上述视频聚合的功能通过 APP 在手机终端得到实现。

从技术上讲，手机视频聚合平台软件（即俗称的 APP）一般使用

---

① 参见《国家版权局扩大监管范围 视频网站 APP 成重点目标》，http://www.entgroup.cn/news/matkets/1023804.shtml，最后访问日期：2015－03－03。
② 参见刘晓庆、万柯：《视频聚合平台的版权侵权责任》，《中国版权》2014年4月。

"IpTool 抓包工具"进行抓包分析，抓包原理为检测网络上的流量行为，分析工具抓取的封包能够帮助使用者对于网络行为有更清楚的了解。抓包工具不会修改网络封包产生的内容，它只会反映出目前流通的封包资讯。抓包工具本身不会发送封包至网络上。通过抓包的后台操作可以看出，所抓取的影视每一集都对应着详细的视频网站的页面地址，视频软件将每一集的 URL 链接递交给播放器进行播放，播放的内容与其原网页中视频窗口部分播放的内容相同。因此，视频搜索聚合是相关网站或软件通过"爬虫"技术或类似技术进行信息资源的定向搜索，按照一定的预置条件筛选后，抓取、链接相关视频信息，通过其平台将分散在各视频网站的视频信息内容集中向用户提供，使用户无须安装其他客户端，无须——进入视频网站即可获得相关信息内容。

从手机聚合软件的运行过程来看，一般是点击手机 APP 客户端后，呈现相关软件首页，包括一些影片的精彩内容推荐，在该首页上方一般会有分类列表功能键和搜索键，点击分类列表功能键后会有下拉菜单，呈现"电影推荐、热剧推荐、电影、电视剧、动漫"等栏目，点击搜索键后，会出现一个空白搜索框，输入需要查询的影视作品名称后显示搜索结果，点击搜索结果的详情，会展现包括影片的海报、名称、年代、地区、评分等信息，在该介绍的下方会显示当前内容的来源。播放搜索结果之前需要选择"来源"，然后点击播放。至此，手机聚合平台软件的运行过程基本一致，但是，在点击播放后则会出现不同的状态，大体为三种类型：第一种为直接播放影片，在影片的播放页面会出现来源网站的水印，但会有遮挡使得来源网站水印不清楚或不易被察觉。例如：逗点影视。第二种为需要先下载来源网站的播放器，播放来源网站的广告后再播放影片，同时，在播放页面能够看到来源网站的水印。例如：豌豆荚软件。第三种为不需要下载播放器，点击播放后有短暂的停顿显示跳转页面，播放来源网站的广告，播放页面呈现来源网站的水印，并标明来源于某网站。例如，百度视频或者 360 影视。这三种类型的共同点为均没有直接显示来源网页的具体 URL 地址，均带有来源网页的水印；区别在于是否播放了来源网页的广告，是否需要下载来源网页的播放器，是否明确表明来源网站。目前，第三种类型尚未诉诸法院，但前两种类型已经在司法实践中有生效案例，下文将结合具体案例进行分析。

第二节　手机视频聚合平台侵犯著作权典型案例解析

一、问题的提出——此类案件研究的价值和意义

据不完全统计，目前司法实践中涉及的手机视频聚合平台侵犯著作权的案件数量并不多。[①] 但随着智能手机的日益普及及移动终端商业模式的不断创新，当新的商业模式或者新的技术触及著作权人抑或原有传播者的利益时，法律该如何划定合理的界限从而平衡各方当事人的利益成为需要思考的问题。同时，视频聚合并不是一般的搜索链接服务，而是定向链接与深层链接的结合，本身技术问题相对复杂。加之，对在手机视频聚合平台这一商业模式下网络服务提供者的行为性质存在着不同的认识，司法实践中当事人往往在诉讼主张中不明确其起诉的行为是直接侵权还是间接侵权，或者虽然明确主张涉案行为构成直接侵权但同时亦认为即便不构成直接侵权也应当承担间接侵权的责任。面对这样的程序和实体问题，在司法实践中出现了不尽一致的做法。究其原因，本书认为本质上还是对于信息网络提供行为判断标准的认识不同所致。此外，如何设计合理的诉讼程序亦成为保障当事人诉权、节省司法资源、提高司法效率的重要因素。本节将以司法实践中的案例为样本，结合实践中的具体做法，探讨在网络技术不断发展的环境中，在互联网商业模式不断创新的情况下，如何通过诉的主张来保障当事人的诉权，如何把握信息网络提供行为的认定标准来平衡各方利益。

二、据以研究的案例

案例一：芭乐影视案[②]

在搜狐公司诉芭乐公司侵犯信息网络传播权纠纷案中，搜狐公司享有

[①] 涉及手机视频聚合平台服务提供者侵犯著作权的案件在北京法院系统中最早出现在 (2013) 石民初字第 1528 号案件中，至今总体数量不过几十件。数量不多的主要原因是手机聚合平台服务是一种新类型的服务模式，且能够成为手机上应用较多的 APP 软件的提供者的数量本身不多。

[②] 搜狐公司诉芭乐公司侵犯信息网络传播权纠纷案，详见北京市石景山区人民法院 (2013) 石民初字第 1528 号和 1529 号民事判决书。

涉案作品《屌丝男士》等独家专有的信息网络传播权①，芭乐公司在搜狐视频网站享有独家信息网络传播权期间，通过"芭乐影视"IOS 客户端软件在 iPad 平板电脑上全部完整播放涉案电视剧。该案中手机视频聚合平台应用的具体表现可以归入第一类，即直接播放影片，在影片的播放页面会出现来源网站的水印，但没有跳转过程，没有来源网页的具体 URL 地址，没有播放来源网页的广告，不需要下载来源网页的播放器。

法院认为②，首先，芭乐影视软件在播放涉案电视剧时，虽然显示了搜狐视频的页面和水印，但是不能显示具体的网页、链接地址，视频播放界面仍属于软件的组成部分，不能说明涉案网络电视剧来源于搜狐视频网站。其次，尽管"芭乐影视"IOS 客户端软件具有搜索链接功能，但是播放界面没有显示涉案网络电视剧的具体来源，无法仅凭页面和水印来确定涉案网络电视剧必然来自搜狐视频。由此法院推定，芭乐公司是涉案网络电视剧的内容服务提供者，未经著作权人同意，通过信息网络向公众传播涉案网络电视剧，构成侵权行为，应当承担相应的侵权责任。

从上述法院认定的理由来看，首先，对于涉案行为构成内容直接提供行为采取的是推定的方式。其次，其推定的理由从逻辑上讲是鉴于"不能说明涉案网络电视剧来源于搜狐视频网站"且"无法仅凭页面和水印来确定涉案网络电视剧必然来自搜狐视频"，所以推定涉案行为为直接提供行为。

案例二：逗点影视案③

在杭州锋线公司诉西安信利公司侵害作品信息网络传播权纠纷系列案中，杭州锋线公司享有涉案作品《喋血钱塘江》等的独占性信息网络传播权，西安信利公司利用其在线经营的"逗点影视"应用软件，通过信息网络向公众提供涉案作品的在线播放服务。该案中手机视频聚合平台应用的具体表现与芭乐影视案基本一致，亦可以归入第一类，唯一的区别是该案"逗点影视"软件对来源网站的水印通过一定方式进行了遮掩，但在具体播放的过程中还能看出来源网站。

---

① 根据案件查明的事实可知，搜狐公司享有在其平台（www.sohu.com 网站及所有其他信息网络传播平台，包括但不限于 PC、手机、IPTV、数字电视、互联网电视等平台）通过广域网向用户提供视频点播服务方式的授权节目的权利。
② 参见北京市石景山区人民法院（2013）石民初字第 1528 号民事判决书。
③ 杭州锋线公司诉西安信利公司侵害作品信息网络传播权纠纷系列案，详见北京知识产权法院（2015）京知民终字第 290、291、296 号民事判决书。

法院认为①，"逗点影视"软件在涉案电视剧的播放过程中，播放画面未显示该视频文件的播放网址，未出现网页跳转，未使用第三方网站播放器进行播放，通过涉案软件本身的播放功能就可以直接播放涉案剧集、控制播放速度。从上述事实来看，杭州锋线公司已经提供初步的证据证明上诉人西安信利公司提供了涉案电视剧《喋血钱塘江》。同时，网络服务提供者主张其仅为被诉侵权的作品、表演、录音录像制品提供了搜索、链接等服务的，应承担举证责任。网络服务提供者不能提供证据证明被诉侵权的作品、表演、录音录像制品系由他人提供并置于向公众开放的网络服务器中的，可以推定该网络服务提供者实施了信息网络传播行为。而在本案中西安信利公司虽然主张其仅为被诉侵权作品《喋血钱塘江》提供搜索、链接服务，但并未提交充分的证据加以证明，因此，应当承担举证不能的不利后果。

虽然该案亦采取推定的方式认定涉案行为构成直接侵权，但是该判决推定的思路与芭乐影视案不同。在该案中，法院通过举证责任的分配来确定行为的性质，即在原告通过初步证据证明被告提供了涉案影片的情况下，被告没有提供充分的证据证明其仅提供搜索、链接的技术服务，因此，应当承担举证不能的不利后果。

案例三：豌豆荚案②

在盛世骄阳公司诉卓易讯畅公司侵害作品信息网络传播权纠纷案中，盛世骄阳公司享有涉案作品《上海 上海》等的独家信息网络传播权。卓易讯畅公司利用其所开发的"豌豆荚视频"播放软件播放涉案影视作品。该案中，手机视频聚合平台应用的具体表现为第二种类型，即需先下载来源网站的播放器，播放来源网站的广告后再播放影片，同时，在播放页面能够看到来源网站的水印。

法院认为③，虽然在点击相关剧集的"播放"按钮后，出现的弹窗内容标注为"请选择播放来源 快播图标"，虽然播放画面出现缓存状况时，其相应剧集视频标注带有"rmvb"后缀；但播放涉案影视视频时，既没有跳转至第三方网站，也没有显示第三方网络地址，不能证明正在播放的视频文件网络地址位于"快播"软件或网站，亦无法排除被告自行截取第

---

① 参见北京知识产权法院（2015）京知民终字第290号民事判决书。
② 盛世骄阳公司诉卓易讯畅公司侵害作品信息网络传播权纠纷案，详见北京知识产权法院（2015）京知民终字第294号和第295号民事判决书。
③ 参见北京市西城区人民法院（2014）西民初字第12370号民事判决书。

三方网站相关视频的数据流并通过涉案软件进行在线播放的可能性……即使被告能够证明涉案电视剧视频文件不实际存储于其服务器中，被告也在涉案视频文件播放页面嵌设带有"豌豆荚"图标、"下载剧集"图标的播放外框，将海报、导演、主演、类型、来源、剧情概述、剧情照片等信息与涉案影视视频文件进行聚合，并形成完整的信息页面提供给手机网络用户。这证明被告对涉案影视剧相关信息存在一定程度的分类整理，可以认定被告对涉案信息的传播介入了一定程度的控制、干预。豌豆荚软件的上述涉案行为已经构成了涉案作品的直接提供行为。

该案一审法院从没有跳转和显示具体地址，认为不能证明涉案影片存储于第三方的服务器中，且从手机视频聚合平台具体提供界面中的相关编排和对影视的介绍等方面认定被告对涉案影片的传播能够控制和干预，从而构成直接提供行为。

虽然该案在二审阶段经过调解撤诉，但存在较大的争议。主要涉及程序上诉的主张及实体上判断涉案行为是否构成直接提供行为的判断标准。

第三节 诉的主张与审理范围——预备合并之诉[①]的借鉴与适用

在涉及手机视频聚合平台侵害信息网络传播权的案件中，一般情况下原告是针对被告通过手机 APP 软件进行在线播放涉案作品的行为提起诉讼。实践中，由于对手机视频聚合平台服务性质的认识不同导致原告的诉

---

① 关于预备合并之诉的问题，目前主流观点是肯定客观预备合并之诉，例如，日本学者野间繁认为：预备之合并系同一原告对于同一被告，就法律推理上有相互排斥关系之数个请求，合并为一个诉讼而主张，就法律上经济上有关联之请求依顺位为合并，预虑就第一之主位请求于法律上或事实上之理由无法获胜诉，要求就第二之预备请求审判之情形。参见陈荣宗：《预备合并之诉》，转引自杨建华主编：《民事诉讼法论文选辑（下）》，台北，五南图书出版公司，1984，第519页。我国学者认为客观的预备合并之诉"是指原告预料其所提起主（先）位之诉无理由，在同一诉讼程序同时提起备（后）位之诉，当主位之诉败诉时，可就备位之诉请求判决。原告起诉时，主、备位之诉同时发生诉讼系属，如果主位之诉获得胜诉确定判决，备位之诉溯及诉讼系属时丧失其诉讼系属的效力，不得再就备位之诉为判决"。参见江伟、邵明、陈刚：《民事诉权研究》，北京，法律出版社，2002，第288页。因此，学界普遍认为预备诉讼的两个诉之间是存在逻辑顺位的，即在主诉成立的情况下无须评述备诉。但在具体做法上，比如主备位请求之间关系、诉讼系属、一审判审顺序和范围、判决效力、上诉效力及二审审判范围等方面存在不同的意见。

讼请求不够明确或者原告基于对诉讼风险的考量不愿明确。

针对这种情况，司法实践中存在三种主要的观点和做法。第一种观点认为，在诉讼中一定要让原告明确其诉讼请求，如果不能明确则驳回原告的诉讼请求。① 这种做法在实践中案例很少，主要原因是这种做法太过极端，容易引发更多的矛盾。第二种观点认为，被诉行为到底属于内容提供行为还是技术服务行为应属于法院经过审理进行判定的问题，原告只要明确了被诉行为就应视为已经明确了其诉讼请求，法院应该进行全面审理，都进行评述。实践中存在这样的做法，在一份判决中对直接侵权和间接侵权都进行论述，有时还不做区分进行论述。第三种观点认为，从诉讼效率和维护当事人权益的角度来看，应当允许原告提起预备合并之诉，按照原告主张的逻辑顺位进行审理，当主诉成立时无须审理备诉，当主诉不成立时对备诉进行审理。实践中有这样的做法，但在审理程序及判决中没有明确地提出预备合并之诉，没有明确两个诉之间的关系。

一般来讲，司法实践中对于涉及侵害信息网络传播权纠纷案件的审理思路是首先对被诉行为的法律性质进行审查从而要求原告明确其诉讼请求是主张内容提供行为即直接侵权还是因为提供链接、搜索等技术服务而构成间接侵权行为。在经过法庭调查和释明后，原告依然无法明确自己的诉讼请求时，实践中又存在不同的做法。例如，有些判决将直接侵权与间接侵权未做区分进行合并论述，最后得出侵权或者不侵权的笼统概述；有些判决在直接侵权得到支持的情况下还将间接侵权的主张进行论述，形成"即使不构成涉案作品的直接提供行为，其作为提供链接技术的服务提供者主观上具有过错，也应当承担间接侵权的责任"的论述模式（以下简称"即使"式论述模式）。

从司法效率和维护当事人权益的角度出发，笔者认为全面审理是适当的，不苛求原告在诉讼中必须明确一个诉讼请求，可允许原告在一个案件中提起预备合并之诉②，即可以提出一个主位请求和一个预备请求，但

---

① 《民事诉讼法》第119条规定，起诉必须有具体的诉讼请求和事实、理由，因为原告的诉讼请求不具体，因此，可以驳回原告的诉讼请求。

② 对于预备合并之诉所针对的诉的理解和定义，理论界存在不同的认识，例如，有学者指出这里的诉必须是依据独立的请求权基础，预备合并之诉应该是针对不同请求权基础提出的相互不能兼容的诉讼请求。本书囿于篇幅不对此展开论述，本书之所以采用预备合并之诉的概念，是从实践出发，从当事人主张依据决定审理思路的角度进行引入，重点在于对当事人诉讼主张的全面审理及顺位审理。

是，这两个请求是有逻辑顺位的，且其本身是相互排斥的，不能同时成立而获得两个胜诉判决。同时，这两个请求又有主次之分、轻重之别，只是在主位请求不成立的情形下，法院才就预备请求进行审判。例如，在手机视频聚合平台侵犯著作权纠纷案件中应该经过释明允许原告在提起直接侵权之诉的同时，提起预备之诉，即在直接侵权不成立的情况下，依然主张构成间接侵权。此外，允许被告分别就直接侵权与间接侵权进行答辩。法院在一审审理时如果判断直接侵权成立，则无须再就间接侵权进行论述，因为从事实及行为法律属性上讲，被诉行为如果一旦构成直接提供行为则不可能再构成提供技术服务行为，从而承担间接侵权责任。这种情况下存在的风险是：当二审法院认为被诉行为不属于直接提供行为而属于提供技术服务行为时，由于一审并没有就该问题进行审理，如果二审直接改判间接侵权成立是否会导致一审终审？如果因为一审没有审理而发回重审，那么针对同一行为不仅出现多次审理、浪费司法资源的问题，还会暗含了这些事实本就应该属于一审查明的问题这一结论。于是就出现了充满纠结与悲情的"即使"式论述模式。

笔者认为，之所以会出现上述貌似悖论的局面是因为对于被诉行为的定性是属于事实问题还是法律问题出现了认识上的偏差。①被诉行为属于内容提供行为还是技术服务行为从技术角度讲是一个事实问题，即是否从事了涉案作品的"上传"等行为以构成信息网络传播权所控制的"提供行为"②。但从法律意义上讲，对于"提供行为"的判断应该是一个法律问题，是对行为性质法律属性的判断。当然，这种判断涉及对事实的认定、法律的适用及价值的判断。鉴于此，笔者认为在一审就涉案被诉侵权行为相关事实进行全面审查的基础上，如果出现一审认定为直接侵权成立，被告上诉后而二审认为涉案行为应属于间接侵权的情形，二审法院就可以在进行全面审理的基础上径行改判间接侵权成立。③

---

① 笔者认为，对于被诉行为属于事实问题还是法律问题的认识还影响到对其行为性质的判断标准，本书将在下文进行论述。

② 最高人民法院《信息网络传播权民事案件法律规定》第3条第2款规定："通过上传到网络服务器、设置共享文件或者利用文件分享软件等方式，将作品、表演、录音录像制品置于信息网络中，使公众能够在个人选定的时间和地点以下载、浏览或者其他方式获得的，人民法院应当认定其实施了前款规定的提供行为。"

③ 《民事诉讼法》第170条第1款第2项规定："原判决、裁定认定事实错误或者适用法律错误的，以判决、裁定方式依法改判、撤销或者变更。"

第四节　从举证证明责任的角度谈服务器标准的适用

一、各种标准说之于手机视频聚合平台服务性质认定

在涉及信息网络传播权的案件中，如何判定被诉行为是内容提供行为还是提供技术服务行为一直以来就存在着不同判断标准的纷争。其中，以服务器标准和用户感知标准[①]为代表，对于视频聚合类平台还有文章提出了播放器标准[②]，此外，还有观点从信息网络传播权的著作专有权的本质属性角度提出专有权标准[③]，国外亦存在新公众标准。[④] 不同的标准从不同的视角对信息网络传播权进行解读，同时，也渗透着不同的利益衡量标准和价值取向。

目前，司法实践中掌握的标准一般是服务器标准[⑤]，但是，具体到手机视频聚合平台服务性质的认定，服务器标准又显得僵化而无力。因为，

[①] 服务器标准和用户感知标准最早来源于美国的 Perfect 10 v. Amazon 案。简单来讲，服务器标准是以存储内容的服务器为标准判断是否为内容提供行为；用户感知标准是依据用户感知，以侵权内容的展示方为标准判断内容提供行为。

[②] 判断视频聚合平台是否侵权的关键是是否使用第三方网站的播放器播放，即"播放器原则"（API）。

[③] 专有权标准对于是否属于作品提供行为，应当以是否构成对于著作专有权的行使或者直接侵犯为标准进行判断。参见孔祥俊：《网络著作权保护法律理念与裁判方法》，北京，中国法制出版社，2015，第 69 页。

[④] 新公众标准源于欧盟 BestWater 案，其判断标准是看传播受众是否超出了首次播放的受众范围，即是否出现新的公众。

[⑤] 例如，北京市高级人民法院制定的《关于网络著作权纠纷案件若干问题的指导意见（一）》（试行）第 4 条明确规定："网络服务提供者的行为是否构成信息网络传播行为，通常应以传播的作品、表演、录音录像制品是否由网络服务提供者上传或以其他方式置于向公众开放的网络服务器上为标准。"上海市第一中级人民法院在《关于信息网络传播权纠纷案件若干问题的规定（建议稿）》中写道："信息网络传播行为是指将作品、表演、录音录像制品上传至或以其他方式将其置于向公众开放的网络服务器中，使公众可以在选定的时间和地点获得作品、表演、录音录像制品的行为。对于网络传播权行为究竟是采用用户感知标准还是服务器标准，学界有争议，本条采用服务器标准。"由此可见，目前司法实践中掌握的服务器标准是以内容是否置于向公众开放的网络服务器中为标准，此处的两个服务器的概念应该是统一的，即物理意义上存在的播放器。因此，本书探讨的服务器标准是指网络服务提供者的行为是否构成信息网络传播行为，通常应以传播的作品、表演、录音录像制品是否由网络服务提供者上传或以其他方式置于向公众开放的网络服务器上为标准。参见陈锦川：《著作权审判原理解读与实务指导》，北京，法律出版社，2014，第 204 页。

第十章 聚合平台服务提供者侵犯著作权问题研究

从手机聚合平台软件的具体工作原理及实际的运营模式来看，视频聚合平台的特点是本身不采购版权，定向链接视频网站的资源，"化身"影视搜索，做渠道获利。如果按照服务器标准，手机聚合平台中提供的作品本身均不在其服务器上，那么，是否就此可以判定手机聚合平台的服务均非内容提供行为呢？如果成立，那引发的问题时，被链接的网站已经获得著作权人的授权，即没有直接侵权行为存在，那么，是否就意味着手机视频聚合平台提供的这种搜索链接行为是正当的？著作权人的利益和获得独家授权的网站经营者的利益如果因此受到了损害，该如何进行救济？这些问题在司法实践中存在争议。

用户感知标准虽因具有较强的主观色彩和不确定性已经被司法实践所否定，但是，由于手机视频聚合平台服务的特殊性，即在明知该技术本身就是进行搜索链接，且该服务提供者本身不购买版权的情况下，如果还是采用服务器标准显然不利于保护权利人的利益。而用户感知标准能够为解决服务器标准的乏力提供路径。笔者认为，上述观点不无道理，其为解决问题提供了一个视角。具体来讲，从举证证明的角度，用户感知标准还是具有一定意义的，特别是在手机视频聚合平台服务性质的认定方面。[①]

此外，还有观点认为手机视频聚合平台服务的性质可以通过是否需要下载播放器进行判断，但是，播放器标准是从是否有效保护授权网站流量的角度来判断是否构成内容直接提供行为[②]，且目前技术已经使得播放器与来源网站的对应性失去了唯一性。笔者认为这种观点值得商榷。有效流量的确是目前视频网站获得收入的主要考量因素，但劫持流量或者通过截取视频流的方式播放作品对于获得授权播放作品的网站来说更多的是一种不正当的竞争行为，其可以通过反不正当竞争法来维护自己的权利。[③] 即便相关权利人要主张著作权，笔者也认为该行为应该属于《著作权法》第

[①] 对于用户感知标准在举证证明方面的意义，本书将在下文进行论述。

[②] 例如，该观点认为，如果使用爱奇艺的播放器分享视频，用户点击时将播放爱奇艺的片头广告，人人网的用户访问也将计入爱奇艺的有效流量。美国视频网站 YouTube 允许用户将其视频嵌入其他网站的页面，但必须使用 YouTube 的播放器（API）。参见刘晓庆、万柯：《视频聚合平台的版权侵权责任》，《互联网版权深度观察》2014年4月。

[③] 北京市高级人民法院制定的《关于网络著作权纠纷案件若干问题的指导意见（一）（试行）》第7条规定："提供搜索、链接服务的网络服务提供者所提供服务的形式使用户误认为系其提供作品、表演、录音录像制品，被链接网站经营者主张其构成侵权的，可以依据反不正当竞争法予以调整。"

48条第6项的规定。① 更重要的是，这种观点偏离了内容提供行为的本质属性，即通过行为的具体呈现方式的不同来判断行为性质的不同。当然，播放器标准或者严格地讲使用什么播放器从外观呈现的角度对于手机视频聚合平台服务性质的认定具有重要的意义。

新公众标准是欧盟于2014年10月21日在BestWater案②中确立的标准，欧盟法院之所以认定BestWater案中不存在传播行为，是因为本案中所谓的"传播"未以不同于首次传播的技术手段实现（本质上是一个传播行为），更为重要的是该"传播"未面向"新的公众"（即版权人授权进行首次传播时并未预见到的受众）进行。欧盟法院还认为，只要指向某一网站的链接未向新的公众提供，无论采用何种技术都不会影响对链接的定性。该原则基于的前提是内容首次传播后公众是可以自由免费获得的。存在的问题是，如果首次传播是未经授权的，那么，"新公众"要求该如何确定？新公众标准是否会影响间接侵权的判定？同样，若被链内容并不能为公众免费获得，或者被链网站通过采取技术措施禁止链接，那么，当通过链接使得公众能够免费获得时也可能发生版权侵权行为。而对于这些问题新公众标准均没有给出解决的方案，因此，目前该标准尚不能解决手机聚合平台服务所面临的问题。

专有权标准实际上是一种法律标准，即对于内容提供行为还是网络服务提供行为的判断以法律特征和法律本质为基础，从信息网络传播权的构成要件进行判断。从积极的角度讲，凡是将作品置于信息网络之中而使其处于公众可以获得的状态，均属于行使了著作专有权，即构成提供行为，否则，仅仅是对置于信息网络中的作品进行再传播或者提供传播便利的网络服务提供行为，均不是行使著作专有权的行为。③ 这种观点为我们分析

---

① 《著作权法》第48条第6项规定，未经著作权人或者与著作权有关的权利人许可，故意避开或者破坏权利人为其作品、录音录像制品等采取的保护著作权或者与著作权有关的权利的技术措施的构成侵犯著作权的行为，根据情况承担停止侵害、消除影响、赔礼道歉、赔偿损失等民事责任；同时损害公共利益的，可以由著作权行政管理部门责令停止侵权行为，没收违法所得，没收、销毁侵权复制品并可处以罚款；情节严重的，著作权行政管理部门还可以没收主要用于制作侵权复制品的材料、工具、设备等；构成犯罪的，依法追究刑事责任。

② BestWater v. Michael Mebes & Stefan Potsch (C-348/13)，欧盟法院在BestWater案的判决中指出，若某一版权作品因第三方网站的公开，已经能为公众免费且合法地获得，那么在另一网站中通过加框链接的方式植入该版权作品，这一行为不构成《版权指令》(2001/29/EC)第3条第1款所规定的"向公众传播"，即该行为不侵犯被链作品版权人的版权。参见http://zhihedongfang.com，最后访问日期：2015-08-10。

③ 参见孔祥俊：《网络著作权保护法律理念与裁判方法》，北京，中国法制出版社，2015，第68页。

因为网络技术和商业模式不断发展引发的新类型案件提供了一条基本的分析路径，即剥离技术纷繁复杂的表象回归到行为的法律属性进行分析。但是，该标准的适用依然离不开对技术或者事实的依赖，依然需要结合"提供行为"的手段和方法进行判断。笔者沿着法律分析的路径，结合目前法律法规及司法解释的规定，试图探寻出一条既能够在个案中平衡各方利益又具有较强可操作性的判断标准，即重塑服务器标准，并利用举证证明责任来适用新服务器标准。

二、信息网络提供行为的判断标准——从举证证明责任看服务器标准的适用

（一）重塑服务器标准——服务器标准内涵的界定

从前述可知，目前对服务器标准的界定是以内容是否存储在物理意义上的服务器为原则，这也是服务器标准备受指摘的原因所在。[①] 笔者认为，对于服务器标准的界定需要结合信息网络传播权的权利内涵来明确其所指。从信息网络传播权的定义[②]来看，其权利控制的行为是提供行为。"有线或者无线"是提供的方式，而在"个人选定的时间和地点获得作品"是提供的结果。那么，何为提供行为？最高人民法院《信息网络传播权民事案件法律规定》第3条第2款规定："通过上传到网络服务器、设置共享文件或者利用文件分享软件等方式，将作品、表演、录音录像制品置于信息网络中，使公众能够在个人选定的时间和地点以下载、浏览或者其他方式获得的，人民法院应当认定其实施了前款规定的提供行为。"这里的"提供行为"通过列举加"等"的方式进行了界定，值得注意的是这里的上传至服务器仅为提供行为的一种方式，还包括其他方式的提供。这也为网络技术发展，提供技术的更新预留了法律保护的空间。但可以明确的是，无论何种方式实现的"提供"均应具有同一的性质，即实现内容置于信息网络中，并能够控制内容的放置与删除。这也是内容提供行为与网络技术服务的本质区别。在这个意义上理解之前司法实践中适用的服务器标准即可知，服务器标准中的服务器并非单纯物理意义上的服务器，实际上

[①] 例如，有观点认为，随着技术的发展，不经过服务器的存储或中转，通过文件分享等技术也可以使相关作品置于信息网络之中，以单纯的"服务器标准"这一技术界定信息网络传播行为不够准确。参见陈锦川：《著作权审判原理解读与实务指导》，北京，法律出版社，2014，第195页。

[②] 《著作权法》第10条第1款第12项规定："信息网络传播权，即以有线或者无线方式向公众提供作品，使公众可以在其个人选定的时间和地点获得作品的权利。"

是借"服务器"之词表达所有内容放置的载体。正如有观点指出，服务器标准中的"服务器"不宜做狭义理解，更应该把它理解为可供存储、处理信息的载体。① 将服务器标准理解为将内容放置在服务器上是对该标准的一种误读。重塑服务器标准的内涵，即所谓的服务器标准实际上是指网络服务提供者的行为是否构成信息网络传播行为，通常应以传播的作品、表演、录音录像制品是否由网络服务提供者上传或以其他方式置于向公众开放的网络服务器等载体上为标准，使得其可以涵盖所有因技术发展而导致提供内容载体或提供方式的变化。

（二）提供行为的具体判定

提供行为的判定是判定被诉侵权行为是否构成侵害信息网络传播权的关键。实践中，如何判断提供行为需要遵循一定的思路和方法。笔者结合司法实践中的判例，尝试进行分析。

首先，明确侵权判定的对象。从侵权责任法的角度讲，法律规制的是行为本身，即行为自身的特征考查的是适用技术的行为而非技术本身。技术与使用技术的行为是两个不同的概念，使用相同技术的网络服务提供者，因采取不同的使用方式，可能面临侵权认定的不同结果。这就需要将具体的使用行为从复杂的技术中剥离出来。同时，在审理涉及技术创新的著作权案件时，还要准确把握技术中立的精神，既有利于促进科技和商业创新，又防止以技术中立之名行侵权之实。在面对因为新技术或者新模式引发的侵权行为判断时，应该剥离出具体的行为，不能因为采用了相同的技术或者相同的商业模式就给予"一刀切"的判定。②

其次，明确侵权判定的思路。根据《信息网络传播权民事案件法律规定》第6条③的规定可知，在判断涉及侵犯信息网络传播权侵权判定时还是应该遵循一般的民事诉讼举证规则，即谁主张谁举证，由原告提供证据证明网络服务提供者提供了相关作品、表演、录音录像制品。同时，该条

---

① 参见陈锦川：《著作权审判原理解读与实务指导》，北京，法律出版社，2014，第195页。

② 例如，在"豆比影视案"中，法院在判决中写道："经营模式或者技术是客观中立的，其并非法律规制的对象。法律规范的是具体的行为。同为视频聚合平台或软件，因其提供具体服务的行为方式不同可能会产生不同的法律后果。因此，不能因为聚合平台或软件共同的技术特性而一概进行判断。"参见北京知识产权法院（2015）京知行终字第290号民事判决书。

③ 最高人民法院《信息网络传播权民事案件法律规定》第6条规定："原告有初步证据证明网络服务提供者提供了相关作品、表演、录音录像制品，但网络服务提供者能够证明其仅提供网络服务，且无过错的，人民法院不应认定为构成侵权。"

后半句又给被告抗辩提出了举证的要求，即网络服务提供者能够证明其仅提供网络服务且无过错的，人民法院不应认定为构成侵权。这其实包含了两种情形：即如果能够证明仅提供服务，不构成直接的内容提供行为；同时，没有过错，不承担间接侵权责任。该条暗含的审理思路与预备合并之诉实质上是吻合的，即在原告诉直接提供行为时，被告不仅应就是否提供了内容作出答辩，同时，还可主张不具有主观过错，这意味着在涉及信息网络传播权侵权的案件中法院应进行全面审理。

最后，明确侵权判定的举证证明责任。从《信息网络传播权民事案件法律规定》第 6 条规定可知，原告在主张被告实施了侵害信息网络传播权的行为时仅负有初步的举证责任，并不一定需要证明涉案作品存储于被告的服务器上。那么，怎样才算完成了初步的举证责任？此时，用户感知标准发挥了积极的作用，即原告只需举证证明用户能够感觉到涉案作品是在被告的网站上播放即可。在手机视频聚合平台服务中能够通过播放界面显示在被告的平台上进行了播放，没有跳转，没有显示第三方的 url 地址等这些行为的外观呈现状态都是原告初步举证应该完成的内容。此时，举证证明责任转移到被告，即被告应该提供证据证明涉案作品并非其提供。被告如何举证才能证明涉案影片不在自己的服务器上成为实践中举证的难点，一般情况下否定性事实是很难证明的，法院一般会以被告没有尽到举证责任推定被告实施了直接侵权行为，这是通过举证证明责任来加强对著作权人的保护。当然，网络服务提供者主张其仅提供搜索、链接服务亦并非完全没有证据，可考虑采取下列方法进行举证：一是采用客观性较强的公用软件，对信息地址来源进行解析；二是采用远程登录后台的方式对其链接历史进行回顾；三是采用对比其服务器容量与视频大小的方式进行排除。人民法院可以根据上述情况综合认定。① 如果被告能够就上述证据进行举证，基本可以完成其关于直接提供行为的抗辩。

（三）手机视频聚合平台服务提供者主观过错的判断

在手机视频聚合平台服务者能够证明其通过手机 APP 仅仅提供的是搜索链接服务时，如果链接的网站没有合法授权构成直接侵权时，其还应该证明主观上没有过错，才能免除共同侵权责任。基于前述，手机视频聚合平台服务是定向链接和深度链接的集合，对视频内容进行了选择、编

---

① 参见山东省高级人民法院《关于审理网络著作权侵权纠纷案件的指导意见（试行）》第 28 条。

辑、推荐等，同时，聚合平台播放的影视剧、电视剧、大型综艺节目等视频内容一般为热播剧或热播节目，权利人普遍会通过广告投放、权利申报、侵权通知等多种方式宣示版权权利，手机视频聚合平台服务者在进行聚合时应该负有更高的注意义务。在司法实践中，手机视频聚合平台服务者即便被认定为提供了链接服务最终还是通过未尽到合理注意义务而承担共同侵权责任。

第五节　手机视频聚合平台服务可能面临的法律风险

网络技术和商业模式不断发展引发的新类型案件是知识产权审判实践需要不断面临的问题和挑战，也是发挥司法保护知识产权主导作用的迫切需求。正确认识网络服务提供者的行为性质是做出科学合理利益平衡的关键。为保障当事人的诉权，遵循诉讼经济原则，在涉及因对网络服务提供者行为性质定性不同而导致不同的诉讼主张时，可以采取预备合并诉讼的方式进行全面审理。在坚持技术中立和服务模式中立的前提下，对网络服务提供者具体行为性质进行判断时，重塑服务器标准，并通过举证证明责任的分配来适用新服务器标准，在促进技术和网络经济发展的同时，实现对著作权人利益的保护。同时，面对新技术的发展，《著作权法》在保护著作权人利益方面力有不逮。为了全面保护著作权人的利益，著作权人应当综合考虑诉讼策略，作出理性选择。

手机视频聚合平台服务是通过深度链接的方式将具有较高价值的影视剧等直接呈现在手机端，这其中可能会涉及破坏视频来源网站的技术保护措施。同时，手机视频聚合平台一般会将来源网站视频中的广告去除或者屏蔽，占用来源网站的带宽及服务器资源等。这些行为有的直接触犯了《著作权法》，有的可能构成不正当竞争。因此，手机视频聚合平台服务提供者在提供视频聚合服务时面临多重法律风险。营造健康公平有序的手机视频聚合平台服务环境亦应从以上角度进行努力。

第十一章　机顶盒提供者侵犯著作权问题研究

目前，网络电视机顶盒（电视盒子）市场火热，各大厂商均将电视盒子视为"占领"客厅的一个重要入口，纷纷推出自己的电视盒子。到今天，电视机顶盒的型号已经不下百种，而且名称也是五花八门。

第一节　电视盒子的发展历程

电视机顶盒最早期的产品是硬盘播放器，接下来是高清播放器、网络播放器、网络机顶盒、安卓电视盒等。在国外市场方面，苹果一早推出了Apple TV，Google也推出有Google TV，微软、索尼、亚马逊等厂商还推出了相应机顶盒产品的计划。在国内市场方面，乐视有乐视盒子，小米有小米盒子，淘宝有天猫魔盒，而国产彩电企业在重点推广智能电视的同时，也纷纷推出各自的智能机顶盒产品。此外，市场上还有包括杰科、开博尔、美如画、迈乐等智能机顶盒品牌。

综合来看，电视盒子的发展主要经历了三个阶段。

一、网络高清播放机阶段

早期的电视盒子使用的操作系统是嵌入式Linux系统，通过厂商内置的应用实现把网络和电视联系起来的功能。只要家里安装有网线，且正在使用中，就可以从路由器分出一根网线插在此网络机顶盒上实现在线点播视频节目、在线直播、在线搜索各种国内卫视台。但此时的电视盒子的功能扩展性不强，用户只能通过厂家内置的应用观看视频或使用其他内置功能，基本上无法自行安装应用软件。

二、智能网络机顶盒阶段

在前一阶段，厂家之所以没有选择安卓系统，而是选择嵌入式 Linux 系统，主要原因是由于当时的安卓系统（Android）对硬件性能的要求还很高，并且安卓软件的视频解码能力还不够强大，无法同时满足电视盒子的视频播放和降低硬件成本的需求。但是随着硬件成本的不断降低，安卓软件的视频解码能力和软件数量的日益强大和丰富，搭载安卓系统的智能网络机顶盒逐渐成为主流。

此时，智能网络机顶盒除了具备传统的电视盒功能，还可以让用户自行安装安卓应用来实现电脑或智能手机上的所有功能：浏览网页、看电影、看电视、听音乐、聊 QQ、玩游戏等。

三、牌照阶段

进入智能阶段的电视盒子使得电视机仅仅成为一个显示器，其能够实现的功能主要通过电视盒子来实现。随着安卓智能电视机顶盒的市场逐渐成熟，广电总局开始加强电视盒子内容方面的管控，将电视盒子视频播控平台限制在 7 家牌照方（本书后文详述），从此，电视盒子进入牌照阶段。

第二节 电视盒子视频内容的来源

目前电视盒子的硬件和系统基本上趋于同质化，各厂商之间的区别不大，各自的特色主要体现在内容提供方式和来源方面。

一、厂家自建平台提供视频内容

此类电视盒子主要出现于 2011 年之前，广电总局对互联网电视内容方面的管控还较为宽松。各厂商或自建片库，或与权利方合作共建平台，向客户提供影音资源。前者以乐视盒子为代表，后者有小米盒子、天猫魔盒等。但随着广电总局对互联网电视内容的管控逐步加强，各厂商也逐渐放弃这种方式，采用与牌照方合作的形式来向客户提供视听节目。

二、厂家与播控平台合作提供视频内容

为加强对互联网电视环境的监管，2011 年国家广电总局下发《持有

互联网电视牌照机构运营管理要求》(广办发网字〔2011〕181号)文件,明确规定,互联网电视集成平台只能选择连接广电总局批准的互联网电视内容服务机构设立的合法内容服务平台。至此,广电总局对电视盒子正式采取"集成服务+内容服务"的管理模式,所有互联网视听内容必须从7家拥有"互联网电视集成服务牌照"的机构平台播出。这7家播控平台是:CNTV(中国网络电视台)、BesTV(百视通)、华数传媒、SMC(南方传媒)、芒果TV(湖南阳光)、GITV(央广银河)、CIBN(中国国际广播电台)(见图11-1、图11-2)。

图11-1 播控平台

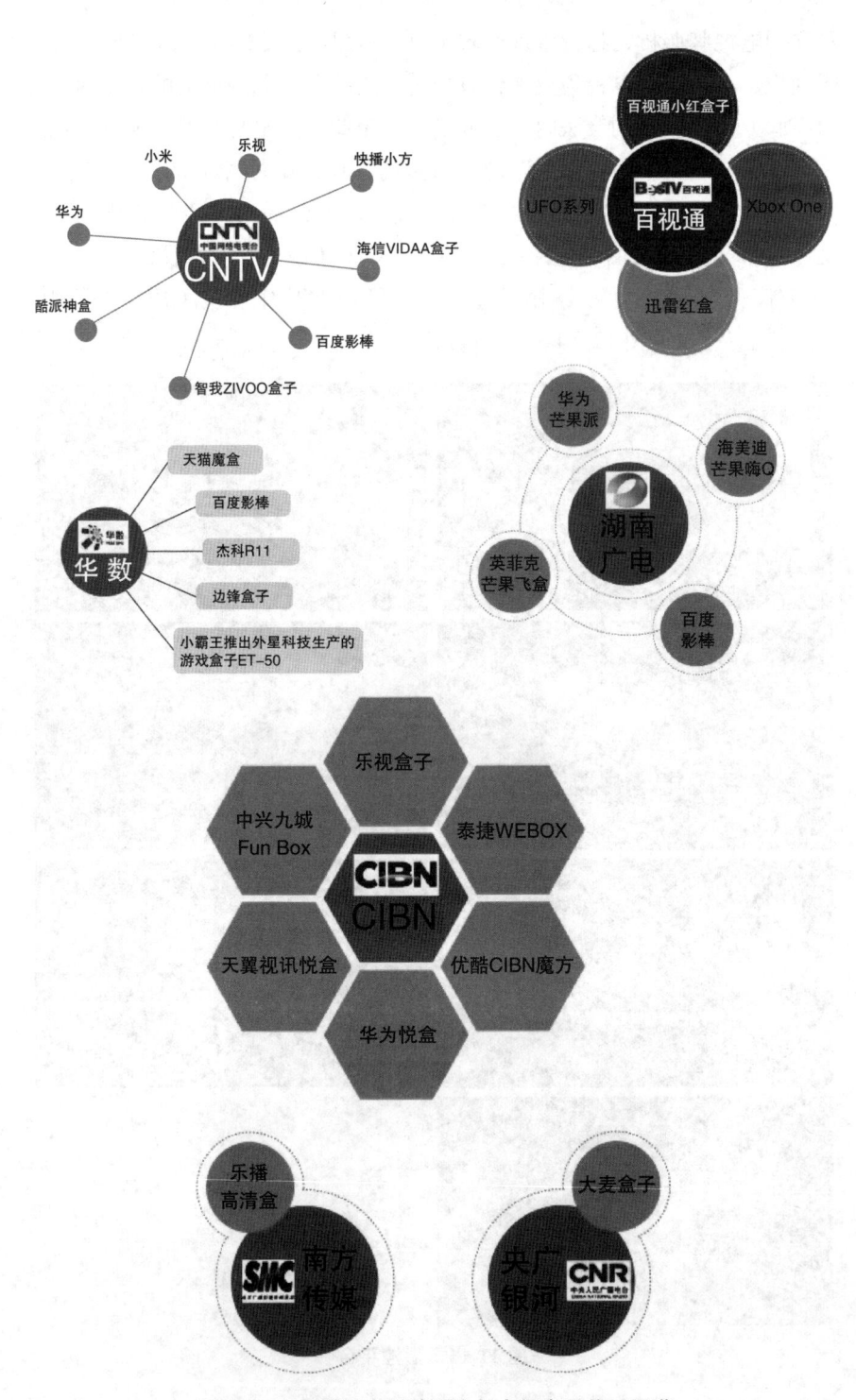

图 11-2　互联网电视牌照方与电视盒子关系图谱

以乐视盒子为例,乐视 2009 年开始生产盒子产品,投入大量正版资源,后响应政策首与牌照方 ICNTV 合作(未来电视——央视牌照方),2014 年变更与中国国际广播电台(国广东方——中国国际广播电台)建立合作关系,通过播控平台向乐视盒子用户提供乐视拥有版权的海量视听节目,为盒子用户观看互联网正版影视、综艺、体育等节目提供了绝佳的渠道和平台。

三、视频应用程序

早期广电总局并未禁止互联网电视端集成视频类应用程序,因此存在很多电视盒子厂商集成 7 家牌照方以外的视频应用程序向用户提供视听节目的情况。但是随着 2014 年 6 月,广电总局对互联网电视牌照商下发了关于立即关闭互联网电视终端产品中违规视频软件下载通道的函件。在该函件中广电总局指出华数传媒公司推出的"天猫魔盒"载有爱奇艺、搜狐视频、优酷等商业视听节目的客户端软件及电视猫、泰捷视频、兔子视频等视频聚合软件和互联网浏览器软件,它们为政治有害、淫秽色情和低俗不良节目及侵权盗版节目大量进入电视机提供了技术支持和通道,严重违反了中央要求和总局相关管理政策。牌照方华数传媒以及百视通已被要求立刻关闭其所有互联网电视终端产品中各类视频 APP 及视频聚合软件、互联网浏览器软件下载通道,并对已经下载的软件立刻技术处理。

此后电视盒子厂商均不再集成 7 家牌照方以外的视频类应用程序。但是由于电视盒子所使用的操作系统安卓应用程序具有开源特性,因此用户往往可以自行下载各种视频应用程序安装到电视盒子中。此类视频应用主要有三类:即聚合类应用、视频网站类应用和网盘类应用。

(一)聚合类应用

聚合类应用主要有泰捷视频、VST 全聚合、电视猫、兔子视频、HDP 等(见图 11-3)。通常来说,聚合类应用的片源很广,大量为盗链盗版。影片虽内容丰富,但是画质和播放质量有可能不如原始视频网站清晰和流畅且有巨大的法律风险。

图 11-3 聚合类应用

图 11-4　盗版集中的电视猫 APK

由于不少聚合类应用不经权利人合法许可，就通过技术手段将各视频网站或云存储空间的视频源引入自身软件，并通过自己的视频播放器展现给用户，实现增加自身影视片库的目的；此外，聚合类应用往往通过技术手段跳过视频网站的广告、片头片尾，来达到吸引用户到自己的应用观看视频的目的。聚合类应用不但未经许可而播放了权利人的影片，而且破坏了权利人的收费模式，切断了权利人通过网络广告或收费观看实现成本回收的正规经营途径，还让视频源一方负担了聚合类应用的服务器及带宽成本（盗流盗链），甚至有的聚合类应用通过自身加入广告的形式实现获利。因此，聚合类应用与权利人之间经常会因版权及不正当竞争而产生诉讼。

（二）视频网站类应用

视频网站类应用主要是各大视频网站自己推出的 TV 端应用，主要有乐视、优酷、搜狐视频、腾讯视频等（见图 11-5）。但受政策规定影响，已经在 2014 年 6 月间由广电总局通知停止该类客户端的使用。

图 11-5　视频网站类应用

（三）网盘类应用

网盘类应用主要有百度云和 360 电视管家，这两个应用都可以播放百度网盘和 360 网盘上的视频，而且播放速度还算可以接受（见图 11-6）。这样，用户就可以先把电影视频保存在百度云或者 360 云盘上，然后在这两个应用里点播即可，这对于一些较难找到的视频来说很方便。目前百度和 360 的网盘都有数千 G 的容量，很适合用于保存和播放视频。

图 11 - 6　网盘类应用

"机顶盒硬件＋播放软件"是互联网机顶盒实现播放功能的模式,对作品进行在线播放归根结底是播放软件的行为。

第三节　司法实践中涉及机顶盒侵犯著作权案件的简要分析

据不完全统计,近五年来,北京法院系统已审结了 575 件涉及互联网机顶盒侵犯著作权的案件。[①] 通过分析这些案件可知涉诉的互联网机顶盒大体分为以下四种情况。

(1) 互联网机顶盒生产者与集成播控平台（内容提供者）签订有合作协议,通过互联网机顶盒传播影视作品。

(2) 互联网机顶盒内预置播放软件,通过播放软件传播影视作品。这里的播放软件又分为四种类型:第一种类型是互联网机顶盒生产者自行开发的软件或者宣称是自行开发,直接安装在机顶盒内的软件;第二种类型是经第三方播放软件开发者授权或者与第三方播放软件有合作,在机顶盒内直接安装的软件;第三种类型是在机顶盒内有推荐,需要用户自行下载安装使用的软件;第四种类型是从公开渠道能够下载的第三方播放软件。

(3) 互联网机顶盒未预置播放软件,但提供了系统自带的能够快捷下载各类播放软件的应用程序商店。

(4) 互联网机顶盒中预置了破解版的各视频网站客户端。出现这个破解版的原因是广电总局发布函件后,各视频网站客户端在互联网电视机顶盒中纷纷下架,但很快又出现了破解版的客户端,用户仍能直接观看视频网站的节目。

实践中,互联网机顶盒在设备里不仅仅是采取了以上一种方式,而是将上述多种功能整合在一台机顶盒中,满足不同用户的需求。在认定互联

---

① 该统计数据来自北京法院系统智慧云数据,时间截取自 2010 年至 2015 年,以"机顶盒"作为关键词进行搜索。

网机顶盒的责任时，在先司法判决关于机顶盒生产者的责任认定主要有以下几种观点。

一、直接侵权

机顶盒生产者因与内容提供者存在合作关系，属于与他人以分工合作等方式共同提供内容，因而是网络内容服务提供者，承担直接侵权责任。

互联网机顶盒生产者与集成播控平台签订合作协议，互联网机顶盒生产者与集成播控平台以联合运营模式开展合作，双方联合运营产品，共同负责相关软件模块的升级管理，协商决定服务的价格和收费方式。因此，双方存在共享收益的关系。互联网机顶盒生产者对未采取必要措施制止侵权影视剧信息网络传播服务的行为，存在过错，应当与集成播控平台承担连带侵权赔偿责任。

二、未尽到注意义务承担间接侵权责任，存在不同的思路

第一种思路：机顶盒生产者经第三方授权预置播放软件，而播放软件的播放模式因没有跳转、没有显示来源网址等不符合通常意义的搜索链接基本特征的，认定其构成作品提供行为。而机顶盒生产者未尽到应尽的注意义务，预置播放软件的行为在客观上扩大了作品的传播范围，也侵犯了权利人的权利。播放软件构成直接侵权，机顶盒生产商因未尽到注意义务应承担间接侵权责任。例如，海淀区法院在兔子视频案件中指出："同方公司作为涉案产品的生产商，其从兔子视频的经营者琉石公司处获得授权，将兔子视频软件预置在涉案产品中并置于开机桌面向用户推荐，使正常购买该产品的消费者在首次开机时即可使用兔子视频播放影视作品，同时同方公司还将兔子视频及其播放影视作品的功能作为涉案产品宣传，因此虽然涉案产品亦具有安装和使用其他软件（包括其他视频软件）的功能，但鉴于涉案产品与兔子视频的关系，同方公司对于兔子视频中的相关内容应当尽到审慎的注意义务。本案中，兔子视频未经盛世骄阳公司授权播放涉案电视剧，侵犯了盛世骄阳公司享有的信息网络传播权，同方公司未尽到应尽的注意义务而预置、推荐兔子视频的行为则在客观上扩大了涉案电视剧的传播范围，亦侵犯了盛世骄阳公司的权利，对此亦应承担相应侵权责任。"

第二种思路：机顶盒生产商的行为即便是链接行为，因未尽到注意义务也应构成间接侵权。龙岗区法院在机顶盒案件中指出："被告的高清播

放器运行播放过程中,在播放软件中设置了相关影视频道,进行了分类编排,并对相关影视作品进行了推荐,故即便被告提供的是一种搜索链接服务,其亦应负有比普通搜索链接行为更高的注意义务,即对被链接网站提供涉案影片的行为是否已取得著作权人的许可加以注意。被告未尽到上述注意义务,主观上存在过错,依法应承担侵权责任。"

第三种思路:虽然法院认可播放软件实施的是链接行为,但播放软件没有获得授权的,机顶盒生产者依然构成侵权。例如,海淀区法院在"《恋爱季节》案"中指出:"即使互联网机顶盒内播放软件所播放的涉案影片确系链接自享有相应权利的第三方,根据权利人的陈述,其授权第三方网站时会对播放终端及与第三方的合作等情况进行限制,且一般权利人在对信息网络传播权作出授权时,对于授权作品的播放终端确实会作出一定限制,而涉案产品并非传统的电脑、手机产品,故现有证据不能证明播放软件有权作出涉案的链接行为,播放软件播放涉案影片未获得权利人的许可,仍构成侵权。"

三、不构成侵权

虽然互联网机顶盒搜索、链接具有合法来源的作品,但该被链网站获得的授权并不包含转授权。法院认为:"涉案影视剧系互联网机顶盒通过链接互联网,采用链接方式实现在电视上的在线播放,有关影片来源于第三方网站。依照法律规定,网络服务提供者承担侵权责任的前提之一是其服务对象传播的作品未经合法授权。本案中,互联网机顶盒链接的涉案影片系经权利人授权许可在线播放的第三方视频网站所提供,《著作权法》并未赋予著作权人'链接'等权利,在第三方视频网站已经取得授权的情形下,涉案影片的权利人在本案中已权利用尽。"互联网机顶盒不构成侵权。例如,北京市一中院审理的华录 N1 播放器案。

集成播控平台控制影视作品的播放,机顶盒在播放影视剧的过程中,多处显示集成播控平台的图标,且互联网机顶盒的宣传介绍也明确了机顶盒提供的视频内容来源于互联网电视平台。集成播控平台与权利人曾订立合作协议或者获得了广电总局颁发的牌照,互联网机顶盒有理由相信集成播控平台取得了使用影视剧的相关权利。综上,互联网机顶盒对集成播控平台上出现的影视剧系侵权并非明知或应知。互联网机顶盒不应承担侵权责任。例如,海淀区法院审理的小米案。

第四节 涉机顶盒侵犯著作权案件的审理思路及判断标准

涉机顶盒侵犯著作权案件涉及硬件和软件各自及相互运行的技术问题，以及传统网络著作权中对内容提供行为的判断标准问题和对过错的判断标准问题等，在司法实践中存在不同的审理思路及判断标准，笔者在对机顶盒相关案件进行梳理的基础上总结涉机顶盒侵犯著作权案件审理的思路（见图11-7）。

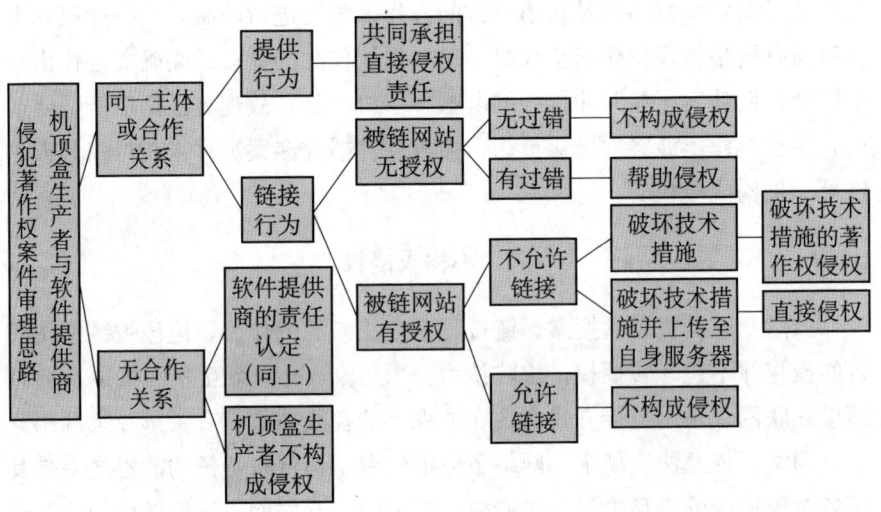

图11-7 涉机顶盒侵犯著作权案件的审理思路

第一，查清机顶盒生产厂家与软件提供商之间的关系，这是判断机顶盒生产厂家是否应该就软件实施的播放行为承担责任以及承担什么责任的前提和关键性事实问题。如果机顶盒生产厂家与软件提供商之间并非同一主体亦不存在合作关系，则机顶盒生产厂家仅提供机顶盒的行为符合技术中立原则，不应就软件提供商实施的侵权行为承担侵权责任。如果机顶盒生产厂家与软件提供商之间名为不同主体实为同一主体或二者之间存在合作关系，则机顶盒生产厂家应与软件提供商共同就软件提供商的行为承担责任。例如，如果机顶盒生产厂家在软件中加入了收费系统，对用户观看软件提供的具体内容进行了收费，或者在软件中加入了广告系统，用户观看软件提供的内容时，可以看到机顶盒生产厂家提供的广告等；则可以证明机顶盒生产厂家就软件进行了干预和设计，对软件中的内容应当知晓。

此外，还存在机顶盒生产厂家虽然未有改变软件的行为，但对外以软件内容为宣传卖点的情况。如果该机顶盒生产厂家明确其为该软件的提供者，则其应与软件提供商具有共同的意思联络，应共同就软件侵权行为承担责任。如果被告仅为机顶盒生产厂家，是否应当追加软件提供商为共同被告，这需要结合具体案情进行判断。倘若在案证据已经能够查清二者的关系，则不必追加；倘若在案证据无法查清，且机顶盒生产厂家亦要求追加软件提供商为共同被告，则可依原告申请追加其为被告或依职权追加为第三人。

第二，查清软件如何实现内容播放，这是判断软件提供商实施的是内容提供行为还是链接行为的关键；其中涉案作品在网络上的传播是否由软件提供商控制是判断两种性质行为的关键。目前在涉及机顶盒软件侵犯著作权的案件中，软件提供商一般的做法是抓取视频源，去掉广告或跳过收费直接向用户提供作品。这其中既涉及深度链接问题又涉及破坏技术保护措施问题。需要结合信息网络传播行为的判断标准以及举证责任分配进行行为性质的判断。

第三，如果软件提供商实施的是内容直接提供行为，则机顶盒生产厂家与软件提供商共同承担直接侵权责任；如果软件提供商实施的是链接行为，则还需进一步查清被链网站本身是否侵权，这是判断是否构成间接侵权的关键。被链网站是否侵权的判断能够依据原告提供的证据或主张进行的，可以径行判断；如果不能，则此时举证责任转移至被告，被告可以提供证据证明被链网站获得合法授权或依被告申请考虑追加被链网站为第三人。

第四，如果被链网站本身提供的内容有合法授权，则需再进一步查清被链网站是否遵循Robots协议（也称为爬虫协议、机器人协议等，网站通过Robots协议告诉搜索引擎哪些页面可以抓取，哪些页面不能抓取。）的约定允许链接。如果被链网站允许链接，则软件通过搜索链接视频内容是合法的；如果被链网站采取了技术措施屏蔽链接，软件搜索破坏了技术措施，则符合著作权法关于破坏技术措施的规定；如果软件不仅破坏了技术措施，还将内容上传至云端或自己的服务器中，则构成内容提供行为，构成直接侵权。

第五，如果被链网站本身提供内容侵权，这时则需要考虑软件提供商的过错；只有软件提供商就其链接行为存在过错时，才应该承担间接侵权责任。

第六，关于过错的判断应该考虑的因素包括涉案侵权作品的类型、知名度、被链接网站的性质、数量等。在软件实施了定向链接且该定向链接数量很少时，软件提供者应就其提供的定向链接承担高于一般链接的注意义务。

第十二章　云盘服务提供者侵犯著作权责任问题分析

随着互联网技术的发展和演变，网络服务提供者侵犯著作权的手段和模式不断"推陈出新"，从盗版网站到 P2P 分享和下载，再到深度链接、聚合平台等不一而足。近期，随着云计算技术的兴起，提供分享、搜索、读取、存储、下载等开放服务的网络云盘成了著作权侵权的新形态。在美国，云盘服务提供者 RockDizMusic.com 因收取高级用户的订阅费和广告费获得收益并无视版权人的投诉而获刑。① 在我国，涉及云盘服务的案件亦逐渐增多，其中既有刑事案件亦有民事侵权案件。本章将结合司法实践中的典型案例，具体分析云盘服务提供者侵犯著作权责任问题。

第一节　云盘服务提供者侵犯著作权的现状及特点

网络云盘（以下简称云盘）也称为网盘，是互联网云技术②的产物，它通过互联网为用户提供信息存储、下载、读取、分享等服务，具有安全稳定、海量存储的特点。③ 与传统的 U 盘、硬盘等存储设备不同，云盘不需要一个实际的物质作为载体，其主要以互联网为依托。因云盘具有免费性和大容量性，用户很愿意将图书、音乐、影视等资源放置于提供的服务器上并供其他用户下载或者分享，故"上传""下载"也成为信息分享

---

① See Michael Cooney：" Music Cyberlocker Downloads 36 Months of Jailtime"，*Network World*，Nov 17，2015.

② 此处的云技术是指云计算技术，云计算是指信息的共享与存储即用户将数据信息上传至自己或者他人控制的远程服务器上，然后再通过互联网或其他链接方式去获取需要的数据信息，从而实现信息共享与存储。

③ 参见司晓、刘政操：《网络云盘版权侵权问题及规制对策》，转引自腾讯研究院：《互联网＋时代的立法与公共政策》，北京，法律出版社，2016，第337页。

的常用手段。由于云盘具有免费性,"鼓励用户上传+吸引广告收入"就成为云盘服务提供者营利的主要手段。用户上传资料且被下载的次数越多意味着所获得的点击率越高,这样就可以吸引广告商对网盘服务平台投入更多的广告,而云盘服务提供者也借此获利。[①] 于是,云盘技术发展带来的网络侵权纠纷尤其是网络版权侵权纠纷不断涌现,云盘上充斥了大量未经授权的版权作品。

以搜狐视频享有独家信息网络传播权的海外剧《纸牌屋》第三季为例,该剧在美国 Netflix 网站全集播出而尚未在搜狐视频上线的两个月时间内,国内盗版肆意横行,云盘侵权链接累计近 400 条。再如,自 2015 年 4 月 13 日《权利的游戏》第五季在美国 HBO 电视网上线起,在不到一个月的时间内,国内独家版权方腾讯视频共计发现和处理云盘侵权链接 826 条。又如,优酷视频享有独家版权的电视剧《海德哲基尔与我》自 2015 年 1 月 21 日在韩国 SBS 点视频上线播出起,截至 2015 年 3 月 26 日,国内盗版愈演愈烈,其中云盘类网站盗版最为严重,此类侵权链接 606 条,占各类侵权链接总数的 52%。[②] 云盘用户的虚拟性、应用的广泛性与技术的复杂性,使得以云盘为中心的新侵权模式给整个正版视频市场带来了前所未有的挑战。

"技术的革新使得消费者毫不费力地对版权人的专有权利进行了侵犯,但是版权持有人对每个消费者提起诉讼并不现实,所以只能向云计算服务供应商起诉。"[③] 在司法实践中,涉及云盘服务提供者侵犯著作权的案件大致可以分为两类:一类是权利人主张云盘服务提供者构成内容提供行为,应当承担直接侵权责任;另一类是权利人主张云盘服务提供者虽然提供的是信息存储空间服务,但是主观上具有过错,应当承担共同侵权责任。云盘服务提供者在著作权侵权中扮演着怎样的角色,如何判断其侵犯著作权的责任成为司法审判的难点和焦点。

第二节 云盘服务提供行为的法律性质

从司法案例来看,云盘服务提供者提供的服务属于信息存储空间服务

[①] 参见黄小洵:《网盘运营商著作权法律责任探析》,《中国知识产权报》2015-06-05。
[②] 参见《云盘成打击盗版下一风口 版权局定明知应知规则》,http://www.51ad.com/xinwen/hangye/index 1398.html,最后访问日期:2015-11-04。
[③] 梁志文:《数字著作权论》,北京,知识产权出版社,2007,第 304 页。

似乎没有争议。在国家图书馆出版社诉北京百度网讯科技有限公司侵害作品信息网络传播权纠纷案①（以下简称国家图书馆出版社诉百度案）中，双方当事人关于百度网盘系信息存储空间以及百度公司作为百度网盘运营商系信息存储服务提供者之性质均不持异议。但是，这样的定性并非绝对的。正如本书一直坚持的观点，对于网络服务提供者提供行为性质的认定不能局限于其身份，而应以其在个案中实施的具体行为作为判断依据。在北京爱奇艺科技有限公司诉乐视网信息技术（北京）股份有限公司侵害作品信息网络传播权纠纷案②中，在案证据〔2015〕粤广海珠第5394号公证书记载：将公证处iphone"抹掉所有内容和设置"，接入公证处无线网络，设置手机完毕后下载"乐视云盘"，点击进入"乐视云盘"，登录后点击界面下方"云盘""乐腕儿""云相册""我的"四个选项中的"乐腕儿"进入页面，点击"资源共享圈"进入，显示创建者、资源共享圈、视频数（384）以及若干影视作品海报列表，点击其中的"钟馗伏魔：雪妖魔灵"进入，页面显示导演、主演、简介、发布者、资源共享圈、发布时间（11天前）等信息，点击播放按钮可播放涉案电影。被告乐视公司对上述公证书的真实性予以认可，对其关联性不予认可，主张涉案电影的相应内容为网络用户上传，其仅提供云盘服务，属于提供信息存储空间服务。海淀区法院认为乐视公司虽然辩称其仅提供信息存储空间服务，相应内容为网络用户上传，但对此未提交相应证据，故对其该项辩称不予采信。

  云盘服务提供者提供的服务是否属于信息存储空间服务这是一个事实判断问题，同时，其在司法裁判中又是一个法律判断问题，应该按照《信息网络传播权民事案件法律规定》第6条的规定进行判断，即在原告有初步证据证明网络服务提供者提供了相关作品、表演、录音录像制品，但网络服务提供者能够证明其仅提供网络服务且无过错的，人民法院不应认定其构成侵权。在北京市高级人民法院审理的北京中青文文化传媒有限公司诉北京百度网讯科技有限公司侵害作品信息网络传播权纠纷案③（以下简称中青文诉百度案）中，法院再次明确并坚守了判断网络服务提供行为性质的思路和方法。在该案中，中青文公司对百度云中可以阅读浏览《高》书、《现》书、《考》书的事实以公证方式予以证据保全，其已经完成了初

---

① 参见北京市海淀区人民法院（2017）京0108民初19178号民事判决书。
② 参见北京市海淀区人民法院（2015）海民（知）初字第26348号民事判决书。
③ 参见北京市高级人民法院（2016）京民终248号民事判决书。

步证明百度公司实施了提供涉案图书作品行为的举证证明责任。百度公司辩称其提供的是信息存储空间服务，应承担举证证明责任，即举证证明责任转移至百度公司。根据百度公司在一审诉讼中的举证，并结合中青文公司的证据，法院对一审法院认定百度公司在百度云中实施的系信息存储空间服务的行为予以认可，主要考虑以下四个方面的因素：第一，根据百度云服务协议的相关内容，百度云确实具有为网络用户提供个人数据存储、同步管理和分享等功能。第二，根据百度云相关页面的显示，涉案图书的文档由不同网名的网络用户上传，且百度公司提供了部分上传者的注册信息，与中青文公司提供的证据可以契合。第三，百度云中的侵权文档既有与涉案图书内容基本一致的，亦有仅含有涉案图书部分内容的，此种不规律性可作为百度云系提供信息存储空间服务的佐证。第四，中青文公司在原审庭审中对百度公司在百度云中提供的是信息存储空间服务予以认可。综合上述因素，可以认定百度公司在百度云中实施的诉争行为系信息存储空间服务行为。就以上四个因素而言，其中第二个因素最为关键。即在案证据可以证明百度云中的相关文档是由不同网络用户上传的。

第三节　云盘服务提供者主观过错的判断

网络服务提供者侵犯著作权成立与否的关键在于对其主观过错的判断，在共同侵权责任的话语体系内这对于任何网络服务提供者均适用。但是，"不同种类的网络服务供应商在不同的情形下的著作权侵权责任归责原则有着较大的不同，原因在于其所处商业模式不一样，所要承担的义务会不完全一样。"① 那么，云盘服务提供者作为一种信息网络存储空间提供者在主观过错判断方面是否与其他信息网络存储空间提供者不同呢？从法律规定及司法解释来看，对于信息网络存储空间提供者主观过错的判断还是根据是否"明知"或者"应知"，但是"明知"或者"应知"如何判断需要结合具体的服务形态、服务模式以及在案证据进行综合判断。本节将结合典型案例进行分析。

《信息网络传播权保护条例》第22条规定："网络服务提供者为服务对象提供信息存储空间，供服务对象通过信息网络向公众提供作品、表

---

① 王迁：《网络环境中的著作权保护研究》，北京，法律出版社，2011，第220页。

演、录音录像制品,并具备下列条件的,不承担赔偿责任:(一)明确标示该信息存储空间是为服务对象所提供,并公开网络服务提供者的名称、联系人、网络地址;(二)未改变服务对象所提供的作品、表演、录音录像制品;(三)不知道也没有合理的理由应当知道服务对象提供的作品、表演、录音录像制品侵权;(四)未从服务对象提供作品、表演、录音录像制品中直接获得经济利益;(五)在接到权利人的通知书后,根据本条例规定删除权利人认为侵权的作品、表演、录音录像制品。"

在侵害作品信息网络传播权纠纷案件中,"不知道也没有合理的理由应当知道服务对象提供的作品、表演、录音录像制品侵权"是对网络服务提供者主观过错的要求,即需要具备"明知"或者"应知"的主观状态。"明知"通常理解为网络服务提供者确切地知道网络用户利用其网络服务传播的特定内容系侵犯他人信息网络传播权的内容,而对该侵权内容不及时采取必要措施。网络服务提供者之所以确切地知道侵权内容,通常是因为收到了权利人的"通知",该"通知"应符合《信息网络传播权保护条例》中的规定或者足以使网络服务提供者能够准确定位侵权内容。因此,在司法实践中对于"明知"的主观状态要求有证据进行证明,其中最为典型的证据就是符合要求的"通知"。在中青文诉百度案中,中青文公司作为权利人在起诉前并未向百度公司发出"通知"。退一步讲,中青文公司即使在 2013 年 8 月起诉的百度文库案中一并提交了百度云的相关侵权公证保全证据,百度公司在 2013 年 10 月收到上述证据后也于 2013 年 10 月 31 日对删除百度云中的侵权文档进行了公证保全;中青文公司在 2014 年 1 月提起本案诉讼后,百度公司于 2014 年 2 月 10 日对删除百度云中的侵权文档进行了公证保全。鉴于百度公司在应诉后采取了一定的必要措施,故中青文公司主张百度公司主观上存在"明知"的过错不能成立。该案中,法院将被告百度公司在诉讼后采取的相应措施作为了判断其不明知的参考因素,即因为百度公司采取了积极的措施而降低了对其主观过错的要求。

关于"应知"的判断,《信息网络传播权民事案件法律规定》第 9 条规定:"人民法院应当根据网络用户侵害信息网络传播权的具体事实是否明显,综合考虑以下因素,认定网络服务提供者是否构成应知:(一)基于网络服务提供者提供服务的性质、方式及其引发侵权的可能性大小,应当具备的管理信息的能力;(二)传播的作品、表演、录音录像制品的类型、知名度及侵权信息的明显程度;(三)网络服务提供者是否主动对作品、表演、录音录像制品进行了选择、编辑、修改、推荐等；（四）网络服务提供者是否积极采取了预防侵权的合理措施；（五）网络服务提供者是否设置便捷程序接收侵权通知并及时对侵权通知作出合理的反应；（六）网络服务提供者是否针对同一网络用户的重复侵权行为采取了相应的合理措施；（七）其他相关因素。"司法解释给出的具体考虑因素需要结合服务模式以及该服务行业发展的状态进行综合判断。认定网络服务提供者对于网络用户利用其网络服务实施的侵权行为是否"应知"，其核心在于确定网络服务提供者是否尽到了应尽的合理注意义务。关于网络服务提供者应尽的注意义务，如本书所提，应在坚守理性管理人的注意义务基本标准的基础上，充分考虑网络服务提供者系为他人信息传播提供中介服务的特点，在促进网络行业健康发展与保护权利人合法权益之间寻找合适的平衡点，不能失之过严，也不能操之过宽。认定"应知"的前提是侵权事实明显，即当存在着明显的侵权行为的事实或者情况，网络服务提供者从中应当能够意识到侵权行为的存在时，就可以认定其有过错。在中青文诉百度案中，涉案侵权文档数量较多，且浏览量高达几十万次，上述涉案图书的侵权文档数量和浏览量应当引起百度公司的合理注意，尤其是考虑到中青文公司与百度公司之间已经就百度文库中相同的涉案图书发生过诉讼，且百度文库案中已经涉及百度云的相关证据。在上述情况下，虽然百度公司采取过一定的删除措施，但是在一审诉讼期间，中青文公司仍然再次发现侵权文档，可以印证百度公司并未对百度云中避免侵害涉案图书信息网络传播权行为的再次发生和损害后果的继续扩大尽到理性管理人应当承担的注意义务。不可否认，百度云中存在海量的信息，且信息瞬息变化，百度公司虽然没有事先的审查义务，但也未提供充分证据证明其已经采取合理、有效的技术措施仍难以发现网络用户实施侵害信息网络传播权的行为。因此，综合考虑涉案图书的知名度、侵权文档数量、侵权文档字数及其所涉内容、侵权文档的浏览量、百度公司对百度云所应当具有的管理能力，基于理性管理人的注意义务标准，法院最终认定百度公司具有"应知"的过错，构成帮助侵权。该案判断被告百度公司没有尽到注意义务的一个关键事实是涉案文档数量多，浏览量高达几十万次。其实，涉案文档数量多只能说明云盘中存在涉嫌侵权的文档多，在云盘普发侵权的情况下，被告百度公司作为理性的管理人应当对其云盘内的文档提高注意义务。因此，在某一文档的浏览量非常高的情况下，作为理性的管理人其应当对该文档是否涉嫌侵犯著作权进行审查。问题是浏览量高到什么程度才能引起云盘提供者的注意？换言之，触发云盘服务提供者承担注意义务的浏览量阀值是多少呢？这个阀值的确定既不能对云盘服务提供者注意义务要求过高，又不能让云盘服务提供者对于文档浏览量视而不见，因此，这个阀值的确定不能"一刀切"，应该结合具体案件中被告云盘的具体情况进行确定。如果被告云盘中文档的一般点击量仅在几万次，有个文档的点击量已经达到几十万次，则足以能够引发理性管理人给予重视并对其版权问题进行审查；如果被告云盘中文档的平均点击量都在几十万次，或者点击量能够达到几十万次的文档的数量相当多，以至于作为一个理性管理者都无法引起重视，则不能因为涉案文档的点击量已经达到几十万次而判断云盘服务提供者"应当"知道侵权行为的存在，从而判断其具有主观过错。

此外，对于云盘服务提供者主观状态的判断还应结合其提供服务的形式，即是否明确标示该信息存储空间是为服务对象所提供，并公开网络服务提供者的名称、联系人、网络地址；是否未改变服务对象所提供的作品、表演、录音录像制品；是否从服务对象提供作品、表演、录音录像制品中直接获得经济利益；以及在接到权利人的通知书后，是否删除权利人认为侵权的作品、表演、录音录像制品。在国家图书馆出版社诉百度案中，在案证据可以证明百度网盘网页"权利声明""版权投诉"部分明确公开了网盘服务提供者百度公司的名称、联系人和网络地址。第17793号公证书载明百度网盘明确标示其为信息存储空间，提供信息存储空间服务，不对用户上传的作品进行任何形式的更改。原告在对被诉侵权行为进行公证保全的过程中，系直接输入涉案作品所在百度网盘的网址，该种获取作品文件的方式并非百度网盘所提供的服务。百度网盘中的广告系其整体盈利模式，而未专门针对涉案作品，国家图书馆出版社提交的证据不足以证明百度公司因涉案作品的上传、分享而直接获利。国家图书馆出版社向法提起诉讼前，向百度公司发送权利通知书，百度公司及时删除了权利通知书中涉案作品的链接；国家图书馆出版社在诉讼过程中进行的两次公证保全中涉及的涉案作品链接不同，但百度公司均已删除，并采取技术措施屏蔽涉案关键词，同时提供了上传、分享涉案作品的网盘用户的用户名、手机号、邮箱和IP地址。据此，百度公司已及时删除侵权链接，且作为理性管理人已经采取了积极的措施避免侵权行为的再次发生。基于以上因素，在该案中法院认定被告百度公司并不具备主观过错，不应当承担共同侵权责任。

参考文献

一、中文著作及译著

1. 山姆·里基森，简·金斯伯格．国际版权与邻接权——伯尔尼公约及公约以外的新发展．北京：中国人民大学出版社，2016．
2. 米哈依·菲彻尔．版权法与因特网．北京：中国大百科全书出版社，2016．
3. 赵为学，尤杰，郑涵．数字传媒时代欧美版权体系重构．上海：上海交通大学出版社，2016．
4. 王迁．网络环境中的著作权保护研究．北京：法律出版社，2012．
5. 吴伟光．著作权法研究——国际条约、中国立法与司法实践．北京：清华大学出版社，2013．
6. 卢海君．版权客体论．北京：知识产权出版社，2011．
7. 王利明．侵权行为法研究：上卷．北京：中国人民大学出版社，2004．
8. 王利明．侵权责任法研究．北京：中国人民大学出版社，2011．
9. 金福海．版权法改革理论与实践．北京：北京大学出版社，2015．
10. 埃斯特尔·德克雷．欧盟版权法之未来．徐红菊，译．北京：知识产权出版社，2016．
11. 罗纳德·V.贝蒂格．版权文化——知识产权的政治经济学．北京：清华大学出版社，2009．
12. 刘春田．知识产权法．3版．北京：高等教育出版社、北京大学出版社，2000．
13. 李明德．美国知识产权法．2版．北京：法律出版社，2014．
14. 斯伟江，詹毅，袁洋，吴鹏彬．知识产权保护在中国．北京：法律出版社，2010．

15. 曲三强. 现代著作权法. 北京：北京大学出版社，2011.

16. 丛立先. 网络版权问题研究. 武汉：武汉大学出版社，2007.

17. 杨小兰. 网络著作权研究. 北京：知识产权出版社，2012.

18. 刘宁. 知识产权若干理论热点问题探讨. 北京：中国检察出版社，2007.

19. 威廉·M. 兰德斯，理查德·A. 波斯纳. 知识产权的经济结构. 北京：北京大学出版社，2005.

20. 朱慧. 激励与接入：版权制度的经济学研究. 杭州：浙江大学出版社，2009.

21. 唐先锋，王洪宇，赵春兰，郑侠，鲁勇睿，侯帆. 特殊领域侵权行为专题研究. 北京：法律出版社，2008.

22. 廖焕国. 侵权法上注意义务比较研究. 北京：法律出版社，2008.

23. 肖光，肖需桦，刘伟光. 知识产权法的辩证法思考. 广州：花城出版社，2009.

24. 程永顺. 网络著作权判例. 北京：知识产权出版社，2010.

25. 吴伟光. 数字技术环境下的版权法危机与对策. 北京：知识产权出版社，2008.

26. 苏珊娜·斯科奇姆. 创新与激励. 刘勇，译. 上海：格致出版社，上海人民出版社，2010.

27. 黄文平，王则柯. 侵权行为的经济分析. 北京：中国政法大学出版社，2005.

28. 罗杰·A. 麦凯恩. 博弈论——战略分析入门. 原毅军，陈艳莹，张国峰，等，译. 北京：机械工业出版社，2006.

29. 宋海燕. 中国版权新问题——网络侵权责任、Google 图书馆、比赛转播权. 北京：商务印书馆，2011.

30. 张玉卿，葛毅. 中国知识产权法比较法案例分析. 北京：中国商务出版社，2009.

31. 梁志文. 数字著作权论——以《信息网络传播权保护条例》为中心. 北京：知识产权出版社，2007.

32. 王军. 侵权损害赔偿制度比较研究——我国侵权损害赔偿制度的构建. 北京：法律出版社，2011.

33. 崔国斌. 知识产权前沿问题研究. 北京：法律出版社，2015.

34. 刘晓春. 中国互联网时代的法律创新. 北京：中国金融出版社，2017.

35. 中国人民大学知识产权教学与研究中心，中国人民大学知识产权学院. 中国知识产权发展报告：2015. 北京：清华大学出版社，2016.

36. 迈克尔·A. 艾因霍恩. 媒体、技术和版权：经济与法律的融合. 赵启彬，译. 北京：北京大学出版社，2012.

37. 王泽鉴. 民法思维——请求权基础理论体系. 北京：北京大学出版社，2016.

38. 中国信息通信研究院，互联网法律研究中心，腾讯研究院，法律研究中心. 网络空间法治化的全球视野与中国实践. 北京：法律出版社，2016.

39. 程啸. 侵权责任法. 2 版. 北京：法律出版社，2015.

40. 崔国斌. 著作权法原理与案例. 北京：北京大学出版社，2014.

41. 杨延超. 版权战争. 北京：知识产权出版社，2017.

42. 许颖辉. 备受争议的知识产权. 北京：世界知识出版社，2010.

43. 储荷婷，等. Internet 网络信息检索——原理工具技巧. 北京：清华大学出版社，1999.

44. 王立民，黄武双. 知识产权法研究：第 8 卷. 北京：北京大学出版社，2011.

45. 王振清. 网络著作权经典判例. 北京：知识产权出版社，2011.

46. 贺荣. 北京市第二中级人民法院经典案例解析. 北京：法律出版社，2007.

47. 王振清. 知识产权法理与判决研究. 北京：人民法院出版社，2005.

48. 王振清. 知识产权经典判例. 北京：知识产权出版社，2011.

49. 中华人民共和国最高人民法院民事审判第三庭. 知识产权审判指导与参考：第 1、2 卷. 北京：法律出版社，2001.

50. 北京市高级人民法院民三庭. 知识产权经典判例：上、下册. 北京：知识产权出版社，2003.

51. 全国人大常委会法制工作委员会民法室. 侵权责任法——立法背景与观点全集. 北京：法律出版社，2010.

52. 王迁. 国外版权案例翻译：第 1 辑. 北京：法律出版社，2013.

53. 中共中央宣传部政策法规研究室. 国外网络法律文件选编. 北京

大学互联网法律中心,译. 北京:学习出版社,2014.

二、中文学术论文

1. 宫克峰. 网络搜索引擎的技巧与使用. 计算机与网络,2004(18).

2. 梁春燕,等. 网络搜索引擎的性能优化策略和相关技术. 计算机工程与应用,2000(36).

3. 龙净林. 网络搜索引擎的影响与未来发展研究. 现代情报,2004(6).

4. 贾红英. 网络搜索引擎探析. 情报资料工作,2002(3).

5. 祝建军. 信息网络传播行为的判断. 中国版权,2010(1).

6. 黄武双. 论搜索引擎网络服务提供商侵权责任的承担——对现行主流观点的质疑. 学术论坛,2007(5).

7. 肖虹. 关注三网融合与版权保护——2010中国版权年会在深圳举行. 中国版权,2011(1).

8. 杨明. 侵权责任法——第36条释义及其展开. 华东政法大学学报,2010(3).

9. 杨立新. 侵权责任法——第36条规定的网络侵权责任的理解与解释. 国家检察官学院学报,2010,18(2).

10. 江波,张金平. 网络服务提供商的知道标准判断问题研究——重新认识"红旗标准". 法律适用,2009(12).

11. 周珍妮. "深度链接"信息定位服务提供者侵权问题研究——评"十一大唱片公司诉雅虎案". 科技广场,2008(2).

12. 刘家瑞. 论我国网络服务提供商的避风港规则——兼评"十一大唱片公司诉雅虎案". 知识产权,2009(3).

13. 张费微. 信息网络传播权限制制度及完善建议. 社会科学家,2008(9).

14. 王迁. 再论"信息定位服务提供者"间接侵权的认定——兼比较"百度案"与雅虎案"判决". 知识产权,2007(4).

15. 王迁. 三论"信息定位服务提供者"间接侵权的认定——兼评"泛亚诉百度案"一审判决. 知识产权,2009(2).

16. 谢冠斌,史学清. 网络搜索服务商过错责任的合理界定——再评"雅虎案"与"百度案"一审判决. 知识产权,2008(1).

17. 蒋志培. 人民法院对网络环境下著作权的司法保护——如何理解和适用最高法院关于网络著作权纠纷案件的司法解释. 中国版权, 2004 (2).

18. 史学清, 汪涌. 避风港还是暴风角——解读信息网络传播权保护条例第 23 条. 知识产权, 2009 (2).

19. 宋廷徽. "三振出局"法案全球化路径之探讨. 知识产权, 2010 (116).

20. 廖好好. TRIPs 协议中的著作权侵权归责原则分析. 考试周刊, 2011 (15).

21. 何天翔. 版权、运行的电子控制与大众市场许可. 暨南学报（哲学社会科学版）, 2011 (5).

22. 应振芳. 对现行著作权法关于侵权行为及其责任规定的反思. 知识产权, 2011 (3).

23. 袁德龙, 袁玉子. 关于网络著作权的思考. 辽宁师专学报（社会科学版）, 2011 (3).

24. 李学军, 钱腾飞. 国外网络服务提供者责任限制的立法研究. 滁州职业技术学院学报, 2011 (9).

25. 刘家瑞. 互联网页版权保护范围的法经济学分析. 学术论坛, 2006 (6).

26. 欧阳爱辉, 谭泽林. 近年国内网络著作权侵权研究综述. 上海商学院学报, 2009, 10.

27. 左登. 论不作为欺诈认定. 湘潭师范学院学报（社会科学版）, 2009 (1).

28. 刘春霖, 孙现中, 孙灵娜. 论网络服务商的著作权侵权. 南京航空航天大学学报（社会科学版）, 2009 (2).

29. 黄燕. 论网络服务提供商的著作权侵权责任及豁免的认定. 法制与社会, 2011 (4).

30. 王莘子. 论网络服务提供者的著作权侵权责任归责原则. 经济与法, 2009 (3).

31. 李士林, 严志兰. 美国 ISP 责任的判例研究——兼论对我国相关立法的启示. 华侨大学学报（哲学社会科学版）, 2006 (2).

32. 苗建涛. 浅议网络著作权侵权行为构成要件. 湖北经济学院学报（人文社会科学版）, 2010 (5).

33. 庞静. 试论无意思联络的数人侵权. 通化师范学院学报, 2009 (7).

34. 黄培. 数字音乐（MP3）网络服务者的著作权侵权责任. 法学之窗, 2011 (11).

35. 杨佳, 郑海味. 搜索引擎的著作权侵权形式及约束机制探讨. 法制与社会, 2011 (11).

36. 孙式文. 隐喻与数位文化——由传播与价值批判的角度省思. 新闻学研究, 2011 (108).

37. 杨思文. 网络出版流程中的侵权行为及应对之策. 数字时代, 2011 (6).

38. 郑国辉. 网络服务供应商侵权责任探析. 法治论丛, 2010 (2).

39. 李敬辉. 网络服务商的著作权侵权责任研究. 法制与社会, 2008 (1).

40. 徐清霜. 网络服务提供者承担共同侵权责任的条件. 人民司法, 2009 (6).

41. 姚建军. 网络服务提供者侵犯著作权的新探讨——兼议《侵权责任法》第36条的辨析及其延伸. 法律适用, 2011 (2).

42. 陈惠珍. 网络服务提供者著作权侵权责任辨析. 东方法学, 2009 (1).

43. 邱婧. 网络环境下著作权侵权的认定. 法制与社会, 2011 (1).

44. 魏小荃. 网络搜索引擎商著作权侵权责任之思考. 法制与社会, 2011 (1).

45. 肖欣欣. 网络著作权侵权的成因及预防对策. 法学之窗, 2011 (9).

46. 张荣勤. 网络著作权侵权浅析. 边疆经济与文化, 2011 (2).

47. 张晓红. 网络著作权侵权行为的认定. 新闻与法治, 2007 (7).

48. 刘文军, 吴元国. 网络著作权侵权行为分析. 哈尔滨商业大学学报（社会科学版）, 2010 (2).

49. 张申兴. 网络著作权侵权责任与民法侵权责任比较. 经济与法, 2010 (10).

50. 兰晓为. 网络著作权侵权主体——网络服务提供者之解读. 大连海事大学学报（社会科学版）, 2009 (4).

51. 李文, 杨涛. 我国著作权侵权行为立法模式重构. 探索与争鸣理论月刊, 2010 (10).

52. 姚洪军. 英国数字经济法治理网上著作权侵权的尝试. 知识产权, 2011 (9).

53. 谢思全，张铭．音像制品知识产权保护的法经济学分析．现代财经，2005（8）．

54. 缪臻彦，孟威．知识产权保护制度利弊权衡的法经济学分析．法制与社会，2008（11）．

55. 苑泽明，姚王信．知识产权融资不对称性的法经济学分析．知识产权，2011（2）．

56. 江清云．从德国司法判决比较超链接的著作权侵权界定．德国研究，2008（2）．

57. 刘春霖，孙灵娜．中美网络服务提供商侵犯著作权责任比较研究．电子科技大学学报（社科版），2009（6）．

58. 潘翠云．著作权间接侵权中无过错者补偿责任探析．佳木斯大学社会科学学报，2010（2）．

59. 亓蕾．著作权侵权中审查注意义务的司法认定——以民法上的注意义务为基石．山东科技大学学报，2009（4）．

60. 付青．专利权保护与限制的利益平衡论——以法经济学为视角．商业经济，2009（5）．

61. 蔡颖雯．论网络内容提供商的侵权行为及其责任．法学论坛，2005（1）．

62. 刘银良．信息网络传播权框架下深层链接的法律性质探究．环球法律评论，2017（6）．

63. 万勇．《著作权法》传播权修改建议．上海交通大学学报（哲学社会科学版），2012（2）．

64. 李琛．侵害信息网络传播权的认定不能简约为任何技术标准：对服务器标准的质疑．2017年6月2日在网络平台责任学术研讨会上的发言．

65. 王迁．发达国家——网络版权司法保护的现状与趋势．法律适用，2009（12）．

66. 单平基，侯海燕．试论侵权责任归责原则历史演进．法制与社会，2007．

67. 陈锦川．从司法务实看网络环境下著作权法律调整及其研究．电子知识产权，2005（9）．

68. 万勇．论国际版权公约中"向公众提供权"的含义．知识产权，2017（2）．

69. 王迁. 论提供"深层链接"行为的法律定性及规制. 法学, 2016 (10).

70. 崔国斌. 得意忘形的服务器标准. 知识产权, 2016 (8).

71. 刘家瑞. 为何历史选择了服务器标准——兼论聚合链接的归责原则. 知识产权, 2017 (2).

72. 张文显. 法律责任论纲. 吉林大学社会科学学报, 1991 (1).

73. 马朱炎, 葛洪义. 法律责任若干理论问题的探讨. 法律科学, 1990 (4).

74. 张楚. 关于网络法基本问题的阐释. 法律科学（西北政法学校学报）, 2003 (6).

75. 刘雅静. 经营者的补充责任. 南华大学学报（社会科学版）, 2006 (3).

76. 常良. 略论经营者的注意义务——以第三人损害消费者安全权案件为例. 西南民族学院学报（哲学社会科学版）, 2002 (12).

77. 王迁. 论版权"间接侵权"及其规则的法定化. 法学研究, 2005 (12).

78. 梁志文. 论版权法之间侵权责任——以《网络信息传播权条例》为中心. 法学论坛, 2006 (5).

79. 王迁. 论版权法中的间接责任. 知识产权研究, 2005 (58).

80. 刘家瑞. 论版权间接责任中的帮助侵权. 知识产权, 2008 (6).

81. 董再强, 唐丽英. 论电子商务交易主体之间的法律关系. 社科纵横, 2007 (11).

82. 王静波. 论连带责任的归责依据——兼谈合同法第四百零九条. 广东青年干部学院学报, 2006 (65).

83. 杨立新. 论侵权责任的补充责任. 法律适用, 2003 (207).

84. 苏添. 论网络交易平台提供商的民事法律责任. 北京邮电大学学报（社会科学版）, 2005 (4).

85. 刘家瑞. 论中国版权间接责任制度的建立——兼论网络服务商责任制度的完善. 电子知识产权, 2004 (11).

86. 沈吉利. 浅析网络交易平台提供商的法律定位——从易趣网纠纷案引发的思考. 广东商学院学报, 2003 (2).

87. 韩金儒. 浅析注意义务引入我国法律体系的必要性. 青海师专学报（教育科学）, 2009 (1).

88. 李锡鹤. 侵权行为两论. 华东政法学院学报, 2002 (2).
89. 段维. 试论电子商务涉及的版权问题. 数字技术, 2004 (4).
90. 朱建新. 提供交易平台的网站是否构成专利侵权. 法律适用, 2005 (2).
91. 谢嘉加. 网络版权帮助侵权互替侵权规则初探. 电子知识产权, 2003 (12).
92. 张虹. 网络服务提供者的民事责任问题浅析——以欧盟电子商务指令中的相关规范为中心. 河北法学, 2005 (1).
93. 王洪海. 网络交易平台的法律地位——从一则商标侵权案谈起. 电子知识产权, 2005 (10).
94. 吴仙桂. 网络交易平台的法律定位. 重庆邮电大学学报（社会科学版）, 2008 (6).
95. 张少伟. 消费者网上购物行为的法律研究——从信息不对称理论角度分析. 社会纵横, 2007 (12).
96. 冯晓青. 因特网服务提供商著作权侵权责任限制研究——美国《数字千年著作权法》评析. 河北法学, 2001 (6).
97. 王万. 共同侵权行为的本质探析及其制度构建. 法学研究, 2008 (11).
98. 王迁. 论场所提供者构成商标"间接侵权"的规则——兼评"朝外门购物商场案"和"秀水街案". 电子知识产权, 2006 (12).
99. 高斐. 论经营者场所安全保障义务的合理边界——从"五月花餐厅案"说开去. 法制与社会, 2008 (12).
100. 高敏. 美国版权间接责任的经济分析. 法制与社会, 2006 (11).
101. 丁莉针. 侵权补充责任探析. 中国科技信息, 2006 (20).
102. 霍倩雅. 反知识产权滥用在我国的法律适用及立法建议. 广东科技, 2008 (1).
103. 陈美章. 构建知识产权法"平衡理论"的开创性之作——读冯晓青教授的《知识产权法利益平衡理论》. 知识产权, 2006 (6).
104. 冯晓青. 论知识产权法与竞争法在促进有效竞争方面的平衡与协调. 河北法学, 2008 (7).
105. 卢立太. 试论知识产权保护的是与非——以利益平衡理论为视角. 今日南国, 2008 (6).
106. 孟兆平. 知识产权法哲学视野下的利益平衡. 科技与法律. 2008

(73).

107. 刘冰．知识产权滥用的反垄断法规制．财经界，2006（7）．

108. 董榕萍．著作权利益平衡机制探析．现代经济，2007（8）．

109. 孙玉红．论知识产权侵权归责原则．河北法学，2006（2）．

110. 梁平，刘宇晖．论知识产权侵权行为的归责原则．河北法学，2006（3）．

111. 郑瑞琨，司冠荣．我国知识产权侵权归责原则研究．电子知识产权，2006（8）．

112. 孙玉红．知识产权侵权责任的构成要件新解．西南民族大学学报（人文社科版），2006（178）．

113. 曾亚男．网络环境下知识产权的保护．商业文化，2008（7）．

114. 梁作民．民事补充责任有关问题研究．人民司法，2003（4）

115. 菅成广．网络著作权的法律问题研究．法制与经济，2011（10）．

116. 马宁，杨晖．场地出租人的商标侵权责任——评北京市新秀水市场商标侵权案．中华商标，2008（2）．

117. 张新宝，任鸿雁．《侵权责任法》第36条解读．中国人民大学学报，2010（4）．

三、英文著作

1. Fiona Macmillan. New Directions in Copyright Law. Volume 2. Edward Elgar, Cheltenham, UK·Northampton, MA, USA, 2005.

2. Paul Pedley. Digital Copyright. second edition. Facet publishing, 2007.

3. Dr Irini A. Stamatoudi and Paul L. C. Torremans. Copyright in the New Digital Environment: The Need to Redesign Copyright. London: Sweet & Maxwell, 2000.

4. Matthew Rimmer. Digital Copyright and the Consumer Revolution. Edward Elgar, Cheltenham, UK·Northampton, MA, USA, 2007.

5. P. Bernt Hugenholtz. Copyright and Electronic Commerce-Legal Aspects of Electronic Copyright Management. Kluwer Law International, 2000.

6. Dr YiJun Tian. Re-thinking Intellectual Property: The political economy of copyright protection in the digital era. Routledge · Cavendish Taylor & Francis Group, 2009.

7. Oren Ben-Dor. Law and Art-Justice, Ethics and Aesthet-

ics. Routledge Taylor & Francis Group, 2011.

8. David Nimmer. Copyright-Sacred Text, Technology, and the DMCA. Kluwer Law International, 2003.

9. Wendy J. Gordon. The Economics of Copyright-Developments in Research and Analysis. Edward Elgar, Cheltenham, UK · Northampton, MA, USA, 2003.

10. Richard Watt. Copyright and Economic Theory-Friends or Foes. Edward Elgar, Cheltenham, UK·Northampton, MA, USA, 2000.

11. Gretchen Mccord Hoffmann. Copyright in Cyberspace, Neal-Schuman Netguide Series, 2001.

12. Richard A. Spinello. Intellectual Property Rights in a Networked World: Theory and Practice. Information Science Publishing, 2005.

13. Trevor Fenwick and Ian Locks. Copyright in the Digital Age: Industry Issues and Impacts, Wildy, Simmonds & Hill Publishing on behalf of The Worshipful Company of Stationers and Newspaper Makers, 2010.

14. Christopher Health Anselm Kamperman Sanders. Intellectual property in The Digital Age-Challenges for ASIA, IEEM Conference Series. Kluwer Law International, 2001.

四、英文学术论文

1. Hannibal Travis. Opting out of the internet in the United States and the European Union : Copyright, Safe Harbors, and International Law.

2. Guy Pessach. An International-Comparative Perspective on Peer-to-Peer File-Sharing and Third Party Liability in Copyright Law: Framing the Past, Present, and Next Generations'Questions, 2007.

3. Alfred C. Yen. Sony v. Universal City Studios Twenty Years Later, Sony, Tort Doctrines, and the Puzzle of Peer-to-Peer. 55 Case Western L. Rev. in the symposium issue Copyright and Personal Copying, 2005.

4. Alfred C. Yen. Internet Service Provider Liability for Subscriber Copyright Infringement, Enterprise Liability, and the First Amendment. Research Paper No. 2000-03, September 5, 2000.

5. Matthew Schruers. The History and Economics of ISP liability for Third Party Content. chruers pre 3rd, 2002: 205.

6. Scott Wallsten. Regulation and Internet Use in Developing Countries. December 2002. swallsten@worldbank.org.

7. Douglas Lichtman & William Landes. Indirect liability for Copyright Infringement: An Economic Perspective. Harvard Journal of Law & Technology, Volume Number 2, Spring, 2003.

8. Annemieke Karel. The Development and Implications of Free ISPs in New Zealand.

9. Ronald J. Mann & Seth R. Belzley. The Promise of Internet Intermediary Liability. Law and Economics Working Paper, No. 045, April 2005.

10. K. A. Taipale. Secondary Liability on the Internet: Towards a Performative Standard for Constitutive Responsibility. February 2003 v. 1.01C · CAS Working Paper Series No. 04 – 2003.

11. Ke Steven Wan. Internet Service Providers'Vicarious Liability Versus Regulation of Copyright Infringement in China. Journal of Law, Technology of Law, Technology &Policy, 2011.

12. Robert Burrell&Kimberlee Weatherall. Providing Services to Copyright Infringers: Roadshow Films Pty Ltd v. iiNet Ltd. Sydney Law Review, 2011.

13. Thomas W. Hazlett & Joshua D. Wright. The Law and Economics of Network Neutrality, September 12, 2011.

14. Dan L. Burk. Toward an Epistemology of ISP Secondary Liability. Legal Studies Research Paper Series, No. 2011 – 45.

15. Jiarui Liu. Erosion of the Sony Doctrine and Indirect Copyright Liability of Internet Technologies. Vanderbilt Journal of Entertainment Law & Practice, Spring, 2005.

16. Aparna Watal. A Co-regulatory Approach to Reasonable Network Management. Journal of information policy 1, 2011: 155 – 173.

17. Rob Frieden. Rationales For and Against FCC Involvement in Resolving Internet Service Provider Interconnection Disputes. May 10, 2011.

18. Junseok Hwang, Daeho Lee and Kayeong Lee. Internet Pricing and Network Neutrality: How Internet Pricing Schemes Affect the Incentives of Internet Service Providers. International Tele-communications Policy Review, Vol. 18 No. 1, 2011, 3: 17 – 44.

19. Stefan Larsson. The Pat H Dependence of Europe an Copying H T. Volume 8, Issue 1, April, 2011.

20. Steven R. Morrison. What the Cops can't do, Internet Service Providers can: Preserving per providers preserving privacy in email contents. Copyright Steven R. Morrison, 2010.

21. Alfred Chueh-Chin Yen. Internet Service Provider Liability for Subscriber Copyright Infringement. Enterprise Liability and the First Amendment, Research Paper, No. 2000-03, September 5, 2000.

22. George Clarke&Greg Rosston. Regulation and Internet Use in Developing Countries. Scott Wallsten, December, 2002.

23. Douglas Lichtman & William Landes. Indirect liability for copyright infringement: An Economic Perspective. Harvard Journal of Law & Technology Volume, Number 2, Spring, 2003.

24. Mark A. Lemley& R. Anthony Reese. Reducing Digital Copyright Infringement Without Restricting Innovation. Public Law and Legal Theory Research Paper, No. 525662.

25. Ronald J. Mann & Seth R. Belzley. The Promise of Internet Intermediary Liability. Law and Economics Working Paper, No. 045, April, 2005.

26. Jim Harper. Against ISP Liability. Telecommunication & Technology, 2005.

27. Frank Pasquale. Breaking the Vicious Circularity: Sony's Contribution to Copyright's Fair Use Doctrine. Case Western Reserve Law Review, Vol. 55, Summer, 2005: 777.

28. Niva Elkin. Making Technology Visible: Liability of Internet Service Providers for Peep-to-Peer Traffic. Elkin-Koren-Draft, March 1, 2006.

29. Michael L. Rustad & Thomas H. Koenig. Rebooting Cyber Tort Law. Rustad Final, 2005.

30. Thomas Cortade. A Strategic Guide on Tow-Sided Markets Applied to the ISP Market. Communications&Strategies, No. 61, 1st Quarter, 2006: 17.

31. Alane Woodfield. When Should the Bell Toll? The Economics of New Zealand's Debate on Indirect Liability for Internet Copyright In-

fringement. Review of Economic Research on Copyright Issues, Vol. 1 (1), 2004: 119 - 149.

32. Weixiao Wei. ISPs' Indirect Copyright Liability Regime: An Economic Efficient Liability Regime for Online Copyright Protection Shaped by Internet Technology. Bileta, 2008.

33. Stacy Bairdl. Contentious Issues: Copyright Reforms in the Age of Digital Technologies. Working Paper, November 19, 2009.

34. Lital Helman. Pull too hard and the rope may break: On the secondary liability of technology providers for copyright infringement.

35. Michael P. Murtagh. The FCC, The DMCA, and Why Takedown Notices Are Not Enough, DMCA on the first, Harvard Journal of Law & Technology, Vol. 24, Number 1, Fall, 2010.

36. David Brennan. ISP Liability for Copyright Authorization: The Trial Decision in Roadshow Films v. iiNet. Legal Studies Research Paper, No. 475.

37. Oshua J. McIntyre. Balancing expectations of online privacy: why internet protocol (ip) addresses should be protected as personally identifiable information. 60 Depaull. Rev. 895 draft, 2011.

38. J. Geraldr. Faulhabor. Transparency and Broadband Internet Service Providers. International Journal of Communication, 2010 (4).

39. Fiona Macmillan. New Directions in Copyright Law (Volume 2). Edward Elgar, Cheltenham, UK·Northampton, MA, USA, 2005.

40. Paul Pedley. Digital Copyright (second edition). Facet publishing, 2007.

41. Dr Irini A. Stamatoudi and Paul L. C. Torremans. Copyright in the New Digital Environment: The Need to Redesign Copyright. London Sweet & Maxwell, 2000.

42. P. Bernt Hugenholtz. Copyright and Electronic Commerce-Legal Aspects of Electronic Copyright Management. Kluwer Law International, 2000.

43. Dr YiJun Tian. Re-thinking Intellectual Property: The political economy of copyright protection in the digital era. Routledge ·Cavendish Taylor & Francis Group, 2009. Oren Ben-Dor. Law and Art-Justice, Ethics and Aesthetics. Routledge Taylor & Francis Group, 2011.

44. David Nimmer. Copyright-Sacred Text, Technology, and the DMCA. Kluwer Law International, 2003.

45. Wendy J. Gordon. The Economics of Copyright-Developments in Research and Analysis. Edward Elgar, Cheltenham, UK ·Northampton: MA, USA, 2003.

46. Gretchen Mccord Hoffmann. Copyright in Cyberspace. Neal-Schuman Netguide Series, 2001.

47. Christopher Health Anselm Kamperman Sanders. Intellectual property in The Digital Age-Challenges for ASIA, IEEM Conference Series. Kluwer Law International, 2001.

48. Robert Burrell and Kimberlee Weatherall. Before the High Court, Providing Services to Copyright Infringers: Roadshow Films Pty Ltd v. iiNet Ltd. The Sydney Law Review; 33 Sydney L. Rev. 801, December, 2011.

49. Matthew D. Lawless. Against Search Engine Volition. 18 Albany Law Journal of Science & Technology, 2005.

50. Annemarie Bridy. The Anti-Counterfeiting Trade Agreement (ACTA) and The Specter of Graduated Response: 26 Am. U. Int'l L. Rev. 559.

51. Matthew Rimmer. Digital Copyright and the Consumer Revolution. Edward Elgar, Cheltenham, UK · Northampton, MA, USA, 2007.

52. Richard Watt. Copyright and Economic Theory-Friends or Foes. Edward Elgar, Cheltenham, UK, Northampton, MA, USA, 2000.

53. Richard A. Spinello. Intellectual Property Rights in a Networked World: Theory and Practice. Information Science Publishing, 2005.

54. Cabinet Paper: Illegal Peer-to-Peer File Sharing. New Zealand Ministry of Economic Development.

55. David Lindsay. Liability of ISPs for End-user Copyright Infringements: The first instance decision in Roadshow Films Pty Ltd v. iiNet Ltd (No. 3).

56. Nicolas Suzor and Brian Fitzgerald. The Legitimacy of Graduated Response Shemes in Copyright Law.

57. Strowel. Internet Piracy as a Wake-up Call for Copyright Law Makers——Is the "Graduated Response" a Good Reply.

58. Thierry Rayna and Laura Barbier. Fighting consumer piracy with graduated response: An evaluation of the French and British implementation.

59. Heesob Nam. Facts and Figures on Copyright Three-Strike Rule in Korea.

60. Nicolas Suzor and Brian Fitzgerald. The Legitimacy of Graduated Response Schemes in Copyright Law.

61. Annemarie Bridy. Graduated Response and the Turn to Private Ordering in Online Copyright Enforcement.

62. Olivier Bomsel and Heritiana Ranaivoson. Decreasing Copyright Enforcement Costs: The Scope of a Graduated Response.

63. Barry Sookman & Daniel Glover. Why the Copyright Act Needs a Graduated Response System.

64. William Patry. Moral Panics and the Copyright Wars.

65. Howell Llewellyn. "Three-Strikes" Off Anti-Piracy Agenda in Spain.

66. Peter Ollier. Hong Kong Rejects Three-Strikes Copyright Rule.

67. Frank La Rue. Report of the Special Rapporteur on the Promotion and Protection of the Right to Freedom of Opinion and Expression.

68. Commerce & Econ. Dev. Bureau. H. K. Special Administration of Region Government. Proposals for Strengthening Copyright Protection in the Digital Environment.

69. Nimmer. Repeat Infringers. 52 J. Copyright Socy U. S. A. 167 (2005).

70. Marisa Taylor. New Zealand Reconsiders Three-Strikes Rule on Internet Use.

71. Marcia Ellis and Jean Zheng. Safe Harbour Protection in China.

72. Peter K. Yu. P2P and the Future of Private Copying.

73. Commerce & Econ. Dev. Bureau (H. K.). Preliminary Proposals for Strengthening Copyright Protection in the Digital Environment annex B.

74. Jessica Litman. Digital Copyright, Promethens Book.

75. Peter K. Yu. The Second Annual Conference on Innovation and

Communication Law: Digital Copyright Reform and Legal Transplants in Hong Kong.

76. Jeremy de Beer & Christopher D. Clemmer. Global Trends in Online Copyright Enforcement: A Non-Neutral Role for Network Intermediaries.

77. Seth F. Kreimer. Censorship by Proxy: The First Amendment, Internet Intermediaries, and the Problem of the Weakest Link.

78. Michael Geist. Estimating the Cost of a Three-Strikes and You're Out System.

79. Greg Sandoval. One ISP Says RIAA Must Pay for Piracy Protection.

80. William Patry. Moral Panics and the Copyright Wars.

81. Lawrence Lessig. CODE and Other Laws of Cyberspace.

82. Peter K. Yu. International Enclosure, the Regime Complex, and Intellectual Property Schizophrenia.

83. Stacy Baird. Contentious Issues: Copyright Reforms in the Age of Digital Technologies.

84. Annemarie Bridy. Is Online Copyright Enforcement Scalable.

85. Annemarie Bridy. ACTA and Specter of Graduated Response.

86. Ben Depoorter, Alain Van Hiel and Sven Vanneste. Copyright backlash.

87. Ben Depoorter and Robert Kirk Walker. Copyright False Positives.

后 记

笔者关注"网络服务提供者侵犯著作权问题"已经有近十个年头了。十年前，我的博士生导师郭寿康教授曾建议，作为一名法官，一定要将博士研究课题和审判实践紧密结合。于是，在老师的建议下我选择了当时在司法实践中炙手可热的话题"网络服务提供者侵权责任问题研究"作为博士论文研究题目。2012年我博士毕业，当时我所在的北京市第二中级人民法院的有关院、庭领导及身边同事不时建议我要一鼓作气，在博士论文的基础上继续研究，尽快整理出版专著。然而，当时我已身怀六甲，身体的各种不适使我将出书的计划一拖再拖。初为人母后，在审判工作和照顾孩子间我努力地维持着平衡，一时间竟也无暇再考虑出书的事。但在此期间，网络著作权在司法实践中又层出不穷地涌现出新问题、新案例，身在司法一线的我在审理案件的过程中对这一课题的思考和关注亦从未停止。

2014年11月6日，北京知识产权法院成立，而我又有幸成为首批员额法官。由于北京知识产权法院管辖全市各基层法院审结的知识产权一审案件的上诉案件，各种类型的案件让我应接不暇，更激发了我学习、研究的热情。恰逢此时，网络技术又面临迭代升级，网络著作权更面临着前所未有的技术挑战和利益博弈。在结合案件进行类型化研究之余，体系化研究能够更好地让我们看清问题的来龙去脉，知其所以然。同时，北京知识产权法院领导与同事共同营造的浓厚的案件研讨氛围也感染和激励着我对这一问题进行更加深入的思考。加之，不断有领导、同事和朋友鼓励我要在前期研究的基础上进行总结、提升，早日出版专著。于是，在博士论文基础上继续研究"网络服务提供者侵犯著作权问题"并整理出书的想法再度萌生。历经一年的整理和修改，并在对最新司法实践案例持续研究后，书稿基本完成。2016年年初在准备付梓时，中国人民大学出版社建议可以将书稿申请国家社科基金后期资助项目，书稿经其推荐和专家评审后非常幸运地入选国家社科基金后期资助项目。

入选国家社科基金后期资助项目后，本书在全国社科规划办的安排下，根据评审专家的意见又进行了修改，达到结项要求后，又历经各种变动，最终在 2018 年 8 月通过结项鉴定得以安排出版。而这期间，我本人也从北京知识产权法院调入北京市高级人民法院。与其说这是一本学术著作，莫如说这就是我作为一名知识产权法官的成长日志，它不仅带着我对知识产权司法审判的一点思考，还流露出裁判时的一点纠结，当然也留下了些许的遗憾。

随着技术的发展，原有的利益格局被打破，司法机关永远处于利益纠纷的最前沿，却又无权拒绝裁判。如何在既有的法律规定中，通过合法有效的途径妥当解决纠纷，不断考验着司法裁判者的智慧。本书正是从一个个鲜活案例中汲取素材和营养而完成的。这些案例都是参与审理案件的法官们的智慧结晶，在此我要向他们表达最诚挚的敬意。没有法官们的辛苦付出，没有司法实践的积累，就不会有本书这一最终成果。然而，我又是忐忑的，由于自己学识有限、经验积累不足，对于案例或许只能够解读出其深意的十之一二，甚或有误读的可能，为了让读者更全面地了解案例，特将书中讨论的主要案例判决书全文链接以二维码的形式附在文后。此外，由于笔者学识和精力有限，在理论研究方面尚存有很多不足之处，有些问题的讨论在各位学术专家面前难免有班门弄斧之嫌，在此请各位方家海涵和指教。

本书还留有很多的遗憾，不能将司法实践中关于网络著作权的问题一一研究透彻，但能够作为自己阶段性研究和实践的成果总结出版也是一件幸事。在此，我要特别感谢北京知识产权法院副院长陈锦川法官在日常审判工作中给予我的指导，感谢北京知识产权法院副院长宋鱼水法官对本书出版给予的帮助和支持，感谢中国知识产权法学研究会会长、中国人民大学刘春田教授在学术上给予我的指导并为本书作序，感谢中国人民大学出版社郭虹博士为本书出版作出的努力和辛苦的付出，感谢中国科学院管理学博士于彭在博弈论方面给予我的指导，感谢我曾经和现在的各位领导和同事，没有你们的鼓励和支持就没有本书的最终出版，感谢知识产权理论界和审判实务中的各位同人以及为本书出版及课题研究提供支持的我的家人和朋友们。最后，本书的出版更是为了怀念和感激我的博士生导师郭寿康教授，感谢老先生对学生的知遇之恩和学术引导。

  我愿意相信也一直相信，努力攒够了，梦想的花总会盛开。因为，走着走着，花就开了……

张玲玲
北京 大寒
2019 年 1 月 20 日

扫描二维码即可获得本书主要案例判决书全文。

图书在版编目（CIP）数据

网络服务提供者侵犯著作权责任问题研究/张玲玲著．—北京：中国人民大学出版社，2019.4
国家社科基金后期资助项目
ISBN 978-7-300-26635-0

Ⅰ.①网… Ⅱ.①张… Ⅲ.①互联网服务提供商-著作权-侵权法-研究 Ⅳ.①D913.404

中国版本图书馆 CIP 数据核字（2019）第 001383 号

国家社科基金后期资助项目
网络服务提供者侵犯著作权责任问题研究
张玲玲 著
Wangluo Fuwu Tigongzhe Qinfan Zhuzuoquan Zeren Wenti Yanjiu

出版发行	中国人民大学出版社				
社　　址	北京中关村大街 31 号		邮政编码	100080	
电　　话	010-62511242（总编室）		010-62511770（质管部）		
	010-82501766（邮购部）		010-62514148（门市部）		
	010-62515195（发行公司）		010-62515275（盗版举报）		
网　　址	http://www.crup.com.cn				
	http://www.ttrnet.com（人大教研网）				
经　　销	新华书店				
印　　刷	涿州市星河印刷有限公司				
规　　格	165 mm×238 mm　16 开本		版　次	2019 年 4 月第 1 版	
印　　张	18.75 插页 2		印　次	2019 年 4 月第 1 次印刷	
字　　数	306 000		定　价	59.80 元	

版权所有　　侵权必究　　印装差错　　负责调换